Rückkehr in ein fremd gewordenes Land

Arbeit und Alltag.
Beiträge zur ethnografischen Arbeitskulturenforschung

Schriftenreihe der Kommission Arbeitskulturen
in der Deutschen Gesellschaft für Volkskunde

Herausgegeben von Irene Götz, Gertraud Koch,
Klaus Schönberger und Manfred Seifert

Band 10

Christine Pander, Dr. phil., hat Europäische Ethnologie, Völkerkunde und Soziologie an der Ludwig-Maximilians-Universität in München studiert. Die ausgebildete Wissenschaftsjournalistin lebt und arbeitet in München.

Christine Pander

Rückkehr in ein fremd gewordenes Land

Erfahrungen deutscher Familien
mit einer Auslandsentsendung

Campus Verlag
Frankfurt/New York

Bibliografische Information der Deutschen Nationalbibliothek
Die Deutsche Nationalbibliothek verzeichnet diese Publikation in der Deutschen Nationalbibliografie;
detaillierte bibliografische Daten sind im Internet unter http://dnb.d-nb.de abrufbar.

ISBN 978-3-593-50489-6 Print
ISBN 978-3-593-43264-9 E-Book (PDF)

Das Werk einschließlich aller seiner Teile ist urheberrechtlich geschützt. Jede Verwertung ist ohne Zustimmung des Verlags unzulässig. Das gilt insbesondere für Vervielfältigungen, Übersetzungen, Mikroverfilmungen und die Einspeicherung und Verarbeitung in elektronischen Systemen.
Copyright © 2015 Campus Verlag GmbH, Frankfurt am Main.
Umschlaggestaltung: Campus Verlag GmbH, Frankfurt am Main.
Umschlagmotiv: © iStockPhoto.com/artcyclone
Satz: Tomislav Helebrant
Druck und Bindung: CPI buchbücher.de, Birkach
Printed in Germany

www.campus.de

Inhalt

Vorwort 9

1 Das Projekt 11
   1.1 Fragestellungen und Hypothesen 19
   1.2 Forschungsstand 20
   1.3 Forschungsfeld 25

2 Der Kontext 29
   2.1 Der Traum vom Abenteuer 29
   2.2 Die Tür zur Welt steht offen: Freiheit oder Zwang, mobil zu sein? 34
   2.3 Wer geht, wer bleibt: Migration als Lebensstilphänomen 42

3 Die Protagonisten 47
   3.1 Die Quellen 47
      3.1.1 Auswahl der Interviewpartner und -partnerinnen 47
      3.1.2 Methodische Werkzeuge, Interpretationsprozess, Analysekategorien 50
      3.1.3 Formen, Gehalte und Relevanz der Interviews 51
      3.1.4 Quellenkritik: viele Varianten der Wahrheit und die Grenzen der Interpretation 54
   3.2 »Wir sind ja nicht aus der Welt«: die Entsandtenfamilien im Porträt 57

3.2.1	Interviewfamilien Wirtschaft	57
3.2.2	Interviewfamilien Entwicklungshilfe	84
3.2.3	Interviewfamilien Kulturmanager	96
3.2.4	Interviewfamilien Lehrer	108

4 Ausgangssituation, Vorbereitung und Entsendung 133

   4.1 Das Leben vor der Entsendung 133

      4.1.1 Das Zuhause und der Alltag 133

      4.1.2 Lebensentwürfe, Paarbeziehungen und verfügbare Kapitalformen 135

   4.2. Die Entscheidung für die Entsendung fällt 140

      4.2.1 Motive, Wünsche, Ziele 140

      4.2.2 Vorbereitungen, Packen und Abschiede 144

   4.3 Projekt Ausland: die Ankunft 149

      4.3.1 Erfahrungen als Fremde 149

      4.3.2 Aufnahmeländer in der Realität: und der Kulturschock kommt doch 157

      4.3.3 Der neue Alltag und seine Herausforderungen 162

      4.3.4 Der familiäre Kontext 168

      4.3.5 Sicherheitsbedürfnisse und die Gefahrenlage in den Gastländern 174

      4.3.6 Physische und psychische Belastungen 178

   4.4 Das soziale Umfeld während der Entsendung. 182

      4.4.1 Vom Suchen und Finden neuer Netzwerke 182

      4.4.2 »Heimat« aus der Ferne: Kontakte ins Herkunftsland ... 190

      4.4.3 Zerbrochene Lebensentwürfe und Neuverhandlung der Paarbeziehungen 198

Inhalt

5 Die Rückkehr 205

5.1 Die Ausreise nach Deutschland 205

    5.1.1 Rahmenbedingungen und Motivationen der Rückkehr 206

    5.1.2 Private und berufliche Vorbereitungen auf die Rückkehr 211

    5.1.3 Und wieder: ein Abschied 216

    5.1.4 Erwartungen an die »Heimat« 219

5.2 Heimat als Projekt 224

    5.2.1 Die Ankunft: Konfrontation mit dem vermeintlich Vertrauten 224

    5.2.2 Die Wahrnehmung des Herkunftslandes 236

    5.2.3 Die Rückkehr der Frau 239

    5.2.4 Die Rückkehr des Mannes 245

    5.2.5 Die Rückkehr der Kinder 252

    5.2.6 Physisches und psychisches Befinden der Rückkehrer .. 259

5.3 Der Prozess der Rückkehr 262

    5.3.1 Strategien der Anpassung und mehrere Ebenen der Rückkehr 262

    5.3.2 Neubeheimatung und der Entwurf neuer Lebensstilkonzepte 271

    5.3.3 Umgang mit Erinnerung: sichtbare Spuren der Entsendung 278

    5.3.4 Gewinn und Verlust: die Protagonisten ziehen Bilanz .. 283

6 Entsendung und Rückkehr als Lebensphase: eine Zusammenfassung 293

7 Literatur 309

Vorwort

Jede Reise beginnt mit einem ersten Schritt. Als ich die ersten Schritte für das Dissertationsprojekt unternahm, waren arbeitsethnografische Theorien und Erkenntnisse noch keine sichtbaren Wegweiser am Horizont. Die ersten Konzepte, die meinem Forschungsvorhaben über rückkehrende Familien nach einem beruflich bedingten Auslandseinsatz eine Richtung gaben, stammten interdisziplinär aus der Interkulturellen Kommunikation oder – ethnologisch noch untypischer – aus der Personalwirtschaftslehre. Auch wenn der Ausgangspunkt für dieses Buch also ein ganz anderer war, ist es doch mehr als naheliegend, nun in der Reihe »Arbeit und Alltag« das Ziel zu erreichen. Denn gerade das Konzept Arbeit ist ein zentrales Thema meiner Studie, in deren Fokus Menschen stehen, die ihren Alltag für eine gewisse Zeit berufsbedingt ins Ausland verlagert hatten. Die empirische Studie möchte unter anderem einen Beitrag zur Arbeitsforschung leisten, indem sie differenziert und in die Tiefe gehend aufzeigt, wie konkret »Arbeit« in die Familien hineinregiert und wie sie Lebensentwürfe gestaltet. Der Begriff Arbeit ist dabei das Werkzeug, von dem aus sich die projekthaften Züge der unterschiedlichen Arbeits- und Lebenswelten erklären lassen. In einer Gesellschaft, die durch den permanenten Drang und Zwang, voranzukommen oder mobil sein zu sollen, geprägt ist, übt Arbeit als Motor des Lebens eine enorme Macht auf eben jene Lebensentwürfe der Akteure aus.

Auch eine meiner Lebensphasen war stark von der Doktorarbeit und dem nun vorliegenden Buchprojekt geprägt. Ich bin vielen Menschen zu Dank verpflichtet, die mich auf diesem Weg begleitet und unterstützt haben: mein erster Dank gilt meinem Doktorvater Herrn Prof. Dr. Dr. h.c. Klaus Roth vom Institut für Volkskunde/Europäische Ethnologie in München für das große und unerschöpfliche Interesse an meinem Projekt. Im Laufe der vergangenen Jahre hat er mich stets ermuntert, diesen Weg bis zum Ende zu gehen. Er gab mir die notwendigen Freiheiten und ermöglichte so die für mich besten Arbeitsbedingungen, um die Studie abschließen zu können.

Gleichzeitig war er bei auftretenden Schwierigkeiten jederzeit erreichbar: Er unterstützte mich stets mit wertvollen Ratschlägen und weiterführenden Gedanken. Ebenso herzlich danke ich meiner Zweitgutachterin Frau Prof. Dr. Irene Götz vom Institut für Volkskunde/Europäische Ethnologie in München, die in ausführlichen Gesprächen ebenfalls besonders wichtige Anregungen und Hinweise gab, von denen das Projekt in vielfältiger Weise profitierte. Ihr und allen anderen Reihenherausgebern danke ich außerdem herzlich für die »Beheimatung« meiner Studie.

Das Herzstück des Buches sind die Entsendegeschichten der 14 Familien, die ich analysiert habe. Ich danke ganz besonders allen Akteurinnen und Akteuren, die mich nach ihrer Rückkehr in ihr Leben gelassen haben, um mir im Interview bereitwillig von ihren individuellen Erfahrungen zu berichten.

Auch meiner Familie und meinen Freunden gilt Dank für Beistand und Korrekturlesearbeiten: allen voran danke ich meiner Mutter Maria Pander. Unterstützt haben auch Joachim, Heike, Wolfgang, Ferdinand und Jutta. Kritische Leserinnen waren außerdem Annette Allgöwer, Cordula Hubert und Carolin Starz. Tomislav Helebrant sei zudem bedankt für die Satzherstellung; Stefanie Evita Schaefer und Eva Janetzko für die freundliche Betreuung beim Campus Verlag. Dr. Hartmut Becker und der Geschäftsführung des Wort & Bild Verlages danke ich außerdem für den Freiraum während der Druckvorbereitung dieser Studie.

1 Das Projekt

Noch nie war es auf den ersten Blick so einfach, Kontinente zu überqueren und geografische Grenzen zu überwinden. Die Möglichkeit, sich physisch, geistig und sozial über Länder und Kulturen hinweg zu bewegen, dem Alltag zu entfliehen und die Erfüllung in der Ferne zu suchen, gehört nicht mehr nur zum realen oder imaginären, konstruierten Ideal[1] vieler Lebensentwürfe, sondern immer häufiger auch zu den Manifesten beruflicher Anforderungen der Gegenwart (vgl. z. B. Kesselring/Vogel 2010). Diese Anforderungen spiegeln sich beispielsweise in einer Vielzahl aktueller Stelleninserate wider: Der ideale Mitarbeiter soll »mobil« und »flexibel«, »mehrsprachig« und »interkulturell kompetent« sein. Wer die »challenge« um einen guten Job annehmen möchte, beginnt die Arbeit am Lebenslauf daher besser früh als spät. Ein High-School-Jahr, Erfahrungen als Au-pair, Praktika in möglichst exotischen Ländern oder ein Auslandssemester während des Studiums sind Passagen, die nach Möglichkeit[2] eingeplant und auch durchschritten werden.

Arbeit meint heute viel mehr als Berufsarbeit: Sie dient weniger denn je ausschließlich dem Erarbeiten der Lebenshaltungskosten, sondern sie wird auch zur Projektionsfläche für persönliche Entfaltung und Selbstverwirklichung und damit zunehmend mit sinnhafter Bedeutung und dem Wunsch nach Erfüllung aufgeladen. Arbeit ist auch Arbeit am »Projekt Leben«. Das Bestreben nach eben jenem »perfekten Leben« nimmt immer häufiger Züge einer auf Dauer ausgerichteten Fortbildung[3] und Selbstoptimierung an – der

---

1 Vgl. Kapitel 2.2.
2 Je nach zur Verfügung stehendem sozialem und ökonomischem Kapital (zu den Kapitalsorten vgl. Bourdieu 1983).
3 Vor allem in kreativen Berufen wird die (vermeintliche) Freiheit von freiberuflicher, selbständiger Arbeit gelebt und teilweise bewusst angestrebt. »Ob subjektivierte Arbeitsverhältnisse z. B. als prekär oder vielmehr als Zugewinn an Selbstbestimmung und Kreativität angesehen werden, wird entlang branchen-, milieu-, gender- und schichtspezifischer Linien ausgehandelt« (Götz 2013: 9). Neben neuen räumlichen, zeitlichen und organisatorischen Freiheitsgraden für die Gestaltung der Arbeit würden ebenso rigidere Strukturierungen der Arbeitstätigkeit geschaffen, vgl. Kleemann u. a. (2002: 61).

Arbeitsmarkt fragt immer stärker nach »Persönlichkeiten und spezifischen skills« (Götz 2013: 1). Was zählt, sind Selbstvermarktungsstrategien. »Ein neuer Typus von ›selbstorganisierter‹ Arbeitskraft wird gefordert: ›der Unternehmer seiner selbst‹, der sich durch ›lebenslanges Fortbilden‹ flexibel, mobil und fit für den Markt hält« (Hess/Moser 2003: 5). Ob diese Flexibilisierungstendenzen positiv gewertet werden, hängt von den Lebenssituationen ab (Singledasein oder Familie, vgl. Schönberger 2007). Wer aber zögert, verharrt oder lieber nach Stabilität und Sesshaftigkeit im Leben strebt, gilt in der Postmoderne manchem als rückständig und im Wortsinne unbeweglich. Mobilität wird, so schreiben die Autoren Schneider/Limmer und Ruckdeschel (2002), zum Imperativ: »Sei mobil! Insbesondere im Rahmen der Berufskarriere ist ein gewisser Zwang entstanden, mobil sein zu müssen. Mobilität rückt damit ein Stück weit in die Nähe von Abhängigkeit, Verfügbarkeit und Fremdbestimmung«, so die Autoren weiter. Die Grenzen zwischen Arbeit und Nichtarbeit, Arbeit und Freizeit werden im Postfordismus[4] durchlässiger (vgl. auch Kapitel 2.2). Dabei gliedert Arbeit weiterhin das Leben, wenn auch nicht mehr so klar vorgezeichnet ist, in welchen Bahnen.

Besonders deutlich zeigen sich die Herausforderungen der multiplen Entgrenzung[5] von Arbeit am Beispiel von Familien, die für einige Jahre berufsbedingt im Ausland leben. Für diese empirische Studie waren 14 Familien bereit, von ihren persönlichen Erfahrungen mit ihren jeweiligen Auslandsentsendungen und insbesondere von den Herausforderungen bei der Rückkehr nach Deutschland zu berichten. Anhand ihrer Erlebnisse wird sichtbar, wie Erwerbsarbeit im Postfordismus das Familienleben durchdringt und in den Träumen, Erwartungen und Wünschen interpretiert und teilweise mit hohen persönlichen Kosten gelebt wird. Alle Protagonisten reisten für ihre Ar-

---

4 Fordismus war die gesellschaftliche Epoche, deren Namen vom Autopionier Henry Ford als Erfinder der Fließbandarbeit entlehnt wurde. Sie zeichnet sich durch eine klare Grenze zwischen Arbeit und Nichtarbeit aus; diese Grenzziehung reicht auch ins Soziale hinein. Fordismus bedeutet auch die Steigerung der Produktivität bei gleichzeitig sinkenden Kosten durch optimierte Arbeitsprozesse am Fließband und in den Fabriken. Im Postfordismus ist die Arbeit entgrenzt: eine Flexibilisierung und Mobilisierung der Arbeitskraft findet statt, vom Arbeitnehmer wird mehr Eigenverantwortung verlangt und es kommt zu einer »Subjektivierung« der Arbeitskraft, vgl. Schönberger (2007); zum Begriff des Fordismus und Postfordismus siehe auch Götz (2015).

5 Damit sind die zunehmende Flexibilisierung und Informalisierung von Arbeitszeiten sowie das Verschwimmen von Grenzen der Arbeitsteilung und der Neuordnung von Hierarchien gemeint, vgl. Herlyn u. a. (2009: 10).

beitsprojekte dem jeweiligen Job hinterher.[6] Als »Arbeitskraftunternehmer«[7] (Voß/Pongratz 1998) waren sie gefordert, ihr Arbeitsprofil im Ausland weiter zu schärfen, zu optimieren und weiterzuentwickeln. Das projektförmige Arbeiten, welches für alle erwerbstätigen Entsandten der Studie gerade im Ausland gelebte Realität war, wurde zur Grenzerfahrung, während sich die Akteure mit ihren im Wortsinne zugleich »entgrenzten« Lebensstilen konfrontiert sahen (vgl. Schönberger 2007). Diese Entgrenzung zeigte sich als Mobilisierung, Flexibilisierung[8], Subjektivierung[9], teilweise auch als Prekarisierung[10] und stetige Selbstoptimierung, unter deren Vorzeichen die Akteure der Studie agieren mussten.

Mit den Fallbeispielen, die dicht und differenziert sichtbar machen, wie Arbeit im Postfordismus in Familien hineinregiert, möchte diese Studie einen Beitrag zur Arbeitsethnografie leisten. Konkret ist es außerdem das Ziel der in der Europäischen Ethnologie verorteten empirischen Dissertation aufzuzeigen, welche Erfahrungen deutsche Familien während einer Auslandsentsendung sammeln und insbesondere, vor welchen Herausforderungen die Akteure stehen, wenn sie nach einigen Jahren wieder in ihr Her-

---

6 Für eine Entsendung gibt es seitens der Unternehmen und der Mitarbeiter vielfältige Gründe, wie die Studie im Verlauf zeigen wird. Ziel für die Unternehmen kann es etwa sein, einen Standort aufzubauen und durch Präsenz des Stammhauses in der Niederlassung Kontrolle auszuüben, die Personalentwicklung durch einen Einsatz im Ausland zu fördern etc.).
7 Der »Arbeitskraftunternehmer« muss auch für sich selbst Vorsorge tragen, da selbst Festanstellungen kein Garant mehr für ein ganzes Berufsleben in ökonomischer Sicherheit sind, vgl. Voß/Pongratz (1998).
8 Flexibilisierung meint »auf der Ebene der Arbeitsorganisation den Übergang von umfassend regulierten Arbeitsverhältnissen des Fordismus zu einer deregulierten Organisation der Lohnarbeit – ohne feste Vorgaben«, vgl. Schönberger (2007: 77).
9 Darunter versteht die Arbeitssoziologie, dass Eigenschaften, die Menschen allgemein in ihrem Leben erwerben, in die tatsächliche Berufsarbeit eingebracht werden (müssen), vgl. Huber (2012). Dazu zählen soziale Kompetenz, kommunikative Fertigkeiten und die Entwicklung eigener Ideen, vgl. Götz (2015). Zur Subjektivierung von Arbeit auch Moldaschl/Voß (2002); Kleemann u. a. (2002); Schönberger/Springer (2003); Schönberger (2007).
10 Unter Prekarisierung wird die Zunahme »prekärer Arbeitsbeziehungen« ohne festen Arbeitsvertrag, feste Arbeitszeiten, Tarifgehalt, Kranken- und Urlaubsgeld sowie Kündigungsschutz in der Erwerbsarbeit zusammengefasst, vgl. Schönberger (2007: 76); Götz/Lemberger (2009: 7) zufolge verweisen »Prekariat und ›Prekarisierung‹ auf strukturelle Veränderungen von Wirtschaft und Gesellschaft, wo die verstärkte Marktsteuerung mit ihrer flexibilisierten Arbeit ehemals Angestellte zunehmend zu ›Unternehmern‹ in Sachen Selbstvermarktung ihrer eigenen Arbeitskraft macht«.

kunftsland[11] zurückkehren. Der Fokus liegt dabei auch auf der Frage, welche Faktoren die Rückkehr im positiven wie im negativen Sinne beeinflussen können und welche Rolle dabei dem individuellen Rüstzeug der Rückkehrer zukommt. Für die qualitative, nicht repräsentative empirische Erhebung wurden Wirtschaftsentsandte, Entwicklungshelfer, Kulturmanager und Lehrer aus Deutschland befragt, die mit ihren Familien für eine begrenzte Zeit in außereuropäischen oder östlichen Ländern Europas gelebt und gearbeitet haben. Im Folgenden werden sie unter dem Begriff Auslandsentsandte[12] zusammengefasst.

Für alle interviewten Familien wurde die Entsendung zum Startschuss in ein neues Leben. Jeder Einzelne der Protagonisten hat Umbrüche und Brüche erlebt, Abschiede und Neuanfänge, Erfahrungen der Nähe und der Distanz.[13] Rückkehrer haben viele Erlebnisse im Gepäck – positive wie negative, die sich allesamt auf ihr weiteres Leben auswirken. Sie alle wissen, wie es sich anfühlt, als Minderheit, wenn oftmals auch mit privilegiertem Status, in einem anderen Land zu leben; sie erfuhren, welche Herausforderungen an einem fremden Ort warten können, an dem die vertrauten Alltagscodes[14] nicht mehr ohne Weiteres zu entschlüsseln sind, und die Muttersprache nicht mehr als selbstverständliches Werkzeug zur Verfügung steht. Das Leben in den Gastländern und vor allem die Rückkehr nach Deutschland wurde für die Protagonisten zu einer großen Herausforderung (gerade in Bezug auf ihre Arbeitswelten) und sie wurde zur Bewährungsprobe für die Familie und die Paarbeziehung, wie die Studie zeigen wird.

Während der Interviews durchquerten die Protagonisten in der Rückschau zentrale Passagen ihres Lebens; so kamen Erinnerungen von Rückkehrern zu Tage, die sich die »Heimat« sehnlich herbeiwünschten, obwohl sie doch »schon immer« von einem Leben in einem unbekannten Land geträumt hatten; andere fanden während des Auslandsaufenthaltes ihr familiäres Glück durch die Erfüllung eines lang gehegten Kinderwunsches, wieder

---

11 Unter dem Begriff Herkunftsland ist hier Deutschland zu verstehen.
12 Synonym werden auch die Bezeichnungen Expatriates oder Expats für Wirtschaftsentsandte und für alle anderen Befragten Entsandte und in späteren Kapiteln Rückkehrer verwendet. Dies geschieht im Sinne der besseren Lesbarkeit in der männlichen Form, wenn es sich nicht ausschließlich um Frauen handelt. Innerhalb der Interkulturellen Kommunikation ist der Begriff »Entsandte« durchaus üblich (J. Roth/K. Roth 2002). Auch der Kulturwissenschaftler Florian von Dobenbeck nutzt ihn in seiner Arbeit über mobile Eliten.
13 Dies sind auch zentrale Ergebnisse meiner unveröffentlichten Magisterarbeit (Pander 2006).
14 Verhalten, Sprache und Mimik.

andere waren aus ihrem sozialen Umfeld geflohen, um festzustellen, dass es für sie auch an einem anderen Ort kein Ankommen gab. Und eine nicht unerhebliche Zahl packte schließlich die Koffer, weil es der Arbeitgeber erwartete. Viele Interviewpartner betrachteten die Zeit im Ausland als berufliche und persönliche Lehrjahre – vergleichbar einer Initiation[15].

So unterschiedlich die Erlebnisse auch sein mögen, eines ist allen Protagonisten gemein: Sie alle erhofften sich vom Auslandseinsatz[16] eine Bereicherung ihres Lebens – entweder durch eine Aufstockung ihres kulturellen und sozialen Kapitals im Sinne Bourdieus (1983) oder durch eine Karriereerfüllung und demnach eine Erweiterung ihres ökonomischen Kapitals während der Entsendung und nach der Rückkehr. Kaum einer der Befragten hatte jedoch erwartet, dass ausgerechnet bei der Rückkehr ins vermeintlich Vertraute ein weiteres, bei einigen sogar noch das größte Abenteuer warten sollte.

Die Akteure sind als »Mobilitätspraktiker der Gegenwart« zu begreifen, anhand deren Erfahrungen »mikroskopisch« nachgezeichnet werden kann, wie weit die gesellschaftlichen, politischen und bisweilen auch wissenschaftlichen Debatten mancher »Globalisierungsexperten«[17] auf der Makroebene und die erfahrene Realität der Akteure dieser Studie auf der Mikroebene auseinanderklaffen. Anhand der nicht repräsentativen Erhebung kann durch ein »genaues Hinsehen«, für das Werner Schiffauer bereits in seinem Werk »Parallelgesellschaften« plädierte, eine »einseitige Stilisierung« vermieden werden (Schiffauer 2011: 15).[18] Mit dieser Studie werden so exemplarisch anhand der empirisch erhobenen Daten Zusammenhänge aufgezeigt, die beschreiben, welche Folgen im positiven wie im negativen Sinne eine Auslandsentsendung für ihre Akteure mit sich bringen kann.

Einer Erhebung des Institutes für Demoskopie Allensbach aus dem Jahr 2007 zufolge »träumt« jeder fünfte Deutsche von einem besseren Leben »fernab der Heimat« (Institut für Demoskopie Allensbach 2007). Der

---

15 Vgl. van Gennep (1981). In Kapitel 4.2.2 wird dieser Aspekt ausführlich beleuchtet.
16 Ein Auslandseinsatz ist als sozialer, räumlicher und zeitlicher Bewegungsverlauf mit drei Stationen zu verstehen: der Entsendung, dem eigentlichen Auslandseinsatz und der Rückkehr.
17 Globalisierung ist nicht nur in der medialen Verbreitung zu einem überbeanspruchten Terminus geworden, der polarisierende Begriff wird auch im wissenschaftlichen und politischen Diskurs in verschiedenster Form betrachtet und analysiert. Im Streit um Interessen wird er nicht selten als ideologisches Schlagwort gebraucht.
18 Schiffauer forderte den neuen »Realismus« in Bezug auf die Debatte um Einwanderergesellschaften. Seine Vorgehensweise ist auch für die vorliegende Studie eine geeignete Methode.

Wunsch, auszuwandern, hat den Angaben zufolge im Laufe der 1990er Jahre stetig zugenommen. In den Jahrzehnten zuvor sollen nur etwa zehn bis 15 Prozent der Westdeutschen über einen Umzug ins Ausland nachgedacht haben. Nach dem Zweiten Weltkrieg hatte es dagegen fast jeder dritte Westdeutsche in Betracht gezogen, einen Neuanfang an einem anderen Ort in der Welt zu wagen. Mit der Hochphase des Wirtschaftswunders sei der Gedanke ans Auswandern jedoch zunächst wieder in die Ferne gerückt, schreiben die Studienleiter. So wollte sich der Studie zufolge in den »beschwingten Zeiten« nur noch jeder zehnte Deutsche auf den Weg in ein neues Leben im Ausland machen.

Die aktuellen Berichte über Bevölkerungs- und Migrationsindikatoren der Vereinten Nationen zeigen (United Nations 2013), dass Wanderbewegungen in allen Teilen der Welt seit den 1980er Jahren stetig zunehmen. Die dahinterliegenden Motivationen sind unterschiedlich: sei es in Folge von Umsiedlung, Arbeitsmigration[19], Kriegsflucht oder Aussiedlung – oder schlicht deshalb, weil die Grenzen durchlässiger und die Wanderungen damit möglich geworden sind. Im Jahr 2011 haben dem Statistischen Bundesamt (Destatis) zufolge 679.000 Menschen Deutschland verlassen, das sind 8.000 mehr als im Jahr zuvor (Statistisches Bundesamt 2012). Davon waren den Angaben zufolge 140.000 deutsche Staatsbürger. Der Pressemitteilung des Bundesamtes nach handelt es sich insgesamt um einen Abwanderungsverlust deutscher Staatsangehöriger von 24.000 Personen. »Sowohl bei den Zuzügen als auch bei den Fortzügen lässt sich allerdings nicht unterscheiden, ob die Zu- beziehungsweise Abwanderer einen vorübergehenden oder dauerhaften Aufenthalt im Zielland planen«, heißt es in der Pressemitteilung des Amtes.[20] Die Zahl der Zuzüge deutscher Personen nach Deutschland – dazu zählen den Angaben zufolge auch Spätaussiedler und Deutsche, die aus dem Ausland zurückkehren – ist mit rund 116.000 im Vergleich zu 2010 annähernd konstant geblieben. Exakte Daten, wie viele Deutsche derzeit arbeitsbedingt für eine begrenzte Zeit außerhalb ihres Herkunftslandes leben oder in einem bestimmtem Jahr die Rückreise antreten, sind statistisch nicht zu ermitteln.

Ferne Destinationen üben seit jeher ihren Reiz aus: Neben Auslandsentsandten machen sich auch Touristen, Schüler, Studenten, Wissenschaftler

---

19 Den größten Teil dieses Bereiches machen den Angaben der UN zufolge westliche Arbeitnehmer aus.

20 Die Zahl umfasst also nur die Zahl der Personen, die ihren Wohnsitz in Deutschland abgemeldet haben – ob es sich dabei um Expatriates, Auswanderer oder andere handelt, kann damit nicht verifiziert werden.

und Vertreter der verschiedensten Berufsgruppen auf, oftmals mit dem Ziel, durch Erfahrungen im Ausland ihr kulturelles Kapital (Bourdieu 1983) aufzustocken. Darunter mischen sich auch »Wohlstandsmigranten«, die aufgrund ihrer zur Verfügung stehenden Kapitalsorten (ökonomisches und Bildungskapital) entscheiden können, in welchen Ländern sie leben wollen. Brigitte Bönisch-Brednich bezeichnet sie als »migrants of choice« (Bönisch-Brednich 2007). Während sich die imaginären wie auch die realen, geografischen Grenzen teilweise verflüssigen, werden unterschiedliche Lebensrealitäten zwischen Mobilität und Sesshaftigkeit erkennbar, die beispielsweise in Form der Auswanderer (vgl. Bönisch-Brednich 2003; Stadlbauer 2010), der Migranten, Remigranten, Immigranten oder transnationaler Pendler[21] längst Eingang in unterschiedliche Zweige des wissenschaftlichen Diskurses gefunden haben.

Doch Wanderungen über die Grenzen hinweg sind keine Erscheinungen neueren Datums. Im Grunde ist »Migration so alt wie die Menschheit« (Pries 2001: 5) und findet seit jeher aus den unterschiedlichsten Motivationen heraus statt. Migration war – und ist womöglich bis heute – jedoch nur für einen geringen Prozentsatz der Weltbevölkerung eine gelebte Tatsache.[22] Dennoch ist die gesamte Geschichte der Menschheit geprägt von großen Wanderungsbewegungen und dem erneuten Sesshaftwerden (vgl. Raeithel 1981). Neben den großen Entdeckern der Geschichte machten sich auch Seefahrer und Handelsreisende auf, um in der Ferne das Glück im Exotischen zu suchen. Missionare setzten sich der Fremderfahrung aus, weil sie diese als Voraussetzung zur Selbstentfaltung deuteten (Wierlacher 1993: 101–102). Im 16. und 17. Jahrhundert begaben sich zunehmend auch Gelehrte auf Bildungsreise; mit dem Beginn der Aufklärung wurde Reisen als wesentlich für die Entwicklung und Reifung des Geistes betrachtet.

»Wer längere Zeit in Übersee lebt und arbeitet, hat in besonderer Weise Anteil an dieser Geschichte, die zu der heutigen Aufteilung der Welt in Industrie- und Entwicklungsländer geführt hat. Es ist wichtig, die Gegenwart vor dem Hintergrund einer Geschichte zu sehen, der wir angehören und der wir verantwortlich sind. Denn diese Geschichte hat unsere Vorstellungen von den Anderen, von den Fremden, geprägt, ebenso wie sie die Vorstellungen der Anderen von uns geprägt hat.« (Hirsch 1992: 287)

---

21 Schellenberger (2011) versteht unter transnationalen Pendlern Migranten, die sich aus eigenem Antrieb – und weil sie Freude daran haben – für ein Leben zwischen Deutschland und Neuseeland entscheiden. Es gibt an beiden Orten einen Haushalt, gewechselt wird meist im halbjährlichen Rhythmus.
22 Kapitel 2.2 wird sich mit dieser Thematik ausführlicher auseinandersetzen.

Die Auslandsentsandten dieser Erhebung unterscheiden sich von den anderen, bereits genannten mobilen Akteuren: Sie haben einen speziellen beruflichen Auftrag an einem Ort und zu einem Zeitpunkt, der von der entsendenden Institution oder dem Unternehmen vorgegeben ist. Der Einsatz ist zeitlich begrenzt und meist entsprechend gut entlohnt. Alois Moosmüller zufolge gibt es dennoch auch Ähnlichkeiten mit ethnischen Migrantengruppen: »Beide sind der alltäglichen Erfahrung des Fremden ausgesetzt, müssen auf Gewohntes verzichten, das Fehlen des selbstverständlichen Rückhalts in sozialen Netzwerken hinnehmen« (Moosmüller 2002: 22). Stellvertretend für den Entsender (Wirtschaftsunternehmen, Deutscher Schuldienst, Entwicklungshilfeorganisation, Stiftung) repräsentieren die Protagonisten dieser Studie in den Gastländern nicht nur ihr Herkunftsland, sondern auch das jeweilige Unternehmen oder ihre Institution. Ihre Aufgabe ist es, Wissen zu vermitteln und sich Kompetenzen anzueignen, die im Idealfall später den entsendenden Institutionen zugutekommen sollen. Während des Lebens in den verschiedenen Destinationen stehen sie nicht am Rande der jeweiligen Gastgesellschaft, sondern aufgrund ihrer beruflichen Funktion und ihrer Herkunft in einer herausgehobenen, privilegierten Position.

Der erste Teil der Studie, nach den einleitenden Kapiteln zum Forschungsdesign und dem Kontext, hat deskriptiven Charakter: Die Familien und ihr Leben vor und während des Auslandseinsatzes werden anhand von einzelnen Porträts vorgestellt. Es wird versucht, die Lebenswelt der Rückkehrer Clifford Geertz (1987) folgend, »dicht zu beschreiben«. Die Kenntnis der Lebensverhältnisse der Familien vor wie auch während der Entsendung ist von zentraler Bedeutung, lassen sie doch wiederum gezielt Rückschlüsse auf die aktuelle Situation und das Befinden der Befragten nach der Rückkehr zu.[23] Die Auslandsentsendung wird damit zur Schablone der Vergangenheit, vor deren Hintergrund die Rückkehrerfahrungen sichtbar gemacht werden können. Im zweiten Teil der Arbeit steht die Rückkehr der Protagonisten im Mittelpunkt. Die empirischen Ergebnisse werden analysiert, diskutiert und interpretiert. Anhand des erhobenen Materials lassen sich schließlich Rückkehrstrategien herausarbeiten und Tendenzen darstellen, die im abschließenden Teil der Arbeit präsentiert werden.

---

23 Dies ist ein Ergebnis der Magisterarbeit Pander (2006: 110). Vgl. auch Kreutzer/Roth (2006).

1.1 Fragestellungen und Hypothesen

Folgende Fragestellungen stehen im Zentrum der Erhebung: Welche Wünsche, Ziele und Vorstellungen verknüpfen die Protagonisten mit einem Leben im Ausland – und inwieweit werden diese erfüllt? Auf welchen Motivationen basiert die Ausreise? Welche Strategien entwickeln die Entsandten im Umgang mit der Fremde im Ausland und später im Herkunftsland? Welche Erfahrungen machen Entsandte bei der Rückkehr ins Herkunftsland? Welche Rolle spielt die kulturelle Nähe im Gegensatz zu der als kulturell empfundenen Ferne des Gastlandes für das spätere Erleben der Rückkehr? Inwieweit unterscheiden sich die Erfahrungen bezüglich der unterschiedlichen Berufsgruppen? Welche Rolle spielt die als gelungen oder weniger gelungen empfundene Integration ins Gastland bei einer späteren Rückkehr ins Herkunftsland? Wie werden Alltagsräume sowohl im Ausland als auch bei der Rückkehr neu erschlossen, und was ist die besondere Herausforderung dabei? Wie gehen die Befragten mit Brüchen um? Welche Rolle spielt die Vorerfahrung im Kulturwechsel und somit die Verfügung über kulturelles Kapital? Wovon hängt schließlich ein gutes oder weniger gutes Ankommen im Gastland wie auch später im Herkunftsland ab? Mit welchen Ressourcen und Handlungskompetenzen begeben sich die Protagonisten in den Einsatz? Was erleichtert oder hemmt Mobilität? Wie pflegen die Entsandten Kontakte nach Deutschland und welche Rolle spielen dabei soziale Netzwerke und neue Medien? Welche Bedeutung räumen die Befragten der Entsendung für ihre Biografie ein? Und letztlich die zentrale Frage: Ist die Rückkehr eine größere Herausforderung als die Ausreise ins Gastland?

Aufgrund der Ergebnisse meiner Magisterarbeit (Pander 2006) war anzunehmen, dass die Rückkehr als größere Herausforderung empfunden wird als die Ausreise. Die zentrale Hypothese der Studie, die anhand der erweiterten Datenlage überprüft werden soll, lautet daher: Die Rückkehr ins Herkunftsland ist eine größere Herausforderung als die Ausreise. Bezüglich der gefühlten kulturellen Nähe beziehungsweise Distanz zwischen den Akteuren und dem Gastland und den Auswirkungen auf die Rückkehr werden folgende Überlegungen einbezogen:

1. Die erlebte Nähe oder Distanz zum Gastland hat nicht zwingend Auswirkungen auf die bei der Rückkehr erlebten Herausforderungen und Irritationen. Ausschlaggebend ist vielmehr die Erfüllung der Ziele, die sich die Ausreisenden als Individuen und als Paar gesetzt haben.

2. Je nachdem, wie positiv die Integration ins Gastland verlaufen ist und wie der Auslandsaufenthalt als solcher bewertet wird, fällt die Rückkehr leichter oder schwerer. Der Studie liegt die Vorannahme zugrunde, dass mehr als die situativen – geografischen, umweltbedingten oder kulturellen – Vorgaben in den Gastländern die individuellen, psychischen Faktoren der Entsandten, wie Befindlichkeit und Struktur des Familiengefüges, das Befinden eines jeden Einzelnen und die Verfügung über kulturelles Kapital (Erfahrungen mit Auslandsentsendungen), maßgeblich für eine als gelungen empfundene Rückkehr angesehen werden können. Diese Hypothese gründet sich ebenfalls auf ein zentrales Ergebnis meiner Magisterarbeit (Pander 2006: 117).
3. Es soll die Hypothese überprüft werden, inwieweit die Berufswahl der Protagonisten bereits Einfluss auf einen als positiv oder negativ erlebten Entsendeverlauf nimmt. Angenommen wird, dass sich Entwicklungshelfer, Lehrer und Kulturmanager aus einer anderen Motivation heraus ins Ausland aufmachen als beispielsweise Wirtschaftsexpats, für deren Karriereplanung es oftmals unerlässlich ist, Kompetenzen im Ausland zu erwerben.

1.2 Forschungsstand

Die spezielle Thematik der Rückkehr von Familien nach einem befristeten Auslandseinsatz hatte bisher im wissenschaftlichen Diskurs ein Schattendasein. Während der Wechsel in eine andere Kultur in der Vergangenheit bereits große Aufmerksamkeit gefunden hatte[24], kann beim Zurückkehren eine thematische Vernachlässigung festgestellt werden (vgl. G. Winter 1996; N. Adler 1991). Oftmals nimmt die besondere Phase der Rückkehr nur ein Schlusskapitel am Rande der Literatur über die sogenannten Expats oder Expatriates (Firmen-Auslandsentsandten) ein, die zu einem erheblichen Teil aus der Personalwirtschaft (Kühlmann 1995; G. Winter 1996; Gaugler 1989), der Psychologie (Deller u. a. 2012), der Soziologie (Kreutzer/Roth 2006) oder der Interkulturellen Kommunikation (Hirsch 1992; Moosmüller 1996; Moosmüller 1997; Moosmüller 2002; J. Roth/K. Roth 2002) stammt. Einen großen Teil der Expatliteratur steuert die internationale Personal-

---

24 Z. B. Gross (1994); die Autorin untersucht die Integration von Führungskräften im Auslandseinsatz; Bittner/Reisch (1994).

wirtschaftslehre bei. Hauptsächlich beschäftigen sich die Autoren dabei mit dem ökonomischen Aspekt einer Entsendung (Weyhe 1996; Heuß 2009) oder der Reintegration (Fritz 1982; Kenter/Welge 1983; Meier-Dörzenbach 2008), welche gewinnbringend für das Unternehmen und möglichst frei von Fehlbesetzungen sein soll,[25] dabei aber oftmals die Protagonisten als Individuen aus dem Blick verliert (vgl. auch Marx 1999; Speer 1992; Hirsch 1992). Die ersten Wissenschaftler, die sich mit der Rückkehr nach einem Auslandseinsatz beschäftigten, waren Gullahorn/Gullahorn (1963). Damals dauerten die Entsendungen meist noch länger als fünf Jahre. Erst in den 1980er Jahren wurden die Aufenthalte durch die Firmen auf drei bis fünf Jahre begrenzt (vgl. Meier-Dörzenbach 2008: 17), und das Bewusstsein für die Rückkehrproblematik wuchs langsam. Im deutschen Sprachraum hat sich der Betriebswissenschaftler Johannes Fritz (1982) schon früh mit der Reintegration von Auslandsmitarbeitern beschäftigt. Nach und nach hat sich auch die Wahrnehmung der interkulturellen Trainingspraxis im Bereich der Auslandsentsendungen verändert. »Vielfach gilt die Lösung der Reintegrationsprobleme inzwischen als schwieriger als eine kompetente Einstellung und Vorbereitung auf ein fremdes Land« (G. Winter 1996: 365). Repräsentative Studien, die sich gezielt mit der Rückkehr von Familien beschäftigen, liegen bislang für den deutschen Raum jedoch nicht vor.[26] Die Mehrheit der publizierten Daten zur Reintegration besteht Winter zufolge aus »sehr kleinen Stichproben [...] grundlagenorientierte theoretische Perspektiven werden nur selten entwickelt« (G. Winter 1996: 369). Der Betriebswissenschaftler Michael Kenter fordert bereits in den 1980er Jahren empirisch orientierte Studien zur Rückkehr, weil gerade dort die größten Probleme bei einer Delegation aufträten (Kenter/Welge 1983: 175). Arbeiten, die den gesamten Entsendeprozess unter Einbeziehung der Familien berücksichtigen, wurden bislang nur in einzelnen Artikeln aus dem Bereich der interkulturellen Kommunikation oder dem interkulturellen Management in den wissenschaftlichen Diskurs eingebracht (Thomas/Schroll-Machl 2003; G. Winter 1996;

---

25 Wird ein Auslandseinsatz beispielsweise vorzeitig abgebrochen, entstehen dem entsendenden Unternehmen hohe Kosten. Generell ist das Entsenden eines Mitarbeiters mit höheren Kosten verbunden, als wenn die Unternehmen lokale Arbeiter anstellen würden.

26 Horn (1997): *Reintegration*. Die Abhandlung stammt aus der Wirtschaftspädagogik und bezieht sich auf Rückkehrer (ohne Fokus auf den familiären Kontext) aus dem amerikanischen Raum. Krammer/Oberndorfer (2001): *Einsatz danach*. Diese Arbeit befasst sich hauptsächlich mit der beruflichen Rückkehr von Mitarbeitern der österreichischen Entsendedienste, die aufgrund der differenten Organisationsstrukturen mit jenen der deutschen Protagonisten der Studie nicht zu vergleichen sind.

Hirsch 1992). Bisher stehen aber auch hier über rückkehrende deutsche Familien nach einem Auslandseinsatz keine vergleichbaren, empirischen Studien zur Verfügung.

Im Bereich der Kulturwissenschaften ist die Thematik des Auswanderns (Bönisch-Brednich 2003; Ette/Sauer 2010; Schubert-Mc Arthur 2007), des transnationalen Arbeitens (Kreutzer/Roth 2006), der Transmigranten[27], der Backpacker (J. Binder 2005), der Remigration (Scholl-Schneider 2011), der Mobilität (Götz u. a. 2010; Rolshoven 2007; Gebhardt/Hitzler 2006; Stadlbauer 2015), der Migration[28] und der Arbeitsmigration (K. Roth 2003; Hess 2005) bereits ausführlich erforscht. Gerade mit dem Thema Migration beschäftigen sich unterschiedliche Wissenschaftsdisziplinen unter wirtschaftlicher oder geografischer Perspektive. Auch Psychologen haben sich mit unterschiedlichen Wanderungsbewegungen beschäftigt.[29] In Deutschland hat zudem in der sozial- und wirtschaftshistorisch ausgerichteten Migrationsforschung vor allem die Auswanderung nach Nordamerika (Bade 1984; Roessler 1993) und die Zuwanderung von Arbeitskräften aus Osteuropa das Forschungsinteresse geweckt (Kleßmann 1978; Hess 2005). Die Zuwanderung aus den ehemaligen deutschen Ostgebieten aufgrund der Vertreibung (Benz 1995) nach Ende des Zweiten Weltkrieges und die Zuwanderung von Arbeitsmigranten vor allem aus Süd- und Südosteuropa ab Ende der 1950er Jahre sind Gebiete, die von der Migrationsforschung ebenfalls abgedeckt sind. Seit den 1990er Jahren finden auch die (oft weiblichen) Migranten aus Osteuropa sowie Flüchtlinge und Asylsuchende zunehmend Beachtung im Forschungsdiskurs (Bade/Oltmer 2003; Hess 2005). Die Mehrzahl der Migrationsstudien hatte in der Vergangenheit die Lebenswelten nicht privilegierter Migranten im Blick, während global agierende, temporäre Arbeitsmigranten wie eben Auslandsentsandte noch keine ausführliche Betrachtung

---

27 Vgl. Pries (2007). Der deutsche Politikwissenschaftler Claus Leggewie definiert den Begriff folgendermaßen: »Transmigranten leben dauerhaft an zwei oder mehr Orten, sie sprechen ständig zwei und mehr Sprachen ... und durchwandern ... mit wachsender emotionaler Routine Familienhaushalte, Beziehungsnetze und Kommunikationsräume kontinuierlich in beide Richtungen« (Leggewie 2001: 459); zu »Transnationalen Familien in der Weltgesellschaft«: Zoll (2007); Schellenberger (2011).

28 Z. B. Bayer u. a. (2009); Hess/Schwertl (2010); Hess u. a. (2009); Hess/Kasparek (2010); Scheibelhofer (2011); Schmidt-Lauber (2007); Ette/Sauer (2010) sowie aus dem Bereich der Psychologie Ward u. a. (2001).

29 Z. B. zur Immigration Akhtar (2007), zur »Psyche auf Reisen« Zschocke (2005) und Marquardt-Harrison (2001) beispielsweise zur psychischen Bewältigung von Auswanderung.

in der kulturwissenschaftlichen Migrations- oder Familienforschung gefunden hatten.[30]

Aus der interkulturellen Kommunikation, der Sozialpsychologie, der Philosophie und Pädagogik (Clausen 2006) gibt es zwar Abhandlungen über Reisen, Auswanderung, Kulturwechsel oder Auslandsentsendungen im Allgemeinen oder zum Erwerb interkultureller Kompetenz im Besonderen (Moosmüller 2009; Moosmüller 2002; Moosmüller 2007b; Hermeking 2001), jedoch befasst sich bislang auch hier kaum ein Autor mit der Rückkehr von deutschen Familien nach einem mehrjährigen Auslandseinsatz (Kühlmann 1995; G. Winter 1996). Ein großer Teil der Literatur handelt vom Rückkehrer, als wäre er ein isoliertes Individuum ohne Familie, Partner oder soziales Umfeld (Black/Gregersen 1991; Horn 1997). Es ist aber gerade die Familie, die maßgeblich zum Gelingen oder Scheitern des Auslandsaufenthaltes beitragen kann (Pander 2006: 117).[31]

Die Akteure der Gegenwart sind heute mehr denn je gefordert, sich mit den globalen Veränderungen zu arrangieren, sie müssen flexibel, mobil und offen sein[32], »Arbeit, Arbeitgeber, Wohnort, Sprache und Denkweise zu wechseln« (J. Roth 2001: 199). Diese Tatsache begründet nicht nur ein neues wissenschaftliches Interesse im Bereich der Arbeitsforschung, sondern auch der Migration. Im Gegensatz zur traditionellen Migrationsforschung, die lange von einem linearen, endgültigen Wechsel zwischen Herkunftsland und neuer Destination ausging, steht heute im Forschungsinteresse, wie »Migranten multiple Beziehungen zwischen mehreren Orten entwickeln und unterhalten« (Kokot 2002: 30). Der Ansatz ist für die Expatriateforschung zentral. Temporäre Migranten zeichnen sich dadurch aus, dass sie

---

30 Eine der wenigen Ausnahmen aus dem Bereich der Europäischen Ethnologie ist die Doktorarbeit von Florian von Dobenbeck (2010) zu deutschen »Elitemigranten« in São Paulo. Gemeinsam mit Sabine Zinn-Thomas vom Institut für Volkskunde in Freiburg hat er 2011 außerdem einen Artikel zum Thema Multilokalität am Beispiel deutscher Elitemigranten in Shanghai und São Paulo veröffentlicht (Zinn-Thomas/Dobenbeck 2011). Johanna Stadlbauer aus Graz hat sich in ihrer Doktorarbeit außerdem mit der Frage beschäftigt, welche Bedeutung es für privilegierte Migrantinnen hat, wenn sie auf die eigene Erwerbstätigkeit während eines Auslandseinsatzes verzichten müssen (Stadlbauer 2015). Sie gibt auch einen ausführlichen Überblick über internationale und nationale »Expatriate«-Studien und den aktuellen Forschungsstand.

31 Andere Abhandlungen thematisierten die Situation der Familien nur am Rande, sie kommen zu dem Schluss, dass auch die »funktionierende« Familie einen entscheidenden Anteil am Erfolg der Entsendung hat. Fühlen sich mitausreisende Frauen und Kinder in der Destination nicht wohl, kommt es bisweilen zum Abbruch der Entsendung, vgl. Wirth (1992); Bittner/Reisch (1994); Kühlmann (1995).

32 S. Kapitel 2.2.

für einen begrenzten Zeitraum im Ausland leben und dass sie häufig den ausländischen Arbeits- und Wohnort nicht mitbestimmen können. Sie werden Juliana Roth zufolge zu berufsgebundenen Kulturwechslern (J. Roth 2001: 200). Im Unterschied zur älteren Migration, deren Auswirkungen gesellschaftlich oft negativ bewertet und deren Protagonisten (Immigranten) bisweilen als Gefährdung wahrgenommen werden (vgl. Sassen 2000: 13), wird die temporäre »Arbeitsmigration« der Auslandsentsandten aufgrund ihres Expertenstatus positiv konnotiert.

Welcher besonderen Kompetenzen es bedarf, sich dem Gastland anzupassen, wurde in zahlreichen Arbeiten zusammengefasst; meist haben sich Psychologen dabei mit den Kriterien beschäftigt, die über den Entsendeerfolg entscheiden (vgl. Kealy 1996). Aspekte der Auslandsentsendung werden psychologisch und interkulturell anhand der zahlreichen Kulturschockmodelle und Konzepte der Akkulturation beleuchtet. Es liegen einige Arbeiten vor, deren Ergebnisse auch in die Analyse dieser Studie einfließen werden (Oberg 1960, 1974; P. Adler 1975; Hofstede 2001; Brüch 2001; Zick 2010). Alois Moosmüller steuerte zum wissenschaftlichen Diskurs als Herausgeber und Autor für den Bereich der interkulturellen Kommunikation außerdem viele aufschlussreiche Arbeiten bei, beispielsweise *Konzepte kultureller Differenz* (2009), die *Interkulturelle Kommunikation in der Diaspora* (2002) oder *Deutsche Expatriates in Japan* (2007a). Die interkulturelle Kommunikation beschäftigt sich seit den 1950er Jahren mit der Anpassung sogenannter *sojourners* (Elitemigranten wie Diplomaten, Wirtschaftsexpats etc.) in deren Gastländern (vgl. Moosmüller 2007a). Die Forschungen beleuchten die individuellen Anpassungsverläufe, sie ermitteln, wie und wodurch interkulturelle Kompetenz entsteht und wie Schwierigkeiten bei der Anpassung in den Gastländern verarbeitet werden können (beispielsweise das Erleben eines Kulturschocks). Im Zentrum des Interesses steht meist die rasche und möglichst konfliktfreie Einsatzfähigkeit der Protagonisten in ihren jeweiligen Gastländern. Die individuellen, lebensalltäglichen Realitäten während der Entsendung und der Rückkehr wurden bisher vernachlässigt (vgl. Moosmüller 2007a).

Amerikanische und deutsche Kulturwissenschaftler und Politologen haben sich zudem gezielt mit den *third culture kids* beschäftigt, jenen Kindern, die während einer Entsendung nicht im Herkunftsland der Eltern, sondern einem der Gastländer geboren wurden und prägende Jahre mit mehreren Entsendestationen in verschiedenen Destinationen zugebracht haben (Pollock/van Reken 1999; Schnelle 2008; Richter 2011). Meist handelt es sich dabei um vielgereiste Diplomatenkinder.[33]

Als Grundlage der Dissertation dienen Erkenntnisse, die sich mit Migration in Bezug auf den Alltag und die Lebenswelt von Individuen befassen. Migration soll dabei nicht nur als ein auf Dauer ausgerichteter Wechsel in eine andere Gesellschaft oder Region verstanden werden (Treibel 2003), sondern als eine temporäre, transnationale Mobilität, wie sie für die Protagonisten der Studie gilt. Die Dissertation sieht sich in einer ethnologischen Forschung verortet, die ihre Erhebungen auf die »großen Themen im ›Kleinen‹, die exemplarische Erforschung globaler Phänomene in lebensweltlichen Ausschnitten« ausrichtet (Schmidt-Lauber 2007: 12). Zugrunde liegt der Blick auf »Kultur« als ein unabgeschlossener Prozess (ebd., 13). Migration wird so »nicht mehr als linearer Prozess zwischen Herkunfts- und Zielland definiert, sondern in ihrer Dynamik, Widersprüchlichkeit und Vielschichtigkeit speziell aus Sicht der Akteure befragt« (ebd.).

Der Kulturanthropologin Brigitte Bönisch-Brednich zufolge stellen Migrationserfahrungen keine Ausnahmeerscheinung in modernen Lebenswelten dar (Bönisch-Brednich 2003). Umso erstaunlicher ist es, dass Auslandsentsendungen bisher noch vergleichsweise selten in den Fokus des allgemeinen Forschungsinteresses gelangt sind. Dies dürfte keineswegs der Relevanz in »bewegten Zeiten wie diesen« entsprechen. Versteht man »die Attraktivität des Faches« Rolf Wilhelm Brednich zufolge als »die Erforschung der eigenen Kultur und Alltagswelt als Auftrag«, in dessen Rahmen »immer neue Segmente des historischen und gegenwärtigen Alltags in die Forschungstätigkeit eingeschlossen werden können« (Brednich 2001: 7), scheint es doch gerade in Zeiten der »Globalisierung« essenziell, auch die Lebenswelten deutscher Entsandtenfamilien während und nach einem Auslandseinsatz in den Blick zu nehmen.

1.3 Forschungsfeld

Die Rückkehr nach einem Auslandsaufenthalt und die Herausforderungen, die die Familien in dieser besonderen Phase zu meistern haben, geben die Akteure wie auch das Thema dieser Arbeit vor. Der Erhebung liegen 14 Entsendegeschichten von deutschen Familien zugrunde, die mit qualitativen,

---

33 Die Situation der rückkehrenden Kinder wird im Speziellen in Kapitel 5.2.5 beleuchtet.

teilstrukturierten Leitfadeninterviews erhoben wurden. Insgesamt wurden dafür 26 Personen befragt und deren Aussagen anschließend analysiert. Ursprünglich war geplant, jeweils zwei Familien aus dem Bereich der Wirtschaft, zwei Familien, die für eine Entwicklungshilfeorganisation im Ausland waren und zwei Paare, die für den deutschen Schuldienst als Lehrer ausreisten, zu interviewen – wiederum untergliedert in Paare, die jeweils im außereuropäischen Ausland gelebt und gearbeitet haben, und jenen, die in den östlichen Ländern Europas stationiert waren. Für den europäischen Bereich wurden statt der Entwicklungshelfer Kulturmanager in die Auswahl aufgenommen (zur Auswahl der Interviewpartner vgl. Kapitel 3.1.1).

Allen Protagonisten ist gemein, dass sie bezüglich der Bestimmung ihrer Destinationen und des Zeitpunktes des Einsatzes nur eine eingeschränkte Wahl hatten – sowohl bei den Wirtschaftsexpats als auch bei den Lehrern[34], Kulturmanagern und Entwicklungshelfern waren die Zielorte durch den Arbeitgeber, die Institutionen beziehungsweise die Stellenbeschreibungen vorgegeben. Die Paare konnten im Vorfeld zwar einen Auslandseinsatz ablehnen, was Einzelne auch gemacht hatten. Allzu oft sollten die Angebote der Arbeitgeber nach Angaben der Befragten jedoch nicht abgelehnt werden, da dies künftige Chancen auf eine Entsendung erschweren könnte.

Es stellt sich die Frage, warum ausgerechnet Rückkehrer dieser speziellen Berufsgruppen ausgewählt wurden. Der Entscheidung liegt zugrunde, dass sich der Vergleich der Berufsgruppen Wirtschaftsexpats und Entwicklungshelfer bereits als besonders erkenntnisreich für die Magisterarbeit aus dem Jahr 2006 erwiesen hatte. Eine der zentralen Hypothesen der aktuellen Studie lautet daher, dass neben der individuellen auch die berufliche Motivation für eine Entsendung maßgeblichen Einfluss auf die Rückkehr der Protagonisten nimmt. Es kann auf Grundlage der Magisterarbeit davon ausgegangen werden, dass die verschiedenen Berufsvertreter ihre spezifischen, dem Jobprofil jeweils eigenen Motivationen für eine Entsendung haben, die auch maßgeblichen Einfluss darauf nehmen, ob das Leben im Ausland und die Rückkehr als gelungene Lebensphasen empfunden und beurteilt werden.

---

34 Für Lehrer gibt es drei Möglichkeiten, im Ausland zu arbeiten: Verbeamtete Lehrer können sich als Auslandsdienstlehrkraft melden. Sie müssen sich im innerdeutschen Schuldienst bereits bewährt haben und bewerben sich auf dem Dienstweg bei der Zentralstelle für das Auslandsschulwesen (ZfA). Auch Bundesprogrammlehrkräfte können entsandt werden. Sie haben meist das zweite Staatsexamen abgelegt, sind aber noch nicht fest und unbefristet im Schuldienst tätig und bewerben sich direkt bei der ZfA. Möglich wäre auch, als Ortslehrkraft ins Ausland zu gehen. Die Vermittlung findet direkt über die Auslandsschulen statt, vgl. J. Winter (2009).

Eine Ausweitung des empirischen Forschungsfeldes auf Lehrer und Kulturmanager verspricht daher eine Ergänzung und thematische Erweiterung. Ob es im Erleben der Entsendung und der Rückkehr maßgebliche Unterschiede unter den Protagonisten gibt oder ob die Hypothese revidiert werden muss, wird im Laufe dieser Studie eruiert.

Ebenso verlangt die Entscheidung für die geografische Einteilung der Entsandten nach außereuropäischen Entsendegebieten und den östlichen Ländern Europas eine Erklärung. Für den außereuropäischen Raum sind Simbabwe, Ghana, Burkina Faso, Mali, Ecuador, Kolumbien, China und Indien die Zielorte der Entsandten. Es wurde versucht, um die Empirie auf einer annähernd vergleichbaren Ebene zu halten, Schwellen- beziehungsweise Entwicklungsländer ins Sample aufzunehmen. Das nördliche Amerika wurde beispielsweise von Beginn an aus der Erhebung ausgeschlossen, um innerhalb der außereuropäischen Länder eine annähernd homogene Gruppe herstellen zu können. Die europäischen Einsatzorte umfassen Ungarn, Polen, Rumänien, Kroatien und Bulgarien. Länder wie Spanien, Frankreich oder Italien wurden wiederum ausgeklammert. Es schien als geeigneter für die Empirie, postsozialistische Länder auszuwählen, da auch diese Destinationen, wie sich bereits im ersten Interview zeigte, eine besondere Herausforderung für deutsche Expats sein können. Da die Magisterarbeit von 2006 nur außereuropäische Entsendeorte im Blick hatte, schien es besonders interessant, das Feld auch geografisch zu öffnen: Welchen Einfluss hat es auf eine als gut oder weniger gut empfundene Rückkehr, ob die Akteure den Auslandsaufenthalt in einem Land absolvieren, dem sie eine hohe oder niedrige kulturelle Distanz zum Herkunftsland zuordnen? Dieser Aspekt wird in Kapitel 5.2 beleuchtet.

2 Der Kontext

In Zeiten der medial vielfach beschworenen unbegrenzten Möglichkeiten des 21. Jahrhunderts stellt sich die Frage, welche Faktoren und Imaginationen räumliche wie auch soziale Mobilität zulassen oder begrenzen. In den folgenden Unterpunkten soll zunächst der »Traum vom Abenteuer« beleuchtet werden, um anschließend der Frage nachzugehen, was das Spannungsfeld zwischen »Freiheit oder Zwang« beruflicher Mobilität ausmachen kann. Damit wird die kontextuelle Grundlage für die Analyse der erforschten Gruppe dieser Studie bereitet, da sich auch jeder Einzelne der Befragten mit einem Bündel an Aspekten und Einflüssen konfrontiert sah, als die Entscheidung »gehen oder bleiben?« im Raum stand.

2.1 Der Traum vom Abenteuer

Christoph Kolumbus, James Cook oder Marco Polo: diese Ikonen der Fremderfahrung und ihre modernen Vertreter befeuern seit jeher die Fantasie vieler Menschen, weil sie aus vertrauten Strukturen aufbrachen, um sich in der Fremde in teils bedrohlichen, teils verheißungsvollen Situationen zu bewähren und aufgrund einer Vielzahl an Erfahrungen gestärkt und in der Persönlichkeit gereift wiederzukehren. Die Fremde impliziert das Ungewisse, den Traum unerfüllter Hoffnungen, den Inbegriff des Abenteuers, des besseren Lebens[35] und auch der Furcht oder der »Angstlust« (vgl. Raeithel 1981). Geradezu verheißungsvoll scheint manchem die Vorstellung, hinter der Folie der fremden, exotischen Kulisse das Wesentliche, Ursprüngliche und Reine wiederzuentdecken, das in der Ära der Globalisierung den Wettlauf gegen

---

[35] Dies mag umso mehr für jene gelten, die nicht in Frieden und Wohlstand der westlichen Hemisphäre leben, sondern in politisch und ökonomisch instabilen Regionen der Erde, unter Armut, Verfolgung und Not.

die Zeit zu verlieren scheint. Auch der Wunsch, sich selbst näher zu sein, sich neu zu entdecken, liefert den Zündstoff, um das »Projekt Ich« mit dem »Projekt Ausland« zu verzahnen und (wenn auch nur mental) in Gang zu setzen. Das Reisen ist in den kollektiven Träumen des Menschen verankert. »Der Impuls, die Ordnungsstrukturen des Alltags zu verlassen und in andere Wirklichkeiten einzutreten […] stellt eines der wirksamsten Mittel dar, der eingespielten sozialen Ordnung vorübergehend zu entkommen – nicht in blinder Furcht, sondern als produktive menschliche Leistung, die neue Erfahrungen ermöglicht« (Henning 1999: 72). Dies kann im Kleinen mit touristischen Reisen in ihren diversen Abstufungen beginnen, die Erholung und Inspiration bringen sollen, und im Großen in ausgedehnten Unternehmungen münden, um sich im »Idealfall« abseits der Touristenströme auf eigens erschlossenen »Geheimpfaden«, wie es etwa die Lonely-Planet-Reiseführer dem geneigten Individualtouristen suggerieren, eine neue Welt zu eröffnen. Neben zahlreicher Reiseliteratur werden regelmäßig Fernsehdokumentationen[36] über entfernte Destinationen präsentiert, die diese Sehnsucht ebenso entfachen können wie Kinofilme, Multimediashows von Extremsportlern[37] oder die Erlebnisberichte der prominenten Weltenbummler und Abenteuer-Unternehmer des 21. Jahrhunderts[38].

Arjun Appadurai nennt die medialen Landschaftsübermittler »mediascapes, which are an influential ›flow‹ in the global cultural economy of the modern world and of how local space is mediated by and transferred to global space« (Appadurai 1997: 295). Er macht fünf Dimensionen aus: Ethnoscapes (ethnische Räume: Personen, die für den gegenwärtigen globalen Wandel charakteristisch sind, wie Immigranten, Exilanten und andere mobile Gruppen), Mediascapes (Verbreitung von Bildern und Informationen durch Zeitschriften, Fernsehen, Internet), Technoscapes (grenzüberschreitende Bewegungen von Technologien und Hightechprojekten), Financescapes (grenzüberschreitende Bewegungen von Kapital und Geldströmen

---

36 Die Faszination vom Leben an fernen Destinationen wurde vor allem in den Jahren 2006 und 2007 intensiv telemedial gespiegelt: TV-Shows wie »Goodbye Deutschland« (VOX), »Die Auswanderer« (Pro 7) oder »Umzug in ein neues Leben« (RTL) erfreuten sich großen Zuspruchs.

37 Z. B. der Extremkletterer Stefan Glowacz: Er inszeniert seine Abenteuergeschichten in Multimediashows und tourt quer durch Deutschland (*http://abenteurer-des-21-jahrhunderts.de*, letzter Aufruf 11.7.2015).

38 Z. B. der prominente Abenteurer Rüdiger Nehberg, der Extrembergsteiger Reinhold Messner oder der Globetrotter-Gründer Klaus Denart, der momentan einer der größten europäischen Outdoorausstatter ist. (Quelle: http://www.manager-magazin.de: »Angst ist ein Freund des Menschen«, letzter Aufruf 11.7.2015).

wie Devisenmärkte und Börsen) und Ideoscapes (Begriffe oder Bilder, die mit ideologischen oder politischen Inhalten verknüpft sind), die das Gerüst imaginierter, vorgestellter Welten begründen. Ethnoscapes entstehen demnach als Landschaften durch die Bewegung und gelten für alle Menschen, die physisch oder virtuell um den Erdball wandern – selbst Personen, die immobil bleiben, haben Appadurai zufolge Imaginationen darüber (Appadurai 2003: 33f.). Im globalisierten Raum existieren so unterschiedliche Vorstellungen über verschiedene Lebensstile, die meist von den Massenmedien (Mediascapes) verbreitet werden.

Es kann angenommen werden, dass die derart vermittelnden Bilder zu Teilen aus Fiktionen oder Mythen bestehen. Dennoch beeinflussen sie Lebensentwürfe. »Auf der ganzen Welt betrachten […] Menschen durch die Optik möglicher, von den Massenmedien in jeder nur denkbaren Weise angebotenen Lebensformen ihr eigenes Leben. Das bedeutet, Fantasie ist heute eine soziale Praxis geworden; sie ist in ungezählten Varianten Motor für die Gestaltung des gesellschaftlichen Lebens vieler Menschen in vielerlei Gesellschaften […] die Biografien gewöhnlicher Menschen werden auf diese Weise zu Konstruktionen, bei denen die Imagination eine bedeutsame Rolle spielt« (Appadurai 1998: 22). Die Folge für die Individuen verschiedener Lebensstile und sozialer Bindungen in an sich getrennten Welten sei, dass sie als Protagonisten stets eigenverantwortlich handeln müssten (Appadurai 2003: 34). Die (vermeintliche) Erreichbarkeit einer Vielzahl verschiedener Lebensentwürfe für nahezu alle Menschen wird so bisweilen suggeriert, was sich nicht zuletzt in den Pressemeldungen über die Flüchtlingsaktivitäten spiegelt.[39] In den »neuen Leitbildern«, die auch medial Verbreitung finden, wird nach Meinung des Soziologen Ulrich Beck »eine neue Ordnung erkennbar – nicht mehr die Ordnung der Heimat und Herkunftsregion, sondern die (vorgestellte) Ordnung der ersehnten größeren Welt« (Beck 2007: 244).

Umfragen zufolge wünschen viele Menschen (theoretisch) den Neuanfang an einem – bestenfalls exotischen – Ort (Prognos AG 2007; Institut für Demoskopie Allensbach 2007: 10). Den Daten des Sozio-Oekonomischen Panels (SOEP) zufolge hat sich im Jahr 2009 beispielsweise jeder achte Deutsche Gedanken über einen Umzug ins Ausland gemacht (Deutsches Institut für Wirtschaftsforschung 2010). Davon zieht den Angaben zufolge jeder Dritte in Erwägung, seinem Herkunftsland für immer den Rücken zu kehren, und jeder Elfte spielt mit dem Gedanken, Deutschland innerhalb

---

39 Z. B. »121 Flüchtlinge erreichen griechische Insel« (Deutsche Presse-Agentur 2013a).

der nächsten zwölf Monate zu verlassen. Ob sie dann aber auch tatsächlich gehen oder bleiben, kann dem SOEP-Bericht nicht entnommen werden. Doch welche Vorstellungen, Wünsche und Ziele könnten den Aussagen der Befragten zugrunde gelegen haben? Möglicherweise träumen sie davon, ihr Selbst im unbekannten Kontext auf die Probe zu stellen. Dies entspräche einem Aufbrechen, um sich in der Ferne selbst zu erfahren. Wer sich dann also tatsächlich auf den Weg macht, könnte alte Rollenmodelle und Erwartungen hinter sich lassen wollen, »um zum Kern seiner Identität vorzudringen« (Clausen 2006). Die Spurensuche kann demnach als Projektionsfläche für all die Wünsche, Lebensentwürfe und Ziele angesehen werden, die bisher im Leben der Protagonisten nicht erfüllt werden konnten. »Mobilität bietet die Chance, der Vergangenheit mit hoher sozialer Akzeptanz im ›Abenteuer Gegenwart‹ zu entkommen« (Justen-Horsten 2004: 311). Einige erhoffen sich vom Gehen vielleicht einen Reifeprozess. Andere suchen den Austausch auf soziokultureller Ebene, und wiederum andere träumen vom Aufbruch, weil sie dem starren Korsett des Alltags entkommen wollen. Dem Psychologen Armin Günther zufolge geht es dabei auch meist nicht so sehr darum, das Unberührte an einem anderen Ort zu finden, sondern vielmehr darum, »das ›wirkliche Leben‹ durch die Inszenierung zu einer in sich stimmigen, interessanten, originellen und möglichst fesselnden Erlebniswelt zu überhöhen« (Günther 1998: 107). Die entgrenzte Arbeits- und Lebenswelt scheint das Vorhaben auf den ersten Blick zu erleichtern (vgl. Kapitel 2.2).

Wer sein gewohntes Umfeld verlässt, hat die Möglichkeit, aus der Distanz auf das Eigene, das »Selbst« zu blicken und sich im Zwischenraum neu zu erfahren, er kann »bislang eingenommene Positionen und alte Fixierungen als wandelbar erleben und sie zumindest probeweise aufgeben« (Clausen 2006: 8). Der Traum vom Abenteuer wird möglicherweise aber auch zum real erlebten Albtraum, wenn der Mensch den physischen und psychischen Anforderungen in einer »fremden« Umgebung nicht gewachsen ist – wie die Studie von Jens Jürgen Clausen über psychische Grenzerfahrungen beim Reisen zeigt. Anhand autobiografischer Texte von Reisenden geht der Erziehungswissenschaftler der Frage nach, ob man vom Reisen im Wortsinne »verrückt« werden kann (Clausen 2006: 5). Der Autor stellt fest, dass »das Reisen die innere Konstitution labilisieren, die Wahrnehmung von Raum, Zeit und Weltverbundenheit erschüttern und eine tiefe existenzielle Verstörung bewirken kann. Trennungen und Verlusterfahrungen vertrauter sozialer Bezüge gilt es zu bewältigen, mögliche Zweifel an der bisherigen Lebensgestaltung zu reflektieren, Momente der Einsamkeit und Entwurzelung zu durchleben. Das kann bedrohliche Gefühle des Ungeschütztseins, dramatische Angstzustände, depressive, dissoziative, wahnhafte oder psychotische Erlebnisformen zur Folge haben« (Clausen 2006: 235). Das Erleben eines Grenzganges im Sinne einer Reise als positives Stimulans kann Psychologen zufolge je nach Veranlagung und situativem Befinden auch Überforderungen (Reizüberflutung und Übererregung) nach sich ziehen (Zschocke 2005: 95).

Selbst seelisch gesunde Menschen können Clausen zufolge in der Fremde plötzlich Angst und Panik erleben, wenn ihre Psyche den Kontakt mit der »Fremdheit« nicht meistern kann.

»Reisen [...] lässt sich nicht beschränken auf die Konfrontation mit der äußeren Fremde. Immer stellt es auch eine Erkundung der eigenen Einsamkeit dar [...] Reisen kann anregen, vertraute Alltagsbedingungen und Beziehungen aus der Distanz zu betrachten und die Maßstäbe des eigenen Lebens zu überprüfen. Doch es erfordert eine erhebliche psychische Energie und eine Balance aus Neugier und Abstand, aus Offenheit und Festigkeit, sich neuen Impressionen zu öffnen und sich auf das Fremde einzulassen.« (Clausen 2006: 236)

Diese sozialpsychologischen und intrapsychischen Folgen des Reisens werden Clausen zufolge nicht selten übersehen (ebd. 50).

Mit der »Psyche auf Reisen« hat sich auch der Gesundheitsdienst des Auswärtigen Amtes während eines Symposiums für Reise- und Impfmedizin im Jahr 2011 beschäftigt (Auswärtiges Amt 2011). Unter dem Titel »Stress und Trauma – wenn Reisen in die Katastrophe mündet« haben sich Ärzte, Psychiater und Psychologen über Risikofaktoren, Posttraumatische Belastungsstörungen und deren Entstehungsbedingungen ausgetauscht. Im Grußwort der Veranstaltung hieß es:

»[A]uch beruflich kommen immer mehr Menschen in die entlegensten Winkel der Welt. In mancher Hinsicht sind Reisen zwar einfacher geworden und sicherer denn je. Dafür sind andere Aspekte häufiger geworden, die nicht nur körperlich, sondern vor allem psychisch hohes Belastungspotenzial aufweisen. Dazu zählen neben Mikrostressoren durch schnelles Reisen oder Kulturunterschiede auch Makrostressoren, etwa durch Aufenthalte in Staaten, die politisch in Umbruch geraten [...] die Konfrontation mit terroristischen Bedrohungslagen oder das Erleben von Naturkatastrophen. Medizin und Psychologie, Psychiatrie und Psychotherapie sind gefordert, den Themen in Zukunft professionell Rechnung zu tragen.« (Winkler 2011)

Immer wieder gelangen Berichte deutscher Reisender, die im Ausland psychisch entgleisen, medial verbreitet in die Öffentlichkeit. In Jerusalem sollen beispielsweise rund 200 Reisende pro Jahr in psychotische Zustände geraten, die behandelt werden müssen (Grundmann 2011; Meiborg 2011).

Der israelische Psychiater Jair Bar El hat 470 Fälle von Touristen, die von 1979 bis 1993 wegen des »Jerusalem-Syndroms«[40] behandelt wurden, analysiert (Zschocke 2005: 103). Der Großteil von ihnen hatte den Ergebnissen zufolge bereits vor der Ausreise psychische Probleme. Jedoch waren 40 Prozent vor der Reise psychiatrisch nie auffällig gewesen (ebd. 103). Auch die Deutsche Botschaft in Neu Delhi berichtet von jährlich 50 geistig verwirrten Menschen, deren ärztliche und soziale Versorgung und Heimführung von der Botschaft organisiert werden muss (Clausen 2006: 11). Auch wenn dies Ausnahmeerscheinungen sind, kann das Phänomen dennoch ein Anzeichen dafür sein, dass eine fremde Umgebung entsprechend disponierte Menschen in eine Krisensituation bringen kann.

Letztlich bleibt die Frage, wo die erträumte Exotik[41], das Abenteuer überhaupt noch zu finden ist. Denn auch die Exotik wird veralltäglicht, wenn die Suchenden unbekannte Destinationen bereisen und dort längere Zeit leben, wie mit dieser Studie gezeigt werden wird. Der Reiz des Exotischen ist flüchtig. Der Drang zur Individualisierung und Inszenierung, die Suche nach dem Besonderen im Erlebnishorizont, sei es im Alltag oder auf Reisen, bleibt aber bestehen.

2.2 Die Tür zur Welt steht offen: Freiheit oder Zwang, mobil zu sein?

»Der Mensch der Zukunft wird ein beschleunigter, elektronischer Nomade sein – überall unterwegs im globalen Dorf, aber nirgends zu Hause.« Mit diesem Zitat warf der kanadische Medienforscher Marshall McLuhan (1995) bereits vor mehr als 20 Jahren einen kritischen Blick in die Zukunft. Das Leben an ein und demselben Ort, ein Arbeitgeber von der Ausbildung bis zur Pensionierung – all das, so scheint es, sind Relikte der Vergangenheit.[42]

---

40 Das »Jerusalem-Syndrom« ist keine Erkrankung im klassischen Sinne, da die Beschwerden nach einigen Tagen meist wieder verschwinden. Die Betroffenen zeigen Auffälligkeiten wie unerklärliche Angst, Nervosität und Schlaflosigkeit. Sie ziehen sich zurück und beginnen mit körperlichen Säuberungsritualen (Jerusalem-Syndrom ... 2008).

41 Das Exotische, wie es Rolf Lindner (1989: 25) formuliert, »ist nicht mehr von der eindeutigen, auf der Hand liegenden, ins-Auge-springenden Art«.

42 Sennett zufolge wird ein Amerikaner, der mindestens zwei Jahre studiert hat, beispielsweise damit leben müssen, im Laufe einer vierzigjährigen Berufstätigkeit elf Mal die Stelle zu wechseln, vgl. Sennett (1998: 25).

Mobilität gilt dagegen Vielen als Schlüsselbegriff der Moderne (Schneider u.a. 2002: 17). Gleichzeitig sind Berufserfahrung und einmal erworbene Kompetenzen keine Garanten mehr für eine sichere, auf Zukunft ausgerichtete berufliche Tätigkeit (vgl. Götz/Lemberger 2009: 8; Schneider u.a. 2002: 15). »Das Leitbild der ›Normalbiografie‹ des dreigeteilten Lebenslaufs (wird) brüchig« (Götz 2015: 34). Die Folge: Phänomene wie Patchworkbiografien (Keupp 2006) und eine »De-Standardisierung« des Lebenslaufs (Brose 2003) nehmen zu.

Wer den beruflichen Anforderungen der Gegenwart gerecht werden will, sollte »beweglich« sein. Der neue Arbeitertypus des »unternehmerischen Selbst« (Bröckling 2007), wie er lange nur für Topmanager oder die Chefetagen galt, wird heute zur Grundlage, Chance, aber auch zur Anforderung vieler Biografien wie beispielsweise auch jener der Auslandsentsandten.[43]

»Der Ortsgebundene [gilt] als in seinen Erfahrungsmöglichkeiten eingeschränkt, langweilig, auch ein wenig tumb, während der Reisende seinen Horizont erweitert, wertvolle Erfahrungen macht […] sich bildet […] der Nomade ist zur positiv besetzten Leitfigur einer Gesellschaft avanciert, in der Mobilität als einer der höchsten Werte gehandelt wird und das Mobilsein zu einer sozialen Norm geworden ist.« (Schroer 2006: 117f.)

Ein enttraditionalisiertes und prekarisiertes (vgl. Huber 2012; Götz 2015) Leben birgt sowohl Chancen als auch Risiken. Der Unterschied zwischen »Arbeit« im Sinne von Berufsarbeit und »Nichtarbeit« im Sinne von Freizeit kann nicht mehr klar bestimmt werden (vgl. Schönberger 2007; Herlyn u.a. 2009), was für manche Akteure nicht nur zum stetigen Bestreben nach Selbstoptimierung, sondern auch zur Selbstausbeutung führen kann. Der ersehnte Gegenpol erscheint daher schlüssig: Entschleunigung. Verschiedene neue Lifestyle- oder »Weltflucht-Magazine« bedienen in hoher Auflage offenbar genau die Bedürfnisse einer nicht nur ge-forderten, sondern auch über-forderten Gesellschaft, die in einer sich stets schneller drehenden Welt Halt und Zuflucht im neuen »Biedermeier« sucht, wie die Journalistin Julia Friedrichs im Zeitmagazin schreibt. Die Wohlfühlthemen der Magazine bieten der Autorin zufolge Zufluchten gegen die Anforderungen rasanter Alltags- und prekärer Arbeitswelten (Julia Friedrichs 2015).

War womöglich im Fordismus die Lebenswelt klarer und sicherer, weil die Grenzen zwischen Arbeit und »Nichtarbeit« deutlicher definiert waren?

---

43 Gemeint sind westliche Biografien, denn Menschen in Entwicklungs- und Schwellenländern oder Kriegsgebieten vollziehen Wanderungsbewegungen, wenn es ihnen überhaupt möglich ist, aus einer anderen Motivation heraus.

Diese These greift zu kurz. »Dabei wird übersehen, dass das Leitbild der dauerhaften Verortung an einem Arbeitsplatz oft ein Privileg eben jenes kurzen fordistischen Zeitalters war, das sich mit dem relativen Wohlstand und den sozialen Sicherheiten der nationalstaatlich organisierten Arbeitsgesellschaften in den europäischen Wohlfahrtsstaaten des 20. Jahrhunderts verband« (Götz 2015: 29). Diese postfordistischen und fordistischen Arbeitsweisen im Sinne von prekären und abgesicherten Arbeitsverhältnissen und die dazu passenden Lebenskonzepte bestehen Irene Götz zufolge außerdem weiter nebeneinander (2015: 34; vgl. auch Herlyn u.a. 2009). Dennoch sei ein neuer Arbeitstypus gefragt, der seine »speziellen Subjekteigenschaften« und sein Profil sowohl den Arbeitsorten als auch den Herausforderungen stetig anpassen könne (Götz 2015: 34).

»Der Angestellte – oder immer häufiger der ›freie Mitarbeiter‹ – wird zum ›Drifter‹ in unberechenbaren und wechselhaften Beschäftigungsverhältnissen mit diffuseren Verantwortlichkeiten einer schwer auszumachenden ›Zentrale‹. Diese äußeren Bedingungen ›entbetten‹ ihn (oder sie), erschweren Planungs- und Zukunftsorientierung oder auch Familiengründungen, erzwingen räumliche und permanente geistige ›Beweglichkeit‹ als Grundvoraussetzung für die vom ›flexiblen Menschen‹ stets neu unter Beweis zu stellende employability« (Götz/Lemberger 2009: 8).

Geringere Schwierigkeiten hat damit die »sogenannte digitale Boheme, eine junge urbane Szene Kulturschaffender, ihr von multiplen Entgrenzungen und Stilisierungen geprägtes Lebensmodell als Abgesang auf das Joch der lebenslangen Festanstellung« zu betrachten (Götz/Lemberger 2009: 9; vgl. Friebe/Lobo 2006). Dies gilt zumindest, solange sie sich noch in einer kinderlosen Phase befinden.

Ob »Global Player«, »Mobilitätspionier« oder »Kosmopolit«, der Kultursoziologin Sabine Boomers zufolge werden die Attribute Flexibilität, Mobilität oder Grenzüberschreitung mittlerweile auf »nomadische« Lebensweisen projiziert, um eine positive Wendung der sogenannten Wurzellosigkeit und Offenheit zu verdeutlichen oder vielmehr diese zu propagieren (Boomers 2006: 52). »Die kulturell, historisch oder geografisch bedingten Typen des realen Nomadismus [...] so wird [es] suggeriert, zeichnen sich durch eine Freiheit aus, die die Sesshaften erst noch zu gewinnen haben« (ebd.: 52). Boomers zufolge schafft das scheinbar selbst gewählte Nomadentum aber auch eine neue Ordnung in Zeiten der »Unbeständigkeiten, dementiert den Verdacht, womöglich unerwünschte [...] Mobilitätsverlierer am Rande der Ordnung zu sein [...] hier wirkt eine Lebensstrategie, um in einer als zusehends provisorisch wahrgenommenen Welt eine kohärente und sinnstiftende Biografie zu entwerfen« (ebd. 62). Die Nichtbereitschaft zur Mobilität wird den Soziologen Kesselring und Vogl (2010) zufolge sogar zunehmend sanktioniert.

Als mögliche Gefahren der zunehmenden Mobilität sieht der Kultursoziologe Richard Sennett (1998), dass Individuen entwurzelt und in der Folge der Fähigkeit beraubt werden, stabile Identitäten und konstante Bindungen einzugehen. Der Zwang zur Flexibilität am Arbeitsmarkt lasse den Menschen seine sozialen Traditionen und Wurzeln vergessen, weil er sich nur noch dorthin als »Drifter« bewegt, wo ihn seine Arbeitskraft hintreibt (ebd.). Statt Kontinuität sei die Bereitschaft zum Wechsel gefordert – auch über geografische Grenzen hinweg. Den Soziologen Ulrich Beck und Elisabeth Beck-Gernsheim zufolge ist

»das Idealbild der arbeitsmarktkonformen Lebensführung [...] der oder die vollmobile Einzelne, der ohne Rücksicht auf die sozialen Bindungen und Voraussetzungen seiner Existenz und Identität sich selbst zur fungiblen, flexiblen, leistungs- und konkurrenzbewussten Arbeitskraft macht, stylt, hin und her fliegt und zieht, wie es die Nachfrage und Nachfrager am Arbeitsmarkt wünschen [...] einerseits Selbstverantwortlichkeit, andererseits Abhängigkeit von Bedingungen, die sich dem individuellen Zugriff vollständig entziehen. Eben nämlich die Bedingungen, die eine Vereinzelung bewirken, bewirken auch neue, neuartige Abhängigkeiten: den Selbstzwang zur Standardisierung der eigenen Existenz« (Beck/Beck-Gernsheim 2005: 15).

Zygmunt Baumann zufolge hat das Individuum nicht mehr das Leben als Ganzes im Blick, sondern vielmehr den Augenblick. »Der Angelpunkt der postmodernen Lebensstrategie heißt nicht Identitätsbildung, sondern Vermeidung jeglicher Festlegung« (Baumann 1997: 146). Anders als zur klassischen Vorstellung der Moderne (nach der Identität als abschließbar galt), wird Identität heute als Prozess betrachtet (Keupp u. a. 2002). Es obliegt demnach der stetigen Initiative und Eigenleistung des Menschen, zwischen innerer und äußerer Passung mit der Welt zu arbeiten. Neben Chancen birgt dies jedoch auch Risiken. »Im Gegensatz zur Bildungs- und Heldengeschichte, an deren Ende der Expatriate als gereifte und über sich selbst hinauswachsende Persönlichkeit steht, höhlt der globale Kapitalismus die Persönlichkeit durch seine Forderungen nach unablässiger Mobilität und Flexibilität aus« (Kreutzer/Roth 2006: 37).

Die sozialen und humanen Kosten der Mobilität werden in der Globalisierungseuphorie bisweilen übersehen: Das Einbinden beruflicher Mobilitätserfordernisse ins Private und damit in das »Projekt Familie« erfordert stetige Neuverhandlungen und Aktualisierungen der Lebensstilkonzepte.

»Auf Familie übertragen bedeuten diese Werte einer flexiblen Gesellschaft: bleib in Bewegung, geh keine Bindungen ein« (Sennett 1998: 29). Die persönlichen Bedürfnisse nach Nähe und Vertrautheit, Stabilität und dem gemeinsamen Familienleben bleiben trotz aller Bestrebungen nach Individualität aber zugleich bestehen (vgl. Beck/Beck-Gernsheim 2005 und Bonß u. a. 2004). »Dauerhafte hohe räumliche Mobilität kann durchaus auch negative Auswirkungen auf die soziale Integration der mobilen Arbeiter und deren Einbindung in professionelle und lebensweltliche Netzwerke haben« (Kesselring/Vogl 2010: 153). Den Autoren zufolge müsse Mobilität aber nicht »zwangsläufig zur Herauslösung der Subjekte aus den sozialen Bindungen führen [...] unter den hochmobilen Lebensbedingungen wird nicht nur Leid akkumuliert, es wird auch soziales und kulturelles Kapital, ›Mobilitätskapital‹ (Kaufmann u. a. 2004) erworben, das sich auch durchaus im Sinne von gelingenden Lebensentwürfen analysieren lässt« (Kesselring/Vogl 2010: 151).

Einer Studie des britischen Economist aus dem Jahr 2012 zufolge, dessen hausinternes Institut 400 Personen befragte (Expat News GmbH o. D.), ist jede dritte Führungskraft weltweit davon überzeugt, dass die Entsendung innerhalb aufstrebender Märkte die Karriere vorantreibt. Achtzig Prozent der in der Studie als »Young Professionals« Bezeichneten wollen demnach für eine gewisse Zeit im Ausland leben. Die Studienautoren gehen davon aus, dass sich der Auswahlprozess künftig in Richtung einer initiierten Entsendung verschieben wird, in deren Folge die traditionellen Expatpakete mit diversen Zulagen ausgedient haben. Stattdessen würden die Mitarbeiter zunehmend zu lokalen Kondition mit jeweils zu verhandelnden Extras ausgestattet. Die Folge: Die Entsandten werden jünger und sind häufiger alleinstehend, so die Prognose der Studienautoren. Die Studie »Managing Mobility 2012« des Expatriate-Management-Beratungsunternehmens ECA-International aus 2012 (ECA International 2012)[44] ergab außerdem, dass Unternehmen trotz schwieriger Wirtschaftsbedingungen künftig mehr Mitarbeiter entsenden wollen; so ist den Angaben zufolge die Anzahl an Expatriates in den vergangenen zehn Jahren um 25 Prozent gestiegen. Dazu zählen auch Kurzzeiteinsätze und Berufspendler. 62 Prozent der Befragten gehen davon aus, dass der Expatbedarf in den nächsten drei Jahren steigen wird. »Wer [...] mehrmals und für längere Zeit im Auftrag eines Unternehmens im Ausland tätig war [...] dem wird prinzipiell (Gestaltungs-)Kompetenz

---

44 Die Studie wird alle zwei Jahre durchgeführt und thematisiert alle Phasen der Mitarbeiterentsendung von der Auswahl über den Erfolg der Entsendung bis hin zur Wiedereingliederung. Befragt wurden 290 Unternehmen aus verschiedenen Branchen.

zuerkannt, mit komplexen und komplizierten Situationen, mit Fremdheitserfahrungen umzugehen« (Bonß u. a. 2004: 260). Gut ausgebildete Mitarbeiter sind demnach gefragt, vor allem, wenn sie eine Zeitlang im Ausland Erfahrungen gesammelt haben.[45]

Was sagen diese Ergebnisse aber über die tatsächliche Wanderungsbereitschaft der Bevölkerung aus? Das Deutsche Institut für Wirtschaftsforschung (DIW) stellt die Vorstellungen vom »Massenphänomen Migration« mit einer eigenen Untersuchung aus dem Jahr 2008 in Frage. Die Autoren der Studie, Elisabeth Liebau und Jürgen Schupp, diagnostizierten damals eine große Wanderungsbereitschaft, rechneten zugleich aber auch mit einem wachsenden Rückstrom. Ihren Ergebnissen zufolge konnte sich 2008 jeder Vierte vorstellen, zumindest für eine bestimmte Zeit ins Ausland zu gehen. Allerdings hatten von 2000 Befragten nur zwei Prozent eine Migration bereits konkret geplant. Im Jahr 2009 dachte dem DIW zufolge jeder Achte ernsthaft darüber nach, im Ausland zu leben – darunter fanden sich hauptsächlich junge Akademiker. Diese Auswanderungspläne wollte aber wiederum nur jeder Zwölfte ernsthaft in die Tat umsetzen; die Mehrheit plane, nach einiger Zeit zurückzukehren, heißt es in der Studie (Liebau/Schupp 2010). »Die Zahlen der Vergangenheit zeigen, dass zwischen geäußerter Absicht und tatsächlicher Auswanderung erhebliche Differenzen liegen« (Deutsches Institut für Wirtschaftsforschung 2010).

Es stellt sich also die Frage, ob die in manchen Studien geäußerten Wünsche vom Leben im Ausland bisweilen als reine Rhetorik zu verstehen sind. Möglicherweise wird mit dem Phänomen des »Global Players« oder »Kosmopoliten«, der sich überall auf der Welt zu Hause fühlt, eine Mode generiert. Denn Berichten der Vereinten Nationen zufolge ist keineswegs der Großteil der Menschheit in Wanderungsbewegungen involviert. Im Jahr 1980 sind weltweit 2,2 Prozent der gesamten Weltbevölkerung gewandert (United Nations 2013). Im Jahr 2010 waren es den Angaben zufolge 3,1 Prozent – das entspricht rund 214 Millionen Menschen, die internationale Wanderungsprozesse vollziehen (vgl. Hugo 2013). 35 Prozent der weltweiten Migranten wandern dem Bericht zufolge von Süd nach Nord, 34 Prozent innerhalb des Südens und 25 Prozent zwischen Industriestaaten – darunter werden auch Expats und Arbeitsmigranten gezählt. Dem UN-Bericht zufolge ist Migration in den vergangenen 20 Jahren kontinuierlich gestiegen. Als »Triebfedern

---

45 Mit der Initiative »Return to Bavaria« will beispielsweise die bayerische Landeshauptstadt mit einer bislang einmaligen Initiative auslandserfahrene Rückkehrer gewinnen, vgl. Schultze (2013).

der Migration« werden neben Flucht vor Armut, politischen Unruhen, Menschenrechtsverletzungen und Naturkatastrophen auch die Hoffnung auf bessere Ausbildungs- und Jobchancen in der neuen Destination genannt. Dennoch lässt das Ergebnis von 3,1 Prozent der Weltbevölkerung in Bezug auf die Wanderungsbewegungen den Rückschluss zu, dass ein großer Anteil der Menschen, wenn er die Wahl hat, lieber »sesshaft« bleibt. Das SOEP untermauert diese Annahme in Bezug auf Deutschland: demnach leben 45 Prozent der Deutschen an dem Ort oder in der Region ihrer Geburt (Schneider u.a. 2002: 430). Entgegen dem Entwurf eines multimobilen Jobnomaden zeigt auch eine Erhebung des BAT-Freizeitforschungsinstitutes (heute: Stiftung für Zukunftsfragen) von 2004, dass ein mobiler Lebensstil nicht primär angestrebt wird. Demnach will jeder Dritte der 18- bis 34-jährigen Befragten so arbeiten wie die Eltern: ohne große Ortswechsel, in Festanstellung und mit geregeltem Feierabend (Karle 2004).[46] »Das Modell des Wanderarbeiters findet kaum Anhänger, weil auch die Jobnomaden am Ende sesshaft werden wollen«, resümiert der Autor die Studie. Die Mehrheit der Befragten sehne sich nach Sicherheit und Beständigkeit. »Immer den Jobs hinterher. Zum Lebensabschnittspartner gesellt sich der Lebensabschnittsjob. So könnte es sein, wenn der Jobnomade kein Mythos, sondern Wirklichkeit wäre«, so BAT-Institutsleiter Horst W. Opaschowski (Karle 2004). In der Realität stoße der moderne Mensch an seine Grenzen, die moderne Arbeitswelt lebt dem Studienleiter zufolge von Mythen, die Situationen, Ereignisse oder Ideen verklärten. »Die Mehrheit wünscht sich immer noch einen festen Wohnsitz und einen krisensicheren Job und setzt dies auch um, wo immer es geht« (ebd.). Der Soziologe Klaus Hurrelmann arbeitet seit mehr als einem Jahrzehnt mit an der Deutschen Jugendstudie und bestätigt diese Beobachtungen auch für die Gegenwart. »Die Sehnsucht nach dem Rückzugsort, nach Halt ist ein Charakteristikum der jüngeren Generation. Die jungen Menschen sind einerseits hypermodern, flexibel und leistungsbereit. Gleichzeitig hat eine Mehrheit dieser Generation den tiefen Wunsch nach Erdung« sagt der Soziologe in einem Interview mit Julia Friedrichs (2015) im Zeitmagazin. Dort zitiert die Journalistin auch Stephan Grünwald vom Kölner Forschungsinstitut Rheingold mit den Worten: »Angesichts einer als zerrissen und brüchig erlebten Lebenswirklichkeit sehnt

---

46 Die Allensbacher Studie aus 2013 bestätigt dies weitestgehend: der Großteil der 1.420 befragten Männer und Frauen gab an, dass sich in ihrem Leben möglichst wenig ändern soll: »nicht im Freundeskreis, nicht beim Job, dem Wohnort und der Familie« (dpa-Meldung in der Stuttgarter Zeitung, 29.8.2013, S. 7).

sich die Jugend nach Stabilität ... All das, was die Jugendlichen der siebziger Jahre noch aufbrachte, was ihnen Symbol einer betonierten Welt war, wirkt in den Augen der Jugend heute begehrenswert« (ebd.).

Gefestigte Strukturen vermitteln Sicherheit und Stabilität. Wer seit Jahrzehnten Spezialwissen über das Wohnumfeld und das berufliche Tätigkeitsfeld angesammelt hat, verfügt über Parameter, die den Lebenslauf vorhersehbar und sicherer erscheinen lassen. Sesshaftigkeit ist ein Indiz für das Streben nach Sicherheit (vgl. Bausinger 2000). Aus dieser fest gefügten Struktur auszubrechen, birgt Risiken und Chancen.

Im 21. Jahrhundert gibt es unzählige Lebenswege – aber kaum mehr Wegweiser. Die Auflösung von geografischen, mentalen und sozialen Grenzen fördert die Bewegung der Menschen. Jeder kann theoretisch aus der Fülle an Möglichkeiten schöpfen und im Sinne der Bricolage (Lévi-Strauss 1968) seine Biografie stets wieder neu erfinden. Wo Freiheiten sind, gibt es aber auch Einschränkungen: Weder Arbeitsplatz noch Familie können als allseits beständige Garanten für Sicherheit gelten. Die modernen Anforderungen wie Flexibilität und Mobilität stehen einer kollektiven Sehnsucht nach sozialer Sicherheit und stabilen Fundamenten gegenüber, dies beschreibt das Spannungsfeld zwischen Mobilitätszwang und Mobilitätslust (vgl. Boomers 2004). Vieles, was den Menschen trotz aller Zwänge zu früheren Zeiten Sicherheit im Koordinatensystem des Lebens gab, wird aufgrund der Werteverschiebung der Gesellschaft brüchig und verflüssigt sich. Familien werden zerbrechlicher (vgl. Hochschild 2006: 7). War die Lebensgestaltung in der Vergangenheit bis auf wenige Ausnahmen in engen Bahnen vorgezeichnet, wird die erfolgreiche Lebensplanung heute zur großen Herausforderung. Die »Normalbiografie« wandelt sich in eine »Wahlbiografie« (Beck 1997). Die Anforderungen der Gegenwart bringen einen Verlust an Sicherheit und Vorhersagbarkeit mit sich. Die Lebensgestaltung changiert so zwischen Selbst- und Fremdbestimmung.

Nur einige Prädestinierte haben seit jeher aufgrund des erforderlichen ökonomischen, kulturellen und sozialen Kapitals überhaupt die Voraussetzungen dafür, mobil zu sein. Sie streben die »Bewegung« aufgrund einer inneren Motivation an und genießen es, »unterwegs« zu sein. Für die Mehrheit gilt, das belegen auch die jüngsten Zahlen der Vereinten Nationen (United Nations 2013), jedoch anderes. »Die Mobilen von heute erinnern [...] an Figuren in einem Mobile: Sie geraten erst durch den Anstoß von außen in Bewegung« (Schroer 2006: 119).

2.3 Wer geht, wer bleibt: Migration als Lebensstilphänomen

Was macht die Menschen mobil? Der Amerikanist Gert Raeithel stellte sich bereits in den 1980er Jahren die Frage, welche Motive etwa der historischen Amerika-Auswanderung zugrunde lagen (vgl. Raeithel 1981). Die Beweggründe waren Raeithel zufolge nicht etwa Missstände wie Hungersnot, politische Verfolgung oder Arbeitslosigkeit, sondern vielmehr die Motivation, an einem anderen Ort ein »besseres Leben« führen zu können. Ein Merkmal der Auswanderer könnte Raeithels Ergebnissen zufolge gewesen sein, dass sie sich von vertrauten Personen wie auch von Objekten leichter trennen konnten. Damit nimmt er Bezug auf die Erkenntnisse des ungarischen Psychoanalytikers Michael Balint, der in den späten 1950er Jahren zwei unterschiedliche Verhaltensweisen des Menschen gegenüber der Welt beschrieben hat: den oknophilen und den philobatischen Typus (Balint 1994). Ersterer zeichnet sich Balint zufolge dadurch aus, dass er sich an seine Objekte klammert, in diesem Klammern Schutz im Gehaltensein sucht, zugleich aber fürchtet, das Objekt zu verlieren. Der philobatische Typus ist erregungssuchend (Angstlust), nach Abwechslung verlangend und in seinem Agieren unabhängig und wenig den Objekten verhaftet. Der oknophile Typus könnte der Theorie nach daher mehr Schwierigkeiten haben, seine »Heimat« zu verlassen, als der philobatische Typus (vgl. Grinberg/Grinberg 1989). Der von Raeithel in seiner Abhandlung als »objektschwache Typus« kategorisierte Auswanderer liebt Entfernungen, empfindet »Angstlust«, neigt zu grenzüberschreitenden Fantasien und ist bereit zum Objektverzicht. Objektstarke Typen sind Raeithel zufolge möglicherweise eher immobil und heimatverbunden, wenig risikobereit und unflexibel – weshalb sie seinen Ergebnissen zufolge eine Wanderbewegung nicht in Erwägung ziehen.

Der Psychiater Salman Akhtar hat sich ebenfalls damit beschäftigt, warum Menschen in ein anderes Land wandern und wie sich dieser Prozess psychologisch auswirken kann (Akhtar 2007). In seinen Aussagen lässt sich erkennen, dass er diese sehr rigide, schematische Kategorisierung Balints nur noch mit Einschränkungen teilt. Akhtar zufolge fällt dem »oknophilen Typus« in den frühen Phasen eine Immigration zwar schwerer, dennoch könne auch er neue Bindungsobjekte in einem anderen Land finden und sich somit in der neuen Umgebung eingewöhnen (ebd.: 38). Und der philobatische Typus wird Akhtar zufolge zunächst das Leben in der neuen Umgebung und die gewonnenen Freiheiten genießen, dafür aber relativ schnell wieder unruhig werden. »In beiden Fällen scheint jedoch das Maß der Fähigkeit wahrer intrapsychischer Getrenntheit eines Individuums großen Einfluss auf den Grad zu nehmen, bis zu welchem er oder sie die Momente der Einsamkeit zu ertragen imstande sind, welche unvermeidlich mit der Immigration einhergehen« (ebd.).

Auch wenn man sich Akhtar zufolge gerne verleiten lasse, nach Persönlichkeitsmerkmalen zu suchen, die eine Migration begünstigen, müsse man berücksichtigen, dass die Entscheidung für Mobilität sich aus dem komplexen Zusammenspiel intrapsychischer und sozioökonomischer Faktoren ergibt. Charakterzüge sind seiner Ansicht nach nur einer von vielen Faktoren, die den Prozess beeinflussen.

Menschen, die sich aus eigenem Antrieb häufig einem Kulturwechsel aussetzen (Extremreisende und jene, die riskante Sportarten treiben), haben der Psychologin Martina Zschocke zufolge auf der »Sensation Seeking Scale«[47] erhöhte Werte, und dies wiederum in Hinblick auf die Kategorien »Thrill und Abenteuersuche, Empfänglichkeit für Langeweile und Erfahrungssuche« (Zschocke 2005: 100). Die Psychologin Agnes Justen-Horsten hat sich mit den psychologischen Aspekten berufsbedingter Mobilität beschäftigt. Sie kommt zu dem Ergebnis, dass Wohnortwechsel generell als »kritische Lebensereignisse« gewertet werden können (Justen-Horsten 2004: 313). »Umzüge über Ländergrenzen hinweg oder von Kontinent zu Kontinent, die nicht nur einmal stattfinden […], tragen den Charakter eines kritischen Lebensereignisses umso mehr« (ebd.). Aus der Bindungstheorie (Mutter-Kind-Bindung) ist der Psychologin zufolge bekannt, dass der sicher gebundene Mensch, der sich gut lösen kann, besser mit Unbekanntem umgehen kann. Obgleich empirische Erhebungen dazu noch ausstünden, könne dies Hinweise darauf geben, »dass der, der sich an einem Ort sichere Beziehungen geschaffen hat und/oder dem es gelungen ist, in sicheren Beziehungen mobil zu leben, sich besser trennen kann und Neuem offener gegenübertreten kann« (ebd.). Ein Drittel der mobilen Lebensformen entstehe zwangsläufig aufgrund mangelhafter lokaler Alternativen, zwei Drittel migrieren aufgrund persönlicher Wünsche und Ziele (ebd.: 311). Für Menschen, die noch auf der Suche nach emotionalem Halt seien, würde ein mobiles Leben das Finden erschweren (ebd.: 315). Und »dem, der in Beziehungen enttäuscht oder verletzt wurde und diese Blessuren unverarbeitet mit sich herumträgt, wer-

---

47 Jeder Mensch verfügt Psychologen zufolge über ein optimales Erregungsniveau. Über das Suchen oder Vermeiden stimulierender Reize soll demnach Erregung reguliert werden können. Mit psychologischen Tests kann dies anhand der »Sensation Seeking Scale« festgestellt werden, vgl. Hoyle u. a. (2002).

den im mobilen Leben Ablenkungen geboten, die kurzfristig helfen können, langfristig aber dazu beitragen, dass Menschen sich in einen oberflächlichen und defensiven Umgang mit Neuem retten, um nicht wieder verletzt zu werden« (ebd.: 315).

Die bisher weltweit größte interkulturelle wirtschaftspsychologische Studie zu Auslandsentsendungen, das iGOES[48], geht unter anderem ebenfalls der Frage nach, was Menschen bewegt, Aufgaben im Ausland zu übernehmen. Die Forscher interviewten dafür rund 2.300 Auslandsmitarbeiter weltweit und machten bislang in ihren Auswertungen den Persönlichkeitsfaktor »Offenheit für Handlungen«, die im Vergleich zur Normalbevölkerung höher ausgeprägt war, als zentrale Eigenschaft aus (ebd.; vgl. auch Rüger u. a. 2013). Auch eine aktuelle Erhebung unter Studierenden[49] zeigt, dass sich Studierende, die kurz vor einem längeren Auslandsaufenthalt stehen, in ihren Persönlichkeitsmerkmalen deutlich von der nicht ausreisenden Kontrollgruppe unterscheiden. Demnach zeigen alle künftigen Auslandsstudierenden höhere Werte an »Extraversion«, ein Persönlichkeitsfaktor, der sich auf soziale Interaktionen wie Geselligkeit und Durchsetzungsfähigkeit bezieht. Den Forschern zufolge unterscheiden sie sich zudem durch höhere Offenheitswerte und eine ausgeprägte Gewissenhaftigkeit von der Kontrollgruppe (Zimmermann/Neyer 2013).

Auch die Soziologen Wolfgang Bonß, Sven Kesselring und Anja Weiss haben untersucht, was mobile von immobilen Menschen unterscheidet. Sie machten zwei Erscheinungen aus: die der »mobil Immobilen« und die der »immobil Mobilen«. Erstere sind in Bezug auf ihre Mobilität zeitlich und räumlich routiniert, ihre Lebensführung und soziale Vernetzung unterscheidet sich kaum von den Sesshaften in ähnlichen Berufen. Dennoch sind sie geografisch hoch mobil, aber diese Mobilität findet in zeitlich und räumlich routinierten Bahnen statt. Meist leben die Akteure ebenfalls an einem festen Wohnsitz, wenn sie nicht beruflich unterwegs sind (Bonß u. a. 2004: 268f.). Die Mobilität der »immobil Mobilen« ist eher auf ihre Rolle als soziale Akteure, die sich flexibel neue Kontakte erschließen können und sich beispielsweise durch virtuelle Räume bewegen, zu verstehen, die Unvorhergesehenes, Ungeplantes und Spontanes eher ablehnen (ebd.: 270). Hypermobile sind

---

48 Projekt zur Auslandsentsendung von Expatriates: International Generalization of Expatriate Success Factors (iGOES): Deller u. a. (2012).
49 PEDES – Personality Development of Sojourners: mehr als 1.000 Studierende an 200 deutschen Hochschulen wurden über ein Jahr hinweg interviewt, darunter Protagonisten, die kurz vor einem Auslandsaufenthalt standen, vgl. Zimmermann/Neyer (2013).

ihrer Untersuchung nach eine Minderheit. Vorherrschend seien Mischformen der mobil Immobilen und immobilen Mobilen.

Ob ein Mensch mobil ist, hängt also von einem Bündel an Faktoren ab. Neben den ökonomischen, psychosozialen, individuellen Faktoren und Impulsen, sich seinen alltäglichen Pflichten zu entledigen, Abstand zu festgefahrenen Strukturen zu gewinnen, sich in der Fremde neu zu erfinden oder die Arbeitsbedingungen zu verbessern, dürfte ein Merkmal ausschlaggebend sein, das aufgrund seiner Schlichtheit beinahe banal anmutet: die Neugier. Die Psychologin Martina Zschocke kommt in ihrer Studie über die Psychologie des Reisens (2005) zu dem Schluss, dass der Wechsel aus Furcht und Neugier viele Kulturwechsel zu prägen scheint.

War Migration um 1900 herum in den meisten Fällen einmalig und endgültig und wurde meist aus ökonomischen Gründen entschieden, kann sie heute wieder revidiert werden. Je größer der Migrationsschritt ist, desto größer dürften jedoch auch heute die Kosten unterschiedlicher Art sein. Darunter sind nicht nur die ökonomischen, sondern auch soziale und psychische Kapitalleistungen zu sehen. Dem UN-Bericht aus 2013 zur weltweiten Migration zufolge hängen Wanderbewegungen auch vom Alter und dem Geschlecht ab (United Nations 2013). 73 Prozent der Migranten sind demnach im berufsfähigen Alter zwischen 20 und 64 Jahre. Die Hälfte der weltweit migrierenden Personen sind Frauen: »51 per cent in the developed and 45 per cent in the developing regions« (ebd.). Allerdings liegt der Anteil mobiler Frauen, die aus beruflichen Gründen wandern, unter 10 Prozent (Justen-Horsten 2004: 311).[50] Migranten sind der UN-Studie zufolge generell jünger als »their non-migrating counterparts« (United Nations 2013). Gesündere Personen wandern zudem eher als andere, die ihren Zustand als weniger gut einstufen (Erlinghagen/Stegmann 2009). Vor allem bereits gesammelte Auslandserfahrungen und Kontakte im Ausland wie Freundschaften spielen für die Wanderungsabsichten eine zentrale Rolle (Liebau/Schupp 2010). Als zentrales Motiv für die Wanderbewegungen machen die Autoren der DIW-Studie aus 2010 die berufliche Weiterbildung aus. Dies gilt auch für den Großteil der Protagonisten dieser Studie, die im folgenden Kapitel vorgestellt werden.

---

50 Mobilen Frauen fällt es der Psychologin zufolge schwerer, einen Lebenspartner zu finden. Wenn sie sich binden, seien sie eher bereit als Männer, ihre Mobilität für die Partnerschaft einzugrenzen (Justen-Horsten 2004: 311). Den Soziologen Kesselring/Vogl zufolge sind es in der Mehrheit die Männer, die hochmobil sind. Sie haben auch durchaus Familien – allerdings leben sie meist in traditionellen Familienrollen mit einer immobilen, oft nicht berufstätigen Frau (Kesselring/Vogl 2010: 164).

3. Die Protagonisten

3.1 Die Quellen

3.1.1 Auswahl der Interviewpartner und -partnerinnen

Die Kriterien, die die Interviewpartner erfüllen mussten, waren eng umschrieben: Die Familien sollten in Deutschland geboren sein, als Wirtschaftsexpats, Lehrer, Entwicklungshelfer oder Kulturmanager in außereuropäischen oder östlichen Ländern Europas für mindestens zwei Jahre gelebt und gearbeitet haben, und sie sollten mit der festen Intention ausgereist sein, nach einem zeitlich begrenzten Aufenthalt wieder nach Deutschland zurückzukehren. Die zeitliche Befristung des Einsatzes war ein wichtiges Kriterium, da für diese Studie das Phänomen der Auswanderung keine Berücksichtigung findet. Gesucht wurde nach Rückkehrern, die zum Zeitpunkt der Befragung seit mindestens einem Jahr wieder in Deutschland lebten, um sie nicht in der akuten Zeit des Eingewöhnens mit einem Interview zu »überfallen«. Zudem lag den Überlegungen die Intention zugrunde, dass sich die Protagonisten dann in einer Phase befanden, die eine Reflexion über das Erlebte zuließ. Gleichzeitig sollte die Rückkehr aber auch nicht länger als zwei bis vier Jahre zurückliegen, damit die Protagonisten nicht zu sehr verleitet wurden, in der Rückschau zu romantisieren.

Die Suche nach den Protagonisten, die die Basis dieser Studie bilden, gestaltete sich zunächst als schwierig: Im Zuge der Vorstudie kam es im Jahr 2005 zu einer ersten Kontaktaufnahme mit den Personalabteilungen der größten Wirtschaftsunternehmen in Deutschland. Die Reaktion der Unternehmen rangierte von skeptisch bis ablehnend: In einigen Personalabteilungen äußerte man die Vermutung, die Erhebung mit dem speziellen Thema der Rückkehr könne ein negatives Schlaglicht auf die Firma werfen – zudem habe man Angst vor einer eventuellen »Betriebsspionage«. Nach einiger Zeit erklärten sich drei Wirtschaftsunternehmen bereit, Kontakte zu den

Rückkehrern der Firma herzustellen. Die Entwicklungshelfer konnten über Vernetzungen im eigenen Umfeld gewonnen werden. Bezüglich der Kulturmanager zeigte sich das Institut für Osteuropa-Forschung an der Universität Hohenheim kooperativ. Die Gruppe der Lehrer schließlich wurde mit Unterstützung der Gruppe »Deutsche Lehrer im Ausland« und der Lehrer-Gewerkschaft GEW erschlossen.

Absolut vergleichbare Bedingungen zu schaffen, wurde vom realen Leben konterkariert: Wie die Studie zeigen wird, kann eine Auslandsentsendung zum Prüfstein für die Paarbeziehungen werden. Aufgrund der bisweilen problematischen familiären Situation war es zum Beispiel bei fünf der 14 Familien nicht möglich, mit dem jeweiligen mitausreisenden Partner eine Interviewsituation herbeizuführen. In drei Fällen lag dies daran, dass die mittlerweile geschiedenen Partner noch im Ausland lebten. Bei zwei mitausreisenden Ehefrauen war ein Interview wegen des persönlichen Befindens zum Zeitpunkt der Erhebung nicht möglich. Die Ehefrau eines Wirtschaftsexpats leidet an einer Depression, die während der Entsendung auftrat, und die mittlerweile geschiedene Ehefrau eines Lehrers möchte sich nach eigenen Aussagen mit diesem Abschnitt ihres Lebens nicht mehr beschäftigen. Diese Begebenheiten führten dazu, dass die Partner jeweils alleine für die Familiengeschichte auftraten, beziehungsweise war es im Fall des geschiedenen Lehrers möglich, auch die volljährigen Kinder sowie die zweite Ehefrau, die der Entsandte in Kolumbien kennengelernt hatte, mit in die empirische Erhebung aufzunehmen.

Ursprünglich war geplant, jeweils zwei Familien aus den Berufskategorien Wirtschaft, Entwicklungszusammenarbeit und Lehrer zu befragen, die im außereuropäischen Ausland gelebt und gearbeitet haben. Dieselbe Anzahl an Protagonisten wurde für die Entsendegebiete in den östlichen Ländern Europas gesucht. Anstelle der Entwicklungshelfer, die in diesen Regionen nicht tätig werden, wurden Kulturmanager ins Sample aufgenommen, da sie einer Entsendung eine ähnlich gelagerte »innere Motivation« entgegenbringen wie die Entwicklungshelfer, auch wenn die Aufgaben vor Ort nicht miteinander vergleichbar sind. Statt der ursprünglich zwölf angedachten »kompletten« Interviewfamilien kamen nun aber wegen der Häufigkeit der Trennungen zwei Familiengeschichten mehr zur Auswertung. Statt zweier kompletter Familien in den Kategorien Wirtschaft und Entwicklungshilfe wurden für die Erhebung jeweils zwei weitere Familiengeschichten mit schwieriger Rückkehrkonstellation im Sample belassen. Da die Ergebnisse der Interviews mit diesen Protagonisten neue, für die Studie besonders relevante Ergebnisse liefern, sollen auch sie Eingang in die Analyse finden. Dieses quantitative Ungleichgewicht wird im Zuge der Erkenntnis, dass perfekte Laborbedingungen nicht geschaffen werden können, akzeptiert – und sogar als besonders bereichernd für die Ergebnisse der Empirie erachtet, da die Interviews gerade mit den geschiedenen Einzelpersonen besonders tiefe Einblicke zulassen. Ein Ausblenden dieser beiden Familiengeschichten käme zudem einer Verfälschung der Forschungsergebnisse gleich; im Gegensatz dazu verliert das Ungleichgewicht der Berufskategorien an Relevanz.

Ein weiterer Aspekt schien zunächst ebenfalls problematisch: Ein Akteur, der mit seiner deutschen Familie nach Warschau entsandt wurde, ist in den Niederlanden geboren – und somit kein Deutscher, wie es ursprünglich im Sample vorgesehen war. Bei den Kulturmanagern gab es zudem den Sonderfall, dass eine Ausreisende zwar Deutsche ist, aber in Rumänien geboren wurde und erst im Alter von 17 Jahren tatsächlich nach Deutschland migrierte. Auch dazu bleibt festzuhalten, dass für die Studie auch diese beiden Sonderfälle eine Bereicherung sind, lassen sich doch daran in besonderer Form die Hypothesen überprüfen, inwieweit vorherige Kulturwechsel positiv auf die Rückkehr nach einer Entsendung wirken können.

Die Befragten waren zum Zeitpunkt der Erhebung zwischen 30 und 55 Jahre alt. Alle haben Abitur oder ein Fachabitur, bis auf zwei Ausnahmen verfügen alle Interviewpartner außerdem über ein abgeschlossenes Studium. Die Wirtschaftsexpats und auch die Lehrer lebten aufgrund ihrer Berufspositionen vor der Ausreise bereits auf einem hohen ökonomischen Lebensstandard. Die Entwicklungshelfer und Kulturmanager waren die Jüngsten im Sample, daher waren sie auch weniger lange im Beruf und ökonomisch am schlechtesten ausgestattet (dasselbe gilt auch für ein junges Lehrerehepaar, das direkt nach dem Referendariat des Mannes ausreiste).

In die aktuelle Erhebung fließen auch Daten aus der Vorstudie aus dem Jahr 2006 ein. Das damalige Projekt hatte bereits die besondere Situation der Rückkehrer im Blick, allerdings standen ausschließlich Familien mit außereuropäischer Erfahrung (Wirtschaftsexpats und Entwicklungshelfer) im Fokus der Studie. Für das Dissertationsprojekt kamen zwei Lehrerfamilien für die außereuropäischen Destinationen sowie zwei Kulturmanagerfamilien, zwei Lehrerfamilien und zwei Wirtschaftsexpatfamilien für die östlichen Länder Europas dazu. Die Interviews wurden in den Jahren von 2010 bis 2012 geführt. Da es das Ziel war, die Paare jeweils am aktuellen Wohnort zu befragen, verlangte das auch der Forscherin eine gewisse Mobilität ab. Die Interviews führten vom Süden in den Norden und vom Osten in den Westen Deutschlands. Großstädte gehörten genauso zur Reiseroute wie kleine Ortschaften und Dörfer.

3.1.2 Methodische Werkzeuge, Interpretationsprozess, Analysekategorien

Die qualitativen, lebensgeschichtlichen Interviews wurden mittels eines teilstrukturierten Leitfadens durchgeführt. Die Methode eignet sich besonders dazu, den Prozesscharakter einer Auslandsentsendung im Leben der Entsandten zu verdeutlichen. Der Leitfaden umfasste 34 offene Fragen und war in zwei Hauptteile untergliedert: das Leben im Ausland (welches in der Rückschau auch immer das Leben vor der Ausreise einschloss) wie auch die Rückkehr ins Herkunftsland. Die Ergebnisse der Studie beruhen einzig auf den qualitativen, leitfadengestützten Tiefeninterviews. Das Tempo der Interviews oblag den Protagonisten. Sie bestimmten auch die für sie logische Reihenfolge der Themenkomplexe, indem sie immer wieder zwischen den gewählten Hauptkategorien Entsendung und Rückkehr hin und her pendelten. Dies hatte zur Folge, dass auch selbstgedrehte Videos und Fotoalben im privaten Wohnumfeld der Protagonisten präsentiert wurden – diese spontan zum Einsatz gekommenen Medien gaben einen ergänzenden, visuellen Einblick in das Leben der Familien. Einer der entsandten Lehrer stellte zudem seine gesammelte Korrespondenz an Freunde und Bekannte, seine sogenannten E-Mail-Infos, die er akribisch durchnummeriert hatte, zur Verfügung. Im Laufe der sechs Jahre, die er in Kolumbien zubrachte, schickte er insgesamt 30 dieser elektronischen Infobriefe nach Deutschland. Im Kapitel 4.4.2 wird diese Quelle Beachtung finden.

Um eine möglichst angenehme Interviewsituation herzustellen im Sinne einer »weichen Methode« (Jürgen Friedrichs 1980: 216), war der Ablauf der Fragen variabel, konnte spontan ergänzt und dem »Prinzips der Flexibilität« (Lamnek 1995: 64) folgend auf die Bedingungen abgestimmt werden. Der vorbereitete Leitfaden diente lediglich als Gedächtnisstütze, er war für die Protagonisten nicht sichtbar und so gestaltet, dass eine flexible Gesprächsführung jederzeit möglich war; zugleich stellte dieser aber sicher, dass die Primärfragen oder »Schlüsselfragen« (Jürgen Friedrichs 1980: 212) allesamt zur Sprache kommen konnten. Die Sekundarfragen beziehungsweise »Eventualfragen« (ebd.) wurden im Bedarfsfall aus zeitlichen Gründen gestrichen. Durch die Vorgehensweise war es möglich, ein »oberflächliches Abhaken der Fragen« beziehungsweise jede Art von »Leitfadenbürokratie« (Hopf 2000: 358) zu vermeiden.

Für die Beantwortung der aufgestellten Hypothesen war die gewählte Vorgehensweise ideal. Um die Herausforderungen bei der Rückkehr nachvollziehbar machen zu können, muss der komplette Prozess der Entsendung, beginnend mit dem Leben des Paares vor der Ausreise, während des Auslandsaufenthaltes und nach der Rückreise ins Herkunftsland, erfahrbar gemacht werden. Alle Gespräche wurden mit dem Einverständnis der Protagonisten digital aufgezeichnet, anschließend Wort für Wort in einen Text übertragen und auf der Grundlage der qualitativen Inhaltsanalyse von Mayring (1983) vollständig transkribiert. Aus Gründen der Les- und Interpretierbarkeit wurden die Textpassagen sprachlich geglättet. Schien es relevant, wurde auch die Stimmung, Sprechpausen, Mimik und Gestik zu den Aussagen vermerkt. Insgesamt liegen somit 1.182 Seiten geschriebene Transkripte vor, die die Basis dieser Studie bilden. Zusätzlich wurde nach jedem Interview ein Kurzprofil über die Familie, die beobachtete Wohnsituation, den Verlauf des Interviews sowie sonstige Besonderheiten beim Aufeinandertreffen in einem »Feldtagebuch« notiert.

Die selbst produzierten, durch die transkribierten Interviews entstandenen Texte wurden themenanalytisch geordnet, nach Schlagworten codiert und kategorisiert. Anschließend wurden sie einer ausführlichen qualitativ-interpretativen Analyse unterzogen (Flick u. a. 1995). Die Auswertung des Materials erfolgte durch eine strukturierende Inhaltsanalyse mit vorab festgelegten Analyseeinheiten. Anschließend wurden die Interviewaussagen klassifiziert und in die Kategoriebildung einsortiert. Bei der Auswertung des vollständigen Materials konnten so anhand der Erfahrungen der Protagonisten klare Muster ausfindig gemacht werden.

3.1.3 Formen, Gehalte und Relevanz der Interviews

Die Protagonisten erfuhren Sinn und Zweck des Interviews, ohne die konkreten Themen vorwegzunehmen. Außerdem wurde den Personen vorab Anonymität im Sinne des Datenschutzes zugesichert. Alle Namen wurden anonymisiert.[51] Auch Herkunftsorte und Entsendeorte, die aufgrund

---

51 Es wurde reflektiert, dass die Verwendung von Pseudonymen Risiken birgt; beispielsweise, dass mit der Namensgebung Sympathien und Werte verknüpft sein können. Eine einheitliche, numerische Anonymisierung schien dem Forschungsfeld jedoch noch weniger

der Familiengeschichte Rückschlüsse auf die Identität der Befragten geben könnten, wurden verfremdet oder umschrieben. Manche Erlebnisse und Einsatzorte sind so spezifisch, dass auch eine Nennung des Arbeitgebers oder des Entsendejahres sofort Rückschlüsse auf die Identität der Befragten zulassen würde. Deshalb werden auch die Organisationen und Unternehmen, die hinter der Entsendung stehen, nur umschrieben. Keiner der interviewten Personen war der Forscherin vor dem Interviewtermin persönlich bekannt. Kontakte beschränkten sich bis zum Tag des Interviews auf E-Mails oder Telefonate. In der Regel wurden die Wirtschaftsexpats in ihren Büroräumen im jeweiligen Unternehmen interviewt, die Ehefrauen in der privaten Umgebung zu Hause. Die Entwicklungshelfer und Lehrer wählten bis auf eine Ausnahme ebenfalls den beruflich definierten Raum für das Interview, ihre Partnerinnen luden nach Hause ein. Die Interviews mit den Kulturmanagerinnen und ihren Partnern fanden in ihren Wohnungen statt.

Da die Interviews wichtige Phasen wie die Familiengründung, den Abschied vom Vertrauten, den Neuanfang in der Fremde und schließlich wieder die Rückkehr behandelten, erforderten die Gespräche ein gewisses Maß an zeitlichem Aufwand für die Protagonisten. Im Schnitt dauerten die Interviews bei den männlichen Protagonisten zwei bis drei Stunden. Bei den Partnerinnen hatten die Interviews teilweise Längen von bis zu viereinhalb Stunden. Da die Interviews mit jeweils einem Repräsentanten der Familiengeschichte in der häuslichen Umgebung stattfanden, bot das auch die Möglichkeit einer teilnehmenden Beobachtung in den privaten »Wohnwelten«. So wurde sichtbar, wo sich Spuren der Entsendung in Form von Erinnerungsstücken zeigen, wie also Vergangenheit in Bezug auf die Auslandsentsendung gelebt oder den Besuchern präsentiert wird.[52]

Um die Erfahrungen und Erlebnisse der Interviewpartner möglichst authentisch darstellen zu können, wurden sie, sofern ein Gespräch mit beiden Personen möglich war, getrennt voneinander befragt. Das hatte den Vorteil, dass die individuelle Sichtweise des jeweiligen Familienvertreters unverstellt und ohne Eingreifen oder »Korrektur« des Partners transportiert werden konnte. Primäres Ziel der Interviews war es, eine Vertrauensbasis zu schaffen, da die Gesprächsanreize die Protagonisten in einigen Fällen mit

---

angemessen. Gerade die persönlichen Erfahrungen der Individuen sind zentral für diese Arbeit. Die Personen und ihre Aussagen wollte die Autorin weder mit einer Nummer noch einem Buchstabencode versehen, da die Protagonisten der Studie nicht als Objekte degradiert werden sollten.
52 In Kapitel 5.3.3 wird der »Umgang mit Erinnerung« thematisiert.

schmerzhaften Begebenheiten ihres Lebens konfrontierten – sei es, weil manche Ehen mittlerweile geschieden sind, oder weil andere Konflikte während der Entsendung oder der Rückkehr wieder ins Gedächtnis gerufen wurden. Der Großteil der Gesprächspartnerinnen und auch der Gesprächspartner war nach einiger Zeit im Sprachfluss kaum zu bremsen. Letztlich haben alle Interviews den vorab vereinbarten zeitlichen Rahmen überschritten. Ein Erklärungsansatz dafür ist, dass die Gespräche aus Sicht der Akteure bis dahin in dieser Intensität im Alltag nicht stattfanden (vgl. Kapitel 5.2.1).

Katrin L. verabschiedete sich beispielsweise mit den Worten: »Eigentlich müssten Sie Geld dafür nehmen, das hatte schon fast therapeutischen Wert.« Doris W. formulierte das ähnlich: »Wie ich es Ihnen erzählt habe, hab ich das mein Lebtag noch niemandem erzählt [...] so lange hat sich das noch nie jemand angehört.« Tatsächlich schien es bisweilen, als ob die Interviewsituation für das Gegenüber in gewisser Weise eine entlastende Funktion hatte. Der Widerspruch zwischen der unvermeidlichen, weil eben erwünschten Nähe zum Feld und der methodologischen Distanz zum Gegenüber war anfangs eine Herausforderung, gerade wenn es um sehr intime Schilderungen der Ehe oder um Identitätskonflikte ging. Die erforderliche Distanz wurde zum Leitmotiv: So war der Forscherin stets bewusst, welche besondere Rolle der eigenen Person im Kontext zukommt. Einwürfe wie »Ich weiß ja nicht, was mein Mann dazu gesagt hat, wie er das sieht ...«, wie sie beispielsweise von Hannah M. mehrfach im Verlauf des Interview eingestreut wurden, blieben (selbstverständlich) unkommentiert.

Die anfänglichen Berührungsängste, wie Fragen zur Situation der Ehe abgeklärt werden konnten, stellten sich als überraschend unproblematisch heraus. Die »Angst des Forschers vor dem Feld« (Schmidt-Lauber 2001: 171), Fragen anzusprechen, die »Grenzen der Intimität« (Hermanns 2000: 366) verletzen könnten, ließ sich nach einer gewissen Zeit im Interviewverlauf behutsam überwinden. Priorität hatte dabei stets, Grenzen zu respektieren und die Intimsphäre der Befragten zu schützen. Wie sich während der Erhebung zeigte, gingen alle Befragten weit offener mit den Themenkomplexen Beziehung, Ehekonflikte oder Scheidung um, als erwartet. Das gilt für die Männer wie auch für die Frauen im Sample.

3.1.4 Quellenkritik: viele Varianten der Wahrheiten und die Grenzen der Interpretation

Qualitative Erhebungen wie diese sind naturgemäß anfälliger für Kritik als Verfahren, deren Ergebnisse unter Laborbedingungen erstellt und exakt messbar sind. Die vorliegende, nicht repräsentative Studie soll wie bereits erwähnt als ein »Plädoyer für das genaue Hinsehen« im Sinne Werner Schiffauers (2011) verstanden werden. Ethnologische Fallstudien sind für den Kulturanthropologen Tiefenanalysen, denen das Verständnis zugrunde liegt,

»das Welt- und Selbstverständnis des Anderen zu erfassen und aus dem jeweiligen Kontext heraus zu verstehen […] Es geht nicht darum, den einen oder anderen Faktor zu isolieren, sondern gerade die Wechselwirkungen von ökonomischen, sozialen, kulturellen und politischen Interessen und Orientierungen zu verdeutlichen. Gerade das Interesse daran, wie ›alles mit allem‹ zusammenhängt, unterscheidet die Ethnologie von eher analytischen Verfahren, wie sie etwa in der quantitativen Soziologie üblich sind.« (Schiffauer 2011: 16)

Während eben in quantitativen Verfahren der Sozialwissenschaften Variablen isoliert und Korrelationen ermittelt würden, um Kausalaussagen zu treffen, gehe es hier vielmehr darum, »innere Zusammenhänge« zu verdeutlichen (ebd.: 16).

Dem Kulturanthropologen Clifford Geertz folgend sollen diese inneren Zusammenhänge mit der Herangehensweise der »dichten Beschreibung« sichtbar gemacht werden. Im Sinne Geertz' liegt der Arbeit das Verständnis zugrunde, die Ethnologie sei »keine experimentelle Wissenschaft, die nach Gesetzen sucht, sondern eine interpretierende, die nach Bedeutungen sucht« (Geertz 1987: 9). So werden keine allgemeingültigen, quantitativ beweisbaren Aussagen angestrebt, die sich in Gesetzmäßigkeiten oder Statistiken gießen lassen. Stattdessen werden Erfahrungen einer begrenzten Erhebungsgruppe aufgezeigt, die stellvertretend auch für andere mobile Akteure der Gegenwart gelten können.

Zum Zeitpunkt der Befragung lag die Rückkehr der Protagonisten mindestens ein Jahr zurück. Für die Erhebungssituation hatte dies zur Folge, dass die angestoßenen Erinnerungen sowohl zeitlich als auch emotional gefiltert und womöglich überzeichnet waren. Der »Wahrheitsgehalt« der Aussagen ist demnach relativ und möglicherweise gefärbt. Die Aussagen der Interviewten sind somit nicht »wertfrei«, sondern unter dem Einfluss subjektiver Bewertungen gegeben (Lehmann 1983: 39). »Die Analyse lebensgeschichtlichen Erzählens dient ja nicht der kriminalistischen oder juristischen Ermittlung […] vielmehr soll sie dazu verhelfen, gegenwärtige Lebens- und Bewusstseinsverhältnisse aus den Erzählungen kennen zu lernen und sie sodann zu analysieren« (Lehmann 1983: 35).

Zu Beginn der Erhebungen gab es immer wieder Überraschungen. Mancher Interviewpartner wollte seine »Aufgabe« besonders gut erfüllen. Der Wunsch, sich vorzubereiten, exakte geografische oder biografische Daten über die Zeit der Entsendung herauszusuchen, war groß. Die ersten Minuten der Erhebungsphase ähnelten daher bisweilen einem reflektierenden und analysierenden, auf der Metaebene angeordneten Resümee über Auslandsentsendungen an sich. Es entstand zudem der Eindruck, die Befragten bemühten sich um größtmögliche Objektivität in Bezug auf die Gastländer und die persönlichen Erlebnisse während und nach der Rückkehr. Bisweilen schien es zunächst auch, dass die Protagonisten erzählten, was sie als forschungsrelevant erachteten. Informationen über das empirische Vorhaben wurden stets bewusst zurückgehalten – um genau jene Bestrebungen zu unterbinden und die Antworten nicht zu beeinflussen.

Wie essenziell und unumgänglich es ist, für Forschungsvorhaben wie das hier präsentierte möglichst schnell eine Ebene des Vertrauens herzustellen, soll an zwei exemplarischen Erlebnissen aus der Situation im Feld verdeutlicht werden: Jutta P., die mit ihrem Mann, der als Lehrer entsandt worden war, einige Jahre in Simbabwe gelebt hatte, gab sich in der Gesprächssituation zunächst sehr reserviert. Das Leben mit zwei kleinen Kindern im Nationalpark unter zum Teil gefährlichen Tieren in Afrika schilderte sie als völlig problemlos. Selbst wenn davon ausgegangen werden kann, dass sich die Entsandten nach einer gewissen Eingewöhnungszeit an ihr alltägliches Umfeld gewöhnten, so schien es doch irritierend, dass diese Protagonistin in ihrer Erinnerung nie ein Problem mit den für Europäern fremden und risikoreichen Umweltbedingungen vor Ort hatte. Dass nachts Elefanten um ihr Haus spazierten oder Krokodile am angrenzenden See beheimatet waren, ordnete sie allenfalls als »exotische Schmankerl« ein. Erst als die Sprache auf die Rückkehr kam, schwärmte sie von der zurückeroberten Freiheit, sich ohne jegliche Art von Sicherheitsvorkehrungen »wie erlöst« barfuß in der Natur bewegen zu können. Rückblickend lässt sich auch das zunächst als verschlossen empfundene Verhalten der Protagonistin erklären. Drei Wochen nach dem Interviewtermin sollte sie gegen ihren Willen und den ihrer Töchter erneut ausreisen, diesmal nach Südamerika. Die Ehesituation beschrieb sie im Laufe des Interviews unter Tränen als sehr konfliktreich. Ob die Ehe der erneuten Entsendung standhalten werde, wisse sie nicht.

Der Manager Dirk L. steht exemplarisch für ein ähnliches Phänomen. In den ersten 45 Minuten des Interviews zeigte er sich als weltgewandter Wirtschaftsexpat, dem es keinerlei Mühe bereitet, Kontinente zu überqueren, mit anderen Menschen in Kontakt zu treten und die gewohnte Kulisse zu wechseln. Er gehört seinem Selbstverständnis nach zum klassischen Vertreter des Global Players und Kosmopoliten. Nach einiger Zeit wendete sich das Blatt: Dirk L. erzählte von massiven Schwierigkeiten, sich im beruflichen wie auch sozialen Kontext in Polen zurechtzufinden. Im Gesprächsverlauf schrieb er die Ursache der »unzugänglichen Kultur«, den »unfreundlichen Polen« zu. Einige Zeit später zeigte sich, dass noch ein anderer Konflikt dahintersteckt, für den er das Gastland nicht verantwortlich machen konnte: eine berufliche und private Krise.

Dem Kulturwissenschaftler Utz Jeggle (1988) zufolge gibt es unzählige Gründe, warum Gewährspersonen dem Forscher zu manchen Bereichen ihres Lebens den Zutritt verweigern. Alles, was stattdessen Erwähnung findet, kann aber genauso interpretiert werden: schließlich sind die Aussagen eine Folie dessen, wie sich der Erforschte in diesem Moment gerne präsentieren würde. Dirk L. änderte seine Haltung, als er das Gefühl hatte, sein Gegenüber einordnen zu können. Er deutete seine Wirklichkeit um und begann, eine andere zu reflektieren.

»Wir wissen inzwischen, dass diese ›Wirklichkeit‹ zunächst nur die Situation des Gesprächs und den Moment des Erinnerns selbst meint: Das Gesagte gilt für das und aus dem Hier und Jetzt. Es ist ein bewusstes und deutendes Erzählen über Vergangenes aus der Sicht der Gegenwart beziehungsweise über Gegenwärtiges aus der Sicht des Sprechenden. Dem Wunsch nach kommunikativer Verständlichmachung und sozialer Plausibilität folgend ist es kein ›Wie es war‹, sondern ein ›Wie es sich/ mich darstellt‹.« (Kaschuba 2003: 210)

Die der Studie zugrunde liegenden Interviews sind daher stets als Momentaufnahmen zu begreifen.

Insgesamt kann anhand der Erfahrungen betont werden, wie zentral es für die Erhebung war, den vereinbarten zeitlichen Rahmen nicht zwingend einzuhalten, sondern die Zeit auszuschöpfen, die die Protagonisten bereit waren zu geben. Vertrauen braucht Zeit. Es herzustellen, war eine der Herausforderungen dieser Arbeit.

Zur Selbstreflexion der Forscherin bleibt zu sagen: Die Rückkehr nach einem längeren, beruflich absolvierten Auslandsaufenthaltes gehört bisher nicht zum persönlichen Erfahrungshorizont. Dies wird jedoch nicht als nachteilig, sondern im Gegenteil als Chance für diese Erhebung und ihre

Auswertung angesehen, mit der untersuchten Thematik möglichst unbefangen und unvoreingenommen umzugehen.

3.2 »Wir sind ja nicht aus der Welt«: die Entsandtenfamilien im Porträt

3.2.1 Interviewfamilien Wirtschaft

3.2.1.1 »Uahh! Bloß ned anfassa«: Richard und Doris W., Malaysia

Gerade hatten sie ihr Einfamilienhaus in einer 10.000 Einwohner zählenden Stadt in Süddeutschland fertig gebaut, als der 42-jährige Richard W. das Angebot erhält, seine Firma für drei Jahre in Malaysia zu vertreten. Sohn Lukas, damals fünf Jahre alt, war der Anlass für einen langen Entscheidungsprozess der Eltern. Den Wunsch, einmal im Ausland zu leben, hatten Richard und seine Frau Doris schon länger, wie sie beide sagen. Denn das kleinstädtische Umfeld in Deutschland ist vor allem für die damals 30-jährige Doris ein schwieriges. Im neuen Haus sind drei Kinderzimmer vom Architekten eingeplant. Die Verwandten warten gespannt auf weiteren Nachwuchs. Auch von der Nachbarschaft wird Doris mit Fragen bedrängt, warum das mit dem Kindersegen so lange auf sich warten lasse. Was keiner ahnt: Zu diesem Zeitpunkt hat Doris W. bereits drei Fehlgeburten hinter sich. Sie hält den Druck im sozialen Umfeld kaum mehr aus und stimmt der Entsendung ohne lange nachzudenken zu. Trotz aller Vorbehalte. »Asien – das war irgendwie so ganz weit weg und irgendwie so: Uahhh, bloß ned anfassa!« (Doris W.). Nordamerika wäre beiden lieber gewesen, dazu haben sie ein Bild im Kopf. Doch der Wunsch auszubrechen überwiegt – obwohl die Firma, für die die beiden ins Ausland gehen, bisher keine Erfahrung mit Entsendungen in diesen Teil der Erde hat. Noch dazu wirft Richards Chef der Unternehmung Steine in den Weg. »Er meinte, er kann mir nicht garantieren, dass in meinem Bereich nachher wieder eine Stelle zu besetzen ist ...« (Richard W.). Dann kommen auch noch erste Skrupel wegen Richards Vater dazu, der dem Paar sehr viel beim Hausbau geholfen hat. Er ermuntert die beiden jedoch zur Ausreise und gibt so den letzten Anreiz, den Vertrag zu unterschreiben. Ihren Eltern sagt Doris W. nicht, wie lange der Auslandsaufenthalt dauern wird. Um sie nicht unnötig zu beunruhigen, spricht sie von sechs Monaten. Die Freunde nehmen die Nachricht des Umzuges nach Südostasien mit einem Schulterzucken zur Kenntnis. Einzige Vorbereitung des Paares auf Malaysia ist ein zweitägiges Training in Stuttgart. Darauf folgt ein einwöchiger »Look-and-see-Trip«, bei dem das Paar einen ersten Eindruck von der neuen Umgebung bekommen soll.

Doris W. fällt es nicht schwer, ihren Beruf als Bankkauffrau in Deutschland aufzugeben. Sie trennt sich außerdem von der kompletten Babyausstattung, die sie in der Hoffnung auf weiteren Nachwuchs aufbewahrt hatte. Komplikationen gibt es erst am Tag des Umzugs: »Da wollte er [Lukas] dann auch sein Kinderzimmer nicht verlassen und hat das, was meine Frau eingepackt hat, heimlich wieder ausgepackt. Als wir dann das letzte Mal durch unser Haus gegangen sind, hat er sich an die Türklinke seines Zimmers geklammert und wollte sein Zimmer nicht so recht aufgeben« (Richard W.). Im Vorfeld hatte Doris W. versucht, dem Fünfjährigen ein paar Wörter Englisch beizubringen. »Damit wollte er aber nichts zu tun haben. Er saß nur da, hat eine Schnute gezogen und den Kopf geschüttelt. Also wenn er was mit zu entscheiden gehabt hätte, wäre er sicher lieber hier geblieben«, erinnert sich Richard W. Auch den Eltern fällt es nicht leicht, aus dem neuen Haus wieder auszuziehen und es Fremden zur Miete zu überlassen. Das Erdgeschoss des Hauses behalten sie als Rückkehrmöglichkeit, der Rest wird vermietet. Der Nachbar übernimmt während ihrer Abwesenheit eine Verwalterfunktion. Die Familie reist mit einem fast vollen 20-Fuß-Container aus, bei der Rückkehr fünfeinhalb Jahre später wird sie mit einem 40-Fuß-Container (250 Umzugskisten) zurückkehren. Bezahlt wird der Umzug jeweils von der Firma.

Um das Eingewöhnen in Asien leichter zu gestalten, findet sich im Gepäck von Richard und Doris W. neben »echten Maultaschen und einer guten Dosenwurst« (Richard W.) auch Brot, Schokolade und heimischer Wein. Das Essen verträgt die Familie in Malaysia anfangs nicht. Als »echten Glücksmoment« beschreibt es Richard W., als sie nach wochenlangem Suchen das erste italienische Restaurant entdecken und die Pizza dort auch wie erwartet »italienisch« und »wie daheim« schmeckt.

Doris W. ist erleichtert, dass sich ihre schlimmsten Befürchtungen bezüglich der Wohnsituation an der Westküste Malaysias nicht erfüllt haben: »Ich hab mir da was ganz anderes vorgestellt. So Holzbauten und Pfahlbauten und da muss ich jetzt leben [...] dass es schon so einen hohen Standard hat, hab ich nicht gedacht.« Die ersten Wochen weint ihr Sohn Lukas sehr viel. Die Familie wohnt im sechsten Stock einer luxuriösen Anlage mit Pool, die

Richard W. für die Familie ausgesucht hat. Am vierten Tag nach der Ankunft im neuen Domizil sagt Lukas zu seiner Mutter: »Weißt Mama, jetzt hab ich zwar einen Swimmingpool, aber ich hab keinen Freund mehr« (Doris W.). Die Mutter trifft diese Aussage sehr. Die erste Wohnung ist möbliert mit Ledersofa und Marmorbad, der Blick geht direkt auf das Meer hinaus. Er wird aber getrübt. »Es war alles toll, aber ich bin mir vorgekommen wie im Gefängnis. Da waren überall Gitter [...] in dieser Wohnung« (Doris W.). Eine elektrische Schranke und ein Wächter schotten die Familie und das Appartement von der Außenwelt ab. In der Wohnung ist die Toilette kaputt, was zu ständigem Streit zwischen den Eheleuten führt. »Richard hat das nicht so gestört, er musste ja auch nicht den ganzen Tag da in der Wohnung drinnen hocken« (Doris W.).

Die Familie lebt zu diesem Zeitpunkt abseits aller anderen internationalen Expats. Aus Richards Firma wird bis zum Ende des Aufenthaltes keine weitere Familie mehr nach Malaysia ausreisen. Erst durch ihren Sohn und die Vorschule lernt das Paar andere Eltern kennen. Da Richard W. gleich am zweiten Tag nach der Ankunft ins Büro muss, sind seine Frau und sein Sohn zunächst viel alleine. Auch bei der Einschulung in die Vorschule kann der Vater nicht dabei sein. Richards Sekretärin begleitet Doris und Lukas zu der Einrichtung. »Ist ein blödes Gefühl, wenn sie morgens zur Arbeit aufbrechen und ihre Frau in den ersten Tagen weinend am Fenster steht und ihnen nachschaut« (Richard W.).

Um wenigstens die missliche Wohnsituation in den Griff zu bekommen, macht sich Doris W. mit zwei Maklern auf den Weg durch die schwüle Großstadt. Wenige Wochen später bezieht die Familie eine zweistöckige Villa mit Garten. Sechs Schlafzimmer, vier Bäder. In einer Gegend, in der viele Entsandte leben – »lauter bessere Leute eben, gell« (Doris W.). Jetzt ist es nicht mehr der vergitterte sechste Stock, der ihr Schwierigkeiten macht, sondern der Rasen rund ums Haus. Doris W. hat panische Angst vor Schlangen. Das Gras hält sie so kurz, dass es praktisch nicht mehr vorhanden ist. Außerdem bekommt Lukas einen Hund, der die Schlangen vom Haus fernhalten soll. »Die [Schlange] war ja zum Schluss in dem Busch da drinnen, da hat die drin gewohnt, direkt neben der Haustür! Das war schrecklich! Jedes Mal, wenn ich zur Tür raus bin, haben sich mir die Nackenhaare aufgestellt, ich hab mich so geekelt!« (Doris W.). Einmal sitzt eine Viper im Briefkasten. Lukas merkt es gerade noch rechtzeitig, bevor er seine Hand in den Briefkasten steckt. Doris sieht die Schlange und ruft panisch einen Gärtner von nebenan zu Hilfe. Er beseitigt das Problem, hinterlässt dabei aber Blutspuren. Am

Abend betritt Richard W. das Haus, blass und in großer Sorge, weil er sich den großen Blutfleck vor der Haustür nicht erklären kann. Er befürchtet Schlimmstes. »Also irgendwie haben wir dort [Malaysia] immer ein bisschen auf dem Sprung gelebt« (Doris W.).

In den ersten Wochen stellen sich beide täglich die Frage: Werden wir es hier schaffen? »Das hat sich dann erst so nach sechs bis acht Wochen gelegt, und wir haben zum ersten Mal gesagt: Ja, wir haben das jetzt so weit im Griff, dass wir nicht mehr auf gepackten Koffern sitzen müssen« (Richard W.). Ihr Alltag unterscheidet sich maßgeblich von dem in Deutschland gewohnten. Richard W. ist in leitender Position in der Firma tätig, Doris hat ein Dienstmädchen, welches das Haus putzt und sich um Sohn Lukas kümmert. Dagegen sträubt sie sich anfänglich und verkündet ihrem Mann: »I kann mei Haus selber putza« (Richard W.). Über die Hilfe im Haushalt ist sie letztlich doch froh. Die Tagestemperaturen betragen im Schnitt 30 bis 35 Grad – bei 90 Prozent Luftfeuchtigkeit. Morgens trifft Doris andere Frauen aus der Entsandtengemeinschaft[53] beim *coffee-morning*, obwohl ihr die Struktur dieser Zweckgemeinschaft anfänglich missfällt und es einige Zeit dauert, bis sie sich mit den Frauen wohl fühlt. Silvester wird dann auch im Kreise dieser Gemeinschaft gefeiert mit Kartoffelsalat und Käsekuchen. Doris lernt die Blumensteckkunst Ikebana, gründet eine Konversationsgruppe und spielt leidenschaftlich gerne Majong mit den anderen Frauen. Als an der Schule die Deutschlehrerin kündigt, entschließt sich Doris W., den Unterricht vorübergehend selbst zu übernehmen. Auch Kochunterricht erteilt sie ehrenamtlich in der Schule. Und sie organisiert über ein nahe gelegenes Hotel einen Brezelverkauf für die Entsandtengemeinschaft. Sie lebt ein aktives Leben innerhalb der Expatgemeinschaft, die aus Deutschen, Amerikanern, Australiern und Schweizern besteht. Immer wieder kommt Besuch vom Bruder und vom Schwager aus Deutschland. Zwei- bis dreimal im Jahr reist sie zu ihrer Familie »nach Hause«, auch Richard verbringt seinen Jahresurlaub in Deutschland und ist geschäftlich alle drei Monate für kurze Zeit in der heimischen Niederlassung. Kontakt zu ihren Familien in Deutschland haben sie sporadisch, eine Internetverbindung gibt es damals noch nicht und Telefonieren ist sehr teuer. Immer wieder fällt zudem der Strom aus. »Da hat man am Anfang wirklich nur alle vier Wochen mal angerufen zu Hause« (Richard W.). Mit der Firma in Deutschland telefoniert Richard jeden zwei-

---

[53] Mit den deutschen oder internationalen Clubs, in denen sich einige der Auslandsentsandten in den unterschiedlichen Destinationen häufig aufhalten, wird sich Kapitel 4.4.1 beschäftigen.

ten Tag. Doris schreibt in der Zeit viele Briefe. Das Interesse an Deutschland lässt mit der Zeit nach.

Die Expatgemeinschaft beschreibt Richard W. als »eingeschworenen Kreis, auf den wir absolut zählen konnten im Ausland«. Kontakte zur indigenen Bevölkerung hat die Familie kaum. Die Unterschiede zur Gastkultur empfinden beide als zu groß. An das »korrupte Land«, in dem die Polizei ständig Bestechungsgelder in Form von *coffee-money* fordert, müssen sich beide erst gewöhnen. Die Zeit in Malaysia erlebt Doris nicht immer positiv. Ängste treiben sie um und sie ist sehr viel alleine. Die Gitter um das Haus herum geben Sicherheit, aber sie scheinen in ihrer Wahrnehmung auch immer näher zu kommen. Doris schläft im ersten Stock des Hauses. »Da hab ich mir ein riesengroßes Tau an den Balkon im Schlafzimmer angebunden, dass das dann mein Notausstieg ist aus dem Haus [...] das war immer so meine Horrorvorstellung: Nicht fliehen zu können, weil alles vergittert ist. Ohne das Tau hätte ich keine Nacht ruhig geschlafen« (Doris W.). Richard erwähnt die Ängste seiner Frau im Interview nicht. Hellhörig sei Doris im Ausland geworden, und viele Dinge habe sie überlegter gemacht, berichtet sie hingegen. Einmal besteht der Verdacht, sie könnte an Dengue-Fieber erkrankt sein. Bis heute weiß sie nicht, was wirklich hinter den mysteriösen Symptomen steckte. Richard war zum Zeitpunkt des Ausbruchs für zwei Wochen auf Geschäftsreise. »Da war ich ganz alleine zu Hause. Mir ging es hundeelend, eine Freundin kam und hat nach dem Sohn geschaut. Ich hatte einfach Angst, dass ich mir was Ernsthaftes eingefangen habe« (Doris W.). Das sind Situationen, in denen sie am liebsten die Koffer packen würde.

Schwierige Situationen gab es für die Familie immer mal wieder in Malaysia: während der Seuchen, die häufiger ausbrachen, oder als der Strom wochenlang ausgefallen war und die Klimaanlage nicht funktionierte. Immer wieder hörte das Paar auch von Kindesentführungen im Land. Dennoch: »Ich hatte nie ernsthafte Gründe, zu packen. Ich hab da Unsummen an Geld verdient [...] da geht man doch nicht als Versager zurück« (Richard W.). Sohn Lukas findet sich nach anfänglichen Schwierigkeiten außerdem in der Schule ganz gut zurecht, er spielt Hockey, ist ein ausgezeichneter Schwimmer, macht Taekwondo bis zum schwarzen Gürtel und auch zu Leichtathletikwettkämpfen fliegt er durch das halbe Land. Gold und Silbermedaillen häufen sich, die Schule fördert den Jungen. Er ist es gewohnt, zu gewinnen. Auch für Richard läuft beruflich alles bestens. Für ihn geht es in Malaysia von Jahr zu Jahr auf der Karriereleiter weiter nach oben, schließlich wird er alleiniger Geschäftsführer der Niederlassung. Er hat Verantwortung und genießt Prestige. Auf der Weihnachtsfeier sitzt er zwischen dem malaiischen Ministerpräsidenten und dem Präsidenten der Firma, zu den Geburtstagen von Familienmitgliedern erscheinen hochrangige Landespolitiker.

Das Paar beschließt, den Auslandsaufenthalt um weitere drei Jahre zu verlängern. Dann passiert, womit beide nicht mehr gerechnet hatten: Doris wird schwanger. »Ich wollte zur Geburt nicht nach Deutschland. [...] Ich hab dreimal eine Fehlgeburt gehabt. Und mir konnte hier [Deutschland] auch niemand helfen« (Doris W.). Sie kauft vorher aus Angst vor einer weiteren Fehlgeburt nichts für das Baby ein. In Malaysia bringt sie dann eine gesunde Tochter zur Welt. Ein knappes Jahr später wird Doris erneut schwanger. Auch die jüngste Tochter soll in Malaysia zur Welt kommen. Weil Lukas aber in Deutschland seine Erstkommunion feiern soll, fliegt die Familie in Doris' 30. Schwangerschaftswoche nach Deutschland. Zurückfliegen darf die werdende Mutter dann einige Tage später nicht mehr wie geplant. Bei der Kontrolluntersuchung diagnostiziert der Arzt Senkwehen. Doris bleibt gezwungenermaßen mit der Tochter und dem Sohn bis zur Geburt in Deutschland, Richard W. muss aus beruflichen Gründen nach Malaysia zurückkehren. Solange die Mutter auf die Geburt des Kindes wartet, besucht Lukas das erste Mal eine deutsche Schule. Es wird für den Jungen zum traumatischen Erlebnis. In der schwäbischen Heimat seiner Eltern wird er gehänselt, geschlagen und als Ausländer verspottet. Obwohl er genauso schwäbisch spricht wie die anderen Kinder auch. Jeden Tag kommt er weinend von der Schule nach Hause, Schlägereien ist er von der malaiischen Schule nicht gewohnt. Er wehrt sich lange nicht, leidet stumm. Zwei Monate später reist die Familie wieder nach Malaysia aus. Lukas behält Deutschland in schlechter Erinnerung. Zwei Jahre später hat Richard W. alle Karrierechancen vor Ort ausgeschöpft, es gibt für ihn keine weiteren Aufstiegschancen mehr. Das Paar entscheidet sich bewusst für die Rückkehr. »Wir waren uns einig, jetzt kommt nix Neues mehr« (Richard W.).

3.2.1.2 »Lohnt sich der Preis, den ich zahle?«: Franz und Maria S., Indien

Franz S., zum Zeitpunkt des Interviews 40 Jahre alt, sagt über sich selbst: »Ich habe meine Frau regelrecht zu dieser Entsendung vergewaltigt.« Seine Frau, die aus Polen stammende Maria (zum Zeitpunkt des Interviews 37 Jahre), wehrt sich bis zuletzt gegen die Entsendung nach Indien. Seit fünf Jahren lebt sie damals in einer deutschen Großstadt, und sie weiß, was für ein schwieriger Weg die Integration in ein fremdes Land sein kann. Sie träumt vom Westen, nicht von Indien, das in ihren Augen noch »ärmer und rückständiger« ist »als der ehemalige Ostblock« (Franz S.). Dann erhält ihr Mann eines Tages von seiner Firma das Angebot, zwei Jahre lang in Mumbai zu arbeiten. Er soll der erste Expat der Firma im Land werden. Ablehnen kann er nicht, er hat Angst, sein Gesicht als Neuling in der Firma zu verlieren. Indien ist sein Spezialgebiet, es gibt in seinen Augen keine Begründung für eine Absage. Zumal er schon seit seinem Studium von einem Leben in Asien träumt: »Ich hab immer an meinem Geburtsort gelebt, bin da zur Schule gegangen, da hab ich auch studiert, ich bin also noch nie groß rausgekommen gewesen [...] mir war dann schon klar, dass ich eigentlich vielleicht im Studium verpasst hab, auch mal ins Ausland zu gehen« (Franz S.). Er fühlt sich unter Druck gesetzt und beschließt, die Entsendung auch ohne seine Frau durchzuziehen. Nach dem zweitägigen Vorbereitungstraining auf Indien ist Maria klar, dass sie in Deutschland bleiben wird. An den letzten gemeinsamen Abend zu Hause erinnert sich Franz S. nicht gerne: In letzter Sekunde packt er seine Sachen – immer wieder unterbrochen von seiner weinenden Frau, die ihm von der Bettkante aus zuschaut. »Ich hab in der Nacht auch nicht geschlafen, wir sind nur so dagelegen und haben uns festgehalten, weil wir erstens nicht wussten, ob es uns überhaupt noch zusammen geben wird, und wenn ja, wie das funktionieren soll, und wann wir wieder zusammen leben würden. Es war eine große Verzweiflung, das möchte ich nicht noch einmal erleben« (Franz S.). Außer einem Hometrainer und einem Koffer mit Kleidung hat er kein Umzugsgepäck. Die Situation empfindet er als ausweglos: »Da gab es so einen gewissen Punkt, nachdem der Zweijahresvertrag unterzeichnet war, der Zug rollt, und ich wusste, jetzt muss ich einfach erst mal wenigstens so sechs Monate bis ein Jahr – da muss ich jetzt durch« (Franz S.).

Seine ersten drei Monate in Mumbai gleichen dem Leben im selbst auferlegten Exil. Franz arbeitet, geht ins Hotel, isst, schläft und telefoniert jeden zweiten Tag mit seiner Frau. Er fühlt sich nicht wohl im Land, obwohl er seine neue Aufgabe vor Ort interessant findet: »Damals war das ein sehr kleiner Betrieb mit vielleicht gerade mal 15 Angestellten, das hat bedeutet, dass ich erst einmal meinen eigenen Stab an Mitarbeitern hab. [...] Zunächst war das eben auch geführt wie so ein Garagenbetrieb. Da war auch ned viel zum Führen da. [...] Ich hab quasi die gesamte Öffnung des indischen Marktes miterlebt. [...] Bei meinem Weggang nach vier Jahren hatten wir 800 Mitarbeiter« (Franz S.). Drei Monate lang lebt Franz im Hotel. Dann beschließt er, sich eine Wohnung zu suchen. Er pendelt während dieser Zeit alle vier bis sechs Wochen zwischen seiner Frau in Deutschland und Mumbai. Fünf Monate später entschließt sich Maria, ihrem Mann nach Indien zu folgen. »Das hat sie nur wegen mir gemacht. Und ihr Kinderwunsch war ausschlaggebend. Ich habe ihr versprochen, dass ich ihr diesen Wunsch erfülle, wenn sie nach Indien kommt« (Franz S.). Erst als die Ankunft seiner Frau bevorsteht, richtet er sich häuslich ein. Die Wohnung ist nach seinen Angaben mit 160 Quadratmetern für Expatverhältnisse winzig. »Man braucht eine mindestens so große Wohnung, die Wohnung ist in Mumbai der Lebensraum schlechthin« (Franz S.). Aufgrund des Klimas sind die Freizeitmöglichkeiten begrenzt. »Daher hab ich ja auch extra den Hometrainer mitgeschleppt, damit ich mich wenigstens in der klimatisierten Wohnung ein bisschen fit halten kann« (Franz S.).

Maria reist in Begleitung ihres Bruders an. Das Erste, was sie ihrem Mann zur Begrüßung am Flughafen sagt: »Hier falle ich ja mit meinen Jeans und der weißen Bluse richtig auf!« (Franz S.). Die anderen Frauen um sie herum tragen alle bunte Saris. »Das war für sie das erste Warnzeichen: Ich bin hier anders. Mit jedem Blick hat sie mich gefragt: Was hast du mir angetan? Lohnt sich der Preis, den ich zahle?« (Franz S.). Franz S. besorgt nun sofort eine Haushaltshilfe, um seiner Frau das Einleben zu erleichtern. Das Einkaufen in Mumbai ist kompliziert. »Wo kann man Shampoo kaufen? Oder noch schlimmer: Wo kann man Fleisch kaufen? Man sieht ja nirgends irgendwo ein Fleisch oder eine Metzgerei. Wo sie das haben, weiß ich bis heute nicht« (Franz S.). Eine erfahrene Hausangestellte in Mumbai bringt ihr eigenes Telefonbuch mit – mit Nummern der wichtigsten Händler. Eingekauft wird dann per Telefon. Außer der Haushaltshilfe arbeitet noch ein Chauffeur für Franz S. Für Maria ist es sehr irritierend, mit Personal zu leben. »Aber im dortigen Klima fällt jegliche körperliche Anstrengung sehr schwer, deshalb hat sie unsere Maid lieber in Kauf genommen« (Franz S.). Relativ rasch nach ihrer Ankunft in Mumbai wird Maria schwanger. Sie entwickelt eine Aversion gegen indisches Essen in dieser Zeit. »Auf Käse oder Aufschnitt mussten wir monatelang verzichten. Das ist natürlich besonders hart, wenn die Frau durch die Schwangerschaft total wild auf solche Sachen ist und man die dann nirgends bekommt« (Franz S.). Zur Geburt reisen die beiden nach Deutschland. Die ärztliche Versorgung wäre vor Ort zwar gut, aber »die grundsätzliche Einstellung gegenüber Neugeborenen ist eher so, wenn er gesund ist, wird er überleben, und wenn nicht, dann wird die natürliche Selektion schon zugreifen [...] Population ist dort kein Problem, und das war uns einfach zu riskant ...« (Franz S.).

Maria verbringt jedes Jahr mindestens drei Monate in der Wohnung in Deutschland, die das Paar als Rückzugsmöglichkeit behalten hat. In Indien trifft sich Maria entweder mit den wenigen anderen mitausgereisten Frauen, geht schwimmen oder sie versucht, sich in der Wohnung zu beschäftigen. Gemeinsame Unternehmungen als Paar sind auf ein Minimum reduziert. Einziger Höhepunkt: »Essen gehen, das ist der Klassiker« (Franz S.). In der Freizeit trifft sich das Paar hauptsächlich mit anderen Expats, die auch Kinder haben. Deutsche sind kaum darunter. Zur selben Zeit halten sich nur circa 200 deutsche Personen in Mumbai auf – für eine Metropole mit 16 Millionen Einwohnern eine geringe Zahl. »Mumbai ist damals keine Entsendestadt gewesen« (Franz S). Zur indigenen Bevölkerung haben sie kaum Kontakte. Eine Sprachbarriere gibt es zwar nicht: »Englisch ist die Geschäftssprache und zieht sich auch durch das Private durch« (Franz S). Aber die Vorstellung, mit der Franz S. in Indien konfrontiert wird, dass eine Freundschaft einen wirtschaftlichen Aspekt haben müsse, missfällt dem Manager. »Dass permanent Ausländer als wahnsinnig reich angesehen werden, die man so richtig kräftig melken muss – das kann einem manchmal echt zu viel werden« (Franz S.).

Gleichzeitig geht ihm die Armut im Land auch sehr nahe. »Da bin ich heute noch geschockt. Es war sehr hart, die Kinder auf der Straße leben zu sehen. Ich war gerade selbst dabei, Vater zu werden. Das Schreckliche ist, dass man sich an den Anblick gewöhnt und es irgendwann nicht mehr so weh tut. Man stumpft ab. Und ich weiß gar nicht, was mich mehr entsetzt hat: die Armut oder die Tatsache, dass man sich an sie gewöhnt« (Franz S.). Nach zwei Jahren zieht die Familie in eine neue Wohnung. Das Ambiente ist gehoben. »Als Entsandter, der noch dazu in Bridge Candy wohnt, der ist unter den Top Tausend der Gesellschaft« (Franz S.). Geld spielt keine Rolle mehr. Die Wohnung ist groß und schön, mit Meerblick – aber sie ist auch ziemlich laut. Hupende Autos, Geräusche vom Lift. »Aber sie (die Wohnung) hatte keine Kakerlaken, und während der Monsunzeit hat es nur mäßig reingeregnet« (Franz S.). Die Nachbarn sind allesamt Moslems und vermeiden jeglichen Kontakt. Sie weigern sich, mit Maria im Lift zu fahren. Aus der Wasserleitung kriechen manchmal Würmer, die Familie erlebt ein Erdbeben in Indien und eines Tages werden sie aufgerufen, das Land zu verlassen: Ein Nuklearkrieg mit Pakistan drohe. Als die Entwarnung kommt, atmet die Familie auf.

Eine latente Angst bleibt jedoch den gesamten Zeitraum bestehen: die Familie lebt in ständiger Gefahr, an Malaria zu erkranken. Dennoch bleiben sie im Land. »Meine Frau wollte schon öfter mal packen. Das war dann halt nicht mehr so leicht, als das Kind da war« (Franz S.). Maria leidet außerdem zunehmend an Stimmungsschwankungen. »Das lag hauptsächlich daran, dass die Frauen wirklich völlig ohne Aufgabe herumsitzen. Es gibt ja kaum etwas, das sie dort machen können [...] und wenn man dann nicht gerade sehr autistisch veranlagt ist, hat da, glaube ich, jeder, der nicht arbeitet, ein Problem« (Franz S.). Auch dem Familienvater geht es nicht immer gut. »Da kommen Sie als Mann abends nach Hause und wollen sich einfach nur auf Ihre Insel zurückziehen, ein bisschen von der Frau umsorgt werden und vielleicht auch mal loswerden können, was Sie selbst so bedrückt oder was Sie selbst für Probleme in der Arbeit haben. Wenn Sie dann aber zu Hause auf ein Häuflein Elend treffen, verkneifen Sie sich das vielleicht. [...] Da sind viele Ehen von Kollegen zerbrochen« (Franz S.). Dennoch verlängert Franz S. den Aufenthalt um weitere zwei Jahre. Status und Prestige im Land gefallen ihm. Maria wird ein zweites Mal schwanger – zu diesem Zeitpunkt gibt es bei ihr schon mehr Tiefs als Hochs. »Vorsichtig ausgedrückt würd ich das Depression nennen« (Franz S.). Rückblickend vermutet er, dass sie das Problem bereits mit ins Ausland genommen hat. »Aber das wäre bestimmt in Deutschland nicht so schlimm herausgebrochen« (Franz S.).

Kontakte zu Freunden nach Deutschland haben die beiden kaum. Viele der gemeinsamen Freunde sind zurück nach Polen gegangen, Kommilitonen von Franz sind in alle Welt zerstreut. »Kommunikation mit unseren Familien meist über E-Mail, wenn es geklappt hat, wenig über Telefon [...] insgesamt von Indien heraus hatten wir wenig Kontakt [...] ich hab halt meinen vollen Heimaturlaub, also sechs Wochen im Jahr, in Deutschland verbracht« (Franz S.). Über Deutschland halten sie sich in Indien nicht auf dem Laufenden. »Man hat schon einen anderen Blickwinkel, wenn man weg ist. Nicht mehr so auf Deutschland zentriert, sondern es interessiert mehr so das Weltgeschehen ...« (Franz S.). Auf die Rückkehr bereitet sich die Familie insoweit vor, dass das Paar bei seinem letzten Deutschlandaufenthalt eine neue Wohnung sucht. Vor der Ausreise hatte sich Franz zusichern lassen, dass er wieder eine Stelle in der Firma in Deutschland erhalten wird. »Es gab also nichts, was noch hätte organisiert werden müssen« (Franz S.). Nach vier Jahren Mumbai freuen sich beide auf Deutschland. Sie kehren wieder an den Ort zurück, an dem sie vor der Ausreise gelebt haben. Beide hoffen, dass sich dort die familiäre Situation entspannt. Die Rückkehr ändert jedoch nichts an Marias Zustand.

3.2.1.3 »In Hongkong gibt die Frau ihre Identität am Flughafen ab«: Irene B.

Die Welt ist rosarot für Irene B., als sie drei Monate nach ihrer Diplomprüfung ihren Freund Wolfgang heiratet und kurze Zeit später ihre erste Tochter zur Welt kommt. Am Bodensee hatte Irene B. ihren Mann während des Jurastudiums kennengelernt. Die junge Familie zieht nach München, weil Wolfgang dort seine erste Stelle bei einem großen Elektronikkonzern annimmt. Zwei Jahre später wird er dort von einem international agierenden Unternehmen abgeworben. Die Firma bietet ihm die erste Entsendung nach China als »Karriereschule« an. Die damals 30-jährige Irene B. hat gegen einen Auslandsaufenthalt nichts einzuwenden. In Deutschland hält sie weder die eigene Familie, zu der sie ein gespaltenes Verhältnis hat, noch Freundschaften. »Wir wollen was von der Welt sehen, wir sind jung und wir packen das an«, sei damals das Motto gewesen (Irene B.). Ein Vorbereitungstraining oder einen »Look-and-see-Trip« gibt es von der Firma nicht. Auch keine Umzugshelfer. Das Budget ist streng limitiert. »Wir waren bei einer Firma, die sehr geizig ist und nicht in solchen Luxus investiert« (Irene B.). Was sie in China erwarten würde, konnte sie sich kaum vorstellen. Ins Gedächtnis eingebrannt hat sich ihr der Landeanflug über Hongkong: »Das soll unsere Heimat werden? Das wird unser Lebensinhalt? Dieses Hochhäusermeer? Wo fängt man da an? Wie soll das gehen?« (Irene B.). Diese Sätze sagt Irene B. noch im Flugzeug zu ihrem damaligen Mann Wolfgang, zu diesem Zeitpunkt 29 Jahre. Auf ihrem Schoß sitzt die zweijährige Tochter Sandra. Zum ersten Streit kommt es noch bevor sie die Maschine verlassen. Irene B. ist sich nicht mehr so sicher, ob sie die richtige Entscheidung getroffen hat. Und das Gefühl wird sie auch nicht mehr so schnell loslassen.

Die soziokulturellen Rahmen- und Lebensbedingungen in Hongkong empfindet sie als schwierig. Die Familie lebt die ersten sechs Wochen im Hotel, Geld für die Reinigung der Wäsche dort ist keines übrig. Die Lebenshaltungskosten für die junge Familie sind hoch. Irene B. muss sich eine günstigere Variante für das Wäschewaschen suchen. An die Griffe des Kinderbuggys hängt sie jeweils links und rechts eine Mülltüte mit schmutziger Wäsche und bahnt sich einen Weg durch Hongkong in eine günstigere Reinigung. »Aber das war die letzte Klitsche und da haben die in kaltes Wasser alles reingeschmissen von anderen Leuten, von uns und kalt durchgewaschen. Das kam grau und zerknittert heraus« (Irene B.). Jeden Tag sitzt Irene B. auf dem Plastikspielplatz vor dem Hotel in der Hoffnung, dort andere Mütter kennenzulernen. Immer trifft sie nur die Kindermädchen an. »Ich hab jeden Tag eine Krise bekommen. Ich hab gedacht, ich spinn: Wo sind die Mütter ...?« (Irene B.). Die Sprache versteht Irene B. nicht. Sie geht in kleine, chinesische Buden zum Essen, deutet beim Bestellen auf »undefinierbare Tierkörper«. Aus Not an Alternativen isst sie, was sie überhaupt nicht zuordnen kann. »Die kleinsten Sachen werden ja plötzlich zum Problem« (Irene B.). Jeden Morgen wacht sie verzweifelt auf. »Was soll ich heut machen? Wo geh ich hin? Niemand kennt mich. Niemand weiß, dass ich da bin und es mich überhaupt gibt« (Irene B.). Die Einsamkeit wird fast greifbar. »Sie schwimmen durch ein Meer von asiatischen Gesichtern. Mit einem Kind. Man bekommt fast keine Luft mehr. Es ist alles so eng. Dieser Kulturschock – bezeichne ich das, sich alleine fühlen in einem Meer von Andersartigkeit, wo Sie gar keine Rolle spielen« (Irene B.). Jeden Abend wartet sie, bis ihr Ehemann nach Hause kommt. Eines Abends kommt Wolfgang nicht ins Hotel zurück. Sie macht sich Sorgen: »der kam und kam nicht, und kam dann glaub ich morgens um zwei, weil er [...] musste noch mit den jungen Männern aus der Firma trinken gehen. [...] Kontakte pflegen, Freundschaften schließen. Es hat dann Ehekrach gegeben natürlich. [...] ich hatte fast eine Woche lang mit niemandem tagsüber gesprochen. Und dann kommt er nicht zurück. Ich hab mir Sorgen gemacht. Und dann kommt er angeheitert nach Hause [...] und man soll die tolle, sexy Ehefrau spielen. Schönen, tollen Sex bieten. Das haut nicht hin, wenn man sich am liebsten mit einem XXL-Shirt im Schrank verkriechen würde« (Irene B.).

Als die Tochter in den Kindergarten kommt, stellt sie sich einen ganzen Tag lang vor den Eingang – und hat Glück. Sie trifft auf andere Mütter und erfährt: Es gibt eine Frauengruppe vor Ort. »Deutsche in Hongkong – das war mein Rettungsanker« (Irene B.). Von diesem Treffen verspricht sie sich alles. Eine ganze Stunde fährt sie kreuz und quer mit Schiff, Bahn und Bus zum Treffen im Club. Sie kommt zu spät, das Treffen ist bereits in vollem Gang. »[...] vorne hat dann jemand einen Vortrag gehalten, wie man Antikmöbel poliert [...] das ist nicht Ihre Welt mit 30 Jahren« (Irene B.). Keine der Frauen hat ein Kind dabei. Irene B. hat sich unter dem Treffen was ganz anderes vorgestellt. »Da waren viele Ehefrauen auch [...] die sind dann plötzlich zur Madam aufgestiegen und haben sich da mit Gold behangen [...] man würde sich hier mit solchen Frauen nicht anfreunden, weil es einfach nicht passt. Im Ausland will eben jeder irgendwas darstellen« (Irene B). Den gesamten Rückweg über weint sie, und es wird noch einige Zeit dauern, bis sie sich tatsächlich dem Club anschließt. Auf dem Rückweg kauft sie sich ein dunkelblaues, »viel zu teures« Kleid. »Ich habe mir damals geschworen, dass ich es schaffen werde. Das Kleid hab ich heute noch. Es ist mein Symbol dafür, dass ich die Zeit in Hongkong aushalten konnte« (Irene B.).

Mit der Rolle als mitausreisende Ehefrau kommt Irene B. während ihres Hongkong-Aufenthaltes nicht zurecht. »Die mitausreisenden Ehefrauen identifizieren sich mit dem Job und der Hierarchie des Ehemannes. Das heißt, sie stellen sich vor: Ich bin die Frau von [...] weil die haben ja keine eigene Identität mehr, sie haben nix eigenes mehr. In Hongkong gibt die Frau ihre Identität am Flughafen ab, ihr Leben, ihre Identität legt sie ab, sie lebt ja nur noch in der Funktion des Ehemannes« (Irene B.). In der Entsandtengemeinschaft entwickelt sich eine inoffizielle Hackordnung unter den Frauen. Je nachdem, wie viel der Ehemann der jeweiligen Firma »wert ist«, steigt das Ansehen der Familie. Irene B. und ihr Mann sind nach ihrem Empfinden nicht nur wegen ihres Alters, sondern auch aufgrund des Einkommens des Mannes die Schlusslichter.

Die junge Mutter hat aber noch ganz andere Sorgen. Im Hongkonger Getümmel muss sie möglichst schnell eine Wohnung für die Familie suchen. »Bei 35 Grad Hitze, Luftfeuchtigkeit von gefühlten 100 Prozent, ein schreiendes Kind im Buggy, bin ich den chinesischen Maklern hinterhergelaufen [...] Wir mussten oft in Unterführungen rein, da gab es keine Rampe, da hab ich den Buggy auf die Hüfte genommen und mein Kind da hochgeschleppt. [...] in den 50. Stock hoch im Hochhaus, hoch, runter, hoch, runter« (Irene B.). In den Bezirken, in denen andere Entsandte leben, kann sich die Familie keine Wohnung leisten. Irene B. mietet eine Wohnung im 30. Stock eines Mietshauses, in dem nur Chinesen leben. »[...] wir waren das unterste Level an Expats« (Irene B.). Die Wohnung gefällt ihr dennoch, es ist ihr eigenes Reich, auch wenn es eher den Charakter einer »Studentenbude« hat, wie sie sagt. Eine Haushaltshilfe bekommt Irene B. auch. Dann wird sie das zweite Mal schwanger. Das Kind bringt sie in Hongkong zur Welt. Nach der Geburt gerät Irene B. in eine Lebenskrise. »Also richtige Existenzfragen kamen da hoch: Was mache ich überhaupt hier? Was mach ich mit meinem Leben?« (Irene B.). Sie sucht Hilfe bei einer Psychologin, die in der Praxis ihres chinesischen Frauenarztes mitarbeitet. Dort trifft sie immer wieder auf andere entsandte Frauen aus dem Club. Aus Scham geht sie nicht mehr zu der Therapeutin. Und bleibt allein mit ihren Konflikten. »Die meisten Leute haben das Leben lang vielleicht unterschwellig ein Problem, aber im Ausland bricht das Problem auf. Und dann kommt man mit dem Problem nicht mehr klar. Das ist, als ob irgendwas aufgewühlt wird durch den Auslandsaufenthalt. Da kommt oft der eigene Mensch in eine Lebenskrise« (Irene B).

Die Situation verbessert sich für die zweifache Mutter erst, als sie Anschluss an die evangelische Kirchengemeinde findet. Ihr Leben fängt gerade an, sich zu stabilisieren, als der Ehemann einen neuen Vertrag unterschreibt. Diesmal Brasilien. Ohne Zwischenstopp in Deutschland, ohne Vorbereitungstraining. Für Ehemann Wolfgang ist es ein »glücklicher Zufall«: Er ist selbst als Kind einer Expatfamilie in dem brasilianischen Ort aufgewachsen, das jetzt zur »Heimat auf Zeit« für seine eigene Familie werden soll. Seine ganze Kindheit hat er dort verbracht, er spricht fließend Portugiesisch. Sie denkt: »Mensch, dort klappt unsere Ehe bestimmt besser, weil da lebt man, da lacht man, da hat man Natur und Freizeit« (Irene B.). Doch es kommt anders. Die zwei Töchter fühlen sich nicht wohl, es fällt ihnen schwer, in dem Dorf Freundschaften zu knüpfen. Und auch die Ehe kriselt: »Die Schere ging noch mehr auseinander« (Irene B.). Die Familie bezieht eine Villa im Ort, es gibt keine Expatcommunity mehr, nur Dorfbewohner. Wolfgang wird zum wichtigsten Arbeitgeber der Region, der Status der Familie steigt dementsprechend an. »Er war wieder Brasilianer, und ich war die Deutsche, die mitgereist ist« (Irene B.). Irene spricht kein Wort Portugiesisch. Wieder würde sie am liebsten die Koffer packen. Aber sie bleibt. Mit einem Wörterbuch eignet sie sich die Sprache selbst an. Doch die Unsicherheit bleibt. »Mein Mann wurde in Brasilien umgarnt von glutäugigen Schönheiten, schlank, braungebrannt, jung. Und ich daneben, ich hab mich manchmal am Strand gefühlt wie ein gestrandetes Walross […] Da lief dann natürlich auch in meiner Ehe nix mehr« (Irene B.). Sie sucht sich ein eigenes Umfeld und hilft mit, im Dorf die Schule aufzubauen. Danach beginnt sie ein Psychologiestudium. Sieben Jahre lebt sie in Brasilien, knüpft Freundschaften über die Universität, fliegt mit auf internationale Tagungen. Dann bricht ihr Leben auseinander. »Mein Mann wollte sich trennen […] Er hat eine andere Frau gefunden, der wollte weg […] Der Mann hat mich gezwungen, mich sogar noch in Brasilien von ihm scheiden zu lassen. […] Der wollte sofort das beenden. Als ob es ihm ans Leben geht. Er meinte, ohne die Scheidung würde er nicht mehr leben können. Er würde ersticken« (Irene B.).

3.2.1.4 »Das war ein täglicher Überlebenskampf«: Stephan und Yasemin D. in Ungarn

»Wollen Sie lieber Leute einstellen oder entlassen?« Die Frage seines Vorgesetzten macht es dem Ingenieur Stephan D. leicht, sich für Ungarn und gegen Mexiko als Entsendeland zu entscheiden. Er möchte Mitarbeiter einstellen – und sich im Führen üben. Bewusst hat er sich nach seinem Scheitern als Freiberufler bei einem mittelständischen Unternehmen mit internationaler Ausrichtung beworben. »Für mich gab es dort eigentlich nur die Chance, eine Führungsaufgabe zu bekommen in absehbarer Zeit, über das Thema Ausland. Eine Entsendung ist ein Karrierebeschleuniger« (Stephan D.). Zu diesem Zeitpunkt ist er drei Jahre in der Firma und »ich hatte noch keine Lobby, es war die einzige Chance« (Stephan D). Der damals 42-Jährige ist sich ziemlich sicher, dass ihm auch seine Frau keine Steine in den Weg legen wird wegen des auf drei Jahre anvisierten Auslandsaufenthaltes. Seit 15 Jahren sind sie ein Paar; bereits vor der Hochzeit im Jahr 2002 hatten sie über ein Leben im Ausland gesprochen. »Sie hat immer gesagt, ja, das könnte ich mir schon vorstellen« (Stephan D.). Als er ihr die »frohe Botschaft« aber eines Abends im Frühsommer 2006 überbringt, fällt sie aus allen Wolken. »Und dann hab ich erst mal geheult […] da war ich sehr unglücklich« (Yasemin D.). Damals hatte sie nach langer Suche endlich eine Tagesmutter für den kleinen Sohn gefunden, seit Wochen plante sie ihre berufliche Rückkehr als freiberufliche Beraterin. »Das Versprechen hatte ich schon wieder ganz vergessen […] und jetzt kommt er mit Ungarn« (Yasemin D.). Mit dem ersten Kind zu Hause zu sein, erlebt sie nicht sehr positiv. »Ich habe gedacht, mir fällt die Decke auf den Kopf. Ich habe ja absolut die Krise bekommen. Deshalb wollte ich wieder dringend arbeiten« (Yasemin D.). Die Reduzierung auf die Rolle als Hausfrau und Mutter kann und will sie nicht akzeptieren. »Ich habe mich definitiv über meinen Job definiert. Und der ist dann nicht mehr da […] Kinder sind anstrengender als jeder anstrengende Kunde oder irgendwas. So anstrengende Kunden habe ich noch nie gehabt, wie so ein Baby anstrengend sein kann. Und jetzt sollte ich also schon wieder zurückstecken …« (Yasemin D.).

Die Reaktion überrascht ihren Mann. »Wir hatten doch immer darüber gesprochen, ob wir das machen können. Ich war schon ein wenig überrascht. Sie hat dann ein wenig rumgezickt« (Stephan D.). Die Zeit drängt, das Paar muss die Entscheidung schnell treffen. Sohn Michael ist damals sechs Monate alt. Der Arbeitgeber legt in Vorgesprächen großen Wert darauf, dass die Familie komplett ausreist, um einen vorzeitigen Abbruch des Mitarbeiters aus familiären Gründen zu verhindern. Yasemin D. lässt sich letztlich umstimmen. »Es war halt eigentlich der beste Zeitpunkt, das zu machen [...] es war klar, dass wir sowieso ein zweites Kind wollen« (Yasemin D.). Bei der Ausreise vier Monate später ist sie bereits erneut schwanger. Sie sieht dem Abenteuer Ausland inzwischen gelassen entgegen. Es ist nicht ihr erster Kulturwechsel.

Von ihrem 14. bis zum 19. Lebensjahr hat Yasemin D. mit ihren Eltern und einer älteren Schwester in Ägypten gelebt. »Mein Vater ist Ägypter, die Mutter Deutsche. Ich bin in Deutschland geboren, und wir haben zu Hause immer Deutsch gesprochen« (Yasemin D.). Der Vater arbeitet in Deutschland an einer großen Universität. Eines Tages erfüllt er sich einen Traum: er gründet eine Firma in der ägyptischen Hauptstadt. Für die damals 14-jährige Yasemin ist Kairo eine Offenbarung: »Auf einmal hatte ich das Gefühl, hier passen die Puzzlestücke zusammen [...] dort war ich halt nicht mehr was Außergewöhnliches, anders als die anderen. An der deutschen Schule dort gab es ganz viele Kinder aus gemischten Ehen [...] ich habe mich nie fremd gefühlt« (Yasemin D.). Das Konkurrenzdenken unter den Mädchen, das sie aus Deutschland kennt, erlebt sie in Ägypten nicht. Sie fühlt sich befreit, der Alltag durch die tägliche Siesta am Nachmittag ist entschleunigt. Das Einleben klappt gut, obwohl sie kein Arabisch spricht. In den ganzen fünf Jahren, während sie die Deutsche Schule besucht, wird sie die Sprache auch nicht lernen. Ihren Vater beschreibt sie als sehr liberal. »Ich bin deutsch erzogen. Ich bin eine Deutsche. Es ist so. Auch wenn ich mich in Ägypten super wohl gefühlt habe, ich wäre immer eine Deutsche geblieben. Von der Mentalität her« (Yasemin D.). Deshalb kehrt sie mit 19 Jahren zum Studium nach Deutschland zurück, die Eltern bleiben in Kairo. Im Flugzeug fließen viele Tränen.

Die Rückkehr wird ein einschneidendes Erlebnis. »Es ist relativ einfach, in diesem Alter ins Ausland zu gehen. Das Zurückkommen ist die Schwierigkeit. Ich habe bestimmt drei bis vier Jahre gebraucht [...] bis ich mich hier wieder halbwegs zu Hause gefühlt habe« (Yasemin D.). Das vertraute Leben in Kairo fehlt ihr, die Familie, die Freunde, die Ausflüge zu den Pyramiden, die Wüste und das internationale Flair der pulsierenden Stadt. Zudem leidet sie unter dem Wetter, das sie als chronisch schlecht beschreibt. »Alle haben Probleme mit dem Zurückkommen. Nicht das Hingehen, da ist ja alles neu, aufregend. Und dann kommt man zurück und denkt, man kennt alles und auf einmal wirkt alles ganz anders und man ist auch nichts Besonderes mehr. Man ist wirklich nur noch einer von Tausenden« (Yasemin D.). Die Eltern hatten vor der Ausreise die Familienwohnung in Deutschland behalten. Yasemin zieht dort ein und beginnt ihr Mathematikstudium. In der Anonymität der großen Technischen Universität geht sie unter. »Ich habe mich ein bisschen fehl am Platz gefühlt. Die Studenten im Fachbereich Mathe sind auch speziell. Die sahen zum Teil aus im Computerraum, als hätten sie den zwei Wochen lang nicht verlassen. Die Haare fettig, ungepflegt. Ich habe echt gedacht, wo bin ich hier eigentlich« (Yasemin D.). Die Kommilitonen begegnen ihr zurückhaltend. »Das ist so eine typische Einstellung hier, die echt in Ägypten ganz anders ist. Die Leute sind viel misstrauischer, und etwas Persönliches zu erzählen, wird als Naivität ausgelegt« (Yasemin D.).

Auf einer Faschingsparty im Jahr 1995 kreuzen sich dann ihre und Stephan D.s Wege. Erst ist es Freundschaft, dann Liebe. Nach dem Studium und diversen Jobwechseln landet das Paar im Süden Deutschlands. Im Jahr 2001 kaufen sie am Geburtsort von Stephan D. gemeinsam eine Wohnung. Mit den Nachbarn verstehen sie sich gut, Freunde und ein Teil der Familie wohnen um die Ecke. Die beiden schlagen Wurzeln in der Stadt und gründen eine Familie. Dann steht plötzlich jene Frage im Raum, die ihr Leben auf den Kopf stellen wird: Ungarn ja oder nein? Nach einigem Hin und Her entscheidet sich das Paar für Ungarn als neuen, zeitlich befristeten Lebensmittelpunkt. Der Umzug wird von der Firma organisiert. Die Wohnung sucht das Paar bei einem »Look-and-see-Trip« selbst. Beide sprechen kein Ungarisch. »Ich habe auch kein Problem, Leute anzusprechen und dann irgendwas zurechtzustoppeln. Das ist eine Erfahrung, denke ich, die ich aus Ägypten mitgebracht habe« (Yasemin D.). Ihr Mann sieht der Ausreise damals nicht mehr so entspannt entgegen. »Ungarn stand eben auf meiner Prioritätenliste nicht auf Platz eins« (Stephan D.). Spanien wäre ihm lieber gewesen, das Land kennt er von Urlauben. »Ich bin aber schon so der Europäer-Typ, ich bin nicht scharf auf China oder so« (Stephan D.). Auslandserfahrung hat er ansonsten bis zu diesem Zeitpunkt keine. Auch in der Firma gibt es von einigen Kollegen große Ressentiments gegen den ungarischen Standort, an dem er künftig arbeiten wird. »Da gab es schon die Meinung von den Kollegen, da wird jetzt alles verlagert, und bei uns fehlen dann die Jobs« (Stephan D.). Die Firma bietet dem Paar ein zweitägiges Vorbereitungsseminar an, das die »Eigenheiten der Ungarn« (Stephan D.) verdeutlichen soll. Mittlerweile sind auch die Familienangehörigen und Freunde über die Pläne im Bilde. »Meine Mutter war sehr unzufrieden. Der hat es gar nicht gefallen [...] ihr war halt schon daran gelegen, dass ich in der Nähe bin [...] ich musste an der Stelle aber an mich denken. Ich bin in einem Alter, wo man auch langsam vorwärtskommen muss« (Stephan D.). Die gefühlte räumliche Nähe zum Herkunftsland macht es ihm damals leicht, die sozialen Kontakte zurückzulassen. Der Flug nach Budapest dauert eine Stunde und zehn Minuten, »mit dem Billigflieger kriegt man das locker für 100 Euro« (Stephan D.). Neben der Mutter reisen auch Freunde im Laufe der drei Jahre nach Budapest.

Yasemin D. arrangiert sich mit der Rolle als mitausreisende Ehefrau, Hausfrau und Mutter. Sie erschließt sich vor Ort ein neues Umfeld; es besteht zu großen Teilen aus anderen internationalen und deutschen, mitausgereisten Ehefrauen. Fünfzehn weitere Familien sind zeitgleich für dieselbe Firma vor Ort. Die Frauen definieren sich über den Beruf des Mannes. »Das war eine ganz neue Sache. Ich habe mich nie als XX-Frau [Firma des Mannes] gefühlt. Wir hatten vor dem Umzug nie großen Kontakt mit anderen aus der Firma. [...] man sagt dann, Hallo, ich bin eine XX-Frau. Und die anderen sagen, ich bin eine SAP-Frau, und ich eine E-on-Frau. [...] Das war neu, [...] bis dahin war mir XX ziemlich schnuppe« (Yasemin D.). Die Organisation des Alltaglebens ist Yasemin D.s Aufgabe. »Also ich war überspitzt gesagt alleinerziehend« (Yasemin D.). Besuche bei der Bank oder der Post gehören damals auch zu ihren Aufgaben. »Wenn man nur einen Brief holen soll, merkt man schnell, dass das eben mal ein sozialistisches Land war. [...] Im Supermarkt oder auf Ämtern, das ist teilweise echt Schikane, was die Ungarn da treiben« (Yasemin D.). Stundenlang wartet sie auf der Post in einer Schlange, erst fehlt ein Fragebogen, den sie noch ausfüllen muss. Später wird ihr erklärt, der Brief sei nun doch verschollen. Auch das Impfen des Sohnes wird zur Geduldsprobe. Die Kinderärztin verspricht, das gewünschte Impfserum zu besorgen. Fünf Impftermine lässt die Medizinerin platzen, jedes Mal vertröstet sie die Mutter, die mit ihrem Sohn Stunden im Wartezimmer verbringt. Letztlich besorgt Yasemin D. den Impfstoff selbst, gibt ihn in der Arztpraxis zur Aufbewahrung ab und vereinbart den sechsten Termin. Zur Impfung wird es aber nie kommen. Die Ärztin weigert sich plötzlich, die Behandlung vorzunehmen – sie kenne sich zu wenig mit dem speziellen Impfstoff aus und müsse sich erst informieren. Der Impfstoff ist zu diesem Zeitpunkt auch nicht mehr in der Praxis aufzufinden. »Ich habe da nur noch rumgeschrien in der Praxis. Wie kann man einfach nur so blöd sein. So was von dilettantisch. Wie kann sowas überhaupt passieren [...] die sind so ein bisschen neben der Spur. Da ist alles so egal. Es ist ja nicht ihre Zeit. Wir haben bei jedem dieser Termine zwei Stunden im Wartezimmer bei kranken Kindern gesessen und nie hat es mit der Impfung geklappt« (Yasemin D.). Ihr Mann ist in der ganzen Zeit nicht wirklich präsent. Er hat eigene Herausforderungen zu meistern. »Die ganzen Männer dort haben gearbeitet wie blöd« (Yasemin D.).

Stephan D. hat die Verantwortung für zwölf Ingenieure und zehn weitere Mitarbeiter in der Werkstatt. An den indirekten Kommunikationsstil muss er sich erst gewöhnen, wie auch an die mitunter freizügige Kleidung seiner Mitarbeiterinnen. Am ersten Arbeitstag empfängt ihn die Chefsekretärin mit tief ausgeschnittener Bluse. Er reicht ihr peinlich berührt einen weißen Laborkittel zum Überziehen. Irritierendes wartet aber auch eine Etage tiefer in der Werkstatt. Das Werk ist noch relativ neu und ein Sorgenkind. »Ich war verantwortlich für die Qualitätskontrolle [...] wir hatten zu der Zeit sehr viele Probleme und waren mit einigen Kunden im Eskalationsprogramm [...] das war Extrembeatmung« (Stephan D.). Bei Störungen muss er blitzschnell entscheiden, ob möglicherweise Zehntausende Produkte zurückgeholt werden, die Lieferung gestoppt oder die weitere Produktion eingestellt werden muss. Er hat das Gefühl, dass er sich auf seine Mitarbeiter nicht verlassen kann. Der Druck steigt von Tag zu Tag. »Ich war auch wirklich schockiert, wie wenig Interesse die Leute dort daran hatten, was zu erreichen. Denen war das einfach egal. Null Ehrgeiz, null Zielorientierung [...] Verantwortungsbewusstsein haben die [Ungarn] keines [...] wichtig war immer nur, es darf mich nachher keiner für Fehler belangen können. Dann werfen sie ihren Entschuldigungsgenerator an« (Stephan D.). Der Stress zehrt zunehmend an seinen Nerven. »Ich bin ja nur gerannt [...] ich hätte es sonst nicht geschafft [...] ich bin nachts so angespannt gewesen, dass ich jetzt mit den Zähnen Probleme habe [...] ich habe mich durchgebissen, im wahrsten Sinne« (Stephan D.). Zeit für sich alleine hat er keine, und wenn er mit Bekannten Tennis spielen will, findet das sonntagabends nach 21 Uhr statt.

Während seine Frau versucht, Ungarisch zu lernen, findet Stephan D. dafür in seinem straff getakteten Arbeitstag keine Zeit. Die einzige Möglichkeit wäre, den Unterricht auf die Freizeit zu verlegen. Dies will er aber wiederum seiner Familie nicht zumuten. Rückblickend findet er deutliche Worte: »Das war ein täglicher Überlebenskampf. Ich wollte erfolgreich sein. Ich wollte nicht als Loser zurückkommen« (Stephan D.). Dass die Führungsposition in Ungarn eine Herausforderung wird, darauf war er eingestellt. »Ich wusste, es wird schlimm. Aber so schlimm hatte ich es mir nicht vorgestellt« (Stephan D.). Das Land und seine Bewohner ziehen im Privaten spurlos an ihm vorüber. Im Blick hat er stets nur die Ziellinie – das Ende des Entsendevertrages. »Es war definitiv klar, dass ich das nicht länger als drei Jahre machen werde. Die Belastung war zu hoch« (Stephan D.). Die

Familie gibt ihm dagegen Halt. Von deutschen Kollegen hört er häufig, dass es in den Ehen zu Konflikten kommt. »Das hätte ich nicht durchgestanden. Da war ich sehr froh, dass mir Yasemin ohne Murren den Rücken gestärkt hat. […] Auch wenn ich spät nach Hause kam, hat sie gesagt, ist OK. Sie hat mir keine Vorwürfe gemacht, weil sie wusste, ich mache das nicht, weil ich keine Lust habe, heimzukommen. Sondern weil ich nicht anders kann […] also Ausland kann schon echt zum Beziehungskiller werden« (Stephan D.). Die Frauen der anderen Expats fahren für mehrere Wochen im Jahr nach Deutschland. Seine Frau bleibt vor Ort. »Da bin ich auch sehr froh drum, meine Kollegen wurden von ihren Frauen oft wochenlang alleine gelassen. Das hätte ich nicht gewollt, ich bin froh, dass meine Frau das nicht gemacht hat« (Stephan D.). Am Rande bekommt er mit, dass sich in der Firma auch immer wieder Beziehungen zwischen den Deutschen und den ungarischen Mitarbeiterinnen anbahnen.

Eines Nachts klingelt die Ehefrau seines wichtigsten deutschen Mitarbeiters weinend an der Haustüre der Familie. Ihr Ehemann habe zuerst Stühle nach ihr geworfen, erklärt die junge Deutsche, dann habe er sie vor die Türe gesetzt. Jetzt brauche sie einen Unterschlupf. »In Deutschland habe ich Kollegen allenfalls mal bei Grillfeten gesehen. Und dort war man plötzlich live dabei […] das war ja mein Mitarbeiter, ich sein Chef […] das war schwierig […] wie sollte ich mich verhalten […] da habe ich gedacht, manchmal ist es in Deutschland gar nicht so schlecht, wenn man nicht so viel von den Leuten weiß« (Stephan D.).

Noch während des ersten Jahres in Ungarn kommt das zweite Kind der D.s zur Welt. Innerhalb der Entsandtengemeinschaft werden im Laufe der drei Jahre insgesamt 60 Kinder geboren. Yasemin D. hat keine Bedenken, ihre Tochter in Ungarn zur Welt zu bringen. Entsetzt ist sie dann jedoch von den hygienischen Zuständen in der Klinik. »Also von putzen hatten die noch nie was gehört […] lassen meinen Mann nach der Geburt nicht mehr auf die Entbindungsstation, aus Angst, er könnte was einschleppen. Und ich habe immer nur gesagt, hier gibt es nichts mehr einzuschleppen, so wie es hier ausschaut« (Yasemin D.). Ihr Blick auf Ungarn ist zwiegespalten. Einerseits lobt sie die Restaurants und den Kindergarten, betont, wie unproblematisch es für sie war, dort zu leben. Wenn sie von der Offenheit der Bevölkerung spricht, meint sie damit aber nicht die Ungarn, sondern das internationale Umfeld in der Stadt. »Ich habe mich natürlich nicht so eingelassen emotional […] es hat sich nicht so ergeben wie sich das in Kairo ergeben hatte …« (Yasemin D.). Sie distanziert sich während des Interviews zunehmend auch von den anderen deutschen Expatfrauen. »Die kamen einfach auf einmal in eine Welt, die sie vorher nie betreten hatten. International, mit anderen gehobenen Leuten zusammen sein, schöne Restaurants […] die sind sicherlich bei der Rückkehr wie bei Tausendundeiner Nacht aufgewacht […] und saßen wieder in ihrem Kaff zu Hause in Deutschland […] hatten an der großen weiten Welt geschnuppert […] und werden bei der Rückkehr sicherlich Probleme haben« (Yasemin D.).

3.2.1.5 »Ausgerechnet Polen!« Dirk und Katrin L.

London, New York, Paris: Dirk und Katrin L. haben einige Ziele auf ihrer Liste, die sie sich für eine Entsendung vorstellen könnten. Das Paar ist seit 1992 verheiratet, schon lange träumen sie vom Leben im Ausland. Es gibt nur eine Region, die sie kategorisch ausschließen: Polen. Wie es der Zufall will, macht ihm das international agierende Unternehmen, für das Dirk L. seit rund 10 Jahren arbeitet, aber genau dieses Angebot. »Ich wusste es freitags, und ich habe mich erstmal nicht getraut, es ihr [Katrin] zu sagen […] ausgerechnet Polen […] wir haben immer Witzchen darüber gemacht, es geht überall hin, aber nicht nach Polen […] ich brauchte unheimlich viel Mut. […] 72 Stunden später hab ich es ihr gesagt« (Dirk L.). Katrin reagiert wie erwartet: »Da war ich zunächst mal geschockt […] ich habe spontan gesagt, nein! Das möchte ich nicht. Nach Polen will ich auf gar keinen Fall!« (Katrin L.). Ihr Ehemann reagiert gelassen und räumt ein, er habe sich das schon gedacht und wolle auf keinen Fall Druck ausüben. »Die Tatsache, dass er meine Position so hat stehen lassen, hat dann bei mir so eine Öffnung bewirkt und ich weiß noch, dass ich eine Nacht darüber wach gelegen bin und gedacht habe: Mensch, warum bist du eigentlich so borniert, was hast du denn so absolut gegen Polen, bist du denn so mit Klischees behaftet« (Katrin L.). Während der Nacht verfolgen sie Bilder vom »Ostblock, trist, grau, Plattenbau, kalt im Winter […] aber dann hab ich irgendwann gedacht, Mensch, genau das ist aber auch irgendwie interessant […] vielleicht sollte das mal so sein, dass du mal mit so einer Herausforderung konfrontiert wirst, wo es wirklich darum geht zu erleben, wie geht es dir in einem ganz anderen Kontext, ohne dass du die Sprache kennst […] das war eine Herausforderung für meinen eigenen Lebenslauf« (Katrin L.). Am anderen Tag eröffnet sie ihrem Mann, dass sie mit nach Warschau kommt – unter zwei Bedingungen: Sie möchte eine gute Schule für die Söhne, und mit dem Arbeitgeber müsse vertraglich geregelt sein, dass die Entsendung nach zwei

Jahren vorüber ist. Dafür ist sie bereit, ihre unbefristete Festanstellung bei einer sozialen Einrichtung aufzugeben – auch wenn ihr das sehr schwer fällt. Recht leicht fällt es dem Paar dagegen, das selbst gebaute Einfamilienhaus in der deutschen Kleinstadt zu verlassen. Dirk L. ist in den Niederlanden geboren, seine Wahlheimat ist seit mehr als drei Jahrzehnten Deutschland. Mit seiner Frau ist er in den vergangenen Jahren sieben Mal im Radius von 50 Kilometern umgezogen – das Mobilsein und seine Begleiterscheinungen schreckt die beiden nicht. Im Freundeskreis gibt es zudem einige Familien mit Auslandserfahrung. Sie nehmen Katrin L. die Angst vor der Einsamkeit im Ausland und raten, die Kinder auf einer Deutschen Schule, und nicht wie von Dirk L. geplant, auf einer internationalen Einrichtung anzumelden. Das soll vor allem der Mutter die Kontakte zu anderen Deutschen ermöglichen. Ihrem Mann liegt viel daran, auch den acht- und zehnjährigen Söhnen die Auslandserfahrung zu ermöglichen. »Sie sollten auch mal raus aus ihren Komfortzonen. Wenn Menschen immer in ihren Komfortzonen bleiben, das finde ich äußerst gefährlich. Da kommt man nicht weit im Leben, auch privat und persönlich nicht. Das war zwar ein herber Schock für die Jungs, aber ich glaube, das hat ihnen viel gebracht« (Dirk L.). Bis zur Ausreise nach Polen fließen beim jüngeren Sohn dennoch viele Tränen.

Und auch das weitere familiäre Umfeld ist nicht begeistert: »Jeder reagiert so klischeehaft. Warschau – ach Gott, ihr Armen. Und das fing an, mich richtig zu nerven und hat in mir einen Widerstand entwickelt, so dass ich dachte, was heißt hier ›Ihr Armen‹? Das hat bestimmt auch was, was sich lohnt« (Katrin L.). Die Freundinnen ihrer mittlerweile 70-jährigen Mutter reagieren mit völligem Unverständnis: »Warschau war für die Russland und die haben gesagt, ach, die armen Buben [...] das hat auch ein Onkel gesagt: was die Katrin ihren armen Kindern zumutet, das wird die Jahre in der Schule zurückwerfen [...] Warschau – Oh Gott! [...] Die meisten waren bei Warschau richtig geschockt« (Katrin L.). In ihrem Bekanntenkreis gibt es aber auch Personen, die bereits eine Entsendung erlebt haben und die der Familie zur Entsendung raten. Im Sinne Bourdieus können sie daher auf soziales Kapital im Umfeld zurückgreifen, welches die Pläne unterstützt.

Dirk L. fliegt im Februar 2007 – die Verträge sind bereits unterzeichnet – zum ersten Mal nach Warschau. Er möchte Häuser für die Familie besichtigen. Die Stadt gefällt ihm nicht. »Nebel, grau, kalt, Schnee. Das war wie in einem schlechten Film [...] die Häuser waren nicht das, was ich mir vorgestellt hatte. [...] Hässlich, nur hässlich! [...] abartig [...] da hab ich mir zum ersten Mal überlegt – uuups – ich lasse Katrin und die Kinder daheim [...] das geht überhaupt nicht« (Dirk L.). Entsetzt ruft er seine Frau an. »Er sagte, das ist unheimlich schrecklich hier [...] er hat wahnsinnige Zweifel gekriegt, was er seiner Familie zumutet ...« (Katrin L.). Auch einige Bekannte und Familienmitglieder reagieren skeptisch auf die Umzugspläne. Katrin L. vereinbart mit ihrem Mann, dass sie sich selbst ein Bild macht. Bei ihrer Ankunft zeigt sich Warschau von seiner sonnigen Seite. Das Eis ist gebrochen.

In Deutschland leben die L.s einen gehobenen, aber betont unauffälligen Lebensstil. Dirk L. ist bei einer Firma angestellt, die Dependancen in 67 Ländern unterhält. Seit einiger Zeit hat er einen leitenden Posten inne. Aus Karrieregründen braucht er diese Entsendung nicht. »Wenn man schon so weit oben ist, ist es nur noch ein horizontaler Schritt, kein vertikaler mehr auf der Karriereleiter« (Dirk L.). Er sucht die Herausforderung aus einem anderen Grund. »Wenn man lange bei einem Unternehmen ist, schleift man ein [...] ich fand es für mich persönlich interessant« (Dirk L.). Der zum Zeitpunkt des Interviews 54 Jahre alte Dirk L. beschreibt sich als »karriereunruhig«. In Warschau wird er dafür zuständig sein, die europäischen und große Teile der amerikanischen Niederlassungen für die Firma nach Polen zu verlagern. »Ich war schon immer ein Fan von internationalem Outsourcing« (Dirk L.). Vor Ort hat er freie Hand, die Niederlassung gibt es noch nicht. »Ich habe gesagt, Polen klappt schon, die Sprache spreche ich in drei Monaten, ja, Gott, warum nicht« (Dirk L.). Der erfahrene Manager bewegt sich bis zu diesem Zeitpunkt völlig mühelos auf dem internationalen Geschäftsparkett. »Man sagt von mir, dass ich lückenlos zwischen den Kulturen schwimme« (Dirk L.). Berühmt-berüchtigt sei er in der Branche zudem für seinen schnellen Interviewstil in Bewerbungsgesprächen. »Ich entscheide mich in zehn Minuten, und ich weiß, ob ich jemanden einstelle, nach zehn Sekunden. [...] Alles andere ist Höflichkeit [...] eigentlich schieße ich zielgerecht« (Dirk L.). So richtig wohl fühlt er sich, wenn er zwischen 60 und 70 Stunden in der Woche arbeiten kann.

Um sich auf Polen vorzubereiten, deckt er sich mit »einem Regalmeter Literatur« ein. »Ich habe das gelesen. Aber zwischen lesen und spüren, merken, ist ein Riesenunterschied. Da liegen tausend Schritte dazwischen« (Dirk L.). Die Firma organisiert für Dirk L. und seine Frau ein zweitägiges Vorbereitungsseminar. »Da hört man nur mit einem halben Ohr zu und denkt, ich gehe doch nicht ans andere Ende der Welt« (Dirk L.). Polnisch sprechen beide zum Zeitpunkt der Ausreise nicht, für Dirk L. wird sich daran auch während der gesamten Entsendung nichts ändern.

Zur Abschiedsparty des Managers kommen 250 Kollegen. Die Stimmung ist gelöst, drei Tage später beginnt das Abenteuer. Es dauert dann aber keine 24 Stunden nach seiner Ankunft im Warschauer Büro, bis die Vorfreude in Ernüchterung umschlägt. »Das war abartig [...] als Chef ist man Gott [...] auch bei den jungen Leuten, das sitzt einfach so drin. Das dauert noch mindestens zwei bis vier Generationen, bis das raus ist [...] das war überhaupt nicht mein Stil [...] da bin ich fast daran gescheitert. [...] Du musst alte Tugenden, die dir aberzogen wurden, die musst du wieder rausholen, knallhart, kein Vertrauen haben [...] du musst anfangen, unheimlich minimalistisch zu arbeiten [...] das können westliche Führungskräfte nicht mehr. Dort wird von Führungskräften erwartet, dass sie sich um die kleinsten Dinge kümmern [...] ich kann kein knallharter polnischer Vorgesetzter sein, der einfach von oben nach unten prügelt« (Dirk L.).

Sein Befremden wird von Tag zu Tag größer. Er beschreibt es so: »Du gehst mit deinem kulturellen Rucksack raus, darin steckt deine persönliche, private Kultur, auch dein Arbeitskontext [...] man wird ja auch als Manager erzogen, verinnerlicht die Kultur des Unternehmens. [...] Da hat jeder seine eigene Leitlinie und als Führungskraft kriegst du die permanent mit, sonst wärst du nicht erfolgreich, wenn du nicht schwimmen kannst in der Unternehmenskultur. [...] Du schwimmst im kulturellen Wasser des Unternehmens [...] im Ausland passt dann der Manager nicht, weil er komplett anders denkt, und die Unternehmenskultur passt nicht zu dem Land, ein Riesendilemma« (Dirk L.). Schwierigkeiten hat er zudem damit, geeignete Mitarbeiter zu finden. »Die Gründe, warum du [als Unternehmen] nach Polen gehst, ist – sorry – ein Lohnunterschied [...] eigentlich brauchte ich 30- bis 35-jährige Management-Team-Mitglieder [...] die sind entweder noch zu sozialistisch geprägt, haben den Absprung nicht geschafft [...] oder sie sind weg. Und wenn sie wieder zurückkommen, dann in einer unheimlich hohen Position, dann kannst du sie wieder nicht zahlen [...] wenn die gut sind, verdienen die auch ihre 6.000, 7.000 Euro brutto. In so einem Land [...] aber man geht ja hin, um Kosten zu sparen« (Dirk L.). In seiner Rolle als Chef fühlt er sich dort nicht wohl. Über einen Abbruch denkt er zwar nach, zieht ihn aber nicht ernsthaft in Erwägung. »Das ist schon ein gewisser Kader im Unternehmen [...] Leute, die nicht mehr normal verteilt sind, die sich hervorgetan haben mit schlechten Eigenschaften wie durchbeißen, nicht aufgeben, nicht klein beigeben [...] es sind die Ellbogenleute in der Regel. Ich ja auch. Die geben sich diese Blöße nicht [...] das ist der Club der Gewinner. Egal, ob die Ehe kaputtgeht, egal ob die Kinder leiden« (Dirk L.).

Katrin L. steht zeitgleich vor ganz anderen Herausforderungen. Das Wohnen im gutbürgerlichen Stadtteil gestaltet sich zwar angenehm. Die ersten zwei Wochen traut sie sich aber nur in die nahe gelegene Mall zum Einkaufen. Das Autofahren zu anderen Supermärkten stellt zunächst eine unüberbrückbare Herausforderung dar. Es kostet sie große Überwindung, ihren Aktionsradius auszudehnen. Nach zwei Monaten nutzt sie auch die öffentlichen Verkehrsmittel. »Das wurde aber interessanterweise von dem beruflichen Umfeld meines Mannes mit Näschenrümpfen kommentiert [...] was, deine Frau begibt sich auf so eine niedere Ebene und fährt Bus [...] Damen in der Position, in der ich damals war, würden sich eher irgendwo hinfahren lassen« (Katrin L.). Nach einigen Wochen tritt sie dem Elternbeirat der Deutschen Schule und dem dortigen Chor bei, geht zum Yoga und Pilates und meldet sich neben dem Polnisch-Kurs auch für einen Englisch-Konversationskurs an. Alle paar Monate fliegt sie zudem nach Deutschland, um eine Tätigkeit als freiberufliche Referentin auszuüben.

Während ihr Mann das internationale Tagesgeschäft jongliert, ist Katrin L. in Polen alleine für die Organisation des Familienalltags zuständig. Auf festes Hauspersonal, wie das Kollegen ihres Mannes durchaus haben, verzichtet sie größtenteils. Zweimal die Woche geht ihr allerdings eine Putzfrau zur Hand. Das Einleben ist überschattet, da einer der beiden Söhne große Schwierigkeiten bei der Eingewöhnung zeigt. »Der war richtig geschockt, der hat geweint, das war gar nicht einfach. [...] Ich habe den über einen längeren Zeitraum so richtig intensiv begleitet, der hat Angst gehabt und das werde ich nie vergessen, als die den ersten Tag auf dem Schulhof in Warschau standen [...] wie fertig dieses Kind aussah. Das war ganz schlimm. Mir hat das unglaublich zu schaffen gemacht. [...] Erwachsene sagen oft, Kinder sind unheimlich schnell anpassungsfähig, die finden ganz schnell neue Freunde, aber das stimmt nicht. Kinder sind genau wie wir. [...] Man kann die nicht immer so rausreißen« (Katrin L.).

Die sozialen Kontakte des Paares sind zunächst rar; beide können mit der Entsandtengemeinschaft des Deutschen Clubs nicht viel anfangen. »Über die berufliche Schiene von meinem Mann hatten wir im Prinzip nur offizielle Einladungen. Das war nicht privat und nicht persönlich« (Karin L.). Von den anderen mitausreisenden Ehefrauen hält sie sich bis auf wenige Ausflüge in die umliegenden Ortschaften fern. Shopping und Wohltätigkeitsveranstaltungen, wie sie von den Expatfrauen zelebriert werden, sind nicht ihre Welt. »Man kann viele Kontakte über diese Repräsentations- und Konsumgeschichten haben, da wird wochenlang überlegt, welches Kleid wann zu welchem Anlass. Das mag 'ne Zeit lang interessant für manche Personen sein, aber irgendwann [...] ist das sinnentleert« (Katrin L.). Sie sucht und findet Gleichgesinnte abseits der Expatcommunity. Außerdem reist ständig Besuch an. Fast der komplette Freundeskreis kommt nach Warschau. »Der Flug dauert nur eindreiviertel Stunden, für sehr wenig Geld, 80 Euro oder so [...] ich habe hunderttausendmal die Stadt gezeigt« (Katrin L.).

Bis zum Ende bleibt die Sprache ein Problem. »Das ist fast überhaupt nicht zu managen, weil das so eine unglaublich schwierige Sprache ist. [...] Für meinen Mann war das weniger schwierig, weil die Betriebssprache Englisch war« (Katrin L.). Die 51-Jährige beschreibt sich als positiv ausgerichteten Menschen. Mit der Nachbarschaft in Polen stößt sie dennoch an die Grenzen ihrer Geduld. Vor allem ältere Polen reagieren auf ihre Kontaktversuche abweisend. »Unser Haus war angrenzend an alte Holzkaten, aus sowjetbesetzten Zeiten noch, und daneben also die mega-modernen stinkneureichen Villen, die dort Expats oder sehr reiche Polen gebaut haben. Und zwischendrin standen dann noch sehr kleine Häuschen von Leuten, die dort schon immer gewohnt haben. Die wurden regelrecht erdrückt von diesem neureichen Geldadel« (Katrin L.). Sie versucht, mit der lokalen Bevölkerung in Kontakt zu treten. Und wird enttäuscht. Die polnische Nachbarschaft ist mehrere Monate lang nicht an den »Neuen« interessiert. Zwischen Katrin und ihrem Mann kommt es immer wieder zu emotionalen Debatten über »die« Polen. Dirk L.s Haltung zum Gastland wird nahezu täglich negativer. »Die sind einfach unfreundlich und ich kann mit unfreundlichen Menschen nicht [...] Polen sind per Definition unfreundlich« (Dirk L.). Aussagen wie diese lässt seine Frau nicht gelten. »Ich habe immer gesagt, die sind gar nicht so. Du musst ein bisschen großzügiger sein [...] ich habe da irgendwie mehr Spielraum gehabt und durchaus auch liebenswerte Erfahrungen gemacht [...] wenn du aber depressiv drauf bist und eher sehr schüchtern, dann könntest du in Polen am langen Arm verhungern« (Katrin L.). Im Laufe des Gesprächs berichtet sie auch von ihren Besuchen auf der Post. »Die lassen dich da stundenlang in der Schlange stehen [...] würdigen dich keines Blickes [...] ein absolut widerlicher Beamtenhabitus ist das [...] das war eine ganz schreckliche, kundenunfreundliche Nummer, wo du echt Aggressionen kriegst [...] aber das ist nichts, wo es existenziell ist, das nervt einfach und macht Unmut« (Katrin L.).

Als die Familie bereits sechs Monate in Polen lebt, spitzt sich die Situation in der Firma zu. Die Weltwirtschaftskrise erreicht ihren Höhepunkt. Eigentlich ist das Unternehmen zu groß, um übernommen zu werden. »Es sei denn, es schließen sich mehrere Wölfe zusammen« (Dirk L.). Und genau das passiert. Die Firma wird zerschlagen, plötzlich gib es einen englischen Dienstherrn. Der Vorstandsvorsitzende, den Dirk L. seit Jahren schätzt, wird ersetzt. Ebenso der Global Chief. All die Netzwerke, die sich der Manager in den vergangenen Jahren im Unternehmen mühsam gesponnen hat, sind aufgelöst. Stattdessen sieht sich Dirk L. mit einem neuen Vorgesetzten konfrontiert, der einen in seinen Augen autoritären Führungsstil pflegt. Es kommt zu Konflikten, die nicht mehr beigelegt werden können. Dirk L.s Abteilung steht für sechs Monate still, alle Mitarbeiter, die er eingestellt hat, sind im Ungewissen. Der Manager verliert das Tauziehen gegen den neuen Vorgesetzten und muss seinen Schreibtisch in Warschau räumen. Sein Expatvertrag wird umformuliert, künftiger Arbeitsplatz: London. »Die haben jemanden gesucht, der [...] schwimmen kann mit den Holländern, aber auch ins Bett gehen kann mit den Engländern [...] da ich schon jahrelang mit London zu tun hatte [...] kann ich mit den Engländern gut« (Dirk L.).

Da sich seine Versetzung mitten im Schuljahr ereignet, kämpft Katrin dafür, mit den Kindern in Polen bleiben zu können. Dirk wäre es lieber, die Familie würde mit ausreisen. Sein Vertrag läuft allerdings nur noch zwölf Monate. Wie es danach weitergeht, ist im Chaos der Wirtschaftskrise völlig unklar. »Da habe ich mich quergestellt [...] bis du mal installiert bist als Familie in einem anderen Land, das dauert fast ein Jahr [...] und das ständig abzubrechen und wieder anfangen wollte ich nicht [...] ich habe das erlebt bei Diplomatengattinnen in Warschau, die müssen alle drei bis vier Jahre umziehen, die spielen immer die zweite Rolle und die Kinder werden von Schule zu Schule verfrachtet« (Katrin L.). Sie will bis zum Ende des Schuljahres bleiben, um dann wieder nach Deutschland zurückzukehren. Für Dirk L. bedeutet das, dass er, wenn die Familie bereits wieder in Deutschland ist, weitere sechs Monate zwischen London und Deutschland pendeln muss. Ein Jahr lang reist er Sonntagabend erst von Warschau, später von Deutschland aus nach London, Freitagnachmittag fliegt er wieder zur Familie zurück. Aber nicht nur die erzwungene Mobilität macht ihm zu schaffen. Er steht zudem unter großem Druck, weil er nicht weiß, wie sich seine berufliche Situation in den kommenden Monaten entwickeln wird. Das belastet auch die Ehe. »Mein Mann war beruflich sehr unzufrieden, wir haben uns nur noch an den Wochenenden gesehen [...] und da waren verstopfte Rohre zu reparieren und sonstiges Alltagszeugs. Und man brauchte Zeit, um wieder zusammenzufinden, und dann war schon wieder Sonntag [...] die Fliegerei von Warschau nach London war schwierig [...] der war sehr oft sehr gestresst und frustriert und das hat auch Auswirkungen gehabt auf unsere Befindlichkeit. Da hab ich gedacht, das ist ganz gut, wenn das jetzt auch wieder zurück [nach Deutschland] geht« (Katrin L.).

3.2.2 Interviewfamilien Entwicklungshilfe

3.2.2.1 »Entwicklungshilfe findet eben draußen statt«: Thorsten und Sandra K., Westafrika

Sandra und Thorsten K. lernen sich über ein Projekt, das beide als Entwicklungshelfer betreuen, in Berlin kennen. Thorsten K. (zum Zeitpunkt der Befragung 41 Jahre) hat in Berlin Politikwissenschaften studiert, Sandra K. (38 Jahre zum Zeitpunkt der Befragung) ist Juristin. Beide haben bisher noch nicht für längere Zeit im Ausland gelebt, und sie rufen den internen Wettbewerb aus: wer als erster eine Stelle im Ausland bekommt, geht. Der andere kommt als mitausreisender Partner mit. Den Wunsch, einmal für längere Zeit im Ausland zu leben und zu arbeiten, haben beide schon seit einiger Zeit. Sandra bewirbt sich für den lateinamerikanischen Raum, Thorsten für den afrikanischen – und gewinnt. Er bekommt eine Stelle als Berater eines Projektes für zwei Jahre im westafrikanischen Benin zugewiesen. Die beiden sind zu dem Zeitpunkt seit zwei Jahren ein Paar, Thorsten wohnt noch in der Wohngemeinschaft, Sandra in einer kleinen Zweizimmerwohnung. Thorsten sagt bei der Entwicklungshilfeorganisation mündlich unter Vorbehalt zu, dann fahren beide noch einmal in Urlaub in den Senegal, um eine wichtige Entscheidung zu treffen: gemeinsam ausreisen, was für das Paar bedeutet, vorher zu heiraten. »Also die Hochzeit wäre absolut nicht angestanden. Auf gar keinen Fall […] aber […] wenn Sie die Bestimmungen des Entsendedienstes kennen, dann ist es so, dass man nur verheiratet rausgehen kann, weil der Dienst dann auch die Sozialleistung übernimmt für den verheirateten Partner« (Thorsten K.). Seine Frau schildert die Beweggründe ebenso sachlich: »Ich wusste, ich kriege nicht lange ein Visum ohne Heirat, und das war ganz klar der einzige Grund zu heiraten. Das klingt sehr romantisch, ich weiß« (Sandra K.).

Thorsten kennt Benin, als Praktikant war er schon einmal für kurze Zeit dort. Um seine Französischkenntnisse aufzufrischen, organisiert er sich als Vorbereitung auf Benin ein vierwöchiges Praktikum in Frankreich. Sandra spricht kein Französisch und belegt in Berlin einen vierwöchigen Sprachkurs, den der Entsendedienst bezahlt. Zum westafrikanischen Benin hat sie kein Bild im Kopf. Bisher hat sie nur vier Monate in Südamerika für die Deutsche Botschaft verbracht. Ihre momentane Arbeitsstelle als Juristin sagt ihr nicht mehr zu. Es gibt nichts, was ihrer Meinung nach gegen eine Ausreise spricht. Freunde und Familie des Paares reagieren mit gemischten Gefühlen. Thorstens Eltern haben mit so einer Nachricht schon lange Zeit gerechnet. »Entwicklungshilfe findet nun mal draußen statt, das ist keine große Überraschung« (Thorsten K.). Sandras Familie reagiert skeptisch. Die Frage »Was suchst du da, was du hier nicht findest?« stellt ihr die Schwester immer wieder. Vor allem das Verhältnis zur Mutter ist ein sehr enges. Auch die beste Freundin schüttelt verständnislos den Kopf. »Jetzt müsste die Zeit der pubertären Fluchtreflexe doch irgendwann vorbei sein« (Sandra K.). Sie reist ohne Vertrag aus, ist sich aber ziemlich sicher, dass sie mit ihrer Qualifikation vor Ort bei einer der Organisationen einen Vertrag bekommen wird. Das Paar bereitet sich auf die Ausreise vor: Thorsten löst nach der Hochzeit sein WG-Zimmer auf und zieht zu Sandra, Sandra meldet sich zum Französisch-Intensivkurs an und absolviert den empfohlenen Impfmarathon. Hepatitis, Gelbfieber, alles, was wichtig ist, wenn man in die Tropen reist.

Zu dem Zeitpunkt ahnt sie nicht, dass sie schwanger ist. Eine Woche später erfährt sie bei einer Routineuntersuchung beim Frauenarzt zufällig davon. Die Ärzte geraten in Panik, als sie von den Impfungen erfahren. Häufigstes Schlagwort in diesen Tagen: »Schwerste Schädigungen!« (Sandra K.). Sie raten dringend zum Schwangerschaftsabbruch. »Und das war einfach die Hölle. Immer im Hinterkopf zu haben, dass da jetzt das eigene Kind vergiftet wurde, und man kann nix tun. Keiner konnte mir sagen, ob das Kind überhaupt überleben würde in meinem Bauch. Und wenn, wie schlimm verkrüppelt es sein würde, ob es überhaupt lebensfähig sein würde. Das war entsetzlich. Ich hatte solche Angst« (Sandra K.). Thorsten und Sandra suchen einige Spezialisten in Deutschland auf. Die pränatale Diagnostik in einer Klinik kann zwar keine Gewissheit über den Zustand des Embryos geben, das Paar entscheidet sich dennoch für das Kind und eine Ausreise, wohl wissend, dass die ärztliche Versorgung in Benin nicht annähernd auf deutschem Standard ist. Die Vorbereitungsphase ist für Sandra L. überschattet von regelmäßiger Übelkeit, bleierner Müdigkeit und großen Ängsten. Das dreimonatige Vorbereitungstraining des Auftraggebers auf Benin empfinden beide als nicht gelungen. Die fachliche Vorbereitung bezeichnet Thorsten K. als schlecht, die landeskundliche Vorbereitung besteht aus einem afrikanischen Kochkurs und dem Basteln afrikanischer Musikinstrumente. Thorsten organisiert den Umzug alleine. Die Möbel werden eingelagert, die Wohnung aufgelöst. Sie nehmen mit, was in zwei blaue Regentonnen passt. Einhundertfünfzig Kilo Umzugsgut bekommen sie als Paar vom Entsendedienst bezahlt. »Wir mussten unbedingt diesen Kerzenständer mitnehmen. [...] So ein bisschen was Heimeliges« (Sandra K.).

In Benin sind die beiden die erste Zeit im Gästehaus der Organisation untergebracht und erhalten ein spezielles Einführungstraining. Eine Art »Benin-Lehrer« wird ihnen die ersten paar Tage zur Seite gestellt, der ihnen die wichtigsten Dinge und Verhaltensregeln erklärt. Dann zieht das Paar ins eigene Haus, das rundum mit einer 1,90 Meter hohen Mauer geschützt ist. Vor den Fenstern, die wegen der großen Hitze keine Fensterscheiben haben, ist ein Gitter aus Draht angebracht. Klimaanlage gibt es keine. Dennoch ist es, was die Größe der Wohnfläche betrifft, ein deutlicher Zugewinn zum Wohnen in Deutschland.

Nach zwei Wochen fängt Thorsten an zu arbeiten, Sandra fällt in ein tiefes Loch. Als werdende Mutter ist sie im Malariagebiet mehr oder weniger auf das durch Moskitonetze gesicherte Haus angewiesen, die ständige Präsenz des Hauspersonals (Koch, Dienstmädchen, Nachtwächter) nervt sie zusehends – mit der Folge, dass sie sich in den eigenen vier Wänden als Gast fühlt. »Da saß ich dann so auf dem Sofa rum und mir fehlte so der rechte Sinn im Leben« (Sandra K). Zu Fuß die Umgebung zu erkunden ist wegen der drückenden Hitze unmöglich, mit den Fahrradtaxis will sie aufgrund der Schwangerschaft nicht fahren. Ansonsten bietet der Ort nicht viel, was sie sich anschauen könnte. Es gibt eine Einkaufsstraße, ungefähr 50 Meter lang. Dort findet sie eine Drogerie, einen Bäcker, einen Stoffhändler und einen Buchladen. »Es gab am Anfang schon so Zeiten, wo ich morgens gesagt hab: Du, wenn du mich abends hier nicht mehr antriffst, mach dir keine Sorgen, ich bin dann einfach am Flughafen, ich muss hier irgendwie weg. [...] Es gab bestimmt vier bis sechs Wochen, in denen ich dachte, ich steh das nicht durch« (Sandra K.). Einsamkeit und Heimweh bestimmen ihre Tage. Das Klima ist für sie beinahe unerträglich. »Das ist schon so, dass man sich selbst in der Tat nicht wohl in seiner Haut fühlt. [...] Sie kommen aus der Dusche und zwanzig Minuten später sind Sie wieder nass [...]. 50 Prozent davon ist Schweiß, 50 Prozent davon ist Luftfeuchtigkeit [...] das kriegen Sie nicht weg« (Sandra K.). Bis zum sechsten Monat hält sie trotz zunehmender Beschwerden während der Schwangerschaft durch. Dann wird Sandra in ein afrikanisches Krankenhaus eingeliefert – mit Frühwehen. Das Risiko einer Fehlgeburt ist hoch. »Und dann liegen Sie da in so 'nem schmuddeligen Krankenhaus in Afrika und wollen nur noch heim. [...] Da hab ich mir schon Vorwürfe gemacht, in was für eine Lage ich dieses arme Kind bringe, nur weil ich heldenhaft beschlossen hatte, mein Kind in einem Entwicklungsland zur Welt zu bringen. [...] Da hab ich mir Deutschland echt sehnlich herbeigewünscht« (Sandra K.).

Im Krankenhaus gibt es keinen Strom für den Wehenschreiber, das Ultraschallgerät ist unauffindbar. Das Paar beschließt, dass Sandra ausreisen muss. Zu den verfrühten Wehen kommt noch eine schlimme Erkältung, die aufgrund des feuchten Klimas nicht in den Griff zu bekommen ist. Fliegen darf sie in dem Zustand eigentlich nicht mehr. Der Entsendedienst leitet die Evakuierung in die Wege. Mit Wehen steigt Sandra alleine ins Flugzeug, Thorsten muss arbeiten. »Die Stewardessen sind ganz panisch um mich herumgehüpft. [...] Ich glaube, die haben drei Kreuze gemacht, als ich dann mit dem Krankenwagen abgeholt wurde bei der Landung in Köln« (Sandra K.). Thorsten plant für den Geburtstermin Urlaub ein. Doch die Tochter kommt vier Wochen zu früh auf die Welt. Nur einmal die Woche geht ein Flieger von der nächstgelegenen afrikanischen Stadt nach Europa, und der ist längst überbucht. Dennoch kommt Thorsten rechtzeitig an – er besticht alle, die sich am Flughafen bestechen lassen möchten – und die kleine Tochter kommt gesund zur Welt. Ein Jahr später bekommt sie einen Bruder, auch er wird in Deutschland entbunden, allerdings auf weniger dramatische Art und Weise.

Sandra arbeitet relativ schnell nach der Geburt ihrer Kinder als Beraterin für eine afrikanische Kommune. Die Kinder wachsen Französisch sprechend auf und werden tagsüber von einem Kindermädchen betreut. Den Aufenthalt in Benin verlängert das Paar um ein weiteres Jahr. Thorsten erkrankt einmal an Malaria, Sandra dreimal, die damals einjährige Tochter auch einmal und der vier Monate alte Sohn ebenfalls einmal. Nach Deutschland reisen sie zu besonderen Anlässen wie der Hochzeit des besten Freundes und einem runden Geburtstag von Thorstens Vater. Alle zwei Jahre zahlt der Entsendedienst einen Heimflug. Kontakte halten sie anfänglich über Briefe, später bekommen sie auch einen Internetzugang. Zusätzlich hat Thorsten *Die Zeit* abonniert, und mindestens einmal am Tag hört er Deutschlandfunk. Die ganzen Jahre über im Ausland sind auch von Verzicht geprägt. Thorsten vermisst Sauerkraut und Kassler, Sandra wünscht sich Schokolade herbei. Aber was den beiden noch mehr fehlt: »Sandra und ich waren die absoluten Kulturfreaks, wir sind ja ständig in der Oper, im Theater, im Kino gesessen, und wir hatten schon das Gefühl, wir gehen jetzt in die kulturelle Diaspora [...] das fanden wir schon extrem schlimm ...« (Thorsten K.). Es gibt zwar ein

Kino in der Stadt, das ist aber mückenverseucht. Das direkte afrikanische Umland finden beide landschaftlich auch nicht besonders reizvoll, der nächste Nationalpark ist 700 Kilometer entfernt. Am Wochenende fahren sie ans Meer. »Was sich hier natürlich verheißungsvoll anhört, wenn Sie das aber jedes Wochenende haben, ist es natürlich auch ein bisschen Strafe irgendwann...« (Thorsten K.). Der lose Freundeskreis besteht aus Mitarbeitern der Deutschen Botschaft und Entwicklungshelfern anderer Organisationen. Zu Afrikanern haben beide außerhalb ihrer Arbeit und abgesehen vom Hauspersonal keinen Kontakt. Der Höhepunkt des gesellschaftlichen Lebens ist ein Besuch im Restaurant. »Da saßen dann halt auch nur die Weißen, und dann hat man in der Freizeit nur mit Weißen zu tun« (Thorsten K.).

Die Sehenswürdigkeiten, die Sandra auf ihren Streifzügen durch die kleine Stadt entdeckt, irritieren sie. Der Königspalast besteht aus Lehmwänden, die Voodoo-Schreine »da könnt ich eigentlich nur schreiend weglaufen, weil das ist irgendwie so ein Drecksklumpen, mit viel Hühnerfedern, viel Hühnerblut und unheimlich viel Alkohol. Das ist nicht mein ästhetisches Empfinden« (Sandra K.). Viele Dinge in Benin lehnt Sandra K. ab. »Ich will nicht sagen, rassistisch, aber unprofessionell subjektiv« sei sie da (Sandra K.). Generationen einer Familie würden sich beispielsweise für pompöse Beerdigungen ihrer Verwandten verschulden, denen man zu Lebzeiten das Malariamittel, das sie hätte retten können, aus Kostengründen verweigere. Immer wieder hadert auch Thorsten K. mit der Gastkultur: »Wenn ich jetzt dort einen Unfall bau und mir passiert was, bis da jetzt ein Krankenwagen kommt, kannst alles vergessen, weil es gibt eh keinen. Oder wenn jetzt einer einbrechen würde: Der Wächter würde eh schlafen, und die Bullen, die kannst du gar nicht anrufen, die kommen eh nicht, weil sie kein Benzin haben« (Thorsten K.). Immer wieder flackern Gedanken wie diese kurz ins Bewusstsein, jedoch nie lange genug, um die Familie zu einer Rückkehr vor Ablauf des Vertrages zu bewegen.

3.2.2.2 »Die Bilder haben mich lange verfolgt«: Jürgen E., Ghana und Ecuador

Reisen war schon immer eine Leidenschaft von Jürgen E., zum Zeitpunkt der Befragung 43 Jahre alt. Irgendwann stellt er fest, dass das Reisen ihm aber immer nur einen flüchtigen, oberflächlichen Eindruck eines Landes vermittelt. Der Gedanke setzt sich fest, in einem fremden Land auch einmal längere Zeit zu leben. Israel ist das Land seiner Träume – dort arbeitet er ein Jahr lang im Kibbuz als Schreiner und verliebt sich in seine spätere Frau Birgit, die dort für eine deutsche Organisation arbeitet. Die Erfahrungen in Israel prägen den Wunsch der beiden nachhaltig, in die Strukturen eines fremden Landes einzutauchen. Damals entwickelt sich bei Jürgen E. schon die Idee, als Entwicklungshelfer tätig zu werden. Zunächst kehrt er aber mit seiner Freundin Birgit nach Deutschland zurück. Er macht dort seine Gesellenprüfung, anschließend heiratet das Paar. Beide haben den Wunsch, weitere Erfahrungen im Ausland zu sammeln. Jürgen bewirbt sich bei einem Entsendedienst als Entwicklungshelfer und bekommt eine Stelle als Ausbilder für Handwerksberufe in Ghana. Unter Ghana kann sich das Paar wenig vorstellen. Sie schauen auf der Weltkarte nach, wo das Land überhaupt liegt. Das familiäre Umfeld nimmt die Neuigkeit zurückhaltend auf: teils mit Bewunderung, teils mit großer Sorge. Der Abschied wird groß gefeiert. Die beiden nehmen nur das Nötigste mit, lieber wollen sie sich vor Ort entsprechend neu und angepasst einrichten. Außerdem bezahlt der Arbeitgeber nur für 150 Kilo Umzugsgut. Die dreimonatige Vorbereitung auf Ghana, die der Entsendedienst dem Paar bietet, beschreibt Jürgen E. als sehr intensiv. »Also Geschichte, Tradition, Mentalität, Kultur, aktuelle politische Situation. Da wussten wir gut Bescheid« (Jürgen E.). Der Vertrag läuft auf zwei Jahre, Birgit E. kommt als mitausreisende Ehefrau mit, da sie keinen eigenen Entsendevertrag erhält. Beide haben Bilder von Afrika im Kopf. »Und doch haut es einen erst einmal um, wenn man Afrika in der Realität sieht« (Jürgen E.).

Lehmhütten, Menschen mit tiefschwarzer Hautfarbe, roter Staub auf den Straßen und flimmernde Hitze: So präsentiert sich das Land nach der Ankunft des Paares. Das Haus ist bereits vorbereitet. Ihr neues Domizil ist umgeben von einem großen Garten, nebenan wohnt noch eine weitere Familie derselben Organisation. Bis zu vier deutsche Familien sind eine Zeitlang gleichzeitig vor Ort. Jürgen E. und seine Frau Birgit ziehen in das Haus ein und werden keine zwei Stunden später von Afrikanern »belagert«, die für sie arbeiten wollen. Die Deutschen sind darauf vorbereitet und stellen einen Koch, einen Chauffeur und einen Wachmann ein. Jürgen leitet vor Ort eine Schule, die einer Produktionswerkstatt angegliedert ist. Die Freizeitmöglichkeiten des Paares sind sehr begrenzt. Ab und zu fahren sie zur Elfenbeinküste oder spazieren gemeinsam durch den Urwald. Gefährlich sind vor allem die schwarzen Kobras und die Skorpione im Garten, mit denen sie lernen müssen zu leben. Auch die Gefahr, an Malaria zu erkranken, ist sehr groß. Im ersten Monat in Ghana stecken sich Jürgen E. und seine Frau mit Hepatitis an. Auch ein anderer deutscher Kollege erkrankt. »Das war so 'ne richtige Gelbsuchtepidemie [...] und da mussten wir zwei Wochen nach Accra ins Military Hospital« (Jürgen E.). An das Krankenhaus erinnert er sich mit Schrecken. Es starrt vor Schmutz, Moskitonetze gibt es keine vor den Fenstern. Die Gefahr besteht, dass die drei Deutschen zusätzlich noch eine Malaria bekommen. Aufgrund der starken Belastung bei einer Hepatitis könnte die Malaria medikamentös nicht gut behandelt werden. Die Deutschen sind sich der Gefahr bewusst. Jeden Abend geht ein Mitarbeiter des Krankenhauses durch die Räume und versprüht ein chemisches Spray gegen die Anopheles-Mücke, deren Stich die Malaria übertragen kann. Jürgen und Birgit E. reiben sich zwar zusätzlich mit einem Antimückenmittel ein.»Da bleibt einem dann aber nix anderes übrig, als vom Krankenhausbett auf den zwei Zentimeter aufklaffenden Fensterspalt zu starren und zu gucken, ob das Todesurteil schon im Anflug ist« (Jürgen E.). Zwei Wochen sind die Deutschen unter Quarantäne, es besteht Ansteckungsgefahr. »Man ist sich dann auch nie so sicher, ob man richtig behandelt wird und was wohl zurückbleibt [...] das war echt eine furchtbare Situation« (Jürgen E.).

Sobald die beiden transportfähig sind, werden sie nach Deutschland ausgeflogen. »Deutschland hat uns da gerettet. Das ist echt so, dass man dann denkt: ›Ich will einfach nur nach Hause.‹ So hab ich das am eigenen Leib erlebt. Wenn es einem wirklich dreckig geht, verspürt man diesen Wunsch ganz stark« (Jürgen E.). Die Familien in Deutschland reagieren entsetzt auf die Evakuierung und den körperlichen Zustand der beiden. Dass sie schon nach vier Wochen wieder ausreisen, versteht zu Hause niemand so recht. Innerhalb der ersten drei Monate in Ghana erkranken die beiden dann noch jeweils zweimal an Malaria. Jürgens Projekt läuft am Anfang auch nicht gut, Birgit langweilt sich zusehends und beide denken über eine Rückkehr nach Deutschland nach. Das Leben ohne Fernsehen, Radio und Telefon fällt vor allem Birgit schwer. Eine funktionierende Internetverbindung gibt es an dem Ort damals noch nicht. Kontakte zu Freunden und Familienmitgliedern nach Deutschland können die beiden nur über Briefe halten. Besuche aus Deutschland bekommen sie keine in Ghana. »Man traut sich dann aber doch nicht, nach drei Monaten zu sagen, wir packen das nicht [...] andere haben das auch gepackt, warum sollen wir das nicht packen?« (Jürgen E.). Dann wird Birgit schwanger, zur Geburt des Kindes fliegen die beiden wieder nach Deutschland. Als sie dann nach Ghana zurückkehren, entspannt sich die Situation. Birgit kümmert sich um die kleine Tochter, Jürgen fühlt sich in seinem Projekt auch zusehends wohler. Nach der Arbeit geht er mit den afrikanischen Kollegen oft noch ein Bier trinken, das Arbeiten beschreibt er als locker und spaßig. Nach dreieinhalb Jahren dann wieder ein Einbruch. Das Kind des benachbarten Entwicklungshelferpaares erkrankt an Malaria – so stark, dass es beinahe stirbt. Die Tragödie erleben die beiden mit. Die Sorge um die eigene Tochter wächst. Ein halbes Jahr früher als geplant verlässt die Familie Ghana.

Zurück in Deutschland fühlen sich die beiden befreit, Jürgen macht an seinem Geburtsort die Meisterprüfung, danach zieht die Familie an den Bodensee. Dort baut Jürgen einen eigenen Betrieb auf, das Paar zieht in das erste eigene Haus. Beide fühlen sich sehr wohl, Birgit wird erneut schwanger und bringt einen Sohn zur Welt. Zwei glückliche Jahre verbringt die Familie am Bodensee. Aber das Ehepaar hatte vor der Ausreise nach Ghana ehrgeizig beschlossen, mindestens zwei Auslandsaufenthalte zu absolvieren. Daran hält nun vor allem Jürgen E. fest. Seine Frau möchte nicht mehr ausreisen. »Aber irgendwie wollte ich es mir noch mal geben, es allen zeigen, und jetzt machen wir das noch mal« (Jürgen E.). Seine Frau überredet er dazu. Wieder reist die Familie für den Entsendedienst aus, einziges Wunschkriterium: ein Land, indem es keine Malaria gibt. Diesmal geht die Reise nach Ecuador. Die Kinder sind bei der Ausreise dreieinhalb und eineinhalb Jahre alt, der Umzug und das anfängliche Leben aus dem Koffer ist Stress für die Familie. Vor der Ausreise sprechen Birgit und Jürgen E. kein Wort Spanisch. Ein vierwöchiger Kurs wird vom Entsendedienst vor der Ausreise als Vorbereitung bezahlt, im Land selbst haben beide dann noch einmal einen dreimonatigen Sprachkurs.

Vor allem Jürgen findet sich mit den neuen Begebenheiten im Land schwer zurecht – sowohl mit der Mentalität der Menschen als auch mit der Sprache. Das erste Dreivierteljahr in Ecuador wagt er es nicht, in einer großen Runde zu sprechen; diese Zeit empfindet er als unbefriedigend. Seine Frau integriert sich dagegen schnell. Da sie wieder Hauspersonal zur Verfügung hat, kann sie sich auch selbst nach einer beruflichen Betätigung umsehen. Sie knüpft schnell neue Kontakte und wird nach einem Jahr Leiterin einer ecuadorianischen Schule. In Deutschland wäre ihr das mit ihrer Ausbildung nicht möglich gewesen. Ecuador wird für sie zum beruflichen Erfolg, sie hat den Erzählungen ihres Mannes zufolge viele Freunde und fühlt sich gut aufgehoben und anerkannt. Anders entwickelt sich die Situation für Jürgen E. Im Projekt fühlt er sich nicht wohl, die Gefahr, bestohlen zu werden, verunsichert ihn, und er kann dem Land außer der reizvollen Landschaft nichts abgewinnen. Obwohl das 260 Quadratmeter große Landhaus, in dem die Familie lebt, für ihn »ein Traum« ist, fühlt er sich unsicher. »Ich hab da so Bilder im Kopf von Quito, wo verstümmelte Menschen einfach auf der Straße im Staub liegen, oder diese Poliokranken, die durch Kinderlähmung verstümmelt sind und auf der Straße betteln mitten im Verkehr. [...] Das kommt schockierender rüber, als man es sich jemals vorstellen kann [...] ich fühlte mich absolut hilflos [...] und eigentlich will man damit auch gar nicht so in Berührung kommen, weil man sonst nie wieder ruhig schläft. Die Bilder haben mich lange verfolgt« (Jürgen E.).

Er kauft sich ein Motorrad und erkundet die Landschaft, während seine Frau Kontakte zur Bevölkerung pflegt. »Ich bin eigentlich am Ende nie richtig warm geworden mit den Leuten. Es blieb immer die Distanz, ich hatte immer das Gefühl, ich fühl mich da nie so sicher im Sinne von Leuten vertrauen« (Jürgen E.). Die Ehe gerät in eine Krise. Jürgen und Birgit trennen sich nach etwas mehr als einem Jahr in Ecuador. Jürgen verlässt das Land nach der Trennung und kehrt nach Deutschland zurück. Birgit bleibt mit den Kindern dort.[54] In Deutschland hält er es ein halbes Jahr aus, dann lässt er sich erneut von der Organisation nach Ecuador aussenden. »Ich wollte nur wegen der Kinder zurück [...] ich hätte mir damals noch nicht vorstellen können, das ich das Land dauerhaft verlasse und meine Kinder, nachdem die Ehe gescheitert war ...« (Jürgen E.). Er lebt damals in Quito, die Kinder in Loja. Siebenhundert Kilometer Distanz liegen zwischen Vater und Kindern. Vier Jahre bleibt Jürgen E. in Quito in der Hoffnung, dass es doch noch eine Chance für ihn und seine Frau gibt. Seine Kinder sieht er in dieser Zeit nur zwei- bis dreimal im Jahr. »Dann hab ich gesagt, gut, dann kann ich auch wieder nach Deutschland gehen« (Jürgen E.).

3.2.2.3 Das Leben im Elfenbeinturm: Stefanie O., Westafrika

Entwicklungszusammenarbeit – das ist genau das, wovon Stefanie O. das gesamte Studium über fasziniert ist. Die Saarländerin studiert Verwaltungswissenschaften, nach dem Grundstudium wählt sie den Schwerpunkt internationale Beziehungen. Nach dem Diplom absolviert sie ein zwölfmonatiges Aufbaustudium in Berlin. Das Thema ist ländliche Entwicklung. Dort verliebt sich Stefanie O. in Frank, ihren späteren Ehemann. Nach dem Studium hält die beiden nichts mehr in Deutschland. Das Gelernte wollen beide in der Praxis anwenden. Sie bewerben sich bei einem deutschen Entsendedienst, jeder für eine eigene Stelle. Alles wäre ihnen recht – nur

---

54 Bis zum Zeitpunkt des Interviews lebt die Exfrau mit den Kindern in Ecuador. Sie möchte an der Erhebung nicht teilnehmen und macht keine Angaben zu den Gründen.

nach Mali möchten sie nicht. Stefanie O. war während des Aufbaustudiums schon einmal drei Monate für eine Studie dort und hat sich geschworen: nie wieder! Damals gab es auf dem Dorf nicht ausreichend Trinkwasser. Mit dem Wasserfilter bereiteten die Studenten Flüssigkeit aus Pfützen auf. Die Zustände in der ärmsten Region Malis waren damals katastrophal. »Da hatte ich echt Amöben und Malaria und alles. [...] Da wird mir heute noch ganz schlecht« (Stefanie O.). Das zweitägige Auswahlverfahren beim Entsendedienst läuft gut für die beiden, sie machen das Rennen unter den Bewerbern und bekommen ausgerechnet jeweils einen Vertrag für Mali. Eine Nacht schlafen beide darüber, dann sagen sie doch zu. Ein Vertrag im selben Land: »Das ist fast wie ein Sechser im Lotto für unverheiratete Entwicklungshelfer« (Stefanie O.). Der Entsendedienst prüft damals genau, ob denn auch wirklich beide Bewerber ausreisen wollen. »Die Organisation checkt das relativ gründlich ab während der Auswahltagung. Da wird dann versucht herauszufinden, ob beide aus freien Stücken ausreisen möchten oder ob einer dazu überredet wurde« (Stefanie O.). Da die beiden damals erst wenige Monate ein Paar sind und sie außerdem ganz am Anfang ihres beruflichen Weges stehen, war die einzige Option, dass Stefanie und Frank jeweils einen eigenen Vertrag erhalten. »Mit ausgereist wäre ich zu dem Zeitpunkt auf keinen Fall« (Stefanie O.). Alleine hätte sich zu diesem Zeitpunkt allerdings auch keiner der beiden auf den Weg gemacht.

Wie weit der Einsatzort ihres damaligen Lebensgefährten von ihr entfernt ist, weiß sie zwar vor der Ausreise nicht, aber es ist immerhin dasselbe Land. Die Eltern nehmen den anstehenden Umzug gelassen. Bereits während des Studiums hat Stefanie O. ausgedehnte Reisen nach Asien unternommen. Im Gepäck hat sie neben einer Jahresausstattung Körpercreme gegen Neurodermitis auch eine unterschwellige Angst, dass die Zustände in Mali womöglich nicht sehr viel besser sein würden als bei ihrem letzten Aufenthalt. Die ausgiebige Vorbereitung müssen beide wegen ihres Studiums mit dem Schwerpunkt Entwicklungshilfe nicht absolvieren. Drei Monate später reist das Paar aus. Vom Landesdirektor werden sie im Gästehaus mit Sekt in angeschlagenen Porzellantassen begrüßt. »Ich komm da an, lass meine Koffer fallen und muss für zwei Jahre in diesem Dorf arbeiten und irgendwie weiß ich ja nicht so recht, wie, und die Frau [des Landesdirektors] sagt zu mir: ›Wo gehen Sie hin? Du liebe Güte. Da wollt ich ja nicht tot übern Zaun hängen«« (Stefanie O.). Der erste Standort ist im Süden des Landes und mitten im Busch – ihr Domizil eine Lehmhütte mit Plumpsklo, bevölkert von Termiten und Skorpionen. Wasser gibt es nur aus dem Brunnen, Strom von einer LKW-Batterie. An ein Telefon oder Internet ist nicht zu denken, in den ersten Jahren hat Stefanie O. nur sporadisch Kontakt zu ihren Eltern. Sobald es dunkel wird über dem Dorf, gehen die rund 1.000 Bewohner schlafen. Die Temperaturen sind drückend heiß. Monatelang schläft Stefanie O. nicht richtig.»[…] man steht die ganze Nacht auf, nimmt feuchte Leintücher, man geht an den Kühlschrank. Das war schlimm! Wah! Echt! Schüttel!« (Stefanie O.). Auch ihre Nahrungsgewohnheiten muss sie stark umstellen. Milchprodukte sind rar. Ihr Freund Frank lebt in der Hauptstadt, zwei Autostunden vom Dorf entfernt. Alle zwei bis drei Wochen treffen sie sich. Stefanie O. ist nicht die einzige Entwicklungshelferin im Dorf. Insgesamt sind sie zu viert. Und sie verstehen sich gut. Ihre einzige Freizeitbeschäftigung: Spieleabende.»Allein als Weiße an so einem Standort: Nee! Das hätt ich auch nicht gemacht« (Stefanie O.) Jeder der vier Deutschen lebt mit einem Hausangestellten zusammen, der kocht, putzt, das Wasser aus dem Brunnen holt und das Haus bewacht.»Eigentlich hat mich das immer gestört, dass da jemand in meinem Haus war und meine Wäsche von Hand gewaschen hat […] der war regelrecht beleidigt, wenn er nicht für mich waschen durfte und dachte dann, er macht das nicht richtig« (Stefanie O.). Dafür lernt er, Linsen mit Spätzle im Dampfkochtopf zu kochen. In dem islamisch geprägten Dorf arbeitet Stefanie O. hauptsächlich mit lokalen Frauen. Die Arbeit liegt ihr sehr am Herzen, auch wenn Erfolge nicht messbar sind. Sie ist ungeduldig und muss erst lernen, sich über die kleinen Erfolge zu freuen. In der Arbeitsplatzbeschreibung stand als Kriterium: hohe Frustrationstoleranz. Nach ein paar Wochen weiß sie, warum. Alles geht unheimlich langsam und ist der Willkür der afrikanisch-islamischen Männerwelt unterworfen, die für die Frauen dolmetschen müssen.

Wegen der schwülen Hitze ist sie oft erkältet, dafür verschwindet die Neurodermitis. Ihr Leben im Dorf beschreibt sie als ein Leben im Elfenbeinturm. Kontakte zur lokalen Bevölkerung hat sie nur über die Arbeit.»Ich hab immer relativ schnell mein deutsches Umfeld oder international […] einfach um auch mal abzuschalten. Und weil das einfach intellektuell ganz anders ist« (Stefanie O.). Nach zwei Jahren bekommt sie einen neuen Vertrag und lebt zum ersten Mal mit ihrem Freund zusammen in der Hauptstadt. Kurze Zeit später wird sie schwanger. Das Kind bringt sie in Deutschland zur Welt, weil die medizinische Versorgung im Land »katastrophal« ist. Kurz nach der Geburt kommt sie mit dem Baby zurück und beginnt wieder zu arbeiten. In ihrem Haus in Mali sind zeitweise insgesamt sieben Hausangestellte beschäftigt, drei Kindermädchen kümmern sich abwechselnd um die kleine Tochter, solange Stefanie im Büro ist. Dann gibt es noch einen Koch, einen Gärtner und zwei Nachtwächter. Einmal im Jahr sind Jazz-Tage im Land, ansonsten bleibt nur das Schwimmen in einem Hotelpool als Freizeitbeschäftigung. Nach weiteren zwei Jahren in der Hauptstadt reisen Stefanie O. und ihr Lebensgefährte zur Geburt des zweiten Kindes nach Deutschland. Der Vertrag in Mali läuft für beide aus, Frank bewirbt sich auf eine Stelle in Burkina Faso und bekommt eine Zusage.

In Deutschland lässt sich Stefanie O. ausgiebig über ihre Rechte als unverheiratete, mitausreisende Partnerin ohne eigenen Arbeitsvertrag beraten. Und kommt zu dem Schluss: »Frank, du musst mich heiraten« (Stefanie O.). Die Hochzeit beschreibt sie als verwaltungstechnischen Akt. Es muss schnell gehen, die Ausreise steht an und der kleine Sohn soll auch noch getauft werden. »So haben wir halt die Romantik an der Garderobe eines kleinen, dunklen Standesamts abgelegt. Nicht gerade das, was man sich ein Leben lang erträumt. Aber den Sinn hat es ja 'ne Zeitlang erfüllt« (Stefanie O.). Eine völlig neue Situation ergibt sich für Stefanie durch die Hochzeit. Für Burkina Faso hat sie keinen eigenen Vertrag, zum ersten Mal reist sie als Ehefrau mit aus und macht Bekanntschaft mit den anderen mitausreisenden Ehefrauen der Entsandtengemeinschaft in der Stadt. »Das war gruselig und komisch. Da muss ich immer lachen. […] Es gibt da Frauen, die ihr Leben damit verbringen, ihre Männer zu begleiten […] und das ist nicht meine Welt. […] Das sind ganz oft Französinnen gewesen, da gibt es nix anderes als Fitnesscenter und Kaffeetrinken. […] Es ist mit so Zweckgemeinschaften, die nicht so sehr freiwillig entstehen, immer ein bisschen schwierig« (Stefanie O.). Ihr Mann findet sich schnell im beruflichen Umfeld zurecht, er hat eine leitende Position und wird sehr gut bezahlt. Das Haus, in dem die Familie lebt, beschreibt Stefanie als geräumig und schön. Vier Badezimmer, allein das Wohnzimmer misst 60 Quadratmeter. Fünf Hausangestellte kümmern sich nun um die Familie. Und Stefanie O. fällt die Decke auf den Kopf. »Ich finde, man muss berufstätig sein, sonst ist man ganz schnell weg vom Fenster […] es war dann halt doch immer ich, die ausgesetzt hat wegen der Kinder […] ich glaube, wenn man zu oft beruflich zurücksteckt, dann bleibt man auf der Strecke, dann geht das alles schief« (Stefanie O.). Ihr Mann versteht das Problem nicht. »Und dann muss man sich auch noch rechtfertigen, warum man vielleicht unglücklich ist, wo es doch für ihn so scheint, dass ich paradiesische Zeiten mit süßem Nichtstun durchlebe. Ha! Dass ich nicht lache« (Stefanie O.). Nach zehn Monaten hat sie wieder einen eigenen Arbeitsvertrag als Entwicklungshelferin, und es geht ihr schlagartig besser. Auch die Kinder fühlen sich in Burkina Faso sehr wohl. Stefanie O. bemüht sich dann allerdings nicht mehr um eine Verlängerung ihres Zweijahresvertrages. Zwischenzeitlich hadert sie mit den Zuständigkeiten ihrer Stelle. Dennoch kann sie sich vorstellen, noch einige Jahre in Afrika zu bleiben. Das französische Schulsystem sieht sie als Chance für ihre Kinder.

Im vierten Jahr in Burkina Faso kann sie dann vor den schleichenden Eheproblemen ihre Augen nicht mehr länger verschließen. Sie ertappt ihren Mann mit einer anderen Frau. Die Entscheidung macht sie sich nicht leicht, trifft sie aber schnell: Scheidung. Und mit den Kindern zurück nach Deutschland. »Das Ende meiner Träume. Die geplatzte Seifenblase« (Stefanie O.). Zwei Monate hat sie Zeit, alles zu organisieren. Dann soll Tochter Maike eingeschult werden. Einen Schulplatz bekommt sie jedoch erst, wenn sie eine Wohnung hat. Stefanie überlegt, wo ihr neues Leben stattfinden soll. »Ich hatte hier in Deutschland ja echt nix. Wo meine Eltern sind, da gibt es keinen Job, und da wo es Jobs gibt, gibt es keine Omas für die Kinderbetreuung« (Stefanie O.). Sie surft in Burkina Faso tagelang im Internet. »Das heißt, ich hab mir mein neues Leben hergegoogelt« (Stefanie O.). In Deutschland wagt sie den Neubeginn an einem Ort, an dem sie noch keinerlei Kontakte, dafür aber möglicherweise berufliche Anknüpfmöglichkeiten hat. Ihr Mann hilft beim Umzug nach Deutschland und bleibt bis drei Tage vor Maikes Einschulung vor Ort. Seine Rückkehr nach Afrika ist der offizielle Termin der Trennung für den Scheidungsanwalt.

3.2.3 Interviewfamilien Kulturmanager

3.2.3.1 »Als Hausmann war ich ein Exot«: Georg und Katharina A., Kroatien und Rumänien

Georg A. ist abenteuerlustig. Bis er seine Frau kennenlernt, begibt er sich allerdings am liebsten nur gedanklich auf Reisen. Schon während seines Germanistikstudiums verschlingt er Reiseliteratur, auch für Geografie interessiert er sich sehr. Eine berufliche Tätigkeit im Ausland schließt Georg A. allerdings stets aus. In einer 60.000 Einwohner zählenden Stadt eröffnet er nach dem Studium ein Antiquariat, zu seinen liebsten Büchern zählen die Karl-May-Romane. Viele Jahre später lernt er dort seine heutige Frau Katharina kennen. Sie studiert ebenfalls Germanistik und teilt nicht nur seine Vorliebe für Bücher, sondern auch für das Reisen. Nach dem Studium absolviert sie mehrere Praktika bei Institutionen in verschiedenen Regionen

Osteuropas. In dieser Zeit pendelt sie alle paar Wochen zu ihrem Lebensgefährten nach Deutschland.

Ein Blick zurück: Katharina wird 1971 als Deutsche in Rumänien geboren. Sie wächst zweisprachig auf und beherrscht neben der rumänischen auch die deutsche Sprache. Im Alter von 17 Jahren emigrieren ihre Eltern, die einer Minderheit im Land angehören, nach Deutschland. Sie verlassen nach jahrelanger Bespitzelung und Beobachtung das Land. Der Abschied und der erste Aufbruch in ein unbekanntes Land fallen Katharina schwer. »Heute wissen wir, eineinhalb Jahre später kam die Wende [...] aber als ich weggegangen bin aus Rumänien, wusste ich nicht, ob ich diese Leute je wiedersehe [...] ich wusste nicht, dass die Länder fast bankrott sind damals [...] man weiß nicht, wann man je wieder in dieses Land kommt. Es war ja nicht möglich, einfach so dann als Tourist wiederzukommen, wenn man mit dieser Familiengeschichte dort wegging« (Katharina A.).

Nach ihrer Ankunft in Deutschland möchte sie so schnell wie möglich das Abitur machen. Die Eltern wagen den Neuanfang in Bayern, trennen sich jedoch kurze Zeit später. Die Tochter und ihr zwei Jahre älterer Bruder wählen eine Schule in Norddeutschland, da diese Einrichtung den schnellsten Weg zum Abitur bietet. Wenn sie an diese erste Zeit in Deutschland zurückdenkt, kann sie sich an keinerlei große Herausforderungen erinnern. Nach dem Abitur zieht es die 19-Jährige als Au-pair nach London, sie will ihre Englischkenntnisse aufbessern. Die Gastfamilie ist von der Selbständigkeit der jungen Frau überrascht. Nach ihrer Rückkehr nach Deutschland schreibt sie sich für ein Germanistikstudium ein; das vorgesehene Pflichtpraktikum absolviert sie bei einer Zeitung in Rumänien. Nach dem Studium wird ihr klar, dass sie lieber verschiedene Dinge mitgestalten möchte, als nur darüber zu schreiben.

Mit ihrem Freund ist Katharina A. vier Jahre zusammen, als sich Tochter Nadia ankündigt. Katharina macht sich Sorgen, ob sie für den Arbeitsmarkt nun überhaupt noch interessant ist. Drei Monate nach der Geburt nimmt die junge Mutter einen Job bei der Pressestelle einer internationalen Organisation an. Mittlerweile ist sie mit Georg verheiratet. Zum größten Umbruch im Leben des Paares kommt es 1999, als die Familie wegen eines Jobangebotes für Katharina A. vom Süden in den Norden Deutschlands umsiedelt. Innerhalb weniger Wochen verkauft der Antiquar seinen Laden, fortan wird sich der 58-Jährige als Hausmann um das Kind und die Belange des Alltags kümmern. »Es war für mich klar, dass ich beruflich nichts mache, sondern die Familie bediene« (Georg A.). Auf die neue Aufgabe freut er sich. Er denkt: »Natürlich schaff ich das. Ich versuch halt, es so gut wie möglich zu schaffen« (Georg A.). Freunde und ein über Jahrzehnte gewachsenes Netz an sozialen Beziehungen lässt er zurück, ebenso seine Vereinstätigkeiten. Während er im Norden Deutschlands schnell in seine neue Rolle findet, beginnt Katharina nach einigen Monaten, mit ihrer Aufgabe zu hadern. »Der Job war toll, er war super bezahlt, er war prestigeträchtig [...] aber er war eben stinklangweilig [...] ich habe im Prinzip neunzig Prozent meiner Zeit nur übersetzt. Das war im Grunde die Motivation für diesen Weggang« (Katharina A.). Da sie mittlerweile aber Alleinverdienerin der Familie ist, kann sie nicht so ohne weiteres kündigen. Als aber bei einer anderen großen Organisation eine Projektstelle als Nachwuchsführungskraft frei wird, bewirbt sie sich. Und bekommt eine Zusage.

Keine drei Monate später hat die Familie eine neue Adresse in Kroatien. »Das klingt jetzt vielleicht wie ein leichter Wechsel, aber es war schon ein Riesengang [...] wieder einpacken und wieder los« (Katharina A.). Dem Paar ist klar, dass die Entsendung nur auf eine Art funktioniert. »Wenn, dann nur zusammen und keiner pendelt, weil ich glaube, dann bleibt man relativ schnell auf der Strecke« (Georg A.). Georg macht sich keine Sorgen wegen des Lebens in Kroatien. Er wird als Hausmann mit ausreisen. »Kroatien kannte ich nur aus der Literatur, weil ich mich gerade mit politischen Verhältnissen in Europa viel auseinandergesetzt habe [...] ich konnte also von der physischen Geografie das Land sehr gut einschätzen, das Klima ist mir dort auch einigermaßen geläufig« (Georg A.). Tochter Nadia ist bei der Ausreise zwei Jahre alt. Zwei Drittel ihres Hausstandes kann die Familie auf Kosten des Arbeitgebers mit nach Kroatien nehmen, den Rest lagern sie bei Bekannten ein. Mittlerweile ist Georg A. geübt darin, seine ansehnliche Büchersammlung zu verpacken. Sie reist auch mit nach Kroatien. Ein Vorbereitungstraining gibt es für beide nicht; Katharina A. macht sich zwei Wochen eher als die Familie auf den Weg und kümmert sich um eine Wohnung. Georg reist mit der Tochter im Auto und einem gemächlicheren Tempo hinterher. Den Umzug nach Kroatien empfindet Georg A. als weniger anstrengend als den 16 Monate zuvor nach Norddeutschland. Soziale Kontakte lässt die Familie dort keine zurück.

Laut Vertrag ist die Entsendung auf zwei Jahre anberaumt. Katharina freut sich auf die neue Aufgabe, Georg schraubt seine Erwartungen an das neue Zuhause zurück. »Ich habe jetzt nicht großartig gedacht, ein aufstrebendes Kroatien vorzufinden, sondern dass es dort so aussieht wie kurz nach dem Bürgerkrieg [...] Wir haben in einer kleinen Stadt gelebt, diese Stadt wurde seinerzeit von den Serben zu fast 90 Prozent zerstört [...] wenn man durch die Stadt geht, hat man keine Erwartungen, dass man da Geschäfte entdeckt, die unser Interesse hätten wecken können« (Georg A.). In direktem Umfeld lebt die lokale Bevölkerung. Der Hausmann wird mit seiner kleinen Tochter zunächst kritisch beäugt. »Man hat mich sicherlich als so ein bisschen den Exoten betrachtet [...] ich bin da regelmäßig zwei- bis dreimal die Woche auf den Wochenmarkt [...] wir sind aufgefallen, weil wir die Sprache nicht sprachen. Meine Tochter ist aufgefallen, weil sie zu der Zeit noch sehr hellblondes Haar hatte und große blaue Augen [...] wenn ich dort einkaufte, gab es immer ordentlich was dazu. Wir kriegten immer einen uneingeforderten Rabatt [...] ich glaube, die fanden das ganz witzig« (Georg A.). Später wird die Tochter zum Türöffner für freundschaftliche Kontakte – die aber bei Georg A. die gesamte Entsendung lang mehr oder weniger auf Zeichensprache beschränkt sind. Die Umgebung erschließt er sich mit seiner Tochter auf ausgedehnten Spaziergängen zu Fuß. »Oder mit dem Fahrrad [...] so wie wir eben die Strecken befahren konnten, die jetzt nicht abgesperrt waren, weil dort noch irgendwelche Minen herumlagen. Das war vorher immer zu berücksichtigen. [...] Aber am helllichten Tage konnte man ja die Absperrung sehen, wo der Hinweis stand ›bitte nicht betreten‹, weil wir dort sonst hätten durchaus auf einer Mine landen können« (Georg A.). Weder die neue Kulisse im Ausland noch das Ambiente schrecken den Vater. »In einer der Ortschaften gab es Jugendstilfassaden. Das sehen Sie nur dort, fantastisch, sehr schön [...]. das Stadtbild ist insofern interessant, dass wir an der Drau gewohnt haben [...] wir waren auch immer ein bisschen mit dem Wasser verbunden, und das ist dann landschaftlich eigentlich ideal. Ich habe mich da sehr wohl gefühlt« (Georg A.). Mehr als er soziale Kontakte sucht, strebt er an, sich die Landschaft und die Architektur der Region zu erschließen. Er beginnt, kroatische Gerichte nachzukochen. »Ich habe versucht, über diese Schiene diese Kultur aufzusaugen [...] ich bin überall sehr freundlich aufgenommen worden [...] hab mich auch nie versteckt oder verstecken müssen, hab immer gleich gesagt, wer ich bin, soweit man mich verstanden hat, und das ging eigentlich immer alles ganz prima« (Georg A.). Irritationen gibt es nur, als der Vermieter, ein österreichischer Geschäftsmann, der ebenfalls vor Ort lebt, politisch fragwürdige Parolen in Bezug auf einen weiteren Nachbarn von sich gibt. »Das war ein Schock, dass ein Mann, fast in meinem Alter, sich als Nazi ... als Nationalist hat er sich auf jeden Fall gezeigt« (Georg A.).

Nach Ablauf des Zwei-Jahres-Vertrages kehren Katharina und Georg A. aus Mangel an Alternativen nach Norddeutschland zurück und leben zunächst vom Ersparten. Katharina A. ist zum ersten Mal arbeitslos. Existenzängste hat sie dennoch keine. Kurz nach den Terrorakten von 9/11 erhält sie ein Angebot für ein Projekt in Afghanistan. Sie lehnt ab. »Hätte ich Karriere machen wollen, hätte ich es machen müssen. Aber mit Familie – vergessen Sie's« (Katharina A.). Während des Interviews reagiert sie auf den Begriff »Karriere« äußerst gereizt. »Ich kann das nicht leiden, ich will nicht in so Schubladen gesteckt werden, nur weil ich diese Biografie habe« (Katharina A.).

Nach der Rückkehr in Deutschland bewirbt sich Katharina A. als Kulturmanagerin auf ein Stipendienprogramm. Besonders interessiert sie ein Einsatz in Rumänien, dem Land, in dem sie 17 Jahre lang mit ihren Eltern gelebt hat. Sie bekommt das Stipendium und reist mit der Familie 2007 aus. Katharina A. ist dafür zuständig, im Westen des Landes ein Kulturzentrum aufzubauen. »Das Umfeld, das Land war also nicht so unbekannt, aber dieses Arbeiten in diesem Umfeld, das war in gewisser Weise ein Kulturschock […] das Gefühl, ich müsste die Koffer packen, hatte ich aber nie. Das war für mich nie eine Option […] das war aus der Verantwortung heraus, dass ich natürlich auch die Familie ernähren muss und jetzt nicht einfach nach meiner Fasson sagen kann, so mir reicht es jetzt« (Katharina A.). Vom rumänischen Gegenüber bekommt sie immer wieder gespiegelt, wie deutsch sie ist. Sie hasst es – mindestens so sehr, wie sie auch nicht als Rumänin angesehen werden möchte.

Georg A. hat durch die Erzählungen seiner Ehefrau über die Jahre schon ein Bild zum Land im Kopf. »Das fand ich schon recht, recht spannend, so ein Land auch mal für längere Zeit zu bewohnen, da konnte ich mich relativ schnell drauf einlassen […] ich wusste, dass wir dort sicherlich mit vielen hygienischen und Umweltproblemen zu tun haben werden. Aber das hat mich jetzt nicht so umgehauen, dass ich hätte sagen müssen, also jetzt so schnell wie möglich wieder weg […] ich konnte schon damit leben« (Georg A.). Die alltagsrelevanten Dinge sind eine Herausforderung. »Ob nach deutschen Vorschriften geschlachtet wird oder nicht, darüber kann man nur spekulieren […] ich würde sagen, besser nicht darüber nachdenken« (Georg A.). Im Sommer springt manchmal die Kühlung an der Fleischtheke beim Metzger nicht an – in der Zeit leben die A.s vegetarisch. Von den Supermärkten und dem Wochenmarkt ist Georg A. begeistert, auch vom Flohmarkt und dem Schrauben- und Schrottteile-Markt. »In der Region haben noch viele Bauern deutsch gesprochen, ich konnte auf dem Wochenmarkt also deutsch sprechen« (Georg A.). Nach rund einem Jahr beginnt er einen Sprachkurs. Über das Kulturzentrum, in dem seine Frau arbeitet, hat das Paar viele Kontakte. Georg A. macht auch zum ersten Mal in seinem Leben Bekanntschaft mit den mitausreisenden Ehefrauen. »Über den Kindergarten gab es viele Kontakte zu anderen Deutschen, hauptsächlich Mütter, die für Firmen wie Siemens, Continental und so weiter vor Ort waren« (Georg A.). Er ist der einzige mitausreisende Ehemann weit und breit. Die Frauen in der Entsandtencommunity finden das spannend und nehmen den Hausmann in Beschlag. »Die haben das durchaus nicht nur versucht, sondern ich muss sagen, mir ist das dann auch ein bisschen zu anstrengend gewesen. Die haben dann gemeinsam, ich will das nun nicht abwertend nennen oder sagen, sondern es war einfach so, dass die gemeinsam shoppen gegangen sind, und da hätte ich nur gestört […] das wollte ich mir selbst nicht so gestatten. Da bin ich dann doch lieber in die Parks gegangen« (Georg A.). Die Gemeinschaft wird dennoch zur Kontaktbörse, Adressen für Ärzte machen ebenso die Runde wie Tipps zu Geschäften mit guter Lebensmittelqualität. Enge Kontakte zu anderen Deutschen vermeidet der Hausmann jedoch. »Im Ausland muss ich ja nicht unbedingt einen deutschen Stammtisch haben […] das finde ich, muss ich ehrlich sagen, ein bisschen albern« (Georg A.). Am liebsten verbringt Georg A. Zeit mit der Tochter oder seinen Büchern. Die Frage, wie gut er ins Gastland integriert war, stellt sich für ihn nicht. »Ich habe da so gelebt, wie ich dort eben leben wollte […] wir waren sehr viel mit anderen Menschen zusammen. […] Wir lebten in einer kleineren Stadt, da kann man sich aber durchaus auch mal den sozialen Kontakten oder der sozialen Kontrolle entziehen« (Georg A.).

Wenige Monate nach der Ankunft wird Katharina A. schwanger. Das Kind möchte sie unbedingt in Rumänien zur Welt bringen, obwohl ihr Umfeld vor Ort abrät. Weder die hygienischen Bedingungen noch der technische Standard schrecken sie. Zum Schlüsselmoment kommt es dann bei einer Routinekontrolle. Der Gynäkologe stellt eine Infektion fest und verschreibt der angehenden Mutter ein Medikament. Sie bewahrt das Rezept auf und will es wenige Tage später in Deutschland einlösen, da sie einen Verwandtenbesuch geplant hat. Spontan sucht sie ihren früheren Gynäkologen auf. Als er das Rezept sieht, verliert er die Fassung. Große Nebenwirkungen. Ein Wirkstoff, der nicht angeraten ist bei Schwangeren, noch dazu eine Dosierung, die in Deutschland längst verboten ist. Katharina A. beschließt daraufhin, doch in Deutschland zu entbinden. »Schwanger sein in Osteuropa ist schon noch so ein bisschen eine Krankheit [...] schonen und bloß viele Pillen nehmen [...] es gibt da schon eine andere Haltung zum Kinderkriegen [...] man will ja aber das Gastland nicht verteufeln [...] man will sich integrieren. Deshalb hatte ich ursprünglich gesagt, klar kriege ich das Kind hier« (Katharina A.). Während der Sommermonate fährt das Paar für insgesamt acht Wochen nach Deutschland, Sohn Frederik kommt in dieser Zeit zur Welt.

Katharina A. muss nach der Rückkehr zeitnah wieder ihre Arbeit aufnehmen. Sie ist eine Person des öffentlichen Interesses, in Rumänien berichtet die Tageszeitung von der Geburt des Sohnes. Rumänische Kolleginnen beneiden sie um den kochenden und putzenden Ehemann zu Hause. Zwei Wochen nach ihrer Rückkehr steht eine siebentägige Dienstreise nach Ungarn an. Katharina A. stillt noch und will dies auch nach ihrer Rückkehr wieder tun. Sie pumpt entsprechende Mengen Muttermilch vorher ab und überlässt dem Hausmann das Feld. »Sie ist weggefahren, und Frederik war nur die Mutterbrust gewöhnt, jetzt musste ich den jungen Mann mit der erwärmten Muttermilch eine Woche lang ernähren und habe irgendwie diese Situation gemeistert, das ist irgendwie, ja, auch ein Highlight gewesen [...] die erste Flasche war die Entscheidende [...] und es hat dann wunderbar funktioniert« (Georg A.). In der Rückschau betont er stets, wie dankbar er für diese Momente mit den Kindern ist. Auch wenn die Rückkehr nach Deutschland nach zwei Jahren Rumänien zunächst eine Reise in die berufliche und finanzielle Ungewissheit wird.

3.2.3.2 »Wir wollten wissen, ob das geht«: Daniel G. und Petra T., Polen

Als sich Petra T. im Sommer 2005 in Daniel G. verliebt, weiß sie: das ist er, der Mann, der eines Tages der Vater ihrer Kinder werden soll. Petra lebt in Berlin und ist damals in der Endphase ihres Slawistikstudiums, Daniel G. strebt eine Promotion in Philosophie an. Sie überlegen, wie die gemeinsame Zukunft aussehen könnte. Petra T. bewirbt sich um ein Stipendium als Kulturmanagerin in Polen, Daniel G. setzt alles daran, in ein Graduierten-Kolleg zu kommen, allerdings in Deutschland. Das Paar ist sechs Monate zusammen, als beide ihre WG-Zimmer in Berlin auflösen, um in die erste gemeinsame Wohnung zu ziehen. Daniel G. hat das Stipendium erhalten, er wird seine Promotion aufnehmen. Sieben Tage später ist klar, dass auch Petra T.s Bewerbung erfolgreich war. Sie kann als Kulturmanagerin nach Polen ausreisen. Das Paar jubelt. Die kommenden zwei Jahre sind damit beide finanziell abgesichert. Trotz der räumlichen Trennung blicken sie optimistisch in die Zukunft: »Es war auch durchaus beabsichtigt und geplant, dass in diesem Zeitraum unser erstes Kind zur Welt kommen soll« (Daniel G.). Die besondere Herausforderung sehen beide. »Aber ich glaube, wir wollten auch wissen, ob das geht« (Petra T.).

Nach dem Studium schwärmen die Freunde des Paares in alle Himmelsrichtungen aus. Petra T.s beste Freundin warnt sie bei der Abschiedsfeier in Berlin vor der Tätigkeit als Kulturmanagerin. »Sie hatte mal so eine Gruppe getroffen und meinte, die sind alle ganz furchtbar [...] alles ganz furchtbare Karrieretypen und mit denen solle man sich bloß nicht einlassen [...] ich kann mir das heute vorstellen, wie so eine geballte Gruppe auf Leute von außen wirkt. [...] Weil da jeder vor Ort so ein derartiger Einzelkämpfer auf gewisse Art und Weise ist« (Petra T.). Petra T. reist alleine nach Polen aus, Daniel bleibt zunächst noch in Deutschland, da er an die Universität gebunden ist. In einer Stadt im Nordosten Polens soll Petra T. das Kulturzentrum leiten. Das Paar legt genau fest, wer wie oft an den Wohnort des anderen pendeln wird, bis Daniel G. in eine Studienphase kommt, die es ihm erlaubt, für längere Zeit in Polen zu leben. Dass es eine Bewährungsprobe für die Beziehung werden kann, ist beiden klar. »Was man häufig sieht: Einer geht ins Ausland und die Beziehung geht kaputt. Einer von beiden fängt was Neues an. Also das sieht man recht häufig« (Petra T.). Auch im Freundeskreis in Polen wird es während ihrer Entsendung einige Trennungen geben.

Petra T. vergräbt sich in Polen zunächst in Arbeit. Sie spricht fließend polnisch, denkt nach ihrer Ankunft auch in der Sprache. Die erste Aufgabe wird dennoch zur Herausforderung. Die Hierarchien im Büro sind zwar flach, die Zuständigkeiten aber nicht ganz klar. Petra T. soll sich um die Renovierung eines Institutionsgebäudes kümmern, Gelder beantragen, das Dach sanieren lassen. »Ich hab immer gedacht, ich mit meinem Dickkopf, wenn ich nur oft genug gegen die gleiche Wand laufe, dann wird sich schon irgendein Ziegelsteinchen bewegen. Das gibt's aber nicht, das ist so nicht in Polen« (Petra T.).

Die erste Aufgabe ist kompliziert, sie soll die Ausschreibung für die Renovierung des Gebäudes EU-weit im Internet platzieren. Erwünscht sind vom Vorstand der Institution nur Handwerker, die in den vergangenen zehn Jahren bereits fünf Objekte dieser Art saniert haben. »Da es im Umkreis von tausend Kilometern solche Objekte aber nicht gab, konnte das natürlich auch niemand gemacht haben« (Petra T.). Der Vorstand muss anreisen, damit der Passus aus der Ausschreibung gestrichen werden kann. Nach dieser Erfahrung setzt sich Petra T. mit allen Mitarbeitern an einen Tisch, um auszuloten, wer sich für welche Arbeitsbereiche zuständig fühlt. Die damals 28-Jährige hat eine Vorgesetztenposition inne, was im Umgang mit den polnischen Mitarbeitern häufiger zu Komplikationen führt. »Ich habe auch nicht alle Infos bekommen, die ich gerne wollte. Es gab auch Sitzungen, zu denen ich dazukam, und ich dachte, hä, warum ist hier Sitzung und ich weiß nichts davon« (Petra T.). Die Seminare, die sie während ihrer Zeit als Kulturmanagerin besuchen darf, helfen ihr, mit ihrer neuen Rolle als Chefin besser zurechtzukommen. »Wir haben Gesprächsführung geübt, Organisationsentwicklung [...] dabei habe ich auch sehr viel über mich nachgedacht. Man kommt dann zurück und wird wieder in den Alltag reingeschmissen. Dann hab ich erst mal zwei Wochen gebraucht, wieder zu gucken, so was ist jetzt der Anspruch und was die Wirklichkeit ...« (Petra T.). Mit einer polnischen Mitarbeiterin hat sie bis zum Ende des Projektes Schwierigkeiten: »Die hat komplett auf Reset, auf null gestellt, und hat so getan, als hätte sie noch nie was gehört von Büroarbeit, [...] Fand immer alles ganz sinnlos und doof« (Petra T.). Anfangs gefallen den anderen Kollegen Petras Ideen, auch Plakate, die sie für Veranstaltungen gestaltet, werden sehr gelobt. »Und dann, plötzlich, fingen die an zu sagen, meine Plakate sind totaler Mist« (Petra T.).

Wenige Wochen später stellt sie auf eigene Kosten eine Assistentin ein, da sie Gefahr läuft, den Überblick über die Aufgaben zu verlieren. Die beiden Frauen ergänzen sich so gut, dass drei Monate später zur ersten, offiziellen Kulturveranstaltung, einem Klavierkonzert mit einem polnischen Künstler, geladen werden kann. »Das war damals das erste große Projekt, an dem ich mitgestrickt hatte [...] ich musste mich ja vor Ort positionieren. Meine Vorgängerin war eine ziemlich beliebte Person ...« (Petra T.). Sie versucht, den Abläufen so schnell wie möglich ihre eigene Note zu geben. »Ich bin niemand, der gerne Klinken putzen geht [...] ich brauche einen Anlass dafür. Und ich habe gesagt, ich mache das [mich vorstellen], wenn sie sehen, was das Ergebnis meiner Arbeit ist [...] wir haben dann ein Festival organisiert mit Pressekonferenz und so weiter ...« (Petra T.). Weitere Konzerte, Ausstellungen und Filmwochen kommen dazu. Über der ganzen Arbeit merkt sie wochenlang nicht, dass sie schwanger ist. Als ein polnischer Arzt die Diagnose stellt, ist sie noch kein halbes Jahr im Land. Erst Ende des vierten Monats, als ihr keine Hosen mehr passen, informiert sie die Kollegen. »Ich durfte dann nicht mal mehr eine leere Wasserflasche tragen [...] ich wurde vom Putzdienst befreit, ständig wurden Strickjäckchen angeboten [...] ich hab dann gesagt, ich bin nicht debil, ich bin schwanger« (Petra T.). Sie fährt weiterhin mit dem Fahrrad zur Arbeit, ihre Jutetasche mit bequemen Schuhen fürs Büro stets auf dem Gepäckträger.

Daniel G. erlebt seine Freundin in den Monaten der Schwangerschaft ihren Erzählungen nach nur ganz selten. »Also er hat mich fast nicht schwanger gesehen« (Petra T.). Ihr Freund hat das anders in Erinnerung; demnach versuchte er damals, wenigstens einmal im Monat nach Polen zu reisen. »Also es ist nicht leicht, auch wenn man geübt ist in einer Fernbeziehung, wieder wegzufahren. Und da es auch eine beträchtliche Entfernung ist, es sind einfach 750 Kilometer und die fährt man nicht so spontan, weil es auch kompliziert ist hinzukommen« (Daniel G.). Petra T. hat allerdings auch nicht viel Zeit. Sie will vor der Geburt noch so viel Arbeit erledigen wie möglich. Im neunten Monat fährt sie mit dem Zug auf Dienstreise über Krakau, Lemberg, Czernowitz in die Ukraine. »Da ich schnell wieder nach Hause wollte, bin ich in einem Ritt zurückgefahren, 26 Stunden. Hinterher hab ich gedacht, ich hab doch eine Meise. [...] Aber im Nachtzug hab ich gedacht, die ukrainischen Frauen kriegen doch auch Kinder, das geht schon irgendwie« (Petra T.). Ende Dezember reist sie zur Geburt nach Deutschland. Die Gründe sind pragmatisch. »Es wäre interessant gewesen, wenn das Kind die polnische Staatsbürgerschaft bekommen hätte. Aber das war nicht so. [...] Der Termin war ja kurz vor Weihnachten und da sind außerdem die Konsulate zu. Da kriegt man keine Geburtsurkunde, ohne Geburtsurkunde keine Krankenversicherung« (Petra T.). Über die medizinische Versorgung macht sie sich keine Sorgen. »Ich hätte keine Angst gehabt, in ein polnisches Krankenhaus zur Entbindung zu gehen« (Petra T.). Ihr Freund führt andere Gründe für die Geburt in Deutschland an: »Es ist schwierig, in dem Zeitraum [der Geburt] ein offenes Geschäft zu finden. In diesen zwölf Tagen ruht der Geschäftsverkehr komplett [...] man bekommt kein frisches Obst oder Gemüse, nur eingelegte Sachen, ein paar Kartoffeln und Zwiebeln, ansonsten nichts [...] die Winter sind auch wirklich hart [...] das können minus 20 bis minus 25 Grad werden. Und das mit dieser Wohnung im Dachgeschoss mit Gas-Etagenheizung, wo es wirklich mühsam war zu heizen [...] da haben wir schon gesagt, da ist es besser, das in Deutschland zu haben« (Daniel G.). Die einst gemeinsame Wohnung in Deutschland behalten sie während der gesamten Entsendung.

Da die Lebenshaltungskosten in Polen niedriger sind als in Deutschland, kann das Paar deutlich besser leben als zu Studentenzeiten. »Wir konnten viele frische Sachen kaufen und selbst kochen« (Daniel G.). Ein Elternjahr kann das Paar nach der Geburt nicht nehmen, das schließen die Verträge der beiden aus. Aber Petra T. kann drei Monate nach der Geburt pausieren. Die Zeit verbringt das Paar in Deutschland. Die Großeltern freuen sich sehr über den Nachwuchs; weniger begeistert sind sie von den Plänen des jungen Paares, wieder nach Polen auszureisen – mit dem Enkel. »Also meine Eltern waren schon, nicht sauer, aber schon so, das kann man unmöglich machen, muss das sein? Sie haben dann aber dem Argument zustimmen können, einfach, da geht es auch um eine Arbeit« (Daniel G.).

Daniel G. unterbricht nach der Geburt sein Graduiertenstudium und reist zum ersten Mal mit nach Polen aus. Mindestens sechs Monate will er bleiben. Die Möbel sind bereits vor Ort. Als Petra T. ein Jahr zuvor ausgereist war, hatte das Paar einen Großteil des Mobiliars über Nacht in einem geliehenen VW-Bus nach Polen geschafft. Vor der Beziehung zu Petra T. hatte Daniel G. weder Interesse noch einen Bezug zu Polen. Bis er ausreist, hat er bereits eine lange Phase des Pendelns hinter sich. »Das war dennoch ungewohnt, ich habe mich schon erst mal eine ganze Zeit als Gast in der Wohnung gefühlt« (Daniel G.). Da Petra T. wieder Vollzeit arbeitet, übernimmt er die Aufgaben des Alltags und die Betreuung des Sohnes. Schokolade und Gummibärchen vermisst der Vater schmerzlich, in Polen schmecken sie ganz anders, und auch Drogerieartikel versucht das Paar, bei Besuchen aus Deutschland mitzubringen, da sie in Polen teuer sind. »Die größte Herausforderung ist aber die Sprache [...] da man mit Englisch oder anderen Fremdsprachen nicht zu Rande kommt [...] für die alltäglichsten Dinge, wenn man ein Stück Wurst kaufen möchte, kann man kaum in den Laden gehen und sich das aus dem Regal nehmen, man muss etwas bestellen« (Daniel G.). Bis zum Ende wird er daran scheitern, alleine einen Auslandsfahrschein bei der Bahn zu kaufen. »Es gibt einen speziellen Auslandsschalter, dort sitzen aber nie Leute, die irgendeiner Fremdsprache mächtig sind [...] da musste immer Petra mitgehen« (Daniel G.). Die nötigsten Vokabeln eignet er sich nach und nach an. Wenn er sich, das Tragetuch mit dem Sohn um den Körper geschlungen, auf dem Wochenmarkt bewegt, vernimmt er immer mal wieder Getuschel. Er ignoriert es, da er die Sprache nicht gut genug versteht. »Die haben halt dann so Schimpfwörter gesagt, meistens junge Männer [...] und auf ihn gezeigt ...« (Petra T.). Auch Petra T. muss sich im Geschäft rechtfertigen, während ihr Freund draußen mit dem umgebundenen Kind wartet. »Man wurde ständig angesprochen, ob das Kind nicht erstickt mit dem Tuch ...« (Petra T.). Petra wird zudem immer wieder von polnischen Kolleginnen gefragt, ob ihr Mann auch Windeln wechselt. »Ich hab dann immer gesagt, wenn ich meinen Mann intellektuell nicht in der

Lage sehen würde, 'ne Windel zu wechseln, dann würde ich mit dem keine Kinder kriegen« (Petra T.).

Zur Mutterrolle, die ihr im Land zugedacht wird, hat sie andere Ansichten. »Ich habe schon manchmal darüber nachgedacht, ist das normal, ist das so das Maß an Mutterliebe, was einem da entgegenströmt, oder ist das zu wenig. [...] Manche sagen, das Kind kommt auf die Welt und sie sind bis zu den Zehenspitzen von Glück durchströmt und lieben das Kind über alles [...] das war bei mir nicht so, ich musste das Kind kennenlernen [...] wir haben uns lieben gelernt, aber das war nicht da, vom ersten Moment an« (Petra T.). Ein halbes Jahr nach der Geburt fühlt sich Petra T. von Tag zu Tag schlechter. »Da gab es eine große Krise im Sommer, da stand an, das Stillen absetzen oder nicht« (Petra T.). Die junge Mutter verliert nach der Geburt nicht nur sehr schnell viel Gewicht, sie verliert sich auch selbst. »Wenn man versucht, sich wieder zu finden, also diese Ausdehnung während der Schwangerschaft, dann wieder zurück, aber nicht auf normal, sondern sehr viel weniger [...] wer bin ich überhaupt, dann diese Abhängigkeit des Kindes von mir, von dem Körper [...] die Entscheidung musste her, was passiert jetzt [...] das Kind lernt, es ist eine einzelne Person, und ich lerne es auch, dass wir zwei sind. [...] In dem Moment kam es ganz bewusst hoch. Ich habe nicht damit gerechnet, dass es so etwas gibt [...] meine Omi redete immer so von Weitem, still nicht so lange (Petra T.). Sie hört auf zu stillen und kämpft die Vorbehalte nieder, die sie gegen die Pulvermilch hat. Ihr Zustand bessert sich.

Daniel G. ist mit seiner Rolle als Hausmann und dem Leben in Polen zunächst zufrieden. Immer wieder kümmern sich Nachbarn, ebenfalls Deutsche, die an einem Austauschprogramm teilnehmen, um den Sohn, wenn das Paar abends mit Bekannten aus der Institution ausgehen möchte. Sie diskutieren bei diesen Gelegenheiten viel mit den Freunden über die politische Situation in Polen. Ihre Beziehung beschreiben sie als harmonisch. »Wir haben unsere Pläne gegenseitig akzeptiert. Es ist nicht so, dass ich jetzt hier bin wegen dir sozusagen und du dich auf meine Kosten profilieren kannst [...] wir haben immer darüber gesprochen, beide sind wichtig, dass jeder auch seines verfolgt« (Daniel G.). Es bereitet ihm dennoch zunehmend Sorgen, dass es mit der Promotion nicht vorangeht. Zwei Tage die Woche soll Daniel G. für seine Doktorarbeit in Polen haben, in dieser Zeit bleibt Petra T. zu Hause. In den Abendstunden versucht sie, ihrer Arbeit als Kulturmanagerin nachzukommen. An vier Tagen geht Petra T. ganztags ins Büro. Das Modell der Arbeitsteilung funktioniert jedoch nicht. Daniel G. beschließt, nach Deutschland zurückzukehren. Da er Stipendiat an der Universität ist, möchte er auch wieder an Präsenzveranstaltungen teilnehmen. Der Sohn soll bei Petra T. in Polen bleiben. Vor seiner Ausreise kümmert er sich um eine Tagesmutter. Es dauert, bis sie eine Frau finden, die ihren Ansprüchen genügt. Eine ist zu dominant und flucht unentwegt, die andere wühlt in Petras Schubladen, die dritte isst Kuchen, der nicht für sie bestimmt ist. Mit der vierten klappt es – zwei Tage später reist Daniel G. aus. Die Phasen der Trennung fallen ihm sehr schwer. »Anstrengend waren auch die Momente des Wiederankommens [...] natürlich wieder das Vertrauen des Kindes erarbeiten zu müssen, weil das gerade in dem Alter keine Selbstverständlichkeit ist [...] da ist man schon jemand Fremdes, wo natürlich erst mal Fluchtreaktionen zur Mutter hin stattfinden« (Daniel G.).

Auch für Petra T. ist die Situation nicht einfach. »Also es war schon ein ziemlich hartes Brot, so mit dem Kind da vor Ort, wenn man von der Arbeit nach Hause kam und noch einkaufen musste [...] wir haben im dritten Stock ohne Aufzug gewohnt« (Petra T.). Ein Dreivierteljahr pendelt der Vater zu seiner Familie nach Polen. Dann lernt er eine Tagesmutter an seinem Studienort kennen, die noch Kapazitäten frei hat. Im Februar 2009 beschließt das Paar, dass der einjährige Sohn zum Vater nach Deutschland ziehen soll, während Petra T. die letzten sechs Monate ihres Einsatzes alleine in Polen bleibt. Sie arbeitet viel. »Man hat so viele Ideen, man will so viel tun und man weiß, es ist eine begrenzte Zeit. Und für diese begrenzte Zeit ist man irgendwie bereit, härter zu arbeiten« (Petra T.). Sie pendelt zu ihrer Familie, so oft es geht. Die längste Trennungsphase sind 16 Tage. Die Abschiede fallen ihr jedes Mal schwer. In Polen erlebt sie dafür neue Freiheiten. »Ein halbes Jahr zu arbeiten ohne Kind, Leute treffen ...« (Petra T). Als der Lebensgefährte und der Sohn in Deutschland mit Grippe im Bett liegen, erreichen sie unzählige Hilferufe per SMS. Erst zwei Tage später kann sie nach Deutschland reisen. »Wir haben dann schon gemerkt, jetzt wird es wirklich langsam schwierig [...] diese drei Jahre wurden dann auch lang« (Petra T.).

3.2.4 Interviewfamilien Lehrer

3.2.4.1 *»Entweder trennen oder weit weg gehen«: Patrick und Jutta P., Simbabwe*

Patrick P. (zum Zeitpunkt der Befragung 50 Jahre alt) lernt seine zwei Jahre jüngere Frau Jutta Ende der 1980er Jahre in Simbabwe kennen. Er hat gerade sein Referendariat als Lehrer für Naturwissenschaften beendet und ist in einem Austauschprogramm seiner Hochschule, Jutta ist zur selben Zeit als Studentin vor Ort für ein interdisziplinäres Forschungsprojekt der Universität, an der sie studiert. In Simbabwe werden die beiden Deutschen ein Paar und kehren gemeinsam nach Deutschland in Patricks Geburtsstadt zurück. Dort leben sie nach der Hochzeit gemeinsam mit Patricks Eltern unter einem Dach. Immer wieder gibt es in den kommenden Jahren Spannungen zwischen der Ehefrau und der Schwiegermutter; Patrick P. gelingt es nicht, zu vermitteln. Er will keine der Frauen vor den Kopf stoßen.

Fünf Jahre später reisen Patrick und Jutta P. mit ihren drei Jahre und neun Monate alten Töchtern erneut nach Simbabwe aus, Jutta P. als mitausreisende Ehefrau, Patrick P. als Lehrer. Den Wunsch, noch einmal für längere Zeit in Afrika zu leben, haben beide. Da sie Simbabwe schon kennen, verzichten sie auf ein Vorbereitungstraining. Wo genau sie stationiert sein werden, wissen sie vor der Ausreise nicht, auch nicht, ob es Strom und fließendes Wasser geben wird. Es schreckt sie nicht ab. Die Entscheidung treffen beide gemeinsam. »Das geht auch nicht anders. Das kann man nur gemeinsam entscheiden« (Patrick P.). Bisher hatten beide nur ein paar Monate in Afrika verbracht. Nun plant das Paar, für mindestens drei Jahre dort zu bleiben. Patrick P.s Eltern und seine drei Geschwister sehen die Umzugspläne positiv. Seine Eltern haben berufsbedingt einige Jahre in Südamerika gelebt, der Vater arbeitete dort als Ingenieur. Patrick P. absolvierte daher die 8., 9., und 10. Schulklasse in Mexiko. Das Leben im Ausland hat er als bereichernd in Erinnerung. An Schwierigkeiten bei der Ankunft oder der Rückreise als Schüler kann er sich nicht erinnern.

Bei Jutta P.s Familie in Norddeutschland herrscht dagegen völliges Unverständnis über das Vorhaben, im Ausland zu leben. »Die fanden das absolut verantwortungslos, mit kleinen Kindern in so ein Land zu gehen« (Jutta P.). Dennoch: »Wir haben es uns zugetraut, und wir haben keinen Grund gesehen, warum wir es nicht machen sollen« (Jutta P.). Die dreijährige Tochter Helen bereiten sie mit Bilderbüchern und eigenen Erzählungen aus ihren Simbabwe-Aufenthalten auf das Leben in Afrika vor. Helen wartet gespannt auf die Landung. »Dann hat sie sich allerdings am Flughafen gewundert, dass die Elefanten dort nicht herumliefen. Und sie hat die Hütten gesucht und war ziemlich enttäuscht. Wir hatten versäumt ihr zu sagen, dass man das alles noch nicht am Flughafen findet. [...] Sie war uns gram, sie war uns so gram« (Jutta P.). Die ersten zwei Wochen verbringt die Familie im Hotel, was der Mutter als sehr nervenaufreibend in Erinnerung geblieben ist. Gleichzeitig sind Jutta und Patrick P. in Harare, der Hauptstadt Simbabwes, noch abwechselnd in der Landesvorbereitung. Sie bekommen einen Crashkurs in Shona, die Amtssprache in Simbabwe ist Englisch. Die Familie ist bereits 14 Tage im Land, als sie erfährt, in welchem Gebiet sie leben wird. Die nächste Einkaufsmöglichkeit liegt eine halbe Autostunde über eine holprige Schotterpiste entfernt in der Stadt. Patrick P. arbeitet auf einem abgelegenen Internatscampus in der Sekundarstufe. »Das war eine Internatsschule völlig auf dem Land. Allerdings in konventionellem Farmgebiet [...] in einem wirtschaftlichen Umfeld im Grunde. Wo die Schule zusammen mit einer Gefängnisfarm so ungefähr das einzige an Gemeinwesen war« (Jutta P.). Auf dem Campus sind sie die einzigen Deutschen – und die einzigen mit weißer Hautfarbe. Das Umzugsgut, das auf Kosten der entsendenden Organisation in einem Container verschickt wird, kommt erst sechs Monate später an. Sie leben verglichen mit dem Leben in Deutschland ausgesprochen reduziert. »Das war so ein bisschen sperrmüllmäßig. Wir haben da Korbmöbel gekauft von irgendeinem Straßenhändler, und irgendwann haben wir uns ein Bett geleistet, mein Mann und ich [...] und dann haben wir einen Schülertisch bekommen von der Schule als Esstisch« (Jutta P.). Sie heben sich dennoch sehr vom Lebensstandard der Bewohner vor Ort ab. Obwohl sich nur die gehobenere afrikanische Mittelschicht das Internat leisten kann, besitzen Patrick und Jutta P. das einzige Auto im Umkreis von 20 Kilometern. Besitz verpflichtet, das merken die Deutschen bald nach ihrer Ankunft. Mit der Zeit lernen sie jedoch mit der Erwartungshaltung ihres afrikanischen Umfelds umzugehen und auch mal nein zu sagen, wenn sie um finanzielle Unterstützung gebeten werden. Die besondere Position, die sie in Afrika gegenüber der Bevölkerung automatisch innehaben, irritiert vor allem Jutta P. sehr. Es ist ihr peinlich, wenn sie beim Bäcker von Afrikanern in der Reihe nach vorne geschubst wird, obwohl sie sowieso das bessere Brot unter dem Ladentisch bekommt. Von einer Sache werden sie jedoch auch als Ausländer nicht verschont: Die jüngere Tochter bekommt nach sechs Wochen die erste Malaria. Patrick P. wird im Laufe seiner Zeit in Afrika dreimal infiziert, auch die ältere Tochter erkrankt. Nach Deutschland lassen sie solche Nachrichten nicht durchdringen.

Zu Anfang fühlt sich die gerade vier Jahre alt gewordene Helen sehr wohl in Afrika. Sie lernt die afrikanischen Kinder auf dem Campus kennen, versteht allerdings ihre Sprache nicht. Die Kinder in ihrem Alter sprechen alle Shona, die älteren Englisch. Nach sechs Wochen kommt es zum Konflikt. »Sie hat plötzlich aufgehört zu kommunizieren, egal in welcher Sprache. Sie war mit Deutsch, Shona und Englisch konfrontiert. Und das hat sie völlig durcheinander gebracht. [...] Das ging auch mit anderen regressiven Tendenzen einher, sie fing dann wieder an zu krabbeln. Mit vier Jahren! Sie lief nicht mehr und hat keine festen Sachen mehr zu sich genommen [...] sie hatte den Kulturschock« (Jutta P.). Der Zustand dauert einige Wochen an. Dann durchbricht ein afrikanisches Nachbarmädchen mit viel Geduld und einer hartnäckigen Art Helens Widerstand. Von einem Tag auf den anderen kaut Helen wieder, sie läuft und spricht auch wieder. Der Vater Patrick P. schildert die Situation ebenfalls als problematisch. »Die Kinder, die ins Haus kamen, die waren nicht interessiert an Helen, sondern die waren interessiert an den Spielsachen, die sie mitgebracht hatte [...] die haben die Sachen teilweise, auch weil sie nicht wussten, wie sie damit umgehen sollen, demoliert. [...] Und da kam sich die Helen ziemlich ausgenutzt vor [...] sie hatte ihren kulturellen Schock, weil sie nicht mehr spielen konnte. Hier in Deutschland weiß man, wie man miteinander reden und agieren muss. Wenn man mit anderen zusammen ist, die eine andere Methodik haben, andere Interaktionsformen, ist es schwierig [...] und sie hat sich wohl sehr einsam gefühlt in dieser Zeit und hat sich sehr in sich zurückgezogen. Der absolute Kulturschock, sie war plötzlich handlungsunfähig« (Patrick P.).

Zur selben Zeit wird auch Patrick P. mit einer Schwierigkeit konfrontiert. Die Lehrer arbeiten an der afrikanischen Schule mit Methoden, die er ablehnt. »[...] Schläge waren in Simbabwe völlig normal.[55] Da haben die einfach eins mit dem Gartenschlauch überbekommen [...] ich habe zu diesen Mitteln nie gegriffen, weil ich es rundweg ablehne [...] es ist für einen deutsch geprägten Lehrer heute einfach unvorstellbar, die Prügelstrafe auszuüben [...] und zum Glück war es ja nicht verpflichtend. Sonst hätte ich abbrechen müssen« (Patrick P.). Hinzu kommt, dass im Lehrerzimmer alle Gespräche auf Shona stattfinden. Der Deutsche versteht vieles davon nicht und fühlt sich ausgeschlossen. Außerdem fehlt ihm der sportliche Ausgleich in der Freizeit. Joggen kann er wegen der artenreichen Tierwelt und der Temperaturen nicht mehr, Fahrradfahren geht auch nicht, weil die Simbabwer einen Weißen, der ein Auto besitzt, auf dem Fahrrad als Anmaßung verstehen könnten.

Herausforderungen warten aber auch auf die Mutter. Jutta P. kommt anfangs mit ihrem Hauspersonal nicht zurecht. Die permanente Anwesenheit fremder Menschen in ihrer Wohnung stört sie. Sie akzeptiert es nur, weil

---

55 Diese Aussage bezieht sich auf einen Zeitraum Ende der Neunziger/Anfang der Zweitausender Jahre.

sie weiß, dass die Hausangestellten mit dem Gehalt ihren Lebensunterhalt finanzieren. Nach einem Jahr fängt sie an, die Bibliothek der Schule zu renovieren, anschließend promoviert sie von Simbabwe aus an einer deutschen Universität. Ab diesem Zeitpunkt lernt sie das Hauspersonal schätzen. Auch mit den anderen Lehrern freunden sich die P.s nach und nach an. Die Zeit auf dem afrikanischen Campus beschreibt Jutta P. als die glücklichste mit ihrem Mann.

Nach vier Jahren ist der Vertrag beendet, Patrick P. bewirbt sich von Simbabwe aus bereits vor Ablauf des Vertrages bei einer deutschen Entwicklungshilfeorganisation und bekommt den Auftrag, als Entwicklungshelfer beim Aufbau einer Umweltschutzstation in Kariba mitzuhelfen. Die Familie zieht übergangslos in das afrikanische Nationalparkgebiet, auf einen kleinen Berg. Ursprünglich war für die Familie ein Haus direkt am Kariba-See vorgesehen. Sie weigern sich, dort einzuziehen. »Bei all den Tieren, die da wirklich frei gelebt haben, wär ich mir vorgekommen wie lebende Vorratshaltung. […] Und dann sitzt man da schön eingedost in seinem Haus […] praktisches Fastfood sozusagen für die Tierwelt. Na, also das wär nix gewesen« (Patrick P.). Dennoch: Elefanten, Hyänen und Löwen finden auch den Weg auf den Berg. Nachts schleichen sie ums Haus. Die Tiere kommen nur bei absoluter Ruhe. Die Familie nutzt manchmal die Stunden der Nacht, um sie zu beobachten. Problematischer ist es mit den Krokodilen im »Bilharziose-verseuchten Kariba-See« und den giftigen Mambas. Diese erfordern vorausschauendes Verhalten. Alleine zum See dürfen die beiden Mädchen nicht. Die Tiere sind für die Familie dennoch in ihrem Erleben keine echte Gefahr gewesen: »Klar passt man auf, dass man auf keine Mamba tritt oder solche Sachen. Aber das hat man so intus, wie Sie in Deutschland nicht ohne zu schauen über eine vielbefahrene Straße gehen würden« (Patrick P.).

An die Verhaltensregeln passen sie sich schnell an. Die Nachbarn, allesamt Afrikaner, die in den Touristenlodges in Kariba arbeiten, haben die wichtigsten Tipps parat. Zum Beispiel sollte man keinen »Hund haben, den man dann vor dem Haus in der Nacht draußen anleint. Der ist mit Sicherheit am anderen Tag nicht mehr da« (Patrick P.). Auch in Kariba lebt die Familie wieder mit Hauspersonal. Und wieder relativ abgeschieden, eine Entsandtengemeinschaft gibt es für sie die ersten paar Jahre in Afrika nicht. Ebenfalls gibt es in den ersten Jahren weder Telefon noch Fernsehen, an Internet für den privaten Gebrauch ist gar nicht zu denken. Jutta P. eröffnet für die Umweltschutzorganisation ihres Mannes eine Buchhandlung. Patrick P. entwickelt Fortbildungsmaßnahmen für afrikanische Lehrkräfte.

Die Kinder gehen in Kariba in die Schule beziehungsweise in den Kindergarten, Patrick P. hat diese Zeit als die glücklichste in Erinnerung behalten. Doch immer wenn in Kariba die Sprache auf die Rückkehr nach Deutschland kommt, gibt es Spannungen zwischen dem Ehepaar. Jutta P. vermutet damals, dass sich ihr Mann nicht damit auseinandersetzen möchte, wie bei einer Rückkehr der Familie der Umgang zwischen Schwiegertochter und Schwiegermutter geregelt werden soll.

Nach zwei Jahren, die die Familie in Kariba verbringt, wird Patrick P. zum Leiter der Umweltschutzbehörde in der Hauptstadt Simbabwes befördert. Der Schritt in die Hauptstadt ist ein bewusster. Im Hinblick auf eine in den kommenden Jahren absehbare Rückkehr nach Deutschland sollen die Kinder, die bisher nur auf afrikanischen Schulen waren, auf eine Deutsche Schule gehen und langsam an ein Leben mit Kino, Shopping-Center und anderen Vergnügungen herangeführt werden. Für Patrick P. ist es der berufliche Höhepunkt. Jutta P. ist skeptisch. Zum ersten Mal wird die Familie mit einer deutschen Entsandtencommunity rund um die Deutsche Schule konfrontiert. Jutta P. kann sich mit dem sozialen Umfeld nicht anfreunden. Afrikaner treten in dieser Zeit in ihrem Leben nur als Zaungäste, als Bedienung oder als Stars auf. »Das hätte überall auf der Welt sein können, und ich hatte das Gefühl, deshalb bin ich nicht nach Simbabwe gekommen, da kann ich dann auch wieder nach Deutschland gehen« (Jutta P.). Bayerischer Defiliermarsch, Oktoberfest, Dirndl und Lederhosen werden in der Expatcommunity zelebriert – Jutta P. findet das zwar grotesk, andererseits ist ihr klar, dass es für die anderen Entsandten ein Stück Geborgenheit bedeuten kann.

Die Mädchen, zwischenzeitlich sechs und neun Jahre alt, finden das Leben in der Hauptstadt aufregend. Zum ersten Mal öffnet sich ihnen die große, weite Welt des Konsums. Sie lieben die Einkaufszentren mit ihren Fastfoodläden, die Kinos und die Freizeitmöglichkeiten, die die Stadt bietet. Die ganzen Jahre über erhält die Familie immer wieder Besuch aus Deutschland. Die Familie selbst reist in neun Jahren nur dreimal nach Deutschland. Das Land, das einst ihre Heimat war, rückt vor allem für Jutta P. in den Hintergrund. An Informationen aus Deutschland ist sie nicht interessiert, auch über gesellschaftliche Entwicklungen informiert sie sich nicht. Patrick P. schaltet ab und zu seinen Weltempfänger ein, manchmal erhält er eine alte Ausgabe des *Spiegels*, die er durchblättert. Ihre Entsendung ereignet sich zu einem Zeitpunkt, als das Internet noch nicht alltäglich in Harare ist. Im Jahr 2006 reist die Familie nach Deutschland aus, weil das Höchstmaß an Beurlaubung als Lehrer für Patrick P. erreicht ist. Die Familie zieht wieder bei Patricks Mutter ein. Übergangsweise, wie Patrick P. seiner Frau verspricht, um die Rückkehr zu erleichtern. Jutta P. tut dies widerwillig, ihr Mann hat jedoch die logischeren Argumente. Er ist überzeugt davon, die Familie könne dort wieder leichter Fuß fassen. Nach anderthalb Jahren im Haus der Schwiegermutter kämpf Jutta P. um einen Umzug in eine eigene Wohnung. »Das Leben hat an diesem Ort noch nie funktioniert, und das hat auch diesmal nicht funktioniert, und nach fünf Jahren war das jetzt so weit, dass wir nur noch die Möglichkeit hatten, uns zu trennen oder erneut weit wegzugehen« (Jutta P.).

3.2.4.2 »Ich habe weder an mir noch an meiner Ehe gezweifelt«: Helmut R., Kolumbien

»Holt mal den Globus, Kinder.« Die neunjährige Pia und der siebenjährige Jakob sind aufgeregt, als der Vater an einem Samstagnachmittag im Jahr 2005 die Familie im Wohnzimmer zusammentrommelt. Sie holen den Globus aus dem Arbeitszimmer, der Vater dreht die Kugel und hält sie mit dem Zeigefinger an – am anderen Ende der Welt. Pia jubelt, endlich mal kein Urlaub an der Ostsee. Ihre Schulfreundinnen reisen in den Sommerferien nach Mallorca; seit sie denken kann, verbringt ihre Familie die Ferien am selben Ort. »Der Vater sagte dann, da ziehen wir hin [...] ich hab das gar nicht verstanden [...] ja wie, aber wir bleiben doch hier wohnen, oder nicht? Er: nein, wir ziehen da hin. Nach Kolumbien. Und ich war erstmal fort am Heulen die ganze Zeit. Ich war da nicht so begeistert« (Pia R.). Die Tochter tanzt damals bei einem Club, der seit Jahren die Weltrangliste anführt. Sie fährt auf Turniere, hat viele Freundinnen. Mit diesen schmiedet sie Fluchtpläne. »Wir haben überlegt, wie ich mir im Wald eine Hütte bauen kann, dass ich nicht mitfahren muss [...] die hätten mir dann Essen vorbeigebracht. Es ging ja nur um diese Zeit, bis die weg sind. Dann hätte ich bei meiner Oma wohnen können« (Pia R.). Den Eltern schreibt sie einen Brief mit zehn Punkten, warum sie zu Hause bleiben möchte. Es ändert nichts. »So ausgeliefert zu sein, was willst du machen, wenn die gehen, dann musst du halt mit. Du kannst ja schlecht alleine wohnen« (Pia R.). Der damals siebenjährige Bruder fügt sich problemlos. »Der nickt immer alles eher so ab« (Pia R).

Der Entschluss der Eltern steht fest. Die Familie wird für mindestens drei Jahre in Kolumbien leben. »Meine Frau hat dem so zugestimmt, ich denke, dass sie das so wollte« (Helmut R.). Die Option, alleine auszureisen, stand für den Lehrer nie zur Diskussion. »Es war keine Flucht aus irgendeiner unangenehmen Situation, es war einfach der Wunsch, noch mal im Leben was anderes zu machen. Andere Kultur, andere Lebenskreise zu erleben« (Helmut R.). Er ist damals bereits 16 Jahre im Schuldienst. »Ich habe gedacht: Puuuh! Das machst du jetzt noch mal 20 Jahre [...] es ging mir nicht schlecht, alles war gut und wunderbar, aber das Gefühl, dass jetzt 20 Jahre alles so bleibt, und sich nichts ändert, das war mir zu wenig. Am Beruf lag es nicht. Also war die Alternative, die Kulisse zu wechseln« (Helmut R.). Den sicheren Beamtenstatus für einen anderen Job aufzugeben, ist keine Option. Und sich in Deutschland an eine andere Schule versetzen zu lassen, hätte er als sinnfrei empfunden. »Wenn man also was anderes macht, dann musste einfach mehr passieren« (Helmut R.).

Den ersten Antrag auf eine Vermittlung als Mathe- und Physiklehrer stellt Helmut R. bereits in den neunziger Jahren. Rund zehn Jahre gehen ins Land, bis die Familie tatsächlich ausreisen kann. »Erst mal kriegte ich eine dreijährige Vermittlungssperre, weil ich Mangelfächer unterrichte[56] [...] dann hat es eine ganze Reihe von Angeboten gegeben, die ich abgelehnt habe« (Helmut R.). Kairo, Griechenland, Helsinki, Brüssel und London schlägt das Paar aus. Kairo wollen sie der blonden, quirligen Tochter nicht zumuten, London ist zu nah. »Wenn, dann richtig [...] wir machen nicht Englisch, wir machen Spanisch [...] wenn wir mal eine neue Sprache lernen müssen, sollen die Kinder was davon haben [...] und wenn sie Spanisch dazulernen, dann haben sie alle Grundlagen, um erfolgreich ihr Leben gestalten zu können« (Helmut R.). Die Warteschleife von sieben Jahren sieht Helmut R. als nicht problematisch. »Wir haben alles, was bedeutsam war, schon vor dieser Entscheidung [Entsendung] gehabt. Haus, Kinder, Ehe, Verein, Segelboot, das war alles da. Es standen in diesen sieben Jahren keine weltbewegenden Entscheidungen an [...] alles lief seinen normalen Gang« (Helmut R.). Vor der Ausreise lernt das Paar an der Volkshochschule Spanisch. Den Lerneffekt bezeichnet Helmut R. als minimal. Er wird den Großteil der Entsendung Schwierigkeiten mit der Sprache haben, da er in Kolumbien auf Deutsch unterrichtet.

Bei der Ausreise ist das Paar seit zwölf Jahren verheiratet. »Ich sah eigentlich keinen Grund, dass es irgendwie hätte schief gehen können. [...] Ich habe weder an mir noch an meiner Frau noch an der Ehe gezweifelt. Es war alles gut« (Helmut R.). Bei Vorbereitungsgesprächen im Bundesverwaltungsamt wird thematisiert, wie wichtig es ist, dass beide Partner ausreisen

---

56 Die Freistellung durch den »Dienstherren« kann verweigert werden – zum Beispiel bei akutem Bedarf an bestimmten Fächern, vgl. J. Winter (2009).

wollen. »Sie haben uns gesagt, dass es signifikant häufiger familiäre Probleme im Ausland gegeben hat und also alle Ideen, bestehende Probleme im Ausland regeln zu wollen, Utopie sind. Aber ich bin überzeugt, dass das keine Situation für uns war. Als wir rausgegangen sind, bin ich heute noch der Meinung, dass die Familiensituation intakt war, dass meine Frau damals der Ausreise nicht zähneknirschend zugestimmt hat [...] sondern auch diese neue Erfahrung machen wollte, genauso wie ich« (Helmut R.). Das soziale Netz in Deutschland lassen sie hinter sich. »Wir hatten einen großen Freundeskreis. [...] Wir hatten auch unsere eigenständigen Freundeskreise über Beruf und Lebensaufbau, die alten Klassenkameraden« (Helmut R.). Die Freunde reagieren skeptisch. »Die haben gesagt, mein Gott, wie kannst du so blöd sein, nach Kolumbien zu gehen« (Helmut R.).

Bis zur Ausreise hat die Familie ihren Wohnort noch nie für längere Zeit verlassen. Helmut R.s Frau arbeitet seit Jahren als Krankenschwester, ihr Mann war nur zum Studium 50 Kilometer entfernt. »Ansonsten hab ich mich immer ordentlich eingefügt« (Helmut R.). Seine Mutter kennt ihn nicht als Weltenbummler. Sie ist entsetzt, als sie von den Umzugsplänen hört. »Die Enkel weg, und ob man noch lebt, wenn die wiederkommen, ob man die jemals wieder sehen wird [...] die Familie war nicht so begeistert, sag ich mal vorsichtig ausgedrückt« (Helmut R.).

Die Vorstellungen der Familie über das Leben in Kolumbien werden von Stereotypen bestimmt. »Wir hatten erst mal das Bild im Kopf, das in der Öffentlichkeit verbreitet ist. Kriminalität, Drogen, Entführung, Armut. Auf der anderen Seite nahe am Äquator, Karibik-Küste, ein schönes Land« (Helmut R.). Die Familie reist mit einem 40-Tonnen-Container aus, den sie vom Bundesverwaltungsamt bezahlt bekommt. Sie packen den gesamten Hausstand ein und vermieten das Haus in Deutschland. Am Tag des Abfluges ist die Stimmung ausgelassen. Die Kinder sitzen zum ersten Mal im Flugzeug. Nach der Ankunft in Kolumbien werden sie von Helmut R.s Mentor, der an derselben Schule unterrichtet, begrüßt. Die ersten drei Wochen wohnen sie in seinem Haus. Mit ihm und seiner Familie erkunden sie die Umgebung. Die Kinder freunden sich mit dem Nachwuchs des Paares an, sie haben noch fünf Wochen Ferien. Anfangs macht das Klima der Familie zu schaffen: im Schnitt sind es tagsüber 16 bis 18 Grad. Ihr neuer Wohnort liegt auf 2.600 Metern Höhe. Am Anfang fühlt sich die Familie matt. »Der Körper produziert mehr rote Blutkörperchen, so dass die Sauerstoffversorgung besser wird. Das hat den angenehmen Effekt, dass man rapide abnimmt. Ich habe in den ersten Wochen vier, fünf Kilo abgenommen [...] die Bemühung des Körpers, mehr rote Blutkörperchen zu produzieren, ist so anstrengend, dass es wie eine Diät wirkt. Ist bei vielen nicht ganz unbeliebt« (Helmut R.). Nach drei Wochen stellt sich der Organismus auf die neue Umgebung ein. Gefährliche Tiere gibt es dafür nicht.

Die Familie lebt im Norden des Landes, weit abseits der Slums, und muss sich auch um die Sicherheit keine Sorgen machen, solange sie bei Einbruch der Dunkelheit nicht alleine unterwegs sind. Der Compound[57], in dem sie leben, ist bewacht. Es gibt fünf weitere Villen, die entweder von Deutschen oder wohlhabenden Kolumbianern bewohnt werden. Auch die Schule ist mit hohen Mauern und Stacheldrahtzaun sowie einem Wachmann gegen die Außenwelt geschützt. Die Kinder haben weniger Freiheiten als in Deutschland; wenn sie Freunde besuchen wollen, müssen sie gebracht und wieder abgeholt werden. Vor allem für Tochter Pia wird das zum Problem. Sie verbringt nach der Schule viel Zeit vor dem Fernseher. Das soziale Gefälle im Land ist sehr groß. »Der Reichtum oben ist unermesslich [...] und auf der anderen Seite gibt es eben Leute in bitterer Armut« (Helmut R.). Der Vater schafft sich einen großen, schweren Geländewagen an. »Man hält abends vor keiner roten Ampel, denn wenn man da steht, kann jemand mit einer Pistole neben einem stehen. Tagsüber ist das nicht so das Problem, aber nachts« (Helmut R). Einmal wird er überfallen und ausgeraubt – die Diebe nehmen nur die Kreditkarte mit, die er wenig später sperren lässt. Als besonders bedrohlich hat er das Erlebnis nicht in Erinnerung.

Während Helmut R. sich schnell im Schulalltag zurechtfindet, wartet seine Ehefrau in der Villa, bis die Familie wieder aus der Schule heimkehrt. Im Haushalt gibt es nicht viel zu tun, die Arbeit übernimmt ein kolumbianisches Dienstmädchen. Ihren Beruf als Krankenschwester kann sie hier nicht ausüben. »Sie hätte ihr Geld ganz normal versteuern müssen, wie die Kolumbianer auch. Aber sie hätte unglaublich weniger verdient. [...] Und es wäre sowieso nicht in Frage gekommen, weil sie in ihrem Beruf natürlich nicht nur gut Spanisch, sondern exzellent Spanisch sprechen müsste. Im Krankenhaus, wenn man irgendetwas falsch versteht, dann geht die Sache schief« (Helmut R.). Ablenkung findet die Ehefrau in der evangelischen Kirchengemeinde. Sie trifft sich dort vormittags zum Kaffeeklatsch oder unternimmt Ausflüge mit anderen mitausgereisten Ehefrauen.

In Kolumbien erhält die Familie einen Dienstpass. »Man hatte quasi einen Diplomatenstatus, konnte bei Ein- und Ausreisen an den langen

---

57 In den außereuropäischen Destinationen leben die Entsandten wegen der prekären Sicherheitslage oftmals in abgeschotteten, bewachten Wohngegenden.

Schlangen vorbeigehen« (Helmut R.). Zusätzlich zu seinem normalen Gehalt erhält er eine großzügige Auslandszulage. Da die Mieteinnahmen aus dem Haus in Deutschland noch dazukommen, müssen sie für die luxuriöse Villa nur 200 Euro dazuzahlen. Mit der Ankunft in Kolumbien gehören die R.s plötzlich zur wohlhabenden Oberschicht des Landes. Sie lernen schnell Botschafter, Vorstände von Wirtschaftsunternehmen und andere Funktionsträger kennen. Mit ihnen verbringen sie ihre Wochenenden – die Karibikstrände sind nur eine Flugstunde entfernt. Auch mit den Lehrerkollegen mietet Helmut R. ab und zu eine Strandvilla an. Obwohl Pia das internationale Flair der Schule mag und sich auch mit dem Tragen der Schuluniform arrangiert, wird sie plötzlich von einigen Klassenkameradinnen ausgegrenzt. Den Mitschülern bleibt nicht verborgen, dass Pia ihre Wochenenden mit dem Englisch-, Sport- und Chemielehrer an den karibischen Stränden verbringt. »Du kriegst nur deshalb gute Noten, haben die gesagt. Also das war richtig schlimm […] die haben uns teilweise gehasst, nur weil wir Deutsche sind und mein Vater Lehrer ist […] ich war sehr unglücklich in der Zeit […] die haben mich gemobbt« (Pia R.).

Als die drei Jahre um sind, hofft Pia, dass die Eltern nach Hause zurückkehren. »Ich hab ziemlich Druck gemacht […] ich hab immer gesagt, ihr verlängert ja wohl nicht. Und wenn, dann setze ich mich in den Flieger und fahre zu Oma« (Pia R.). Der Vater verlängert den Vertrag, ohne mit den Kindern vorher darüber zu sprechen.[58] »Da dachte ich nur: boahh, da war ich dann auch wirklich sauer […] ich kriegte so einen kleinen Tobsuchtsanfall, rannte in mein Zimmer, knallte die Tür zu und habe dann erst mal nicht mehr mit denen geredet …« (Pia R.). Keine 14 Tage später eröffnet ihnen die Mutter, dass sie sich scheiden lässt und nach Deutschland zurückfliegt – allerdings nur, wenn die Kinder mitkommen. »Das war sehr überraschend in dem Moment. Im Nachhinein nicht mehr, aber in dem Moment schon« (Pia R.). Der Sohn erinnert sich, dass die Mutter erst wenige Tage zuvor ihre Stelle im Krankenhaus in Deutschland, für die sie drei Jahre lang freigestellt war, mit der Begründung gekündigt hatte, sie bliebe noch drei weitere Jahre mit ihrem Mann in Kolumbien. »Bei meiner Mutter muss dann das Gefühl entstanden sein, dass sie doch nicht länger bleiben will. Damals war es eigentlich ziemlich kompliziert, das zu verstehen, weil wir zu wenig wussten«

---

58 Mit Zustimmung des Schulträgers, des Lehrers und der ZfA kann ein Dreijahresvertrag für Auslandsdienstlehrkräfte um drei Jahre verlängert werden. Erhält der Lehrer eine Funktionsstelle, kann die Entsendung um weitere zwei Jahre auf insgesamt acht Jahre als Maximum verlängert werden, vgl. J. Winter (2009).

(Jakob R.). Da Pia sofort einwilligt, mit der Mutter auszureisen, entscheidet sich auch Jakob schweren Herzens für die Rückkehr. Er hängt zwar sehr am Vater, aber auch an der älteren Schwester. »Für uns kam das aus heiterem Himmel gefallen, ich war überhaupt nicht vorbereitet. Klar, die haben auch mal gestritten, aber nicht in dem Maße, dass man jetzt erwartet hätte, lange geht das nicht mehr gut. Das war schon ein Schock« (Jakob R.). Die Kinder beginnen, ihre Zimmer zu entrümpeln. »Was mich heute noch stört ist, dass sie es Papa nicht gesagt hat. Wir dachten, er wüsste es ...« (Pia R.).

Helmut R. erfährt erst von den Plänen der Frau, als die Möbelpacker die Villa inspizieren. »Was der Auslöser [für die Rückkehr] war, das weiß ich bis heute nicht. Sie hat nie darüber gesprochen« (Helmut R.). Er bemerkt nicht, dass die Frau die Rückreise vorbereitet. Selbst als sie die Kinder von der Schule abmeldet, an der ihr Mann arbeitet, und bei ausreisenden Kollegen des Mannes anfragt, ob sie Gepäck in deren Container nach Deutschland transportieren darf, dringt nichts zu ihm durch. »Alle gingen davon aus, ich wüsste Bescheid, wir haben auch noch Wochenenden mit Freunden verbracht [...] niemand hat was gesagt« (Helmut R.). Bis heute versucht er, sich über die Beweggründe seiner Exfrau klar zu werden. »Vielleicht haben wir beide es falsch eingeschätzt, wie belastend auch Langeweile werden kann, oder das Gefühl, nicht gebraucht zu werden [...] das Gefühl, das fünfte Rad am Wagen zu sein, weil sich immer alles um den Mann, die Schule, die Kollegen dreht und die eigenen Kontakte nicht durch eigenes Wirken entstanden sind« (Helmut R.). Als die Frau geht, ist Helmut R. am Boden zerstört. »Für mich brach sozusagen eine Welt zusammen, als diese Entscheidung verkündet wurde« (Helmut R). Er glaubt nicht, dass nur die Langeweile seine Frau zur Rückkehr bewogen hat. »Es muss Gründe im persönlichen Beziehungsbereich zusätzlich gegeben haben, die sie mir nie mitgeteilt hat. Wenn es nur Langeweile gewesen wäre, hätte sie ja sagen können, tut mir leid, ich halte das hier nicht mehr aus, ich will jetzt wieder zurück« (Helmut R.).

Helmut R. ist sich sicher, dass kein anderer Mann dahintersteckt. »Ich bin mir hundertprozentig sicher, ich weiß es und ich war auch immer mit ihr zusammen. Ich hatte auch keine andere Beziehung. Meine jetzige Frau habe ich 15 Monate später kennengelernt im Urlaub. Das hat also keine Relevanz für die Entscheidung gehabt« (Helmut R.). Die Kinder wissen vor dem Vater, dass die Ehe beendet ist. »Ich war der große Unwissende. Das ist ein Punkt, wo ich sagen muss, das nehme ich rückblickend meiner Frau immer noch sehr übel, dass sie mit den Kindern über die Situation gesprochen hat, ohne mich einzubinden. [...] Wir haben ja alle unter einem Dach gelebt, ich hab normal meinen Job gemacht, wir haben auch noch miteinander gesprochen, man kann sich das nicht recht erklären, wie da plötzlich – zack – die Ehe beendet ist. Das konnte ich mir damals nicht erklären und auch heute nicht« (Helmut R.). Auch die Kinder rätseln, was zum Bruch der Eltern führte. »Es ist in ihrem [Mutter] Freundeskreis viel geredet worden damals, mein Papa hätte eine Affäre mit einer Lehrerin [...] wir waren danach ja hier [Deutschland], meine Mutter war sehr lange sehr depressiv. [...] Ich habe ja immer gesagt, wir sollten hier bleiben« (Pia R.).

Zwischen den Kindern und dem Vater liegen nach deren Rückkehr für weitere drei Jahre 17 Stunden Flug und sieben Stunden Zeitverschiebung. Kontakt halten sie über Internettelefonie. In den folgenden drei Jahren ist es den Kindern nur einmal möglich, in den Ferien zum Vater nach Kolumbien zu fliegen. Für Helmut R. ist es keine Option, den Vertrag zu kündigen, da ihm seine Frau sehr deutlich zu verstehen gibt, dass mit ihrer Ausreise nicht nur das Kapitel Kolumbien, sondern auch die Ehe beendet ist.

Helmut R. zieht in ein Reihenhaus; er verdient deutlich weniger, seit seine Familie nach Deutschland zurückgekehrt ist, da seine Zulage deshalb gekürzt wurde. 15 Monate später lernt er im Urlaub seine heutige Frau Gabriella kennen. Sie arbeitet in einem Hotel als Nagel- und Hairstylistin. Helmut R. kehrt 2011 nach Deutschland an seinen ursprünglichen Wohnort zurück. Er lässt sich scheiden, kurze Zeit später reist Gabriella mit ihren Kindern (8 und 14 Jahre) nach Deutschland ein. Das Paar heiratet. Sowohl die Frau als auch ihre Kinder sprechen kaum Deutsch, Helmut R.s Kinder, die mit seiner Exfrau in der Nähe leben, reagieren distanziert auf den Familienzuwachs. Da Gabriella für den Haushalt zuständig ist, gehört das Kochen zu ihren Aufgaben. Sie beschreibt es, wie ihr gesamtes derzeitiges Leben in Deutschland, als große Herausforderung. »Ich habe das aus dem Gefrierfach genommen, ich habe das aufgetaut, ich hatte keine Ahnung, was es ist, es hatte keine Füße mehr, ich habe es gebraten. Wir haben es gegessen, wir leben noch [...] es gibt Sachen, die kenne ich nicht. Andere fehlen. Und dann muss ich irgendwas damit machen. Ist es Obst? Oder Gemüse? Keine Ahnung« (Gabriella R.).

3.2.4.3 »Ne raboti,⁵⁹ das lernten wir als Erstes«: Florian F. und Hannah M., Bulgarien

»Ja, was andere in zehn Jahren machen, war bei uns in einem Jahr: alle großen Lebensereignisse« (Hannah M.). Das Jahr 2009 wird für Hannah M. und Florian F. ein ereignisreiches. Der damals 28-jährige Florian F. steckt gerade in der heißen Phase seiner Lehramtsprüfungen, die vier Jahre ältere Hannah lebt 450 Kilometer entfernt und ist bereits als Lehrerin verbeamtet. Die beiden lernen sich im Spanienurlaub kennen und setzen die Beziehung an den Wochenenden in Deutschland fort. Wenige Wochen später ist Hannah M. schwanger. »Ich war sehr zuversichtlich [...] ich hatte zig Beziehungen hinter mir und bei ihm war halt der Punkt, wo ich mir auf einmal sehr sicher war« (Hannah M.). Der Gedanke ist für die Lehrerin unerträglich, dass Florian F. an seinem Geburtsort als Lehrer einsteigen und dort sesshaft werden könnte. Der Schulleiter ihrer Schule lehnt außerdem ihren Versetzungsantrag in das Bundesland, in dem ihr Freund seinen Lebensmittelpunkt hat, ab. »Aber in der Elternzeit kann mir niemand vorschreiben, wo man lebt. Da hab ich gesagt, jetzt ist der Punkt, wir gehen weg [...] ins Ausland. Erst mal so die Familie zusammenführen. Wir hatten bis dato ja nicht zusammengelebt [...] ich weiß nicht, was er so dazu gesagt hat [...] es gab in der Zeit schon ein paar Mal, wo es richtig gekracht hat, aber das ist ja auch völlig normal in einer Beziehung« (Hannah M.).

Schon bei der Partnerwahl legt sie Wert darauf, dass ihr künftiger Mann gegen ein Leben im Ausland nichts einzuwenden hat. »Zu lange an einem Ort geht nicht. Da kommt bei mir Langeweile. Da komme ich in so Muster rein. Ja, dass man alles so selbstverständlich nimmt, alles wie es gegeben ist. Im Ausland kriegt man diesen Blick von außen [...] und wenn die Leute hier so klagen, denkt man, Mensch, uns geht es doch bombastisch gut hier [...] ich bin eigentlich immer [auf Auslandsreisen] wieder auf den Boden der Realität runtergekommen, wie es wirklich in der Welt ist« (Hannah M.). Als Schülerin verbringt Hannah M. ein Austauschjahr in den USA, später studiert sie ein Semester in Costa Rica. Sechs Monate lebt sie mit einem früheren Lebensgefährten in Brasilien. Weder ihre Eltern noch die Brüder sind deshalb erstaunt, als sie von ihren Zukunftsplänen nach der Geburt des Kindes spricht. Fünf Monate später heiratet das Paar auf Hannahs Initiative hin an Florians Geburtsort. Zu diesem Zeitpunkt ist bereits klar, dass Florian F. wenige Tage später seine erste Stelle in Bulgarien als Sport- und Mathe-

---

59 Nach Angaben von Florian F. bedeutet das so viel wie: das funktioniert nicht.

lehrer antreten kann. Das zweite Lehramtsexamen hat er mittlerweile in der Tasche. Die Eltern und ihre Brüder fahren Hannahs Umzugsgut anlässlich der Hochzeit an den Wohnort von Florian F. Nach der Feier wollen sich die Frischvermählten im VW-Bus nach Bulgarien aufmachen – Hochzeitsreise und Umzug in einem. Florians Vater, selbst auch Lehrer, ist skeptisch. Er rät dem Sohn, er solle erst in den Staatsdienst gehen, dafür sorgen, dass er verbeamtet wird. »Ich dachte aber auch, das ist für uns als Familie das Beste, wegzugehen, auf neutralem Boden zusammenzufinden […] die Alternative wäre gewesen, sie kommt zu mir und sitzt hier in meinem festen sozialen Gefüge von mir drin […] so konnten wir, da wir die Zeit davor als Paar ja nicht hatten […] weggehen und da in Ruhe zusammenfinden und dann können wir uns praktisch wieder nach Deutschland trauen« (Florian F.). Freunde klopfen ihm während der Hochzeit auf die Schulter und verabschieden sich mit den Worten: »Ganz schön mutig« (Florian F.). Die junge Familie bricht einen Tag nach der Feier auf. Die Anfänge ihres gemeinsamen Lebens passen in 24 Kartons, die sie wenige Tage zuvor mit einer Spedition auf die Reise schicken.

Zwei Jahre will das Paar in Sofia, der Hauptstadt Bulgariens, leben. Es ist nicht ihr erklärtes Traumziel – Hannah M. schweben Länder wie Kanada, Spanien oder Costa Rica vor. »Das war ein Kompromiss, man muss halt auch nehmen, was man kriegt. […] Der Ostblock war eigentlich nie mein Ding« (Hannah M.). Für Florian F. wird es der erste längere Auslandsaufenthalt. »Ich war während dem Studium nie weg, wollte aber irgendwie immer […] innerlich war da was, ich will mal weg, oder ich sollte auch mal weg. Und der letzte Schritt oder der Mut hat dann gefehlt, und dann war es eben Hannah, die dann die Geschichte reingebracht hat« (Florian F.). Die Stelle im Ausland wird dem Paar von der Zentralstelle für das Auslandsschulwesen zugeteilt. Für den jungen Lehrer gibt es ein einwöchiges Vorbereitungsseminar in Köln, zu dem alle Lehrkräfte geladen werden, die in diesem Zeitraum entsandt werden. Das Training ist nicht speziell auf Bulgarien ausgerichtet, sondern gilt allgemein für verschiedene Länder Europas. Florian F. erfährt dabei wenig Hilfreiches, wie er sagt. Hannah M. hat von einer einwöchigen Studienfahrt, die sie vor einiger Zeit nach Bulgarien gemacht hat, Eindrücke vom Land. Florian F. führt Telefonate mit deutschen Kollegen vor Ort – das reicht ihm als Vorbereitung. Die Sprache sprechen beide nicht. »Ich wollte es ungesehen, mit den Eindrücken, die ich da von den Telefonaten hatte, einfach auf mich zukommen lassen« (Florian F.).

Das Paar reist mit dem VW-Bus an. »Wir wollten nicht fliegen. Erstens wollten wir ein Auto haben vor Ort, zweitens wollten wir Urlaub machen und auch langsam dort ankommen. Und auch langsam in die Kultur reinkommen. Ich mag es viel mehr, wenn man dann über eine Grenze kommt und dann ein bisschen was vom Land sieht und auch merkt, wie die Leute reagieren. Sonst ist man flugs am Flughafen und ist dann total reingeworfen [...] So eine Reise wird immer in Erinnerung bleiben. Ein Flug halt nicht« (Florian F.). Nach zwei Wochen erreichen sie Sofia. Die Dienstwohnung, die ihnen zugeteilt wird, liegt acht Kilometer vom Zentrum entfernt. In dem Wohnblock sind mehrere deutsche Lehrer untergebracht. Sie warnen das Paar bei der Ankunft vor dem Betreten der Wohnung. »Die war einfach weder geputzt noch waren irgendwelche vernünftigen Möbelstücke drin [...] ich hab mich aufs Bett gesetzt. Das ist dann gleich mal durchgebrochen, und der Teppich war allein schon vom Geruch her fies. Und wenn man das Kind mal hat krabbeln lassen, was wir danach nie wieder gemacht haben, war es ganz schwarz auf der Brust. Es gab keinen Kühlschrank, es war Hochsommer, es gab keinen Herd [...] und wir waren müde von der Fahrt« (Florian F.). Sechs Wochen bleiben sie in der Zweizimmerwohnung, dann suchen sie auf eigene Kosten eine neue Bleibe.

Wenige Tage nach der Ankunft beginnt Florian F. zu arbeiten. Er unterrichtet auf Deutsch, zunächst an einer staatlich bulgarischen Schule mit einer deutschen Abteilung. »Die Schule hat ein wahnsinniges Renommee, die meisten Eltern wollen, dass ihre Kinder dort hingehen. Die machen dann Aufnahmeprüfungen [...] dann wird später noch mal gesiebt und die Besten kommen dann in die deutsche Abteilung [...] das war von den Schülern her der absolute Traum [...] die waren extrem motiviert, leistungsstark und vom Sozialverhalten her total super ausgebildet« (Florian F.). Der junge Lehrer verdient ein Vielfaches von dem, was die Ortskräfte erhalten. An deutschen Ferien- oder Feiertagen hat er automatisch frei, die lokalen Kollegen müssen vertreten. »Da ist noch ein extremer Respekt vor Obrigkeiten. Der deutsche Lehrer hat ein ganz hohes Ansehen, der bulgarische nicht. Lokale Lehrer sind die am schlechtesten bezahlten Berufe im ganzen Land und haben kein großes Ansehen« (Florian F.). Die Organisation der Schule empfindet er als chaotisch. »Die Stimmung war ziemlich mies, wir hatten wegen schlechter Organisation des kommissarischen Leiters wahnsinnig viele Zusatzaufgaben, weil er immer irgendwelche Termine versäumt hat und wir in die Bresche springen mussten« (Florian F.). Zeitgleich sind vier weitere deutsche Lehrer an der Schule, das Kollegium besteht insgesamt aus 70 Lehrkräften. »Wenn ein Lehrer wie ich ins Ausland kommt, auch von der Schule vor Ort bezahlt wird[60], dann bedeutet das, es gibt eine Stelle weniger im Kollegium. Da kann man sich vorstellen, dass die Stimmung nicht so gut ist« (Florian F.).

Die Arbeitsbelastung für Florian F. nimmt täglich zu. Es ist bei der Ausreise zwar geplant, dass seine Frau einen Teil seines Deputates als Sport- und Mathelehrer übernimmt, da sie dieselben Fächer unterrichtet. Im ersten halben Jahr sperrt sich die Schule jedoch gegen das Vorhaben. Als Berufsstarter unterrichtet er 26 Wochenstunden in Mathe, zusätzlich muss er auch fachfremd Physik unterrichten, obwohl er das nicht studiert hat. »Das waren die Klassen 9, 10, 11 und 12. Ich hatte praktisch noch ein halbes Jahr Zeit, die fürs Abi fit zu machen, hatte selber aber noch nie eine Oberstufe unterrichtet und war wirklich so ohhhhh … ich muss jetzt voll Gas geben und gleichzeitig wurde von mir erwartet, dass ich aber auch den Papa gebe, der Zeit hat für die Familie, den Mann, der mit einkaufen geht, Entscheidungen mitträgt und so was. Das war dann definitiv einfach zu viel […] es gab keine Möglichkeit, irgendwie auszubrechen« (Florian F.). Da es ein Abkommen zwischen seiner Stammschule und einer privaten deutschen Schule, die frisch eröffnet hat, gibt, muss er als Lehrer im ersten Jahr auch sechs Stunden an der deutschen Schule unterrichten. »Ich bin manchmal wirklich schlecht drauf gewesen privat, was komischerweise in der Schule nicht oft vorkam. Ich bin da rein, hab die Schüler gesehen, und nach zwei Minuten war das weg, weil die so super gewesen sind. Weil die mitmachen und was zurückgeben« (Florian F.).

Nach zwei Monaten im Land erleidet er einen Hörsturz. Zum Arzt geht er zunächst nicht. »Ich hatte es vermutet […] aber es war eben die Hürde, ich bin jetzt im Ausland und irgendwie will ich mir das auch nicht eingestehen […] ich hab das geschoben, geschoben, geschoben. Dann waren noch mal gut zwei Monate und dann bin ich erst im neuen Jahr zum Arzt« (Florian F.). Das Pfeifen im Ohr verschwindet nicht mehr, der Arzt, der selbst unter einem Tinnitus leidet, diagnostiziert, dass das auch so bleiben wird.

Zur selben Zeit spitzt sich die Situation im privaten Umfeld zu. Hannah M. sitzt oft alleine in der Wohnung. Sie findet weder die Kraft noch die Zeit, sich die neue Sprache anzueignen. Straßenschilder zu lesen ist eine Herausforderung, »slawisch und dann diese kyrillische Schrift!« (Hannah M.), und auch neue Kontakte lassen sich zunächst nicht erschließen. »Mit Baby mehr oder weniger alleine an dem neuen Ort […] wo ich mich nicht ver-

---

60 Zusätzlich zu seinem normalen Gehalt erhält er das lokale Gehalt der Ortskräfte ausbezahlt.

ständigen kann. Es gab keinen Anker so richtig, nirgendwo« (Hannah M.). Kontakte nach Deutschland kann sie zunächst auch nicht pflegen. In der Wohnung gibt es anfangs weder einen Telefon- noch einen Internetanschluss. Auch das unvertraute Zusammenleben sorgt für Zündstoff in der Beziehung. »Anfangs sind die Rollen unklar, deswegen hat es auch ab und zu gekracht. Man hat halt unterschiedliche Erwartungen im Alltag, wer was macht. Wer aufräumt, wer nachts das Fläschchen gibt, solche Sachen. Kleine Sachen. Die aber wichtig sind« (Hannah M.). Sie fühlt sich vom Ehemann nicht unterstützt. Er wünscht sich im Gegenzug, dass sie ihm mehr den Rücken freihält. »Klar, das war an der Schule eine Mörderkombination für einen Einsteiger. Er war nicht auslandserprobt, die Schule mit den extrem guten Schülern [...] er hatte das Gefühl, er muss noch zu viel im Haushalt helfen, dafür dass er so viel arbeitet und ich: bin von morgens bis abends beim Kind und schmeiß alles andere, ich brauch auch meine Auszeit [...] Wir haben gestritten. Sehr viel und sehr heftig« (Hannah M.).

Die Situation eskaliert. »Es gab dann halt mal Tage, wo ich gesagt hab, ich will einfach nicht mehr. Ich kann dieses Kind nicht mehr sehen [...] ich konnte einfach mit dem Kind nichts mehr anfangen. Das war ein befremdliches Gefühl. Mir war alles einfach zu viel« (Hannah M.). Beide erleben dieses Ereignis als Grenzerfahrung in ihrer Beziehung. Unterstützung von außen gibt es nicht. Das Paar hat noch keine sozialen Kontakte. In Situationen wie diesen vermisst Florian F. seine Freunde. »Bier trinken, einfach über alles reden. Oder nur Fußball schauen, das hat mir so gefehlt. [...] Ich hätte mich manchmal gerne alleine gewünscht und nur für mich verantwortlich« (Florian F.).

Während der Ferien zieht das Paar in eine neue Wohnung, Hannah macht eine Babygruppe über den internationalen Frauenclub[61] in der Stadt ausfindig, außerdem übernimmt sie einen Teil des Deputates ihres Mannes und beginnt zu unterrichten. Sie will ihn entlasten, denn er ist häufig krank. »Man konnte fast die Uhr danach stellen. Alle sechs bis acht Wochen lag er zwei Tage mit hohem Fieber im Bett« (Hannah M.). Zeit für sich hat sie kaum; zur Rückbildungsgymnastik schafft sie es nur alle paar Wochen. Auch für den Haushalt ist sie alleine zuständig, Hilfe von außen hat sie keine. Obwohl sie im Alltag immer wieder Kontakt zu Bulgaren hat, gelingt es ihr nicht wie gewünscht, die Kultur zu erfassen. Das Paar gewöhnt sich daran, dass an manchen Geräten, die sie in Geschäften kaufen oder in der

---

61 Von dem Club hat sie sich anfangs bewusst distanziert, da sie lieber »Land und Leute« kennenlernen wollte.

Öffentlichkeit benutzen wollen, ein Zettel klebt mit der Aufschrift: »Ne raboti.« »Das war so das Erste, was wir gelernt haben. Funktioniert nicht, das steht gefühlt an jeder zweiten Ecke irgendwo dran. [...] Man gewöhnt sich daran, dass es halt nicht alles gleich gibt« (Florian F.). Fünfmal geht Florian auf das Amt, um eine Aufenthaltsgenehmigung und Arbeitserlaubnis zu erhalten. »Manchmal weiß man gar nicht, warum man wieder weggeschickt wird [...] es gibt ein ungeschriebenes Gesetz [unter den deutschen Entsandten], dass man mindestens siebenmal dort gewesen sein muss, damit man das gewünschte Dokument dann auch heimtragen kann« (Florian F.).

In der Freizeit geht das Paar wandern oder besichtigt alte Dörfer in der Umgebung. Beide erliegen dem romantischen, ursprünglichen Charme des Landes. Sie verbringen alle Ferien in Bulgarien und reisen mit dem VW-Bus durch die Lande. »Das war jedes Mal eine Zeitreise, wenn man in die Dörfer kommt und alles mit Pferdekutschen und von Hand gemacht wird [...] so wollten wir beide nicht gehen nach einem Jahr. Wir wollten noch mehr mitnehmen« (Florian F.). Dann kündigt sich die zweite Tochter an. Sie soll in Bulgarien zur Welt kommen. Florian F. ist bei der Geburt dabei. Es gibt Komplikationen, die Mutter muss in Narkose versetzt werden. Als sie wieder zu sich kommt, sind alle verschwunden. »Ich saß alleine in dem Gebärstuhl, bin aufgewacht. Da war alles gekachelt und grelles Licht und ich hatte tierische Schmerzen gehabt und niemand war da« (Hannah M.). Florian F. war mit dem Baby und dem Arzt ins Nebenzimmer gegangen, um Fotos zu machen. »Ich wusste nicht, wo das Kind ist. Ich wollte ein Schmerzmittel und war verzweifelt. Ich konnte mich ja auch nicht verständigen, wenn eine Schwester gekommen wäre [...] man ist ja so zart besaitet nach einer Geburt [...] alle waren weg und ich wusste nicht, was los war« (Hannah M.).

Zwei Tage später ereignet sich beinahe eine Katastrophe. Florian F. ist auf dem Weg zum Flughafen, um Hannahs Mutter abzuholen. Hannah M. kommt mit dem Baby aus der Klinik und legt das Kind in die Wiege im Wohnzimmer. Sie geht aus dem Zimmer, wenige Minuten später kracht und poltert es. Große Teile der Decke sind herabgestürzt – nur Zentimeter neben der Wiege. »Die Platten hätten das Baby erschlagen können« (Hannah M.). Sie rennt mit dem Neugeborenen aus der Wohnung, Nachbarn eilen herbei und räumen den Schutt weg. Hannah ruft ihre bulgarische Vermieterin an, mit der sie sich zuvor angefreundet hatte. Es kommt zum Streit. Die Vermieterin beharrt darauf, dass das Paar selbst Schuld hat, da die beiden einen schweren Schrank im Wohnzimmer aufgestellt hatten. Dieser habe die Decke zum Einsturz gebracht. »Ich war fix und fertig und wollte das Land nur noch verlassen und habe es verflucht. Die blöden Bulgaren – ich war zutiefst enttäuscht. Die ersten Momente mit einem Neugeborenen sind etwas ganz Besonderes, und die haben es mir völlig vermiest [...] das war der Horror« (Hannah M.). Drei Wochen später packt das Paar die Koffer. Der befristete Vertrag ist ausgelaufen. Sie wollen so schnell wie möglich nach Hause.

3.2.4.4 »Jeder Tag ist neu zu erkämpfen«: Andreas R. und Claudia H., Polen

Florenz, Paris, Moskau: schon während des Studiums zieht es Andreas R. immer wieder in die Welt. Nach dem Studium lernt er seine heutige Ehefrau Claudia H. kennen. Auch sie ist auslandserprobt. Zwei Jahre hat die Deutsch- und Englischlehrerin während des Studiums in England verbracht, ein weiteres Jahr lebte sie in Finnland. Es dauert jedoch 13 Jahre, bis sich das Paar gemeinsam auf den Weg macht. In der Beziehungsgeschichte stehen mehrere Optionen im Raum. Anfang der Neunziger könnte der Journalist Andreas R. als Korrespondent nach Afrika gehen. Sie reisen in das Land und sind entsetzt. »Wir haben beide gesagt, wir wollen nicht in so einem Weißen-Ghetto, bewacht von drei Schwarzen, leben. Das war nichts« (Claudia H.). Drei Jahre später erhält ihr Mann das Angebot, künftig aus der Türkei zu berichten. »Nach Istanbul wollte ich als Frau auch nicht unbedingt« (Claudia H.). Die Medienkrise zerschlägt auch diese Pläne.

Die Herausforderung, die ein Leben im Ausland für sein privates Umfeld mit sich bringen kann, ist Andreas R. bewusst. Er spricht viel mit anderen Korrespondenten darüber. Einer davon lebte lange in Mittelamerika, Afrika und Indien. »Eines Tages kam er in sein Heimatdorf zurück und hat das Grab seiner Eltern nicht mehr gefunden, hatte drei Ehen an die Wand gefahren, der hat das nicht von der netten Seite beschrieben, und da bin ich wirklich vorsichtig geworden« (Andreas R.). Es ist und bleibt dennoch sein Lebenstraum, einmal als Korrespondent im Ausland zu arbeiten.

Es ist von Anfang an klar, dass nur ein Land in Frage kommt, in dem auch Claudia H. als Lehrerin arbeiten kann. Zwischenzeitlich haben sie zwei Kinder. »Wenn du dir überlegst, du hast eine sichere Stelle, hast Kinder, dann wirst du halt auch vorsichtig, was die finanzielle Ausstattung angeht« (Andreas R.). Als eine Stelle in Polen zu besetzen ist, reist das Paar an, um sich das Land anzuschauen. Warschau im Februar. »Im Winter kannst du dir da im Grunde die Pulsadern aufschneiden, wenn du da ankommst. Es wird um drei nachmittags dunkel und um zehn Uhr morgens hell. [...] Aber

Warschau ist eigentlich schöner, als man glaubt. Nicht wirklich schön, aber im Sommer ist es echt klasse« (Andreas R.).

Seine Frau, damals 42 Jahre alt, ist von der Aussicht auf ein Leben in Polen wenig begeistert. »Ich wollte nicht gehen. Ich wollte einfach nicht weg. Einfach deshalb, weil ich nicht den Drang in mir hatte. Mir ging es supergut, ich war in einem tollen Kollegium. Den Kindern ging es gut im Kindergarten und ich hatte überhaupt keine Veranlassung, mein Leben in irgendeiner Form zu verändern. Ich hab es einzig und allein für ihn getan« (Claudia H.). Das soziale Umfeld kann den Schritt nicht verstehen. Claudia H.s Familie ist entsetzt. »Die absoluten Klischees: Was, in den Ostblock, seid ihr denn verrückt. Die klauen und der Lebensstandard ist eine Katastrophe« (Claudia H.). Ihr Mann wird von der Verwandtschaft angefeindet: »Da haben sich Dramen abgespielt. Du stürzt deine Familie ins Unglück. […] Polen ist Dritte Welt. Polen ist Ostblock« (Andreas R.). Irgendwann gibt er auf, sich zu rechtfertigen. »Ich hab immer gedacht, he Polen, so schlimm kann es nicht sein, das ist Europäische Union« (Andreas R.). Seine Kollegen sind irritiert. »Die haben mich für völlig bescheuert erklärt, wie man das Risiko eingehen kann. Das war 'ne Mischung aus Faszination und ›jetzt ist er völlig verrückt geworden‹« (Andreas R.).

Andreas R. ist nicht nur für Polen, sondern auch für die Berichterstattung über die Ukraine, Weißrussland und Ungarn zuständig. An die Geschichten, die er schreibt, kommt er nur, wenn er sich mitten ins polnische Leben stürzt. Und Zugang zu Informationen erhält er nur, wenn er die Sprache beherrscht. In den wenigen Monaten vor der Ausreise macht er einige Crashkurse. Vor Ort ist er die ersten sechs Monate alleine, da seine Frau das Schuljahr als Lehrerin noch beenden muss. Morgens ab halb fünf sitzt er am Computer, liest die polnischen Nachrichten im Internet, stets mit dem Wörterbuch in der Hand. Die slawische Sprache ist ihm nicht ganz fremd, da er in Moskau bereits Russisch gelernt hat. Dennoch ist Polnisch eine Herausforderung. »Dann wird man ins kalte Wasser geschmissen. Ich dachte, ich komme an und habe ein bisschen Zeit, mich freizuschwimmen. Aber ich habe Montagmorgen meinen Rollladen hochgemacht und schon kam der erste Anruf, kannst du was über Kaczynski machen« (Andreas R.). Er beißt die Zähne zusammen, quält sich fortan täglich durch fünf polnische Tageszeitungen. »Du musst dir alles wieder erarbeiten, erkämpfen […] das kann teilweise schon müde machen. Am Anfang, als dann auch die Familie da war, habe ich gemerkt, dass man müde ist, wirklich einfach müde, weil jeder Tag ist neu zu erkämpfen« (Andreas R.).

In den ersten Tagen ist er damit beschäftigt, sein Auto anzumelden, einen WLAN-Anschluss für den Computer zu bekommen, ein Handy zu kaufen und seine Recherchequellen vor Ort zu erschließen. Den dringend benötigten WLAN-Anschluss bekommt er letztlich, weil ihn die polnische Vermieterin auf ihren Namen organisiert. Eine SIM-Karte gibt es nur, wenn man eine Aufenthaltsgenehmigung vorlegen kann. Die hat Andreas R. aber noch nicht. »Es gab schon so Momente, wo du denkst: Scheißpolen!« (Andreas R.). Als das Internet funktioniert, geht es aufwärts. Er besucht alle offiziellen Behörden, stellt sich der Botschaft und beim Außenministerium vor. Und er versucht, so viel wie möglich mit den Polen in seiner Umgebung ins Gespräch zu kommen. Sie sind der Schlüssel zu den Geschichten, die er hofft, in Polen zu finden. An den Wochenenden kauft er sich ein Touristenticket, mit dem er das gesamte Bahnnetz nutzen kann. »Das habe ich jedes Wochenende gemacht und Geschichten produziert ohne Ende [...] manchmal hab ich mir echt überlegt, und dafür werde ich bezahlt [...] rumreisen, fotografieren, schreiben, und dann bekommt man dafür verdammt viel Geld [...] das fand ich eine noble und exklusive Position« (Andreas R.).

Während Andreas R. ganz in seiner Rolle als Korrespondent auflebt, muss sich seine Frau in Deutschland sechs Monate lang alleine um das alltägliche Geschehen kümmern. Beide Kinder sind im Kindergarten, die Mutter unterrichtet mit einer halben Stelle am Gymnasium. »Da habe ich echt einzuschätzen gelernt, was Alleinerziehende so leisten müssen, mein lieber Schieber [...] jede Einzelentscheidung musste alleine getroffen werden [...] immer ich und nur ich. Wenn man an die Erziehung einen gewissen Anspruch hat, kommt man in so einer Situation auch an seine Grenzen [...] man ist abends so müde, dass man denkt, ach komm, Hauptsache es läuft irgendwie« (Claudia H.). In den Pfingstferien besuchen sie den Vater in Warschau, ansonsten versucht er, nach Deutschland zu pendeln. Er schafft es höchstens alle vier bis sechs Wochen. »Da hab ich echt gemerkt, dass das wirklich körperliche Schmerzen bereitet hat, meine Kinder nicht in den Arm nehmen zu können [...] also ich bin ja kein so glutäugiger Vater, ich sehe das eher mit Distanz, aber da hab ich gemerkt, mir fehlt einfach die Nähe zu meinen Kindern« (Andreas R.). Im August reist die Familie nach Warschau aus. Andreas R. mietet ein Haus mit Garten, das nicht weit von der Deutschen Schule entfernt liegt. In der Nachbarschaft leben überwiegend Polen. Andreas R. fürchtet sich vor der Ankunft der Familie. »Ich dachte, wenn denen das Haus nicht gefällt, die Schule nicht und das Land, dann habe ich die nächsten drei Jahre ein mächtiges Problem« (Andreas R.). Bei der Ankunft der Familie strahlt die Sonne.

Claudia H. ist das erste Jahr nach ihrer Ankunft in Polen nicht berufstätig. Sie kümmert sich um den Haushalt und die Kinder. Später wird sie als Ortskraft an der Deutschen Schule unterrichten. Eine Entsendung als Lehrerin war in ihrem Fall nicht möglich, da sie wegen der Kinder nur Teilzeit arbeiten möchte. Eine Entsendung wäre aber nur in Vollzeit möglich. »Das war ein großartiger Tag, als ich dann im zweiten Schuljahr mit meiner Schultasche in die Schule ging und nicht mehr nur Hausfrau und Mutter war« (Claudia H.). Die Kinder gewöhnen sich schnell ein. Der Sohn kommt in die erste Klasse und geht sehr gerne zur Schule, die Tochter fühlt sich im Kindergarten wohl. Claudia H. nimmt dreimal die Woche Polnischunterricht mit einer Gruppe von Müttern, die sie an der Deutschen Schule kennengelernt hat. Von der Expatgemeinschaft, bestehend aus Führungskräften großer Firmen oder Botschaftsmitarbeitern, hält sich das Paar bewusst fern. »Immer nur Champagner ist auch langweilig [...] die waren alle noch ein Level über uns, was den Lebensstandard anbelangt. Aber ob sie auch glücklicher waren? Ich glaube nicht« (Claudia H.). Ihre familiäre Situation ist dagegen entspannt. Andreas R. arbeitet von zu Hause aus, die Familie kann täglich gemeinsam mittagessen. Soziale Kontakte erschließt sich das Paar abseits der Expatcommunity. Offizielle Anlässe an der Botschaft verlassen sie, sobald es der Anstand zulässt, und gehen mit zwei befreundeten Paaren aus Deutschland und Österreich Pizza essen. In Polen unternehmen sie gemeinsam viele Ausflüge, zum Beispiel an die weißrussische Grenze, um die letzten Wisente Europas im Nationalpark zu sehen.

Immer wieder gelingt es dem Paar, auch engere Kontakte zur Gastgesellschaft herzustellen. Allerdings dauert es fast ein Jahr, bis mehr als zögerliche Begrüßungsfloskeln mit den Nachbarn ausgetauscht werden. Ab und zu fliegt mal ein Ball der Kinder über den Zaun, Andreas R. lobt den Garten der Nachbarin, sie schenkt ihm eine Tomate. Eines Tages lädt die Nachbarin dann zum 80. Geburtstag ein. Es gibt russischen Sekt und Wodka. Die Gäste sprechen über den Krieg. Andreas R. hält sich zurück. »Du wirst in Warschau ständig mit deiner Geschichte konfrontiert, und zwar nicht streichelmäßig, sondern mit der Keule, und das ist schon heftig« (Andreas R.). Als Journalist kommentiert er auch das politische Geschehen über Polen für ein deutsches Publikum. Um die Zusammenhänge zu verstehen, muss er stets auch immer die Geschichte seines eigenen Landes reflektieren. »Ich musste ja den Deutschen mit meinen Artikeln erklären, warum die Polen so funktionieren« (Andreas R.). Die ständige Konfrontation mit der Geschichte erlebt er zunehmend als anstrengend. »Wenn du durch Warschau läufst, immer diese Plaketten und Denkmale überall, das berührt schon extrem. Und irgendwann hatte ich auch keine Lust mehr, mir ständig darüber Gedanken zu machen oder das alles überhaupt zu sehen« (Andreas R.). Im Gespräch mit polnischen Freunden gerät er plötzlich in die Situation, dass er sein »Heimatland« verteidigt. In den Artikeln wiederum verteidigt er die polnische Sichtweise, versucht zu erklären, warum manche Dinge in Polen so anders sind und welche Rolle die Geschichte dabei spielt.

Irgendwann kommt er an seine Grenzen. »Viele ältere Polen haben diese Opfermentalität [...] irgendwann habe ich mich mit einem älteren Mann gestritten, da ist mir der Kragen geplatzt. Ich sagte, ja, es war schrecklich, verdammt schrecklich. Aber man muss auch irgendwann nach vorne schauen« (Andreas R.). In seinen Artikeln verteidigt er dagegen stets die Haltung der älteren polnischen Generation. Seiner besonderen Rolle ist er sich dabei stets bewusst. »Du bist als Ausländer immer irgendwie Exot. Wenn du Ausländer bist und zig Jahre dort wohnst, du bist trotzdem immer Ausländer. [...] Du willst ja auch bei Konflikten nie den hässlichen Deutschen raushängen. [...] Du musst dir darüber klar sein, was du machst ist Deutschland« (Andreas R.).

Der Vater verlängert den Vertrag von drei auf fünf Jahre. Immer wieder reisen Freunde oder Familienangehörige aus Deutschland an; sie sind erstaunt, dass das Paar in Warschau »ganz normal« leben kann. Als die Miele-Waschmaschine kaputt ist, kommt wie selbstverständlich der Miele-Service vorbei. Alle großen Handelsketten sind in der Stadt vertreten. An den barschen Ton der Verkäufer und Servicekräfte gewöhnt sich die Familie, ebenso wie an die langen Warteschlangen und das bürokratische Prozedere auf den Ämtern. Ein Dreivierteljahr früher als erwartet wird Andreas R. dann von seiner Stammredaktion nach Deutschland zurückbeordert. Es ist mitten im Schuljahr, Claudia H. besteht darauf, mit den Kindern bis zu den Sommerferien in Polen zu bleiben. Für den 55-jährigen Andreas R. bedeutet das wieder sechs Monate pendeln, diesmal von Deutschland nach Warschau. Der Vater telefoniert viel mit den Kindern über Skype. Die Mutter benötigt für die Endphase der Entsendung und die anschließende Rückkehr all ihre Kraft und Energie. »Die Erfüllung seines Lebenstraums war zu gewissen Zeiten sehr stark auf meinen Schultern« (Claudia H.).

4 Ausgangssituation, Vorbereitung und Entsendung

4.1 Das Leben vor der Entsendung

Unter welchen Rahmenbedingungen die Protagonisten dieses Samples vor und während der Entsendung lebten, wurde in Kapitel 3.2 anhand der Porträts deutlich. Im Folgenden werden die wichtigsten Aspekte zusammengefasst und analysiert.

4.1.1 Das Zuhause und der Alltag

Die Protagonisten leben vor der Ausreise in Großstädten oder kleineren Gemeinden und Dörfern in Deutschland. Zum Zeitpunkt der Ausreise sind die Paare zwischen 27 und 58 Jahre alt. Fünf der 14 Paare verfügen über Wohneigentum. Sie leben in Häusern (in den ländlicheren Gegenden) oder in Eigentumswohnungen in der Stadt. Diese »sesshafteren« Paare mit Eigenheim sind in Sportvereinen, je nach Alter der Kinder als Elternbeirat in den Schulen und Kindergärten oder in Gartenvereinen, Gesangsvereinen und Kirchengemeinden aktiv. Sechs Paare leben zum Zeitpunkt der Ausreise noch oder wieder an dem Ort, an dem sie geboren wurden. Sie sind in das lokale Geschehen eingebunden, verfügen über familiäre und freundschaftliche Kontakte und sind mit den sozialen Strukturen vor Ort verwoben. Die Zeit vor der Entsendung kann für diese Protagonisten als gleichförmig, ohne große Höhen und Tiefen im momentanen Lebensverlauf umschrieben werden. Lebensereignisse wie Hochzeiten oder die Familienplanung sind vollzogen – oder in Bezug auf den Nachwuchs noch »Projekte-im-Werden«, die zum Zeitpunkt der Entsendung noch nicht abgeschlossen sind.

Die drei Entwicklungshelferpaare, eine Kulturmanagerin und ein Lehrerpaar befinden sich vor der Ausreise in einer Umbruchphase. Der Studienabschluss liegt nicht lange zurück, die Partnerschaften sind noch relativ frisch. In allen Fällen wird nach dem Studium oder Referendariat ein Ortswechsel, im Idealfall über die Grenzen Deutschlands hinaus, geplant. Verbindlichkeiten wie Wohneigentum gibt es zu diesem Zeitpunkt für sie nicht. Die meisten Protagonisten der Gruppe »jüngere Paare« leben noch in getrennten Wohnungen oder Wohngemeinschaften zur Miete. Ihren Lebensstandard beschreiben sie als niedrig.

Fast alle Befragten haben einen höheren Schulabschluss und einen Studienabschluss erworben. Doris W. und die Ehefrau von Helmut R. sind die einzigen Protagonisten mit Realschulabschluss. Doris W. arbeitet vor der Ausreise stundenweise in einem Büro, sieht sich aber eher in der Rolle als Hausfrau und Mutter. Die Ehefrau von Helmut R. arbeitet in Teilzeit als Krankenschwester. Die anderen Paare verfolgen jeweils eigene Karrierepläne und bauen diese in ihre Lebensstilkonzepte zwischen Familienplanungsphase und beruflichem Fortkommen ein. Alle Befragten waren bis zur Ausreise berufstätig. Die Wirtschaftsexpats und der Großteil der Lehrer lebten aufgrund der stabilen Arbeitsverhältnisse in ökonomisch gesicherten Verhältnissen. Bis auf die Entwicklungshelfer und Kulturmanagerinnen haben alle Protagonisten unbefristete Arbeitsverträge.

Der Großteil der Befragten hatte bis zur Entsendung noch keine Erfahrungen mit längeren Auslandsaufenthalten. Die Wirtschaftsexpats bewegten sich zwar beruflich auf internationalem Parkett, allerdings hatten diese Ereignisse bis zur Entsendung nur Dienstreisencharakter. Auch die Entwicklungshelfer waren alle vor der Ausreise zur beruflichen Weiterbildung im Ausland, meist beschränkten sich diese Einsätze jedoch auf eine Dauer von maximal zwölf Monaten. Von den 26 Befragten waren 13 während des Studiums für mindestens ein Semester im Ausland. Manche absolvierten während der universitären Ausbildung drei- bis sechsmonatige Praktika im europäischen Raum (Stephan D., Katharina A.). Vier Protagonisten verfügten bereits über konkrete Auslandserfahrungen. Patrick P. lebte drei Jahre mit seinen Eltern als Expatkind in Mexiko, Yasemin D. verbrachte als Teenager einige Jahre mit ihren Eltern in Ägypten, Katharina A. ist als Deutsche in Rumänien geboren und migrierte mit ihren Eltern im Alter von 17 Jahren nach Deutschland, und Dirk L. ist in den Niederlanden geboren und kam zum Studium nach Deutschland, das, wie er sagt, zu seiner »Wahlheimat« wurde.

Zwei Drittel aller Befragten berichten, dass sie das Leben im Ausland als Option »schon lange« im Hinterkopf hatten. Bei den Wirtschaftsexpats war bereits mit Unterzeichnung der Arbeitsverträge klar, dass ein Auslandseinsatz auf sie zukommen könnte. Helmut R. strebte seine Entsendung als Lehrer dagegen in Eigeninitiative über mehrere Jahre hinweg an. Auch die anderen Lehrer sowie die Entwicklungshelfer und Kulturmanagerinnen hatten bereits während des Studiums ein Leben im Ausland in ihre Lebensstilkonzepte eingebaut.

Für 13 Befragte war die Entsendung der erste Auslandsaufenthalt, der über eine zwei- oder dreiwöchige Urlaubsreise hinausging. Eine Protagonistin bezeichnete sich als Individualtouristin mit dem Anspruch, die jeweilige Kultur des Ziellandes bei ihren Streifzügen kennenzulernen. Urlaubsreisen unternahmen die Befragten, die über Wohneigentum verfügten, meist als Pauschaltouristen in gut erschlossene Regionen wie Frankreich, Spanien, Portugal, Schweden und Dänemark. Die jüngeren und nicht in dem Maße »sesshaften« Paare verreisten individueller abseits der Touristenströme. Ihre Reisebiografie zeichnet sich bereits während des Studiums durch möglichst geringfügig strukturierte Reisevorhaben als Rucksacktouristen aus.

4.1.2 Lebensentwürfe, Paarbeziehungen und verfügbare Kapitalformen

> »Unser Werk auf der Welt ist es zu erschaffen, und die größte
> Schöpfung ist die Gestaltung unserer eigenen Lebensgeschichte«
> *(Sennett 1998: 136).*

Die Vereinbarung von Familie, eigenem Lebensentwurf, Beruf und Karrierebestrebungen stellt die Paare bereits vor der Ausreise vor eine große Herausforderung, da jeweils zwei Individuen mit gleich starken Interessen, ihre jeweils eigenen (beruflichen) Pläne und Lebensstilkonzepte zu verfolgen, aufeinandertreffen.[62] Innerhalb des Samples kann zwischen zwei Beziehungskategorien unterschieden werden: So sind Paare in der Erhebung vertreten, die seit Jahrzehnten in einer gefestigten Beziehung leben, die von Paarbiografien jüngerer Protagonisten ergänzt werden, die noch über geringfügige gemeinsame Erfahrungen und somit weniger »Beziehungskapital« für herausfordernde Zeiten verfügen.

---

62 Zu Doppelkarrierepaaren im internationalen Kontext siehe beispielsweise Kreutzer/Roth (2006) oder Wimbauer u. a. (2007).

Ein Paar ist vor der Ausreise bereits 15 Jahre verheiratet, drei Paare zwölf Jahre, zwei Paare sechs Jahre, zwei Paare vier Jahre, und zwei weitere zwei Jahre. Vor der Ausreise haben je zwei Paare seit zwei beziehungsweise einem Jahr eine feste Beziehung. In den noch »jüngeren« Beziehungen treten die Eigenständigkeiten der einzelnen Lebensentwürfe und Berufsbiografien besonders deutlich und unmittelbar zu Tage. Das »Ich« steht in den »modernen Paarbeziehungen« in Konkurrenz zum »Wir« (vgl. Beck/Beck-Gernsheim 2005). Von einer Beziehung oder Ehe erwarten die Individuen heute Anderes als frühere Generationen: War die Ehe früher eine ökonomische Notwendigkeit, um die Frauen abzusichern, ist sie heute »gefühlsorientierter als jemals zuvor« (ebd.). Der emotionale Aspekt des Lebens wird so zum Spannungsfeld zwischen dem Leben als Paar und dem Streben nach Unabhängigkeit und Selbstfindung, von dem vor allem die jüngeren Paare berichten. Die neu gewonnenen Freiheiten werden mit dem Preis des »Zwanges zum ständigen Optimieren« des beruflichen wie auch des sozialen Lebens bezahlt (ebd.). So wird die Paarbeziehung neben der beruflichen Verwirklichung zum »Lebensprojekt«. Die Ehe oder Partnerschaft ist allen befragten Protagonisten zwar wichtig, allerdings können sich vor allem die »jüngeren« Frauen mit den »traditionellen Ehekonzepten«, wie sie vielleicht die Eltern und Großeltern gelebt haben, nicht mehr identifizieren: die Ehe bis zum Tod ist allenfalls als romantische Vorstellung akzeptiert, nicht aber als auswegslose, unaufkündbare Gemeinschaft.

Der Großteil der Frauen im Sample fordert die Gleichberechtigung ihrer Ziele und Wünsche ein und akzeptiert die selbstverständliche Unterordnung an die Karrierewünsche des Mannes nicht mehr. So brechen sie mit zunehmender Geschwindigkeit aus dem ihnen zugewiesenen »Hausfrauen-Ständeschicksal« aus (Beck/Beck-Gernsheim 2005: 8). Der traditionelle weibliche Lebenslauf verliert somit an Gültigkeit (Geissler/Oechsle 1994: 144). »Frauen folgen heute also nicht einem vorgezeichneten Weg in die Familienrolle, sondern entwickeln Unabhängigkeiten und – auf dieser Grundlage – Lebensplanung« (ebd. 146).

Regeln, wie beispielsweise eine Partnerschaft auszusehen hat und wer für welche Bereiche im Alltag zuständig sein soll, sind nicht mehr durch gesellschaftliche Normen vorgegeben. Im Gegensatz zu den 1960er Jahren, in denen Kategorien wie Ehe, Familie und Beruf noch weitgehende Verbindlichkeit und Zuverlässigkeit in der Lebensplanung geboten haben, sehen sich die Individuen der Gegenwart nicht nur mit großen Freiheiten beim Entwurf der Lebensstilkonzepte, sondern auch mit einem Bündel an Unsicherheiten und Unwägbarkeiten konfrontiert. Die »Enttraditionalisierung der Lebenswelten« (Beck/Beck-Gernsheim 2005: 44) bietet genügend Potenzial für Dauerverhandlungen über Alltagszuständigkeiten unter den Paaren. Wer setzt sich durch? Wer hat das bessere Argument? Wer gibt wem für wie lange Beziehungskredit, bis er wiederum seine Präferenzen erfüllt haben möchte? Alleine die Bestimmung des Wohnortes kann für die jeweils berufstätigen Akteure des Sample zu einem Konfliktpunkt werden – da der Arbeitsmarkt in einigen der Stellenprofile von beiden Individuen gleichermaßen Flexibilität und Mobilität erwartet, wie es die Familiengeschichten der Entwicklungshelfer, Kulturmanager und Wirtschaftsexpats verdeutlichen.

Die Akteure sehen sich damit konfrontiert, in der »Rushhour des Lebens«[63] (vgl. Bujard/Panova 2015; J. Bertram u. a. 2011) eine Vielzahl von Entscheidungen zeitgleich zu treffen. Einerseits streben die Protagonisten nach Sicherheit in einer Liebesbeziehung, der Erfüllung in einer eigenen Familie, aber zugleich auch nach individueller Selbstverwirklichung. »Mein Mann hat immer gesagt, er müsste ins Ausland, wenn er beruflich weiterkommen möchte, und ich habe das immer ein bisschen abgeblockt und habe gesagt, wenn wir mal Kinder haben und ich dann sowieso nicht arbeiten kann [...] das hatte ich schon wieder vergessen, dieses Versprechen« (Yasemin D.). So wünscht sich Yasemin D. beispielsweise weitere Kinder (aber nicht jetzt!), andererseits möchte sie nach der Babypause »endlich« wieder eigene berufliche Pläne verfolgen. Letztlich lässt sie sich von den rationalen Argumenten ihres Mannes überzeugen: Lieber gleich noch einmal beruflich pausieren, Babypause im Ausland und dann der berufliche Wiedereinstieg nach der Rückkehr. Die meisten Frauen, bis auf Doris W., die eine »traditionelle Frauenrolle« im Sample einnimmt, planen die eigene Berufstätigkeit nach der Babypause wieder wie selbstverständlich ein und unternehmen auch große Anstrengungen, um sie wieder in die Tat umzusetzen.[64]

---

63 Der Begriff stammt den Wissenschaftlern Bujard/Panova zufolge aus der Familienforschung und beschreibt das Phänomen der Lebensphase zwischen 25 und 45 Jahren. Betroffen sind meist Akademiker, die sich mit der Gleichzeitigkeit einer Konfrontation von Entscheidungen zu Partnerwahl, Fortpflanzung und Beruf konfrontiert sehen. Zugleich ist es eine Lebensphase, in der die berufliche Belastung sehr hoch ist. Bei Nichtakademikern ist das den Autoren zufolge anders. Meist findet die Familienphase dann schon zu einem früheren Zeitpunkt statt, da die Ausbildungsphase verkürzt ist. Da sich bei den Akademikern die ökonomische Selbständigkeit nach hinten verschiebt, verlagert sich auch die Gründung einer eigenen Familie nach hinten.

64 Angaben der Internationalen Arbeitsorganisation (ILO) zufolge sind derzeit die Hälfte aller Frauen weltweit zwischen 15 und 64 Jahren berufstätig. Unabhängig von regionalen

Auch wenn die meisten Protagonistinnen dem »traditionellen« Frauenbild eine dem Partner gleichwertige Berufstätigkeit entgegenstellen, war Hausarbeit trotz allem in den meisten Fällen (mit Ausnahme des Hausmannes Georg A.) vor der Ausreise, und während der Entsendung erst recht, in erster Linie Frauenarbeit. Allerdings fällt auf, dass die Männer während des Lebens in Deutschland stärker in das alltägliche Familiengeschehen eingebunden waren. Häufig brachten sie die Kinder morgens in den Kindergarten oder abends ins Bett. Den Großteil der Kinderversorgung haben jedoch vor der Entsendung die Frauen übernommen – ähnliche Beobachtungen über die Rollenverteilungen zwischen Mann und Frau machten auch Schmidt/ Götz (2010).

Arbeit im Sinne einer bezahlten Arbeit ist für alle Befragten (mit Ausnahme von Doris W.) eine zentrale Form der Selbstbestätigung. Oftmals bezahlen die Frauen jedoch mit der Verfolgung ihrer beruflichen Ziele den Preis mit einem »Zweitjob zuhause«. Mit der Aufgabe für den behaglichen Wohnraum, die Betreuung der Kinder und das Alltagsgeschäft zu sorgen sind die hier vertretenen Frauen, zumindest phasenweise, schon vor der Ausreise konfrontiert. Das führt dem Soziologen Ulrich Beck zufolge (2005) zu »Anderthalb-Personen-Berufen« und einem Spagat für die Frauen zwischen Familie, Haushalt und eigenen Karrierewünschen. Denn nicht immer kann die Betreuungszeit der Kinder durch familiäre Netze wie Großeltern aufgefangen werden. Stattdessen werden diese als Dienstleistungsaufträge an Kindertagesstätten, Babysitter oder Tagesmütter ausgelagert. Arlie Russel Hochschild zufolge ist die Anziehungskraft des Arbeitsplatzes für Mann und Frau groß, sie sei sogar groß genug, um die »schwächere Familienkultur an die Wand zu spielen« (Hochschild 2000: 183). In *Das gekaufte Herz* fragt Hochschild (2006) nach den emotionalen Kosten und Gewinnen und den neuen Geschlechterstrategien, um das Spannungsfeld Beruf und Familienleben auszutarieren. Sie macht darin einen Trend zur Doppelverdienerehe aus, der auch für den Großteil des hier vorliegenden Samples gilt.

»Die Mütter haben sich verändert, die starren Arbeitsstrukturen und traditionellen Einstellungsmuster ihrer Männer jedoch nicht« (Hochschild 2006: 212). Hochschild hat 50 verheiratete Paare über acht Jahre hinweg begleitet. Aus ihren umfangreichen Ergebnissen hat sie drei Paartypen herausgearbeitet: traditionell denkende Männer und Frauen, die der Überzeugung sind, das Tätigkeitsfeld der Frau sei zu Hause, während der Mann arbeiten

---

Unterschieden ist den Angaben zufolge der prozentuale Anstieg der Frauenberufstätigkeit seit 1950 doppelt so hoch wie derjenige der Männer (Hochschild 2000: 184).

geht; egalitär denkende Männer und Frauen, die angaben, dass sich Frauen und Männer gleichermaßen mit ihrem Beruf identifizieren sollten – der Mann teilt sich bei diesem Modell mit der Frau die Hausarbeit, und schließlich macht Hochschild als dritte Kategorie eine Mischform der beiden Typen aus: Die Frau »darf« Vollzeit arbeiten, hat aber zusätzlich die Hauptverantwortung für den Haushalt (Hochschild 2006: 212). Männer, so resümiert Hochschild, favorisieren Letzteres. »Zur Lösung des Konfliktes zwischen Arbeit und Familie verfolgten alle Frauen emotionale Strategien, die den Weg für ihre Absichten ebnen sollten« (ebd.: 215). Sie nehmen dafür bisweilen einen »Emotionskredit« in Anspruch, in der Hoffnung, dass er zu einem späteren Zeitpunkt der Paarbiografie ausgeglichen wird. Dies gilt auch für die Frauen des Samples. Hochschild zufolge sind die Frauen gefangen zwischen dem neuen Geschlechterrollenverständnis und einer noch herrschenden alten Realität, zwischen »ihren neuen Regeln und seinen ›alten‹ Gefühlen« (ebd.: 219). Lösbar ist der Konflikt Hochschild zufolge nur, wenn Frauen mit ihrem Gefühlsmanagement die Widersprüche austarieren. »In diesem Fall ist die Gefühlsarbeit der Preis, den Frauen für die fehlende Veränderung der Männer und ihrer Lebensumstände zahlen« (ebd.: 219).

Der Widerspruch zwischen den Bedingungen des Arbeitsmarkts und den Anforderungen einer Partnerschaft sind ebenso offensichtlich. Während der Arbeitsmarkt Beweglichkeit in jeglicher Hinsicht verlangt, benötigt eine stabile Partnerschaft und Familie genau das Gegenteil (vgl. Beck/Beck-Gernsheim 2005). Im Allgemeinen wird Mobilität, wie sie bereits in Kapitel 2.2 thematisiert wurde, von den Protagonisten der Studie jedoch überwiegend positiv bewertet. Das gilt zumindest, solange das »Projekt Ausland« nur als abstrakte Idee im Raum steht. Die Protagonisten verbinden damit Aspekte wie Modernität, Kreativität, persönliches Wachstum und Selbstverwirklichung sowie die Flexibilität eines autonomen Lebensstils. Die meisten von ihnen verfügen über einen ausgereiften »Masterplan«, was ihren weiteren Karriere- und Lebensweg betrifft. Und sie sind auch mit den erforderlichen Kapitalsorten ausgestattet, um diesen zu verfolgen. Keiner der Protagonisten lebt vor der Ausreise in prekären finanziellen Verhältnissen. Das hat zur Folge, dass sie sich die Sinnfragen des Lebens in Bezug auf ihre angestrebte Biografie und Strategien zur Optimierung derselben auch »leisten« können.

4.2 Die Entscheidung für die Entsendung fällt

4.2.1 Motive, Wünsche, Ziele

Die Mehrheit der Befragten hatte über das Angebot einer Entsendung über zwei Jahre mit der Option auf Verlängerung zu entscheiden. Alle 14 Paare schlossen während des Entscheidungsfindungsprozesses individuelle Abkommen über die maximale Dauer des Einsatzes, die Erfüllung anderer Lebensprojekte – dazu zählte die Familienplanung ebenso wie die berufliche Selbstverwirklichung – und traten in mehr oder weniger emotionale Verhandlungen. Denn für jeweils einen der Partner kam der Zeitpunkt der Entsendung in einem ungünstigen Moment der aktuellen Lebensphase. Da es in allen Destinationen beispielsweise für den mitreisenden Partner kompliziert beziehungsweise unmöglich war, eine Arbeitsgenehmigung zu erhalten, stellten neun von dreizehn Frauen ihre eigenen Karrierepläne für die Jahre im Ausland zurück. Alle Frauen bis auf die Kulturmanagerinnen und die Entwicklungshelferin Stefanie O. machten sich zunächst als mitausreisende Ehefrauen ohne Berufsarbeit auf den Weg.[65] Drei Frauen schlossen mit dem Partner den Kompromiss, die Jahre im Ausland für die Familienplanung zu nutzen. Für einige Paare zog die Entscheidung für eine Entsendung noch eine weitere Konsequenz nach sich: Da die unverheirateten mitausreisenden Partner in den Gastländern nicht mit abgesichert waren, heirateten drei Paare kurz vor der Entsendung, obwohl die Eheschließung sonst nicht eingeplant gewesen wäre. Ein Paar heiratete während der Jahre im Ausland. Für fünf Paare bedeutete die Entsendung auch, das erste Mal im Alltag zusammenzuleben.

Bis auf die Entwicklungshelfer und die Kulturmanagerinnen, die jeweils über befristete Zweijahresverträge ohne Joboption bei der Rückkehr zu entscheiden hatten, waren alle anderen Protagonisten, die das Angebot einer Entsendung erhalten hatten, in unbefristeten Festanstellungen beschäftigt, was ihnen eine spätere Rückkehr zum jeweiligen Arbeitgeber ermöglichte. Jene Protagonisten, die nur über befristete Verträge verfügten, sahen dies zum Zeitpunkt der Ausreise als wenig problematisch an. Da es meist der erste Berufseinsatz nach dem Studium war, wurden die Verträge zunächst als

---

65 Die Kulturwissenschaftlerin Johanna Stadlbauer hat sich speziell mit »Mobilen Gattinnen« beschäftigt. Auch sie beobachtet in ihrem Forschungsfeld, dass den Frauen während der Entsendung eine traditionelle Rolle mit „weiblich konnotierte(n) Sorgearbeiten und die Mobilitätsorganisation" zukommt (Stadlbauer 2015: 9).

Verbesserung der Lebensgrundlage betrachtet. Die Ansprüche an finanzielle Sicherheit und Stabilität waren für diese (jüngeren) Protagonisten zum Zeitpunkt der Entsendung noch nicht so stark ausgeprägt.

Die sogenannten Push-und-pull-Faktoren (Brüch 2001: 29; Raeithel 1981), vom Gastland »ziehende« Pull-Motive (Auslandsattraktivität, Neugierde, Horizont erweitern, andere Lebensweise kennenlernen) und vom Herkunftsland »schiebende« Push-Faktoren (Karrierestreben, Unzufriedenheit, Fluchtmotive, der Alltagsroutine entkommen), spielen bei der Entscheidungsfindung eine große Rolle (Brüch 2001: 226). Für die hier präsentierten Berufsfelder gilt: Bei allen befragten Wirtschaftsexpats handelt es sich um einen bewussten Karriereschritt, erst an zweiter Stelle kam der Wunsch, eine andere Kultur kennenzulernen. Auf die Destinationen hatten die Protagonisten nur geringfügigen Einfluss; sie stimmten dem Angebot ihrer Arbeitgeber meist rasch zu, um nicht den Eindruck zu erwecken, unflexibel zu sein. Keiner der Befragten aus dieser Kategorie hätte eine Entsendung mehr als einmal abgelehnt, aus Furcht vor einer Benachteiligung im weiteren Karriereverlauf. Die Motive sind daher extrinsisch. Für die Entwicklungshelfer war, wie bereits erwähnt, schon mit ihrer Berufswahl klar, dass sie die Arbeit ins Ausland führen würde. Aber auch sie sahen sich unter Druck, die Angebote anzunehmen. »In unserem Job musst du flexibel sein, du musst überall klarkommen«, wie es der Interviewpartner Thorsten K. formulierte. Die Protagonisten entschieden sich lange im Vorfeld bewusst für einen Berufsweg, der das Leben im Ausland erforderlich und auch wünschenswert macht. Was dem Wirtschaftsexpat jedoch der Karrierebeschleuniger sein soll, ist dem Entwicklungshelfer und den Kulturmanagerinnen Passion: Sie alle haben den Grundstein für eine spätere Tätigkeit im Ausland bereits während ihres Studiums gelegt und können zum Zeitpunkt des Arbeitsvertrages bereits auf einen mobilen Lebensverlauf zurückblicken. Bei diesen beiden Gruppen wie auch den Lehrern kann eine intrinsische Motivation festgestellt werden.

Sieben Paare entschließen sich primär für die Ausreise, um in die Karriere des Partners zu investieren. Die vier Protagonisten aus dem Bereich der Wirtschaft fühlten sich auch unter Druck gesetzt, dem Firmenwunsch zu diesem Zeitpunkt nachzukommen. Bei den Kulturmanagern und Lehrern war das primäre Ziel, in Kontakt mit einer anderen Kultur zu treten, bei den Entwicklungshelfern kommt der Wunsch dazu, etwas »Sinnvolles« zu tun, »Hilfe zur Selbsthilfe« zu leisten und Armut zu lindern (Ludwig 2003: 3). Bei vier Familien war der Auslandseinsatz zudem das Mittel der Wahl, um sich als Familie zu finden (Jutta und Patrick P., Daniel G. und Petra T., Doris und Richard W., Florian F. und Hannah M.). Neben dem beruflichen Aspekt gaben die Befragten als zweitgrößten Motivationsfaktor an, sie hätten das »Abenteuer Ausland« wagen, sich selbst auf die Probe stellen oder eine neue Kultur kennenlernen wollen – um damit ihr kulturelles Kapital aufzustocken. In unterschiedlich starker Ausprägung ist dieser Motivationsfaktor bei allen Entsandten gegeben.

Das Alter, die Einbindung in soziale Netze, die räumliche Verortung, Karrierewünsche, Familienplanung sowie das Verfügen über kulturelles Kapital sind die Faktoren, die bei der Entscheidungsfindung eine zentrale Rolle spielen, wie auch bereits in den vorigen Kapiteln gezeigt werden konnte.[66] Zusätzlich zur beruflichen Motivation, die in der Mehrheit der Fälle seitens der Männer initiiert wird,[67] verspürten die meisten Protagonisten aber auch das Verlangen, ihrem Leben eine neue Richtung zu geben.

Die Lage des Gastlandes spielt für den Entscheidungsprozess ebenfalls eine zentrale Rolle und wird stark beeinflusst vom bereits vorhandenen kulturellen Kapital. Uwe Schellenberger bezeichnet in seiner Studie über Pendler zwischen Deutschland und Neuseeland eine Kapitalsorte, über die seine Protagonisten verfügen, als touristisches Kapital (Schellenberger 2011: 48). Vermehrtes Reisen in verschiedene Länder schaffe Gewohnheiten beziehungsweise Routinen und dadurch Sicherheit in der Organisation des Alltagslebens (ebd.). Seine Folgerungen lassen sich auch im vorliegenden Sample erkennen. Protagonisten, die bereits häufig in ihrer Biografie auf Reisen waren und dabei überwiegend positive Erfahrungen gemacht hatten, sahen in der Entsendung mehr positive als negative Aspekte.

Einige Destinationen unterlagen negativen Imaginationen bei den Entsandten. Islamisch geprägte Länder schlossen beispielsweise einige Befragte kategorisch aus. Aber auch gegen andere Destinationen gab es Vorbehalte. Einer Ausreise in die östlichen Länder Europas standen zunächst alle Befragten mit Ausnahme der Kulturmanagerinnen, die sich gezielt auf diese Ländern beworben hatten, sehr kritisch gegenüber. Als einziger Vorteil wurde die geringere räumliche Distanz zu Deutschland angesehen. Stephan D. hätte lieber eine Aufgabe in Spanien statt in Ungarn übernommen, stimm-

---

66 Einer Studie im Auftrag des Bundesministeriums für Familie, Senioren, Frauen und Jugend zufolge ist Migration abhängig vom Alter und findet als Familienumzug am häufigsten im Alter zwischen 25 und 34 Jahren statt. In der so genannten »mobilen Phase« fielen berufliche Etablierungsprozesse mit familiären Entscheidungen für Kinder weitgehend zusammen, vgl. Schneider u. a. (2002). Dies gilt auch für die Protagonisten dieser Studie.
67 Frauen machen den Angaben des Sozi-Oekonomischen Panels aus 2006 nur 13 Prozent aller deutschen Entsandten aus (Liebau/Schupp 2010: 2).

te der Ungarn-Entsendung dann aber wegen der Nähe zu Deutschland zu. »Budapest, Plattensee, das kannte ich vom Urlaub. Und wir dachten, da meine Mutter schon sehr alt war, dann sind wir wenigstens noch ein bisschen näher dran, dass sie ihren Enkel mal sieht. [...] Mexiko [zweites Angebot] kam nicht in Frage, der Standort war uninteressant und dann der Kontakt zu den Freunden, wer nimmt denn so eine lange Reise auf sich, um einen zu besuchen [...] das waren in Ungarn nachher auch nicht so viele, aber wir waren wenigstens näher dran« (Stephan D.).

Zu den beliebtesten Destinationen aller weltweit entsandter Expats zählen einer Studie des Personalberater-Unternehmens Mercer[68] zufolge die USA, Brasilien, China, Großbritannien und Australien. Dem Sozio-Oekonomischen Panel zufolge ist aber auch die Schweiz besonders beliebt. Knapp zehn Prozent aller deutschen Auswanderer hatten, ob zeitlich befristet oder auf lange Sicht geplant, 2006 dieses Ziel. Auf Platz zwei der Wunschziele lagen die USA und Kanada, gefolgt von Österreich und Polen – wobei bei Letzterem sicherlich eine Rolle spielt, dass es sich dabei um Rückwanderungen von Aussiedlern handelt. Auf weiteren Plätzen schließen Frankreich und die Niederlande an.[69] Die Präferenzen, die sowohl von der oben genannten Studie als auch vom empirischen Befund dieser Arbeit bezüglich der Länder beobachtet werden können, dürften zu großen Teilen mit den Sprachkompetenzen zusammenhängen, über die die Protagonisten vor der Ausreise verfügten und über die Erwartung, dass die kulturelle Lebenswelt nicht zu stark variiert. Während alle Befragten auf ausreichende Englisch-Kenntnisse zurückgreifen konnten, gelang es den wenigsten Protagonisten, die jeweilige Landessprache ihrer Destination rechtzeitig vor der Ausreise zu erlernen, wie im anschließenden Kapitel gezeigt werden wird.

Unter den Ausreisenden waren auch, wie bereits erwähnt, 13 Kinder vom Säuglings- bis zum Schulkindalter. Sie waren nicht aktiv am Entscheidungsprozess der Eltern beteiligt – auch die älteren Kinder (8 und 10 Jahre) bleiben in allen Fällen außen vor, was in einer Familie zu großen Konflikten führte. Allerdings waren die Kinder stets Anlass für weitreichende Überlegungen der Eltern bezüglich der Betreuungs- und Ausbildungsmöglichkeiten vor Ort. Bei Kindern, die das Schulalter noch nicht erreicht hatten, erwarteten die Eltern geringere Schwierigkeiten, was das Leben im Ausland betrifft. Dass es

---

68 Die Studie »Worldwide International Assignments Policies and Practices« (WIAPP) stammt aus dem Jahr 2012 und wurde unter 752 Unternehmen weltweit durchgeführt (WIAPP 2012).

69 Bei den Ruhestandsmigranten führen mediterrane Länder wie Spanien oder Italien die Rangliste an.

jedoch auch im Kleinkindalter zu problematischen Situationen beim Kulturwechsel kommen kann, wird in Kapitel 4.3.4 erläutert.

Auch die Bindungen, die die Entsandten in ihrem sozialen Umfeld hatten, können im Sinne Bourdieus als nutzbares soziales Kapital im Entscheidungsprozess angesehen werden. »Der Umfang des Sozialkapitals, das der Einzelne besitzt, hängt demnach sowohl von der Ausdehnung des Netzes von Beziehungen ab, die er tatsächlich mobilisieren kann, als auch von dem Umfang des Kapitals, das diejenigen besitzen, mit denen er in Beziehung steht« (Bourdieu 1983: 191). Alle Protagonisten haben die Option des Lebens im Ausland mit Verwandten oder Freunden besprochen. Die Reaktionen waren gemischt und erschwerten oder erleichterten den Protagonisten die Ausreise. Die Eltern der Ausreisenden reagierten vor allem dann skeptisch auf die Umzugspläne, wenn sie auch Enkelkinder betrafen. »Meinen Eltern hab ich's gar nicht so gesagt. Denen hab ich gesagt, mal so für ein halbes Jahr. Weil meine Eltern haben immer gesagt: Na ja, und dann in so drei Jahren, da sind wir nicht mehr da, da sind wir dann tot. Da sterben wir. Kind, jetzt kannsch ned so was machen! Das war auch jedes Mal, wenn wir zurückgekommen sind [Urlaub] ein Riesengeheule und Gemache. Und erst recht beim Abschied« (Doris W.). Drei Paare berichten von ähnlichen Erfahrungen, die sie zwar während der Entscheidung emotional unter Druck setzten, letztlich jedoch nicht von einer Ausreise abhielten.

Wie der Verlauf der Entsendung von den einzelnen Personen empfunden wird, hängt im Wesentlichen von den Beweggründen und der Motivation ab, die in dieser Phase von den Paaren zur Entscheidung führen, wie im weiteren Verlauf der Studie gezeigt werden wird. Letztlich steht hinter jeder Entsendung ein »treibender« und ein »folgender« Partner.

4.2.2 Vorbereitungen, Packen und Abschiede

In dieser Phase der Entsendung fahren die Paare und Familien emotionale Achterbahn. Meist liegen zwischen der Entscheidung und der Ausreise nur wenige Wochen, in denen viele Behördengänge und Arztbesuche erledigt werden müssen. Wo immer es möglich war, suchten die Ausreisenden auch Kontakt zum Vorgänger auf dem Posten im Ausland und ließen sich über die wichtigsten alltagsrelevanten Dinge aufklären. »Niemand hier wusste so richtig, wie kann eine Familie in Malaysia leben. Die Firma hatte wenig Erfahrung, der Vorgänger war nur mit seiner Frau da, ohne Kind. Dann war einer vor uns alleine drüben, den musste man wieder rüberholen, weil er sprachliche Probleme hatte. Wir wussten einfach nicht, was kommen würde. Wir wussten auch nicht, ob wir die drei Jahre so aushalten. Es gab damals in der Firma keine Stelle direkt für Auslandsentsendungen. Wir hatten keinen Ansprechpartner. Das war abenteuerlich« (Richard W.).

Um sich vor der Ausreise ein Bild von den Destinationen zu machen, konnten fünf von 14 Familien einen »Look-and-see-Trip« machen. In zwei Fällen war der Vertrag zu diesem Zeitpunkt jedoch bereits unterschrieben. Auch Richard W. und seine Frau gingen auf die vom Arbeitgeber bezahlte einwöchige »Schnupperreise«. Die zukünftige malaiische Sekretärin von Richard W. versuchte, dem Paar die neue Stadt näherzubringen. »Aber was hätte die Sekretärin uns schon groß erklären sollen, für sie war ja alles normal. Sie sah die Problematik nicht so« (Richard W.). Für die Entwicklungshelfer, Kulturmanagerinnen und Lehrer gab es die bezahlten Informationsreisen in die Zielländer nicht. Allerdings berichten die Wirtschaftsexpats, die Reisen hätten für den Entscheidungsprozess ohnehin keine Relevanz gehabt. »Klar, du kannst immer die Notbremse ziehen, auch nach der Inforeise, immer. Aber das macht doch dann keiner mehr« (Dirk L.).

Neunzig Prozent erhielten von ihren Arbeitgebern außerdem ein ein- bis dreitägiges Vorbereitungstraining[70]. Die Vorbereitung war bei den Wirtschaftsexpats hauptsächlich auf den Arbeitskontext bezogen. Aus der Personalwirtschaftslehre (Kenter/Welge 1983) und der interkulturellen Kommunikation (Moosmüller 1997) ist bekannt, wie teuer ein abgebrochener oder fehlgeschlagener Auslandseinsatz ein Unternehmen zu stehen kommen kann. Diese Trainings sollen dazu beitragen, den Expat möglichst schnell im Zielland einsatzfähig zu machen. Außerdem sollen sie auf besondere Werte und Normen des Gastlandes aufmerksam machen, das Bewusstsein für kulturelle Fallstricke wecken und die Erwartungen in ein realistisches Licht rücken.[71] Die Qualität der Trainings hängt maßgeblich von der Investitionsbereitschaft und der Erfahrung des Arbeitgebers mit Auslandsentsendungen ab. Kleine mittelständische Unternehmen boten den Angestellten in diesem

---

70 Das interkulturelle Training soll im Gastland ein interkulturelles Handeln ermöglichen. Interkulturelles Handeln findet Thomas u. a. (2003) zufolge in kulturellen Überschneidungssituationen statt, in denen gewohnte, eigenkulturell geprägte Verhaltensweisen, Denkmuster und Emotionen fremdkulturell geprägter Interaktionspartner aufeinander treffen.

71 Studien zufolge liegt die Abbrecherquote bei Auslandsentsandten bei 44 Prozent, vgl. Sonnenmoser (2002). Da im vorliegenden Sample keine »Abbrecher« in dem Sinne vorkommen, wird das Phänomen nicht berücksichtigt.

Sample nur einen eintägigen Vorbereitungskurs, der dann nicht zwingend auf ein spezielles Land vorbereitete, sondern Kategorien wie »Europa« oder »Asien« abdeckte. Die Vorbereitungskurse wurden bis auf wenige Ausnahmen von den Befragten als unzureichend eingestuft. Obwohl die Kurse für die ausreisenden Entwicklungshelfer und Kulturmanager sehr zeitintensiv waren (mit beruflicher Vorbereitung, landeskundlicher Vorbereitung und Sprachkursen kamen je nach Entsendedienst drei Monate zusammen), wurde sie von den Befragten als wenig hilfreich empfunden.

Auch die Lehrer berichteten von ein- bis fünftägigen Vorbereitungsseminaren in Köln, an denen die mitausreisenden Ehefrauen jedoch nicht teilnahmen. In den meisten Fällen war dies für die Frauen aus zeitlichen Gründen nicht mehr umsetzbar. Die Kulturmanager wurden von der Stiftung auf ihre Einsätze ebenfalls an Wochenendkursen eingestimmt. Irene B. ist die einzige mitausreisende Ehefrau im Sample, die zu keinem Vorbereitungstraining eingeladen wurde. Alle geschulten Akteure wurden insofern auf die Gegebenheiten ihrer Gastländer eingestimmt, als dass sie einen »Kulturschock«[72] erwarteten und diesen auch nach eigenen Angaben »wie im Seminar beschrieben« durchliefen. In keinem der Fälle kam es jedoch wegen kultureller Differenzen im Gastland zu einem vorzeitigen Abbruch.

Häufig unterschätzten die Protagonisten, dass vor allem auch die Kulturunterschiede innerhalb Europas groß sein können (vgl. Bittner 2000). Das kann auf der beruflichen Ebene Anlass für zahlreiche Schwierigkeiten sein, aber auch das private Einleben im Gastland erschweren. So sahen die Ausreisenden Dirk L. (Polen) und Stephan D. (Ungarn) das landeskundliche Vorbereitungstraining eher als nebensächlich an; ein weiterer Termin vor der sowieso schon knapp bemessenen Zeit bis zur Ausreise. Erst nach einiger Zeit im Land erinnerten sich beide an die Kursinhalte und blätterten auch in den Unterlagen, die sie erhalten hatten.

Zur Vorbereitung für die Entsandten gehörte auch, dass sie versuchten, sich die Landessprachen anzueignen. Von den Ausreisenden mit Zielländern, in denen die Staatssprache Englisch ist, wurde dies als weniger problematisch empfunden, da alle Protagonisten über ausreichende Sprachkenntnisse verfügen. Die Entwicklungshelfer lernten vor der Ausreise je nach Destinationen Französisch oder afrikanische Sprachen, die sie für ihren Einsatz benötigten. Helmut R. und seine Familie besuchten einige Spanischkurse vor der Ausreise nach Kolumbien. Katharina A. und Petra T. beherrschten bereits vor der Ausreise Russisch beziehungsweise Polnisch. Auch Andreas R. lernt Polnisch

---

72 Vgl. Kapitel 4.3.2.

vor der Ausreise. Alle anderen Entsandten mit den Zielländern Polen, Bulgarien und Ungarn berichteten, dass sie zwar Sprachunterricht genommen, die Landessprache aber als zu große Herausforderung empfunden hätten. Eine Herausforderung zum Zeitpunkt der Ausreise ist auch das Packen. Während drei von vier Wirtschaftsexpats den Großteil ihrer Möbel und Alltagsgebrauchsgegenstände in einem Container an ihren neuen Wohnort verschiffen ließen oder mit einer Spedition nach Polen oder Ungarn geliefert bekamen,[73] organisierten die Kulturmanager ihre Umzüge nach Polen oder Rumänien jeweils mit dem Auto oder einem geliehenen VW-Bus selbst. Die Entwicklungshelfer bekamen von ihrer Organisation 100 Kilo Umzugsgut pro Person (als Paar 150 Kilo) bezahlt, was alle Entwicklungshelfer einstimmig als sehr wenig empfunden haben. Während also oftmals der gesamte Hausstand der Wirtschaftsexpats um die Welt geschickt wurde, packten die Entwicklungshelfer ihr Hab und Gut in zwei blaue Regentonnen.[74] Die Wirtschaftsexpats sind die einzigen im Sample, die über von der Firma bezahlte Umzugshelfer beim Packen verfügten.

Egal, wie begrenzt die Möglichkeiten des Transports auch waren, alle Befragten berichten, dass es ihnen wichtig war, vertraute Gegenstände um sich zu haben und sich so eine »heimelige Insel« im Ausland zu schaffen. »Die mitgebrachten oder herbeigeschafften Sachen ersetzen vielfach in symbolischer Form die ferne Heimat« (K. Roth 1998: 40). Das Importieren gewohnter Wohngegenstände und lokaler Nahrungsspezialitäten zeigt ein »tiefes Bedürfnis nach vertrauten, Sicherheit und Identität stiftenden Dingen« (K. Roth 1998: 44). Vor allem Paare, die mit Kindern ausreisten, legten zudem großen Wert darauf, vertraute Gegenstände und Spielsachen für die Kinder einzupacken. Sechs von 14 Paaren vermieteten ihre Häuser beziehungsweise Wohnungen in der Zeit ihrer Abwesenheit weiter. Bei einigen wurden die Nachbarn als Verwalter eingesetzt. Dinge, die nicht mitgenommen werden konnten, wurden bei Familienmitgliedern oder Freunden eingelagert.

Während im Alltagsleben Passagen und Übergangsriten zunehmend an Relevanz verlieren, lässt sich anhand der Empirie die Wichtigkeit des Abschiednehmens für die Auslandsentsandten erkennen. Für die mitausreisenden Ehefrauen und Hausmänner fiel der Abschied von Freunden und Be-

---

73 Einzige Ausnahme ist Irene B. Das Ausreise-Budget ihres Mannes war, wie sie sagt, sehr knapp bemessen. Sie reisten ohne Möbel aus.
74 Alle Entwicklungshelfer berichten davon, dass ihre Habe in blauen Regentonnen verschifft wurde, da diese ein geringes Eigengewicht haben und dennoch Stabilität und Schutz beim Transport bieten.

kannten auch mit einem Abschied aus dem beruflichen Umfeld zusammen. Der französische Ethnologe Arnold van Gennep beschrieb bereits 1909 mit dem Schema des Übergangsritus, dass das soziale Leben ständige Grenzüberschreitungen erforderlich macht, die von speziellen Riten begleitet werden.

»Das Leben eines Menschen besteht somit aus einer Folge von Etappen, deren End- und Anfangsphasen einander ähnlich sind: Geburt, soziale Pubertät, Elternschaft, Aufstieg in eine höhere Klasse, Tätigkeitsspezialisierung. Zu jedem dieser Ereignisse gehören Zeremonien, deren Ziele identisch sind, nämlich das Individuum aus einer genau definierten Situation in eine andere, ebenso genau definierte hinüberzuführen.« (van Gennep 1999: 15)

Riten, die räumliche, zeitliche oder soziale Übergangsphasen begleiten, bezeichnete van Gennep als Übergangsriten. Sein Schema kann auf die Protagonisten dieser Arbeit übertragen werden. Auf die Trennungsphase (Abschied vom ursprünglichen Ort) folgt die Schwellen- beziehungsweise Umwandlungsphase, in der sich die Protagonisten in einem »Dazwischen«, befinden, in dem sie noch nicht richtig angekommen sind[75], welche schließlich von der Angliederungsphase abgelöst wird (van Gennep 1999: 21). Eine Entsendung ähnelt in ihrem Wesen diesen beschriebenen Phasen von Abschied und Ausreise, dem Dazwischen als Übergang »zwischen den Welten« und der Ankunft im Gastland, in der die Eingewöhnung der Protagonisten stattfinden soll. Alle Akteure berichten, dass diese Phasen besonders zehrend und emotional anstrengend waren.

---

75 Victor Turner (1969) nennt die Phase »betwixt and between«.

4.3 Projekt Ausland: die Ankunft

4.3.1 Erfahrungen als Fremde

> »Unserem wahren Ich begegnen wir nicht notwendigerweise zu Hause, wo das Mobiliar steif und fest behauptet, dass wir uns nicht ändern können, weil es ja auch nicht vom Fleck kommt. Die häusliche Umgebung bindet uns an die Person, die wir im Alltagsleben sind und die sich durchaus unterscheiden kann von dem, was uns wirklich ausmacht.«
>
> *(Alain de Botton 2002: 70)*

Die Entsandten beschrieben die erste Zeit nach der Ankunft als eine Phase der besonderen Anspannung: zum einen sahen sie sich gefordert, besonders »wach« und »aufnahmefähig« zu sein, um sich schnell in den unbekannten räumlichen und sozialen Koordinaten zurechtzufinden. Zum anderen berichteten sie, sich in den ersten Tagen und Wochen müde und »wie erschlagen« von den neuen Eindrücken gefühlt zu haben. »Neue Sprache, neue Kultur, neue Herausforderung, alles neu. Du kommst in den Supermarkt und weißt nicht, wo die Joghurts stehen – und ob es die gibt, die du kennst. Das klingt banal, ist aber in der Summe nervig am Anfang, weil du dir wieder alles erarbeiten, erkämpfen musst. Das macht müde, wirklich einfach müde« (Andreas R.). Auch das Schlendern durch Warschau erforderte für ihn überraschende Achtsamkeit: »Wenn du auch nur irgendetwas von deiner Umgebung verstehen möchtest, musst du ganz genau zuhören. Dieses periphere Hören, dass du durch die Stadt läufst und schnappst dabei ein paar Wortfetzen auf, das ist einfach nicht mehr da. Wenn du dich unterhalten willst mit ›locals‹, musst du immer konzentriert zuhören, auf Polnisch ist selbst Smalltalk unglaublich anstrengend. Du guckst ständig auf den Mund, verstehst den Wortwitz nicht, gibst verzögert Antwort« (Andreas R.).

Während der Übergangsphase – dem »noch nicht Verbundensein« mit dem neuen Ort und seinen Bewohnern – kann es zu Verunsicherungen oder Gefühlen der Irritation kommen (vgl. van Gennep 1981). In Ländern mit abweichenden Schriftzeichen sind für die Protagonisten anfangs die Straßennamen nicht zu entziffern, die Sprachkulisse verwandelt sich in den Destinationen, in denen Englisch keine Staatssprache ist, in undeutbares Stimmengewirr. Die Orientierung fällt schwer. »Treibende, schiebende Chinesen, die in einer anderen Sprache reden, schreien. Andere Gerüche, alles dreckig«, beschreibt Irene B. ihre ersten Tage in Hongkong.

Viele Dinge rücken nun ins Bewusstsein, die im Alltag zu Hause nicht mehr in der Deutlichkeit wahrgenommen werden: Gerüche, Geräusche, Zeitempfinden, die Geografie der neuen Umgebung. Dazu kommen weitere umweltbedingte Einflüsse wie Hitze oder neue, bislang unvertraute Tierarten in den außereuropäischen Destinationen. Die Sicht auf die Dinge wird detailreicher – was mit einer Anstrengung und teilweise Überanstrengung der Protagonisten einhergehen kann. In den ersten Tagen leben sie in der Touristenblase (Jacobsen 2003); sie empfinden es gleichzeitig als aufregend, wenn manche Dinge des Alltags erst zu erschließen sind. Im Gegensatz zur technisierten und routinierten Umwelt zu Hause verlangen die neuen Destinationen Flexibilität und Improvisationsvermögen – und nicht zuletzt eigenes, kreatives Handeln. Diese Phase kann als eine Unterbrechung des automatisierten, vertrauten Lebens bezeichnet werden. Wer sich auf die neue Umgebung einlassen möchte, muss altbekannte Strukturen und Vorstellungen vom gewohnten geografischen Ort loslassen. Utz Jeggle nennt dies die »Loslösung von der räumlichen Fixiertheit« (Jeggle 1988: 21).

Mit der Ausreise verlieren die Befragten ihre vertrauten Handlungsräume, Kompetenzen und Konzepte, ihre »innere Identität« und vorübergehend auch ihr »Selbst«-Bewusstsein – alte Muster und Alltagsroutinen werden bedeutungslos. Die Geschichte, die Herkunfts- und Gastland verbindet, ist zwar auch ein Teil der Geschichte der Protagonisten. Aber sie ist noch kein Bestandteil der eigenen Biografie. Für alle ist der Kulturwechsel auch mit einem Wechsel der symbolischen Bezugssysteme verknüpft. Die Herkunftskultur, in der die Protagonisten ihre Sozialisation durchlaufen haben, kann nicht mit der neuen »Symbolwelt« im Gastland zur Passung gebracht werden, die daher erst neu erschlossen werden muss. Der Ort der »Erstsozialisation« im Herkunftsland hat eine zentrale Bedeutung: Dort haben sich die Individuen die Sprache, Verhaltensweisen und Werte angeeignet (»mental maps«), die auch im Gastland ihre Wirkung zeigen.

Generell prägt das kulturelle (Vor-)Wissen den Blick auf die Welt: Juliana Roth zufolge wirkt es »in der Art einer unsichtbaren Kulturbrille sinnstiftend« (J. Roth 2001: 201), andererseits bleibe es meist unbewusst und für den Träger unerkannt. Nicht immer kommen die Botschaften zwischen Sender und Empfänger an. Ein Großteil der Missverständnisse bezüglich der Gastkultur geht auf die von Roth erwähnten unbewussten Sequenzen zwischen dem »gemeinten Sinn« und der »symbolischen Verschlüsselung« einher (J. Roth 2001: 202). Im Gepäck haben die Entsandten zwar Handlungskonzepte und Vorstellungen vom Leben im Gastland – sie müssen diese aber meist, trotz interkultureller Vorbereitungstrainings, revidieren und anhand ihrer individuellen Erfahrungen aktualisieren. Alle Protagonisten haben mit Irritationen, Brüchen und Verunsicherungen ihrer bislang geltenden Sinnwelten zu rechnen und müssen lernen, diese neu zu bewerten. Erst, wenn sich die Protagonisten des »Eigen-Kulturellen« bewusst werden und bereit sind, ihre Rollenvorstellungen zeit- und teilweise aufzugeben, könnten Annäherungs- und Lernprozesse in Gang gesetzt werden (ebd.). Nach und nach können dann, so Roth, die neuen Elemente, sofern sie dem Protagonisten als geeignet erscheinen, im Prozess der Passung in das eigene kulturelle Werte- und Normensystem integriert werden (ebd). Für die Anfangsphase in den Gastländern bedeutet dies, dass die Protagonisten Konflikte zwischen der eigenen Sozialisation und den Begebenheiten des Landes aushalten müssen, zugleich sind sie gefordert, der Gastgesellschaft einen Vertrauensvorschub zu gewähren, obwohl die Codes noch nicht vertraut sind, und versuchen, zwischen den Zeilen zu lesen, um die fremde und eigene Welt in eine Passung zu bringen. So können anhand des empirischen Materials drei zentrale Herausforderungen ausgemacht werden: die soziale und berufliche Verortung in den neuen Handlungskontext, das Lesen der »Codes« im neu zu erschließenden Alltagsraum und das Umsetzen der individuellen Ziele, die mit der Entsendung erreicht werden sollten.

Einige Protagonisten beschrieben das Erleben der Fremde als »Kulturschock«[76], den sie wegen ihrer Vorbereitungstrainings im Laufe der Entsendung bereits erwartet hatten. In dieser Phase käme das »Selbst« zum Vorschein, man sei, wie es Irene B. und Jutta P. formulierten, »sehr auf sich selbst zurückgeworfen«. Verhaltensweisen, eigene Werte und Normen werden in dieser Phase einer Prüfung unterzogen. Eine intensive Auseinandersetzung mit dem Selbst – Identitätsarbeit – wird notwendig, um die kulturelle Ordnung wieder herzustellen (Greverus 1995: 32). Die »Bilder in den Köpfen«, die auto- und heterostereotypen Vorstellungen sowie die geschichtlichen Mythen über die Vorstellung des Anderen, des Fremden sind in dieser Phase von besonderer Bedeutung (K. Roth 2001: 20). »Keine Interaktion zwischen Menschen benachbarter Völker beginnt damit bei der tabula rasa. Bei jeder deutsch-tschechischen, deutsch-polnischen, deutsch-französischen Begegnung sitzt nicht nur die Geschichte mit am Tisch, sondern zumeist auch eine große Zahl gegenseitiger Vorstellungen und Erwartungen. Selbstverständlich gilt dies prinzipiell für jede interkulturelle Begegnung, doch

---

76 Vgl. Kapitel 4.3.2.

nirgends wiegt die »Erblast der Geschichte« so schwer wie gerade bei Nachbarvölkern« (ebd.: 21).

Die Bedeutung der aufnehmenden Gesellschaft für das Selbstwertgefühl und die Eingewöhnung in die Gastländer wird an folgenden Erfahrungen verdeutlicht: Katrin L. versucht drei Monate lang, mit einem polnischen Nachbarn in Kontakt zu treten, der jeden Morgen rauchend auf seinem Balkon steht. Sie grüßt ihn täglich, doch er reagiert nicht. »Am Anfang war ich so als Deutsche im Büßergewand. [...] Wir bösen Deutschen müssen zeigen, dass wir nicht die bösen Deutschen sind. [...] Dass wir nicht diejenigen sind, die sich hier überlegen fühlen oder irgendwelche Herrenmenschenmentalitäten oder Arroganzen an den Tag legen. Ich habe mich wirklich bemüht, sehr höflich zu sein, und irgendwann hab ich mir gedacht: so, Väterlein, ich habe keine Lust mehr, einfach keine Lust mehr, ich habe dir nichts getan [...] heute hast du deine letzte Chance. Ich grüße dich ein letztes Mal« (Katrin L.). An diesem Tag wird ihr Gruß erwidert.

Hannah M. kommt in Bulgarien an die Grenzen ihrer Geduld, als sie über Wochen versucht, am selben Marktstand dieselbe Tüte Nüsse zu kaufen. Der Verkäufer antwortet stets, sie sei nicht zu verkaufen. Auch Restaurantbesuche mit ihrem Mann erlebt sie als irritierend: Speisen, die auf der Karte ausgewiesen sind und die das Paar bestellen möchte, sind mit den aufgelisteten Beilagen nicht zu haben. »Eigentlich sind die Speisekarten immer gleich, zwar anders angeordnet, aber es gibt immer das Gleiche und dann ist es ganz häufig so, dass man sowieso nicht das kriegt, was man bestellen möchte. Dann sagt der Kellner – nee, geht nicht. Er sagt nicht warum, sondern nur, es geht nicht [...] wir haben das einfach nicht verstanden [...] da haben wir uns irgendwann daran gewöhnt und eben gegessen, was die Kellner gebracht haben« (Florian F.).

Für Andreas R., den Polen-Korrespondenten, wird der Aufenthalt zu einer besonderen Geschichtslektion – der eigenen wie der Gastkultur. »Da hing an jedem Haus eine Plakette, wo draufstand: Hier ermordeten die Hitlerdeutschen 140 Einwohner, am nächsten stand, hier wurden 196 ermordet. [...] selbst die Kinder haben das thematisiert. Mein Sohn Niklas, der jetzt 10 ist, hat mich gefragt, wieso der Opa von Kamel (sein polnischer Freund) und sein Opa aufeinander geschossen haben. Da musste ich erklären, das waren nicht eure Opas, sondern eine Generation drüber. Das fand ich interessant, dass das bei den Kindern schon Thema war« (Andreas R.).

Auch für seine Frau führt der Polen-Aufenthalt zu einer besonderen Erkenntnis: »Man ist nirgendwo so deutsch wie im Ausland [...] ich habe mich in Situationen gefunden, wo ich mein Land und meine Landsleute mit einem Herzblut und einer Ernsthaftigkeit verteidigt habe, die ich vorher nicht für möglich gehalten hätte [...] man macht sich im Ausland zweifellos und zwangsläufig mehr bewusst, was es heißt, deutsch zu sein. Wenn man sich damit auseinandersetzt, dass Warschau nach dem Krieg platt war und das war unser Volk, es geht nicht anders, als dass man sich damit auseinandersetzt und sich das auch wieder bewusst macht [...] es gab allerdings keine Ressentiments, ich bin nicht beleidigt oder blöd angemacht worden. Unsere Nachbarin sagte immer: Damals war Krieg, und Krieg war Krieg und jetzt ist es vorbei« (Claudia H.).

Bis Kontakte mit der umliegenden, polnischen Nachbarschaft entstehen, vergeht für die Familie jedoch ein Dreivierteljahr. »Wenn man die dann ein bisschen kennengelernt hat, ging es. Aber so die normale Freundlichkeit, die wir gewohnt sind im Alltag beim Einkaufen, da sind die so unfreundlich, so barsch. Es hat zu keinem Zeitpunkt Spaß gemacht. Ich habe ja Deutschland nie als besonders freundlich empfunden, aber im Vergleich zu Polen: das Freundlichkeitsparadies. Die Postbeamten in Polen hinter dem Schalter, die knurren einen nur an. Da ist man nicht Kunde, da ist man Bittsteller [...] also da hat man schon den einen oder anderen Wutausbruch gekriegt, zumindest innerlich, dass da alles so kompliziert sein muss. Dass die so beharren auf ihren Stempeln [...] ich hab das dann irgendwann als Landeskunde abgehakt« (Claudia H.). In islamisch geprägten Ländern sehen sich die mitausreisenden Frauen einem völlig konträren Rollenverständnis gegenüber. Doris W. erinnert sich, dass malaiische Männer nicht mit ihr sprachen, weil sie »unrein« sei, die Frau von Franz S. wird in Mumbai damit konfrontiert, dass ihre muslimischen Nachbarn nicht mit ihr im Aufzug fahren wollen.

Wer seine vertraute Umgebung verlässt, findet sich nicht nur in einer völlig neuen sozialen Umwelt wieder, in der es noch keine Anknüpfpunkte oder Anker gibt, sondern der Neuankömmling ist plötzlich ein »Ausländer«, ein »Anderer«, der zum Zeitpunkt des Wechsels noch mit den Imaginationen des Herkunftslandes verwoben ist. Alle Ausreisenden repräsentieren zudem ihr Herkunftsland; sie heben sich durch ihre Herkunft, Hautfarbe, Lebensstil, Status und »Spezialistenfunktion« im beruflichen Umfeld von der indigenen Bevölkerung ab – und bleiben bis zur Rückkehr in dieser herausgehobenen Position[77].

---

77 Mit dem besonderen Status aller Entsandten wird sich Kapitel 4.3.3 beschäftigen.

Der Psychiater Salman Akhtar betont, dass der Prozess der Akzeptanz eines »Neulings« durch die lokalen Bevölkerungen langsamer verläuft, wenn ein bedeutender Unterschied zwischen den physischen Merkmalen der beiden aufeinandertreffenden Gruppen besteht. Dies habe negative Auswirkungen auf seine »Assimilierung« und die »Reorganisation seiner Identität« (Akhtar 2007: 50). Zudem variiert Akhtar zufolge der Umgang mit dem Körper von Kultur zu Kultur, auch das Maß an Präsentationen des Körpers oder seine Bedeckung sei von Kultur zu Kultur unterschiedlich (ebd.: 51). Auch das kann für die Entsandten zu Gefühlen der Irritationen oder einer Bedrohung der Identität führen, wie etwa die Beispiele von Irene B. zeigen, die sich am Strand Brasiliens unter den »glutäugigen Schönheiten« unwohl fühlt, oder daran, dass Yasemin D. viele »aufgetakelte, freizügige Ungarinnen« auffallen, in deren Gegenwart sie ihre Identität als Frau bedroht sieht (vgl. auch Kapitel 4.3.4).

Neben den sozio-kulturellen Erfahrungen mit distanzierteren und offeneren Gesellschaften[78] sind die Protagonisten auch umweltsituativen Bedingungen ausgesetzt, die je nach Land in unterschiedlicher Ausprägung zu Fremdheitsgefühlen führen können. Das hängt wiederum vom konkreten Ort ab, an dem die Entsandten leben, und von ihrer Erfahrung im Umgang mit anderen Kulturen sowie ihrer persönlichen Konstitution beziehungsweise ihrer Belastbarkeit (Frustrationstoleranz). In den außereuropäischen Destinationen sind die Entwicklungshelfer in den dörflichen Regionen realen Krankheitsgefahren wie Malaria oder Gelbfieber ausgesetzt, Patrick und Jutta P. sehen sich mit der artenreichen Tierwelt Afrikas konfrontiert und Doris W., die unter panischer Angst vor Schlangen leidet, muss sich in Malaysia dieser Herausforderung stellen. Helmut R. berichtet, dass ihm wegen der geografischen Lage seines Wohnortes anfangs das Atmen schwer fällt, und auch Stefanie O., Sandra K. und Thorsten K. leiden unter der schwülen, tropischen Hitze ihrer Gastländer. Kriminalität, Konfrontationen mit bislang unbekannten Dimensionen der Armut in den Entwicklungsländern und die politische Lage in manchen Destinationen sind zudem Faktoren, die zu Unsicherheits- und Fremdheitsgefühlen geführt haben (vgl. Kapitel 4.3.5. und 4.3.6).

---

[78] Die Befragten beschreiben die Gesellschaften der östlichen Länder Europas allesamt als distanzierter, während die Entsandten in Malaysia und Simbabwe das Gegenüber subjektiv als sehr offen wahrnehmen. Die Sonderposition, die diese Befragten in den Ländern innehatten, und die individuellen Erwartungen an die Offenheit des Gegenübers hatten sicherlich Einfluss auf die jeweilige subjektive und nicht repräsentative Einteilung.

Wie stark das Gefühl der Fremdheit ausgeprägt ist, hängt auch maßgeblich von der Sprachkompetenz der Entsandten ab. Sich der verbalen Ausdrucksfähigkeit beraubt zu sehen, bedeutet für einen erwachsenen Menschen die Aufgabe seiner Autonomie (Rehberg 1996: 9). Mangelnde Sprachkenntnisse machten einige Protagonisten in den ersten Wochen im Wortsinne sprachlos und schränkten sie in ihrer Handlungskompetenz ein. Die Entsandten kamen in aller Regel in der internationalen Geschäftswelt mit Englisch zurecht, hauptsächlich die mitausreisenden Ehefrauen wurden im Alltag mit den Sprachbarrieren konfrontiert und hatten es dadurch ungleich schwerer, das Leben für die Familie zu organisieren. Nur durch Kommunikation und damit dem Begegnen der Fremde im neuen Aktionsraum »wird es gelingen, die innere Leerstelle zu füllen und dem Verlangen nach Heimat zu entkommen« (Moosmüller 2002: 17). Claudia H. beschreibt es daher als »ersten Glücksmoment in Polen«, als sie auf Polnisch antworten kann. »Also das sind kleine Sachen, dass man wirklich in kleinsten Schritten versucht, dort Fuß zu fassen. Als ich zum ersten Mal diese Straßenschilder dort gelesen habe, habe ich gedacht, ich bin schon froh, wenn ich irgendwann mal nur dieses aussprechen kann, was da steht, ohne dass ich es verstehe. Und das ging dann irgendwann und dann habe ich es zum Teil auch verstanden und dann konnte ich erste Sätze sagen, verstehen was die Nachbarn mir sagen wollten. Das sind lauter kleine Siege, die man da davonträgt und die hat man natürlich hier [Deutschland] nicht oder nicht in der Form. Also auch das gute Gefühl, es gemeistert zu haben. Es ist unglaublich wichtig, wenigstens zu versuchen, die Sprache zu erlernen« (Claudia H.).

Die Ankunft in der neuen Umgebung geht auch an den jüngsten Protagonisten nicht spurlos vorüber. Je nach Alter zeigen sie Symptome von Heimweh und sind zunächst überfordert mit der neuen Umgebung und der Sprache. Ein Beispiel der Mutter Katrin L. verdeutlicht das. Sie berichtet von den Erfahrungen mit ihrem damals neunjährigen Sohn: »Der war geschockt, den musste ich über einen sehr langen Zeitraum richtig intensiv begleiten, ich werde nie vergessen, wie fertig dieses Kind am ersten Schultag in Warschau aussah [...] die Männer, die karrieremäßig ins Ausland wollen, die spielen das immer herunter, sie sagen, Kinder sind schnell anpassungsfähig. Aber das stimmt nicht! Kinder sind genau wie wir bereits individuelle Persönlichkeiten, und die einen sind introvertiert, und die anderen extrovertierter [...] an den Deutschen Schulen verjüngen sich die Klassen außerdem nach oben hin. Manchmal gibt es nur acht Kinder in einer Klasse. Wenn da niemand als Freund geeignet ist, ist das schwierig. Die Kinder haben ja nur diesen Sozialraum« (Katrin L.).

Die Daten zeigen, dass es gerade auch für Kinder eine große Herausforderung sein kann, den Kulturkreis zu wechseln, und dass auch sie ab einem gewissen Alter (in diesem Sample ab etwa vier Jahren) durchaus Erfahrungen durchlaufen können, die Gefühle der Fremdheit verursachen. In Kapitel 5.2.5 wird dieser Aspekt noch einmal ausführlich dargestellt.

Anhand der Ergebnisse lässt sich erkennen, dass die geografische Lage, die soziokulturellen Rahmen- und Lebensbedingungen und das Klima im Gastland großen Einfluss auf die Integration und den Wohlfühlfaktor des Entsandten im Land nehmen (vgl. auch Kapitel 4.3.5). Je stärker sich Gastland und Herkunftsland unterscheiden, desto anstrengender wird der »Alltag« in der Fremde erlebt. Alle Befragten schilderten Situationen, in denen sie Gefühle von »Heimweh« entwickelten, das sich meist aber auf das Vermissen der sozialen Kontakte oder der Freizeitaktivitäten gründete.

In Bezug auf die Ergebnisse der Datenerhebung lassen sich Länder mit »schwierigeren Integrationsbedingungen« feststellen, die einen hohen Grad an kultureller Unterschiedlichkeit zum Herkunftsland aufweisen wie zum Beispiel Sprachbarrieren, Verzicht auf gewohnte Lebensmittel, Konfrontation mit Armut, gesundheitliche Risiken wie Tropenkrankheiten oder exotische und gefährliche Tiere, eine medizinisch unzureichende Versorgung im Land, ein schwieriges Klima (Indien, Westafrika, Malaysia, Ecuador, Kolumbien) oder ein ablehnendes Gegenüber in der Gastkultur (Polen). Und es gibt Länder, die weniger hohe Barrieren für den Entsandten und seine Familie aufweisen, da der individuell wahrgenommene »äußere« Unterschied zum Herkunftsland als nicht sehr groß eingestuft wird (Simbabwe, Malaysia) oder durch entsprechende soziale Netze aufgefangen werden kann (vgl. dazu Kapitel 4.4.1). Irene B. fühlt sich in Hongkong zum Beispiel sehr unwohl, findet sich dagegen wenige Jahre später in Brasilien nach anfänglichen Schwierigkeiten bestens zurecht. Auch Jürgen E. hat das Gefühl, seinem Auftrag in Ghana beruflich gerecht zu werden, während er die zweite Entsendung nach Ecuador rückblickend als großen Fehler und sowohl als berufliche als auch private Niederlage betrachtet, da er keinen Zugang zur Gastgesellschaft findet und die Ehe zerbricht. Seine damalige Frau erlebt das wieder anders: Sie fühlt sich in der neuen Umgebung wohl und lässt sich auf ein dauerhaftes Leben vor Ort ein. Andreas R. erlebt schließlich den kulturellen Unterschied zwischen Polen und Deutschland als weniger belastend als der Entsandte Dirk L., dem »die Polen« und ihre Verhaltensweisen fremd blieben. Das lässt den Schluss zu, dass es für die Protagonisten Länder mit geeigneter und weniger geeigneter »kultureller Passung« gibt (J. Roth/K. Roth 2002 und Kapitel 4.3.2).

Gerade aber die Lebenskonzepte und Verhaltensweisen in den östlichen Ländern Europas wurden wegen der »sozialistisch geprägten Vergangenheit« häufig als deutlich verschieden zu den eigenen empfunden – zugleich gehörten in diesen Destinationen umweltsituative Bedingungen wie Naturkatastrophen, gesundheitliche Bedrohungen oder die Konfrontation mit Kriminalität und Armut im Vergleich zu den Entwicklungsländern nicht zum Erfahrungsalltag. Die »Bedrohung« der Selbstkonzepte war in den östlichen Ländern Europas daher mehr in den »inneren« und nicht so sehr in den »äußeren« Umständen zu sehen. Juliana Roth hat festgestellt, dass in Bezug auf die Lernbereitschaft in Vorbereitungstrainings die Motivation und Neugier auf interkulturelle Kurse für benachbarte Länder weit geringer ausfällt als bei entlegenen Destinationen (J. Roth 2001: 210). Alle Entsandten in den östlichen Ländern Europas wurden von der Realität in ihren Gastländern überrascht, da sie mit geringeren Unterschieden rechneten.

Das Alter, der bisherige Lebensverlauf der Protagonisten, die momentane Lebenssituation, die Persönlichkeit und die individuelle »Passung« zwischen Gastland und den Protagonisten spielen eine zentrale Rolle. Je nachdem, über welches Erfahrungskapital für herausfordernde Situationen die Protagonisten in verschiedenen Bereichen ihres Lebens zurückgreifen können, gelang es ihnen mit unterschiedlichem Erfolg, im sozio-kulturellen und individuellen, psychischen Bereich neue Lösungen zu konzipieren.

4.3.2 Aufnahmeländer in der Realität: und der Kulturschock kommt doch

> »If you read Alice in Wonderland at the right age, and identified
> to some extent with Alice's curiosity and frustrations, then you
> have already had one vicarious experience of culture shock«
> *(Bock 1970: 11).*

Manche der Protagonisten erleben eine sanfte Landung in den Zielländern, weil sie bereits am Flughafen von Mentoren in Empfang genommen werden, die sie in den ersten Wochen in das neue Land einführen (Lehrer und Entwicklungshelfer). Andere mühen sich nach dem Überqueren von Kontinenten auf sich allein gestellt mit einem Stadtplan ab, um die neue Unterkunft zu finden (Franz S., Indien). Und wieder andere erreichen ihr neues Domizil nach einer entschleunigten, 14-tägigen Anreise mit dem VW-Bus, um dann, wie es Florian F. schildert, eine »Bruchbude« in Bulgarien vorzufinden, ohne Kühlschrank, mit einem schmuddeligen Teppich und einem Bett, das gleich nach der Ankunft zusammenbricht. Wenn dann zugleich das kulturelle »Equipment« versagt, weil die Entsandten auf unbekanntem Terrain auf andere Werte und Normen stoßen, Dinge ihnen fremd erscheinen, finden sie sich in einem vorübergehenden Zustand der Irritation und bisweilen Handlungsunfähigkeit.

»Culture, in its broadest sense, is what makes you a stranger when you are away from home. It includes all those beliefs and expectations about how people should speak and act which have become a kind of second nature to you as a result of social learning [...] however, direct exposure to an alien society usually produces a disturbing feeling of disorientation and helplessness that is called ›culture shock‹.« (Bock 1970: IX)

Alle Protagonisten dieser Studie erlebten in ihren Gastländern Situationen, die sie als schockierend oder als »Kulturschock« bezeichneten. Die Mehrheit hatte von dem Phänomen »Kulturschock« bereits in den Vorbereitungstrainings gehört. Sie waren damit eingestimmt auf eine herausfordernde Phase, die irgendwann im Laufe der Entsendung – den Informationen aus den Vorbereitungstrainings zufolge meist nach den ersten drei Monaten – einsetzen würde. Auch wenn die Protagonisten von dem Erleben eines Kulturschocks berichten, distanzieren sie sich zunächst von dem Begriff und seiner Intention, was dahingehend interpretiert werden kann, dass sie es zunächst als Schwäche werten, Unsicherheiten erlebt zu haben. Dennoch konnte anhand der Aussagen interpretiert werden, dass es für jeden der Ausreisenden zu Irritationen in den Gastländern kam.

Das Phänomen »Kulturschock« wird in der älteren medizinisch-psychiatrischen Literatur auch als »Nostalgie« oder »Heimwehkrankheit« diagnostiziert (Tolksdorf 1990: 110). Die Bezeichnung unterliegt einer negativen Konnotation (vgl. P. Adler 1987: 28), da der Begriff »Schock« auch in der Alltagssprache bereits mit Bedeutungen aufgeladen ist. Unter »Kulturschock« ist nicht wie nach dem allgemein medizinischen Verständnis eine plötzliche, traumatische Situation zu verstehen, sondern vielmehr eine »langfristige, subtile Veränderung der Persönlichkeit infolge der Auseinandersetzung mit einer fremden Kultur« (Moosmüller 1996: 282). Der Prozess ist demnach schleichend und impliziert nicht, wie es die Bezeichnung im ersten Moment vermuten lassen könnte, eine plötzliche Veränderung des Bewusstseins. Der amerikanische Kulturanthropologe Kalervo Oberg prägte den Begriff Kulturschock 1960 und beschrieb ihn als »anxiety that results from losing all our family signs and symbols of social intercourse. These signs or cues include the thousand and one ways in which we orient ourselves to the situations of daily life« (Oberg 1960: 177). Die Symptome, die er für das Auftreten eines Kulturschocks umschreibt, sind unspezifisch: Appetitlosigkeit, Gereiztheit, ein abwesender Blick, hohe Angstbelastung, Neigung zu Hypochondrie. Der Schock setzt demnach in Folge einer negativen Erfahrung, der Angst ein, nachdem es zum interkulturellen, aber irritierenden Kontakt gekommen ist. Oberg folgert, dass die Angst dem Verlust der Zeichen und Symbole zugrunde liegt, der für die zwischenmenschliche Interaktion notwendig ist. Diese Angst entsteht, wenn die Entsandten bewusste und unbewusste Einflüsse wahrnehmen, die sie nicht mehr einordnen können. Die Auswirkungen beschreibt er folgendermaßen:

»excessive washing of the hands; excessive concern over drinking water, food, dishes, and bedding; fear of physical contact with attendants or servants; the absent far-away stare; a feeling of helplessness and a desire for dependence on long-term residents of one's nationality; fits of anger over delays and other minor frustrations [...] excessive fear of being cheated, robbed and injured [...] and finally that terrible longing to be back home.« (Oberg 1960: 176)

Dem Kulturschock ordnet Oberg verschiedene Stadien[79] zu, welche von einigen Autoren aufgegriffen und erweitert wurden.[80] Hofstede entwarf zum Beispiel die »Kurve der kulturellen Anpassung«, die in vier Phasen verläuft und von der anfänglichen Euphorie über den eigentlichen Kulturschock bis hin zur Akkulturation und schließlich zur Stabilisierung kommt. Der Phasenverlauf kann mit einer U-Kurve verglichen werden, auf deren Tiefpunkt der Kulturschock einsetzt (Hofstede 2001: 295). Im Grunde sind sich die Modelle größtenteils ähnlich. Die Überwindung des Kulturschocks verläuft demnach in Phasen, die stets einer U-Kurve folgen und die Anpassungsleistung der Protagonisten idealtypisch und eindimensional darstellen.

---

79 Im anfänglichen »Honeymoon-Stadium« erliegen die Betroffenen der Faszination des Neuen, in Stadium zwei, »Hostility and Emotional Stereotypes«, kommt es zur »Krise der Krankheit« mit Gefühlen der Frustration, Angst und Irritation, Phase drei bezeichnet er als »Erholung«, und in Phase 4 kommt es schließlich zur »Anpassung«.
80 Vgl. z. B. auch Peter Adlers (1975) Fünfphasen-Modell, Bennetts (1986) Sechsphasen-Modell und Tolksdorfs (1990) Sechsphasen-Modell.

Was den Modellen fehlt, sind jedoch präzise Aussagen darüber, zu welchem konkreten Zeitpunkt und unter welchen Bedingungen die einzelnen Formen des Kulturschocks auftreten könnten. Das Kulturschockmodell wurde schließlich nicht nur auf das Leben im Ausland, sondern auf die komplette Entsendung einschließlich der Rückkehr angewandt. Ob und inwieweit dieser modellhafte Rückkehrschock, wie er unter anderem von Gullahorn und Gullahorn 1963 (vgl. auch Brüch 2001: 71) in Erweiterung des U-Modells auf ein doppeltes U, das sogenannte W-Modell beschrieben wurde, für dieses Sample Anwendung findet, wird in Kapitel 5.3.1 (Strategien der Anpassung) diskutiert.

Die modellhaften, defizitorientierten Überlegungen der Kulturschockmodelle können jedoch keineswegs als Schablonen für die individuellen Erfahrungen der hier beschriebenen Grenzgänger gelten. Die Erlebnisse der Protagonisten lassen sich keinem verallgemeinernden Zeitschema unterwerfen und dienen lediglich als Orientierung für einen möglichen Verlauf und das Auftreten von Komplikationen. Der Prozess kann anhand der Empirie nicht linear, sondern allenfalls als dynamischer und sich wiederholender Zyklus positiver wie negativer Empfindungsphasen oder Wellen beschrieben werden. Die Phasenmodelle haben somit keine universelle Gültigkeit, da von einem idealtypischen Verlauf ausgegangen wird, in dessen Prozess individuelle Krisen, die bei jedem Protagonisten aufgrund der Passung mit dem Land, der persönlichen Lebenssituation, der kognitiven Fähigkeiten, der psychischen Konstitution und des subjektiven Befindens unterschiedlich verlaufen können. All dies wird in den Modellen außer Acht gelassen (vgl. auch Wagner 1996: 21). Die Modelle, die den Kulturschock allesamt als persönlichen Tiefpunkt darstellen, haben vielmehr »dazu beigetragen, dass der Kulturschock als ein möglichst zu vermeidender Ausnahmezustand gesehen wurde« (Moosmüller 1996: 283). Das Ziel vieler Vorbereitungstrainings war es deshalb lange Zeit, den Kulturschock durch bewusste Vorbereitung zu verhindern (Moosmüller 1997: 61). Seit den 1980er Jahren wird der Kulturschock jedoch nicht mehr als Störung gesehen, die es nach Möglichkeit zu vermeiden gilt, sondern als Übergangsstadium, welches jeder durchleben muss, wenn er eine Anpassung an eine andere Kultur anstrebt (vgl. Moosmüller 1996: 238). Der Kulturschock wird damit als völlig normale Reaktion auf ein unbekanntes Umfeld und somit als eine Art Initiationsritus (van Gennep 1981) angesehen. »Culture shock is seen as normal in situations of learning new cultural and social knowledge, providing an opportunity for growth« (de Verthelyi 1995: 388).

Die »gefühlte« kulturelle Nähe zum Gastland beziehungsweise die situativen Faktoren können das Stressempfinden in einem neuen kulturellen Umfeld verringern, wie Juliana und Klaus Roth mit ihrer Studie über Expats in Moskau gezeigt haben (2002). Insofern kann gefolgert werden, dass auch die Wahrnehmung großer kultureller Unterschiede zum Erleben der Schock- oder Irritationsgefühle beiträgt. Psychologen zufolge »könne der Verlust des kulturellen Systems zur Zerstörung des Wohlbefindens und pathologischen Symptomen führen, wie zum Beispiel einer ›Übergangs-Neurose‹, zeitlich emotionaler Instabilität oder Psychosen und/oder Neurosen« (Rhinesmith 1985, zitiert nach Zick 2010: 195). In diesen Fällen ist die soziokulturelle Entfremdung (Bittner/Reisch 1994: 133), also nicht die Entfremdung von bestimmten Personen, sondern von der heimischen Gesellschaft als solcher, sehr groß. Es gibt jedoch auch Studien, die zeigen, dass es nicht zum Kulturschock kommen muss und die Prognose nicht nur ungenau, sondern problematisch ist (Fennes/Hapgood 1997).

Der Großteil der Befragten dieser Studie berichtet von einem »Kulturschock«, der nach ihrem Empfinden meist in den ersten sechs Wochen bis drei Monaten nach der Ankunft in den Gastländern einsetzte. Meist kann dieses Erleben als Initialzündung für eine Persönlichkeitsentwicklung angesehen werden, in deren Folge die Betroffenen mit gestärktem Selbstbewusstsein und Selbsterkenntnis aus der Situation hervorgehen (vgl. auch P. Adler 1987: 25; Befus 1988: 384). Damit dies aber überhaupt erst möglich ist, müssen sich die Betroffenen zunächst mit der eigenen kulturellen Identität auseinandersetzen. »The greatest shock in culture shock may be not in the encounter with a foreign culture, but in the confrontation of one's own culture and the ways in which the individuals are culture-bound« (P. Adler 1987: 34). Adler zufolge können die Protagonisten andere Vorstellungen ab dem Moment besser akzeptieren, in dem sie erkennen, zu welchem Grad sie von der eigenen Kultur beeinflusst sind. Was gegen den »Kulturschock« hilft, ist also interkulturelles Lernen in der Praxis.[81]

Inwieweit das möglich ist, hängt abermals stark von den situativen Bedingungen im Gastland und den wahrgenommenen Differenzen zwischen Gast- und Herkunftsland ab – und wiederum von der bereits erwähnten Passung der Protagonisten auf die jeweiligen Gastländer und der Bereitschaft,

---

81 Zur Definition des interkulturellen Lernens vgl. J. Roth/K. Roth (2001: 411): »Interkulturelles Lernen wird grundsätzlich als ein auf das Individuum bezogener Entwicklungsprozess verstanden, der eine Verhaltensänderung hinsichtlich des Verständnisses und der Akzeptanz von fremdkulturellem Verhalten zum Ziel hat.«

sich in einem neuen Kontext einzubringen. Je unterschiedlicher die Kultur des Gastlandes zur eigenen ist, desto herausfordernder dürfte das Vorhaben sein, sich die neue Lebenswelt zu erschließen. Für die Entwicklungshelfer war dies jedoch zugleich die größte Schwierigkeit, von der berichtet wurde: zu akzeptieren, dass der Zugang zu den Gastkulturen begrenzt ist, auch wenn er mit großer Motivation verfolgt wird.

4.3.3 Der neue Alltag und seine Herausforderungen

Alle Protagonisten müssen mit zahlreichen umweltsituativen Bedingungen zurechtkommen: eine neue Sprache, andere Lebenswelten, variierende Umwelteinflüsse (Klima, exotisches Tierreich), gewöhnungsbedürftige hygienische Standards, differente Infrastrukturen (Einkaufsmöglichkeiten und Nahrungsmittelangebot), die von soziokulturellen Gegebenheiten begleitet werden. Während die mitausreisenden Partner in Deutschland alle berufstätig waren, finden sie sich mit der Ankunft in den Destinationen in der Rolle der Hausfrau oder der Rolle des Hausmannes wieder. Während sich Georg A. mit dieser Situation gut arrangiert, können sich die mitausreisenden Frauen nur schwer mit der Rolle identifizieren, denn: »Eine wichtige Quelle der Anerkennung und Eigenständigkeit geht verloren« (Thomas/Schroll-Machl 2003: 399). Stattdessen fallen den mitausreisenden Ehefrauen oftmals Repräsentationsaufgaben zu, wenn ihre Partner berufliche Einladungen annehmen.[82]

Während die entsandten Männer meist wenige Tage nach der Ankunft ihre beruflichen Projekte aufnehmen und im Falle der Wirtschaftsexpats selten für alltägliche Belange der Familie zur Verfügung stehen können, stehen die mitausreisenden Frauen (und Hausmänner) vor der Aufgabe, den Alltag in den neuen Destinationen zu organisieren (vgl. auch Kapitel 4.3.4.). Es sind daher meist die mitausreisenden Partner, die tatsächlich in Kontakt mit der lokalen[83] Gastkultur treten.

---

[82] Die Soziologin Arlie Russel Hochschild beschäftigte sich außerdem bereits 1969 mit Botschafterehefrauen, deren Wirken als »Frau von« ebenfalls einer Vollzeitbeschäftigung entspricht – wenn auch eher in Form einer inoffiziellen Repräsentantinnenfunktion (vgl. Hochschild 1969).

[83] Auch die Männer treffen in ihrem Arbeitsalltag auf die lokale Bevölkerung. Allerdings gibt es eine Gemeinsamkeit, über die sich die Kommunikationspartner oft verständigen können: die Firma als »vertrauter Rahmen«, als »DNA des Unternehmens«. Dies gilt zumindest für die Wirtschaftsexpats. Auch die Lehrer haben entweder deutsche oder in-

Mit der Ausreise verändert sich der gesellschaftliche Status nahezu aller Ausreisenden, wenn auch nicht für alle Protagonisten im selben Ausmaß. Bei den Wirtschaftsexpats und Lehrern in den außereuropäischen Destinationen ist der Statuszuwachs am deutlichsten ausgeprägt. Während sie sich in Deutschland zur Mittelschicht zählen, gehören sie in den Gastgesellschaften aufgrund ihrer Herkunft und ihres Auftrages automatisch zur Oberschicht, »den oberen Zehntausend«, wie es Richard W. formulierte.[84] Alle Entsandten, die in außereuropäische Destinationen ausreisten, erhielten von ihren Arbeitgebern spezielle Gefahrenzulagen. Als »Hardship-Länder«[85] gelten einer vom britischen Economist in Auftrag gegebenen Studie (Expat News GmbH o. D.) unter anderem Nigeria, Indien, China, Kolumbien und Vietnam. Für die entsendenden Firmen belaufen sich die Kosten damit auf das Zwei- bis Dreifache der Inlandsgehälter (vgl. Schneider 2003). Aufgrund dieser Gehaltszulagen, Zuschüsse zum Wohnen und den Betreuungseinrichtungen für die Kinder (Krippe, Kindergarten, deutsche oder internationale Schulen) verfügen die Protagonisten über deutlich höhere finanzielle Einkünfte und zugleich meist niedrigere Lebenshaltungskosten in den Gastländern. Je nach Arbeitgeber sind im »Expatpaket« auch Pauschalen für Heimreisen enthalten. Alle Wirtschaftsexpats übernehmen zudem leitende Funktionen, was eine zusätzliche Anpassung des Gehaltes mit sich bringt. Auch die Entwicklungshelfer nehmen meist Projektleiterstellen ein, die sie auf einer Inlandstelle in Deutschland vergleichsweise noch nicht hätten erreichen können. Und auch die Lehrer berichten von ihrem besonderen Status an den Deutschen Schulen im Ausland. Helmut R. lebt beispielsweise mit seiner Familie in einer gehobenen, bewachten Wohngegend in Kolumbien. Im Wohnzimmer gibt es einen Kamin, neben zwei Kinderzimmern und einem 40 Quadratmeter großen Schlafzimmer mit begehbarem Kleiderschrank sind vier Badezimmer vorhanden (inklusive Whirlpool und Sauna), außerdem eine große Küche, ein Arbeitszimmer, ein Studio, das als Spielzimmer dient, und mehrere Gästezimmer. »Das Ganze ist so weitläufig, dass man die Klingel nicht überall hört und trotz drei angeschlossener Telefone längere Wege zurückgelegt werden müssen, wenn es läutet« (Helmut R., Reise-Info Nr. 3).

---

ternationale Schüler. Nur die Entwicklungshelfer arbeiten eng mit der Gastbevölkerung zusammen.
84 Für die Familie von Irene B. in Hongkong gilt dies allerdings nicht.
85 Der Begriff wird für Regionen benutzt, in denen für die Entsandten beispielsweise ein erhöhtes Sicherheits- oder Gesundheitsrisiko herrscht. Zur Anwendung kommt er auch, wenn der Zugang zu Dienstleistungen, Bildungseinrichtungen oder Gütern erschwert ist.

Die Ankunft in den Destinationen ist auch für die Entwicklungshelfer mit einem Statusgewinn verbunden. In Bezug auf ihre berufliche Motivation sehen sie dies zunächst als hinderlich an, da es ihnen in vielen Fällen nicht ermöglicht, »einer von vielen zu sein, einzutauchen«, wie das Jutta und Patrick P. beschreiben. Der herausgehobene Status bringt vor allem in Entwicklungsländern auch immer eine gewisse Erwartungshaltung seitens der indigenen Bevölkerung mit sich. »Man wird halt immer in der Position wahrgenommen, die man halt auch hat. Es ist niemals auf gleicher Augenhöhe. Das ist sehr schwierig. Das ist so ein Punkt, an dem ich gedacht hab, da hätte ich besser vorbereitet werden müssen« (Thorsten K).

Die Wohnungen oder Häuser in den speziellen Wohnvierteln sind in den außereuropäischen Ländern entweder hinter hohen Mauern verborgen und mit Elektrozäunen geschützt, oder die Wohnanlagen werden bewacht. Das gilt für die Wirtschaftsexpats und die Lehrer, allerdings nicht für die Entwicklungshelfer – es sei denn, sie leben in Großstädten. Dann sind sie meist auch im internationalen Umfeld untergebracht. Alle Entsandten (mit Ausnahme von Irene B. in Hongkong) leben in den gehobeneren Wohngegenden, meist unter anderen internationalen Entsandten. Bei gesellschaftlichen Anlässen treffen sie auf Konsuln, Botschafter, Vorstände großer internationaler Unternehmen und lokale Prominenz aus dem Kulturbetrieb. »Alles bessere Leut eben, gell«, wie es Doris W. formulierte.

Eine Besonderheit ist, dass alle außereuropäischen Entsandten zudem Hauspersonal einstellten. Koch, Kindermädchen, Dienstmädchen, Nachtwächter, Tagwächter, Chauffeur oder Gärtner: Je nach Land und Sicherheitslage variiert die Anzahl der Bediensteten. Selbst im abgelegenen Teil Westafrikas, einem kleinen Dorf, hat Stefanie O. einen Koch, der gleichzeitig ihre Lehmhütte bewacht und die Wäsche wäscht. Gerade dort ist es wichtig, Unterstützung zu haben, denn die Beschaffung von Wasser und anderen Ressourcen des Alltags würde sonst Stunden in Anspruch nehmen.

Meist wurde von den Familien eine lokale Haushaltshilfe beschäftigt, die sich um die Hausarbeiten, das Kochen und andere Besorgungen des alltäglichen Lebens kümmerte. Einige Entsandte stellten auch ein Kindermädchen und einen Gärtner ein. Helmut R. beschäftigte zusätzlich zum Hausmädchen, das der Familie sieben Tage die Woche zur Verfügung stand, auch einen Hausmeister und einen Gärtner. Richard W. und Franz S. stellten neben dem Hausmädchen auch einen persönlichen Fahrer ein. Den Aussagen der Befragten nach hatte dies drei Gründe: Zum einen sollte damit die Gastgesellschaft finanziell unterstützt werden, zum anderen war es für manche Familien auch eine reale Hilfe im ungewohnten Klima der Entwicklungs- oder Schwellenländer. Die Hausangestellten wurden für die Familien außerdem zum wichtigsten Bindeglied und »Mittler« in die neue Kultur.

Die Rahmenbedingungen des alltäglichen Lebens sind in den östlichen Ländern Europas anders. Zwar sind auch in diesem Fall alle Ausreisenden finanziell bessergestellt, teilweise sogar deutlich besser, als im Herkunftsland[86], allerdings erhalten sie keine »Gefahrenzulagen«. Zuschüsse zum Wohnen und der Kinderbetreuung sind aber auch in ihren Verträgen zugesichert. Hauspersonal gehört in diesen Destinationen nicht zum Alltag. Yasemin D., Claudia H. und Katrin L. engagieren zwar eine Putzhilfe – diese Dienstleistung nahmen sie jedoch auch bereits in Deutschland vor der Ausreise in Anspruch. Den Alltag müssen sie sich alleine erschließen. Für Katrin L. gestaltet sich dies in Polen schwierig. Sie wagt es anfangs nicht, mit dem Auto das Wohnviertel zu verlassen. »Ich habe mir das gar nicht zugetraut […] die fahren wie die Irren. […] Die Polen haben glaube ich die meisten Verkehrsunfälle in Europa […] da musst du richtig lernen, dich durchzusetzen […] es hat vier Wochen gedauert, bis ich mich getraut habe, mit dem Auto in einen anderen Stadtteil zu fahren, natürlich mit dem Navi, sonst wäre ich hoffnungslos verloren gewesen […] das war wichtig, so einen eigenen Aktionsradius zu erobern. Da mit dem Auto hinzufahren, alleine, einfach die normalen Dinge des Alltags erledigen zu können« (Katrin L.).

Alle Entsandten, die in den östlichen Ländern Europas stationiert waren, erleben früher oder später die Besonderheiten eines Behördengangs. Nachdem sie oftmals wiederholt in Warteschlangen angestanden hatten, fehlte meist doch noch ein spezielles Dokument – dies wurde von den Protagonisten bisweilen als »Schikane« empfunden. Sowohl in den außereuropäischen als auch in den europäischen Zielländern gilt: Sobald der Reiz des Neuen in den Gastländern verflogen ist, stören sich die Akteure auch an den alltagsspezifischen Dingen vor Ort – wie das auch in Deutschland der Fall wäre.

Die Einflüsse, mit denen die Protagonisten im Ausland konfrontiert werden, können dem Ansatz von Klaus und Juliana Roth folgend (J. Roth/K. Roth 2002: 81) in drei Kategorien eingeteilt werden: erstens die soziokulturellen Faktoren (die Kultur und Geschichte der beiden Länder, die in der Begegnung aufeinandertreffen, historisch gewachsene Beziehungen, die gegenseitige Wahrnehmung und die »kulturelle Passung«), zweitens die situativen Faktoren (aktuelle politische, rechtliche und wirt-

---

86 Das ist teilweise dadurch begründet, dass es für manche der Berufsstart nach dem Studium ist (Kulturmanagerin Petra T., Lehrer Florian F.).

schaftliche Situation des Gastlandes und im Herkunftsland und das daraus resultierende Machtverhältnis, die Anzahl der Entsandten im Land und das Vorhandensein der Entsandtengemeinschaft) und drittens die individuellen Faktoren, die das Beziehungsmodell beschließen. Die Autoren kommen zu dem Ergebnis, dass die individuellen Faktoren im Gastland in Bezug auf ihre Studie in Moskau weniger ausschlaggebend sind als die situativen und soziokulturellen – die kulturelle Passung zwischen deutschen und russischen Verhaltensweisen habe entschieden zum positiven Verlauf der untersuchten Entsendungen beigetragen (ebd.: 103). Für die vorliegende Studie kann dies nicht in vollem Umfang bestätigt werden. Vielmehr bedingen sich die verschiedenen Faktoren deutlich, und es gilt zumindest für einen Großteil der Befragten, dass die individuellen, psychosozialen Faktoren bestimmender waren als die situativen und soziokulturellen Einflüsse. Die individuelle Anpassung der Protagonisten war in den meisten Destinationen aufgrund verschiedener Einflüsse zudem nur geringfügig möglich und teilweise auch weder erforderlich noch vom Gegenüber erwartet oder erwünscht – was aber im Umkehrschluss nicht bedeutet, dass Protagonisten, die diese Erfahrungen machten, ihre Entsendung als weniger erfolgreich ansahen (vgl. Kapitel 4.1.1).

Oftmals ist ein asymmetrisches Verhältnis zwischen den Arbeitskulturen der westlichen Entsandten und der Kollegen vor Ort zu beobachten, was die Zusammenarbeit erschweren kann, wenn es zu »Überlegenheitsgefühlen« der Entsandten kommt (vgl. Thomas/Schroll-Machl 2003: 394). Die Umgangsformen differieren je nach Gastkultur, ebenso der Führungsstil, das Berufsethos und die Eigenverantwortlichkeit der Mitarbeiter (ebd.). Vor allem die Wirtschaftsexpats stehen unter enormem Erfolgsdruck. Meist ist es für die Protagonisten die erste Tätigkeit in einer Führungsposition. Die Verantwortung variiert von kleineren Abteilungen mit zunächst zehn Mitarbeitern bis hin zur Konzernleitung. Während ihre Tätigkeit auch in Deutschland international ausgerichtet war, müssen sich die Protagonisten nun mit einer neuen Arbeitskultur arrangieren und fühlen sich dabei bisweilen von den deutschen Niederlassungen alleingelassen. Alle Befragten stehen unter dem Druck, ihrer Aufgabe in den Gastländern gerecht zu werden. Die Wirtschaftsexpats stehen zudem vor der Herausforderung, »Diener zweier Herren« (vgl. Stahl u.a. 2005) zu sein. Einerseits sollen sie die Standards der Muttergesellschaft und die vorgegebenen Unternehmensziele vor Ort einspeisen, andererseits müssen sie sich mit den lokalen Gegebenheiten in der Firmenkultur arrangieren. Je nach Land variieren die Herausforderungen. Die in den östlichen Ländern Europas stationierten Wirtschaftsexpats berichten vom »fehlenden« Mittelmanagement und dem »Verhaftetsein an hierarchischen Strukturen«[87], die sie als irritierend empfanden.

Die Lehrer hingegen zeigten bei der Integration in ihre Gastländer eine weitaus größere Motivation. Die zeitlich festgelegten und damit kürzeren Arbeitszeiten machte es dieser Gruppe leichter, gemeinsame Zeit mit der Familie zu verbringen und dabei das Land zu erkunden. Zudem erhielten sie für die Anfangszeit in den außereuropäischen Destinationen von der Schule einen Mentor zur Verfügung gestellt, der die Familie während der ersten Tage im Land begleitete. Diese Tatsache wird von den Lehrern als hilfreich empfunden, denn »sie fördert die Offenheit zwischen den Kollegen und erleichtert das Einleben« (Moser-Weithmann 2002: 158). Im Gegensatz zu den Wirtschaftsexpats hatten sich die Vertreter dieser Kategorie für den Einsatz beworben. Die Lehrer waren zudem vom Respekt, der Disziplin und der Leistungsbereitschaft der Schüler positiv überrascht.

Zusätzlich zu den beruflichen Herausforderungen in neuen Arbeitskontexten berichten die Väter von einer »permanenten inneren Zerrissenheit« und einer »dauerhaften Überanstrengung.« Während sie versuchen, ihre beruflichen Aufgaben zu erfüllen, fühlen sie sich unter Druck, auch in der Familie Präsenz zu zeigen. Weitere belastende Faktoren ergeben sich, wenn sich die mitausreisende Frau oder die Kinder nicht gut einleben (vgl. Thomas/Schroll-Machl 2003: 392). »Ich hatte ein permanent schlechtes Gewissen, ich hatte das Gefühl, ich kann beidem [Beruf und Familie] nicht gerecht werden« (Stephan D.).

---

87 Die Entsandten kommen aus einer Arbeitskultur mit niedriger Machtdistanz. Sie sind Teamarbeit auf »Augenhöhe« gewöhnt. Konfrontiert werden sie in allen vorgestellten Destinationen jedoch mit der Arbeitskultur einer hohen Machtdistanz. Die Mitarbeiter erwarten den Aussagen zufolge einen »patriarchalen Führungsstil«.

4.3.4 Der familiäre Kontext

> »Die Familie muss funktionieren. Also die muss im Ausland echt zusammenhalten. Der Rückzugsort muss da sein. Ansonsten kann man gleich Koffer packen.«
> *(Interview Andreas R.)*

Viel mehr als im Herkunftsland sind die Familienmitglieder im Ausland aufeinander angewiesen. Das bedeutet, dass sie zu einem Zeitpunkt, an dem noch keine sozialen Kontakte erschlossen sind, auch mehr aufeinander fixiert sind. »Dadurch wird eine Interaktionsdynamik in einer zu Hause nicht gekannten Intensität in Gang gesetzt. Nur Familienmitglieder, die im Vollbesitz ihrer Kräfte sind, können einander die nötige Stütze sein« (Thomas/Schroll-Machl 2003: 392). Familien, die dagegen mit dem Plan ins Ausland reisen, die Familie zu retten, unterschätzen, dass die Probleme mitreisen (vgl. Ward 1996; Bergemann/Sourisseaux 1996; Kühlmann 1995). Jeder der Ausreisenden steht vor besonderen Herausforderungen. Während sich die Männer mit Entsendeverträgen wenige Tage nach der Ankunft im Land den neuen Aufgaben stellen müssen, fallen die mitausreisenden Partnerinnen, die keinen eigenen Arbeitsvertrag haben, zunächst automatisch in eine traditionelle Frauenrolle zurück, mit der sie sich nur schwer identifizieren können. Sie organisieren den Alltag, versorgen die Kinder, sofern dies, wie es in den außereuropäischen Destinationen der Fall ist, nicht vom Hauspersonal erledigt wird, und versuchen, neue Kontakte zu knüpfen. »Das Alltagsleben, die Organisation, blieb im Grunde an mir hängen. Ich war überspitzt gesagt alleinerziehend[88] [...] und für die sozialen Kontakte zuständig und alles, was im Haus eben so anfällt. Außerdem positiv gestimmt bleiben, weil man es ihm ja nicht noch schwerer machen will. [...] Es war damals klar, da haben wir wirklich den Männern den Rücken freigehalten mit allem, was anstand« (Yasemin D.).

Da zunächst noch auf keine sozialen Kontakte zurückgegriffen werden kann, führt das bei den Frauen zu Gefühlen der Isolation, Langeweile, Frustration und zunehmender Einsamkeit. Diese Beobachtungen haben auch Juliana und Klaus Roth mit ihrer Studie über deutsche Entsandte in Moskau (2002) gemacht: »Geklagt wird immer wieder über Einsamkeit, Untätigkeit und soziale Isolation, die bei einigen zu Hyperaktivismus, etwa zu ziello-

---

[88] Auch eine weitere mitausreisende Ehefrau benutzt im Interview die Wendung: »Ich hab immer gesagt, ich bin alleinerziehend« (Katrin L.).

sem Herumfahren in Moskau, bei anderen zu Depressionen, Lethargie und Angst führt; viele wagen nicht, öffentliche Verkehrsmittel zu benutzen oder selbst Auto zu fahren« (ebd.: 93). Die Autoren beschreiben das Spannungsfeld zwischen überforderten und unterforderten Partnern. Ihre Ergebnisse zeigen, dass einige Frauen wegen der Isolation und der Belastung in der neuen Umgebung zum Alkohol greifen, was in der Folge Ehekonflikte mit sich bringt. Nicht selten, so Roth, »beginnen die Männer vor Ort eine neue Beziehung mit jungen Russinnen« (ebd.). Die Folge: Abbruch der Entsendung und Scheidung (ebd.).

Für die Frauen werden die berufstätigen Ehemänner zunächst zum einzigen Kommunikationspartner. Während diese jedoch tagsüber unter großer Anspannung stehen, fehlt ihnen abends die Energie, sich mit den Alltagssorgen der Frauen zu beschäftigen. »Ich kam nach Hause, war total k.o. und sie war einfach gar nicht gut drauf. Und ich musste dann viel organisieren, was sie nicht gemacht hat oder keinen Bock drauf hatte [...] das große Problem war, da mit dem Kind zu sein und niemanden zu haben [...] da habe ich mir manchmal gewünscht, diese Rückendeckung zu haben, dass ich heimkomme und sage, es ist einfach viel bei der Arbeit, aber ich muss mich nicht auch noch um den Haushalt kümmern [...] das war schon immer grenzwertig [...] ich weiß, dass sie das anders sieht, und dass sie das Gefühl hatte, mir viel freigehalten zu haben, aber das war im ersten Jahr sicherlich nicht der Fall« (Florian F.).

Die Paar- und auch die Familiensituation muss vor Ort neu ausgehandelt werden: Ist der Mann (oder die entsandten Frauen) als Hauptverdiener von den Hausarbeiten freigestellt? Kümmern sich ausschließlich die Mütter (oder Hausmänner) um den Nachwuchs, wenn dieser nachts versorgt werden muss? In welchen Zuständigkeitsbereich fallen Dinge des Alltags wie Behördengänge, Einkäufe, Erledigungen im Haushalt und das Knüpfen sozialer Kontakte? In der Kategorie der mitausreisenden Ehefrauen aus der Wirtschaft, der Entwicklungshilfe und der Lehrer fallen diese Aufgaben den mitausreisenden Ehefrauen und im Falle der Kulturmanagerinnen den mitausreisenden Partnern zu. Während Georg A., der älteste Protagonist der Erhebung, bereits in Deutschland mit seiner Berufstätigkeit abgeschlossen hat und sich mit der Rolle als Hausmann gut arrangieren kann, gelingt dies Daniel G. nicht. Der Plan, seine Dissertation in Polen voranzutreiben, scheitert. Um sein Vorhaben weiterverfolgen zu können, reist er nach sechs Monaten wieder nach Deutschland aus. Der Sohn bleibt bei der Partnerin in Polen, die nun vor der Herausforderung steht, die Kinderbetreuung zu organisieren und zugleich ihre Karriere im Ausland weiterzuverfolgen.

In Fällen, in denen Kinder mit ausreisen, sind die Mütter und Hausmänner zusätzlich dafür verantwortlich, dass diese sich in der fremden Umgebung eingewöhnen. Aufgrund des Alters der Kinder und der umweltsituativen Bedingungen im Land sind sie gefordert, die Kinder zu Schule, Freizeitaktivitäten und Freunden zu bringen und wieder abzuholen. Wie die Familienporträts zeigten, kommt es auch bei den jüngsten Ausreisenden zu Fremdheits- und Heimwehgefühlen, die von den Eltern aufgefangen werden müssen. Auch dies beeinflusst die Stimmung im Ausland zwischen den Paaren. Den Autoren Kim (1985) und Torbiörn (1982) zufolge fällt Kindern unter neun Jahren die Anpassung an eine neue Umgebung aufgrund der noch nicht so gefestigten Identität leichter. Wie anhand der Familienporträts gezeigt werden konnte, leiden aber auch kleinere Kinder (4 und 5 Jahre) bereits unter der Ausreise.

Im Ausland sind Eigen- und Fremdwahrnehmungen der Frauen außerdem nicht mehr stimmig, was zu Konflikten mit dem Selbstbild führen kann. Irene B. berichtet von der Erfahrung, dass ihre »Identität« im Ausland nicht mehr wichtig gewesen sei, da sie sich nur noch auf die Rolle der »Ehefrau von ...« reduziert fühlte. Die einzig klar formulierte Aufgabe sei es, den Haushalt zu organisieren, soziale Netzwerke zu erschließen und die Ehemänner auf repräsentative gesellschaftliche Verpflichtungen zu begleiten. Der Kulturanthropologe von Dobenbeck stellt in seinem Forschungssample ähnliches fest: Seine befragten Akteurinnen bemängeln ebenfalls, dass ihr sozialer Status vom Ehemann abhängt (von Dobenbeck 2010: 235).

Durch das Hauspersonal, dessen Anwesenheit für alle Frauen zunächst schwierig zu akzeptieren war, sehen sich die Frauen in den außereuropäischen Ländern auch ihrer letzten zugeschriebenen Funktion beraubt: der als Hausfrau und Mutter. In dieser Situation fühlen sich Sandra K., Irene B., Stefanie O., Doris W. und die erste Ehefrau von Helmut R.[89] zunächst überflüssig, da die Hausarbeit und Kinderbetreuung größtenteils vom Dienstpersonal übernommen wird. Frauen, deren Selbstbild außerdem stark mit den eigenen Karriereplänen verknüpft ist, haben der Soziologin Arlie Russel Hochschild zufolge zudem mit dem Verlust ihrer Selbstachtung und mit Depressionen zu kämpfen, wenn sie sich zum Verzicht auf die Verfolgung eigener Berufspläne gezwungen sehen (Hochschild 2006: 216). Unter den

---

89 Aussagen bezüglich der ersten Ehefrau von Helmut R. beruhen auf seinen Erzählungen und denen der Kinder, da ein Gespräch mit ihr nicht möglich war.

Paaren entstehen Asymmetrien: Waren in Deutschland beide berufstätig und in jeweils eigene soziale Netzwerke eingebunden, lernen sie sich im Ausland in einer anderen Rolle kennen, die von den äußeren Rahmenbedingungen bestimmt wird. Die Paare sind in der Anfangszeit aufgrund der fehlenden sozialen Kontakte sehr auf sich konzentriert und aufeinander angewiesen, was sie aus ihrer bisherigen Paargeschichte so nicht kennen. »Wenn du eine Frau bist, die denken kann und sagt, ich will selber arbeiten, und plötzlich verdient dein Mann 15.000 Euro im Monat und du verdienst nichts [...] natürlich kann das Probleme geben« (Andreas R.).

Irene B. gerät in Hongkong in eine Lebenskrise, die therapeutisch behandelt werden muss. Auch Yasemin D. berichtet von großen Irritationen: »Das war für mich eine neue Erfahrung, man geht da in den neuen Kulturkreis und es wird nicht groß gefragt, was machst du beruflich. Man identifiziert sich mit der Firma des Mannes« (Yasemin D.). Beruf, Hobbys, soziale Kontakte – einen großen Teil ihrer sozialen Identität – lassen die Frauen in Deutschland zurück.[90] Stefanie O. macht eine ähnliche Erfahrung, als sie ihren Entsendevertrag wegen der Geburt ihres ersten Kindes unterbricht. »Das war unmöglich! Da war ich nur die ›Ehefrau von‹ und viele Leute wussten gar ned, dass ich vorher auch Entwicklungshelferin war. [...] Und dass man mit mir fachlich reden kann. Dass ich nicht nur Schnuller durch die Gegend tragen kann« (Stefanie O.). Sie leidet so sehr unter der Rolle, dass sie sich schnell um einen neuen Vertrag kümmert. Da die Entwicklungshelfer ebenfalls Hauspersonal beschäftigen, kann sie relativ schnell nach der Geburt ihrer Kinder wieder in das Berufsleben einsteigen. Claudia H., die ihren Mann als Lehrerin nach Polen begleitet, betont im Interview, dass sie einzig wegen der Aussicht, nach spätestens einem Jahr einen Lehrauftrag im Land anzunehmen, mit ausreist. »Nach einem Jahr als Hausfrau und Mutter in Polen, als Expatfrau, bin ich gottfroh, dass ich Lehrerin bin. Dieses Leben, das die Frauen dort führen, das ist absolut keines für mich. Dieses Konsumieren, dieses Shopping und dann Kaffeetrinken und Zeit vertreiben, das wäre nicht mein Ding gewesen, also da wäre ich echt ausgerastet, das kann ich Ihnen sagen« (Claudia H.).

Für die mitausreisenden Frauen ist es eine große Herausforderung, sich im Ausland ein neues Betätigungsfeld zu erschließen. Fehlende Arbeitsge-

---

90 Diese Tatsache gilt zwar auch für die männlichen Protagonisten, jedoch lassen die Ergebnisse den Schluss zu, dass es den Entsandten weniger Schwierigkeiten bereitet als ihren mitausreisenden Frauen. Die identitätsstiftende Wirkung der Berufstätigkeit dürfte bei den Männern als ausgleichender Faktor wirken.

nehmigungen oder mangelnde Sprachkenntnisse stehen dem Vorhaben einer eigenen Berufstätigkeit meist im Weg (Wölke 1982: 29). Um neue Räume erobern zu können, müssen die Protagonisten spezielle Strategien entwickeln. Als Grundkompetenzen sollten die Ausreisenden deshalb nicht nur ein hohes Maß an Selbstreflexion, sondern auch Neugier, interkulturelle Kompetenz und damit einhergehend Anpassungsfähigkeit und Großzügigkeit gegenüber der Gastkultur mitbringen (vgl. Schreiner 2007). Der Großteil der mitausreisenden Ehefrauen bemüht sich in den Gastländern um neue sinnstiftende Tätigkeiten. Jutta P. promoviert, die Entwicklungshelferinnen kümmern sich nach der Geburt der Kinder schnell wieder um eigene Arbeitsverträge vor Ort, die Ehefrau von Jürgen E. übernimmt als ausgebildete Erzieherin die Leitung einer Schule in Ecuador, Irene B. studiert ebenfalls während der zweiten Entsendung in Brasilien, und Claudia H. sowie Hannah M. übernehmen jeweils einen Lehrauftrag an einer Deutschen Schule. Yasemin D. bekommt während der Entsendung ein zweites Kind, und Katrin L. setzt ihre freiberufliche Beratertätigkeit in Deutschland fort und pendelt immer wieder zwischen Deutschland und Polen. Zudem engagiert sie sich an der Schule ihrer Kinder und singt dort im Chor mit.

Die traditionell orientierte Doris W. und die Ehefrau von Helmut R. schließen sich anderen Expatfrauen vor Ort an. Sie verbringen ihre Zeit mit Kinderbetreuung, Stadtbummeln, Handarbeiten oder Kaffeetrinken. Doris W. engagiert sich zudem ehrenamtlich an der Schule ihrer Kinder und beliefert andere deutsche Familien mit Brezeln, die sie von einem deutschen Bäcker vor Ort bezieht. Den Wert ihrer Tätigkeit wiegt sie nicht im monetären Gegenwert auf, wie dies die »jüngeren« Frauen aus dem Sample tun. Im Blick hat sie stets, dass sich der Einsatz für die gesamte Familie bezahlt machen wird, wenn ihr Mann nach dem Auslandseinsatz die angestrebte Beförderung erhält.

Die psychosozialen Aspekte, die umweltsituativen Bedingungen sowie die hohe Arbeitsbelastung der Entsandten werden für die Paare zu einer großen Bewährungsprobe. Richard W. weiß, dass seine Frau die ersten Tage am Fenster steht und ihm weinend hinterherschaut, während er zur Arbeit fährt. Es belastet ihn auch, dass er seinen Sohn am Tag der Einschulung nicht begleiten kann, sondern dabei von seiner Sekretärin vertreten wird. Franz S. bemerkt zudem bald nach der Ankunft seiner Frau in Indien, dass sie sich zurückzieht, aber er sieht keine Möglichkeit, wie er ihr helfen könnte, da er die Entsendung nicht abbrechen möchte. »Ich wollte doch nicht als Versager zurückkommen« (Franz S.). Und Stephan D. berichtet von seiner andauernden inneren Zerrissenheit, den Anforderungen seiner beruflichen Position und seiner Rolle als Ehemann und Vater gerecht zu werden. »Das schlechte Gewissen war nicht nur latent. Das war stark« (Stephan D.).

Während die Frauen Identitätskonflikte wegen der fehlenden, sinnstiftenden beruflichen Tätigkeit im Ausland erleben, sehen sie sich aber auch anderen »Bedrohungen« im Land ausgesetzt. Irene B. stört sich an den »brasilianischen, glutäugigen Strandschönheiten«, Yasemin D., Katrin L. und Doris W. beobachten, wie im Expatumfeld immer wieder Ungarinnen, Polinnen oder auch malaiische Frauen mit verheirateten Männern aus der Entsandtengemeinschaft anbandeln. Die befragten Ehemänner im Sample wissen auch um die Bedenken ihrer Frauen vor den »unterwürfigen Asiatinnen«, »sexy Polinnen«, »impulsiven Bulgarinnen« oder den »freizügigen Ungarinnen«. Stephan D. reagiert den Aussagen seiner Frau zufolge auf die »freizügigen Ungarinnen« im Büro folgendermaßen: »Er hat immer gesagt, er weiß überhaupt nicht, wo ich die [gutaussehenden Ungarinnen] immer sehe. Er sieht die überhaupt nicht, er sieht immer nur die ganz dicken Weiber« (Yasemin D.). Im Interview ist seine Erinnerung präsenter. »Das ist halt Osteuropa, da ist die Kleidung freizügiger […] da kam mal eine in die Arbeit mit einem Ausschnitt, wo ich dachte, will die jetzt arbeiten oder was hat die vor […] das war für die Jungs [seine Mitarbeiter] schon ein Heiratsmarkt. Also was da Leute Hand in Hand rumgelaufen sind in der Firma, das hatte ich noch nie gesehen« (Stephan D.). Zu einer bedrohlichen Situation für seine Ehe kommt es nie. »Das war schon eher einfacheres Niveau. Das waren alles Arbeiterinnen am Band […] oder Sekretärinnen […] ist vielleicht auch nicht so interessant, dass man da jetzt unbedingt die Sekretärin haben muss. Die [Frau] sollte einem vielleicht auch ein bisschen das Wasser reichen können« (Stephan D.). Dennoch zerbrechen im unmittelbaren Umfeld einige Beziehungen. »Die Gefahr [einer Beziehungskrise] ist auf jeden Fall dramatisch […] es sind immer wieder Gerüchte rumgegangen, dass dann halt doch junge Ungarinnen die Deutschen verführt haben oder andersrum […] wie dem auch sei, wer daran schuld ist, weiß ich nicht, aber auf jeden Fall sind in der Arbeit auch Beziehungen gelaufen zwischen deutschen Mitarbeitern und Ungarinnen, was ja nicht unbedingt die Partnerschaft gefördert hat, die es schon gab« (Stephan D.).

Andreas R. beobachtet Ähnliches in Polen. Einige Expatmänner treffen sich in Warschau regelmäßig in einer speziellen Bar zu Männerabenden. »Ich war nie da, aber das war Vollpanne, was ich da gehört hab […] man kann sich vorstellen, was zwischenmenschlich abgelaufen ist zwischen deutschen

Männern und Polinnen. Das hat sich auch sofort rumgesprochen. Du bist zwar in der weiten Welt, aber die Welt ist so klein« (Andreas R.). Innerhalb der Entsandtengemeinschaft, von der im Kapitel 4.4.1 die Rede sein wird, spricht sich schnell herum, welches Paar in eine Krise geraten ist. »Der Gossenfaktor ist extrem hoch. Die Mädels machen aber auch die Augen zu. Das Niveau, der Lebensstandard ist sehr hoch. Du bekommst Tausende als Schmerzensgeld« (Andreas R.).

Alle Protagonisten berichten, dass sie in ihrem näheren sozialen Umfeld erlebt haben, wie Ehen zerbrechen – die Beobachtungen beschränken sich nicht auf die östlichen Länder Europas. Richard und Doris W. berichten Ähnliches aus Malaysia, und Patrick und Jutta P. aus Afrika. Die Ergebnisse der Erhebung lassen bereits erste Rückschlüsse bezüglich der Paarbeziehungen zu, die sich im Verlauf der Studie bestätigen wird: Jene Paare, die vor der Ausreise über »Beziehungskapital« verfügen (gemeinsam gelebte Geschichte), die bereits verschiedene Bewährungsproben durchlaufen haben, können bei emotionalen Herausforderungen eher auf bewährte Methoden und Konzepte zurückgreifen, um mit problematischen Situationen umzugehen. Für die »jüngeren Paare« ist dies eine größere Herausforderung. Die Ehedauer zum Zeitpunkt der Entsendedauer ist jedoch auch kein Garant für eine stabile Partnerschaft im Ausland (vgl. Porträt Helmut R.). Allerdings haben die Ehepaare mit einer längeren gemeinsamen Geschichte schon einige Herausforderungen umschifft, die die »jüngeren« während des Findungsprozesses als Paar erst noch auszuhandeln haben. Die Verfügbarkeit von »emotionalem Kapital« (vgl. Illouz 2012) oder Beziehungskapital ist hierbei von zentraler Bedeutung – vor allem in einer Umgebung, in der noch nicht auf stabilisierende soziale Kontakte zurückgegriffen werden kann.

4.3.5 Sicherheitsbedürfnisse und die Gefahrenlage in den Gastländern

Die umweltsituativen Bedingungen in den Gastländern spiegeln sich unmittelbar in der Wohnsituation der Protagonisten. Aufgrund des Status der Akteure und des daraus resultierenden Gefährdungspotenzials glichen die Wohnräume in den außereuropäischen Destinationen teilweise Festungen. In Afrika und Malaysia lebten die Familien (auch die Entwicklungshelfer, sofern sie in Hauptstädten stationiert waren) hinter hohen Mauern und Stacheldrahtzaun. Meist handelte es sich dabei um abgetrennte Bereiche, die durch eine bewachte Schranke passiert werden mussten. Nahezu alle Betroffenen fühlten sich unfrei und in ihren Handlungsmöglichkeiten eingeschränkt.

Mit den vielen Gesichtern der Armut in den außereuropäischen Destinationen werden vor allem die Entwicklungshelfer während ihrer Tätigkeit konfrontiert, da sie meist sehr nah mit der indigenen Bevölkerung zusammenleben und arbeiten. Die Einsatzorte sind oftmals an kleinen, dörflichen Standorten. Diese Regionen sind zugleich am stärksten von Katastrophen, Armut und politischen Unruhen betroffen. Daher war es für alle Entwicklungshelfer seitens der Arbeitgeber verboten, in ihren ländlichen Destinationen nach Einbruch der Dunkelheit mit dem Auto die Stadt oder den Wohnort zu verlassen. »Mir war nie wohl beim Autofahren außerhalb der Stadt … es ist ja zappenduster da draußen. […] Sie fahren da halt irgendwo durch ein westafrikanisches Dorf, und dann hocken da überall die Kinder und die Hühner, und wenn Sie da irgendwas zusammenfahren, im besten Fall ein Huhn oder ein Rind, im schlimmsten Fall ein Kind, dann kann das sehr schnell sehr unangenehm werden […] es soll in manchen Gegenden auch Lynchjustiz geben […] wir hatten die Order [vom Entsendedienst] […] dann wirklich Gas geben und weg vom Unfallort und zur nächsten Polizeidienststelle fahren« (Thorsten K.).

Die Abende spielen sich in Entwicklungsländern tendenziell in den Wohnungen ab. Die begrenzten Räume und die dadurch entstehende Abhängigkeit in Bezug auf die Gastgesellschaft war allen Protagonisten in den abgelegenen Regionen bewusst. »Immer wieder blitzte mal so ein Gedanke auf […]. Was tun, wenn jemand einbricht. Das sind immer so Sekunden von Panik, beziehungsweise bis zur Panik lässt man das gar nicht zu, weil man dann verrückt würde. Wir hatten das auch so gut wie nie, so die konkrete Gefahr, es war nur mal so eine Idee. Wenn dann mal doch wieder jemand spät klingelte oder so. Aber man hat das definitiv, dass das Herz mal ein paar Sekunden schneller klopft und man sich dabei ertappt, wie man den Atem anhält. Aber wie gesagt, das sind Sekunden« (Thorsten K.).

Auch Stefanie O. wird mit Situationen konfrontiert, die sie beunruhigen: »In Mali, das hatte irgendwie mit den Unruhen an der Elfenbeinküste zu tun. Da wurde irgendwo in der Nachbarschaft bei Ausländern ein Wächter erschossen, und das waren Banditen aus der Elfenbeinküste, und daraufhin hat man beschlossen, dass jeder Haushalt einen zweiten Wächter für das Haus kriegt. Das war drei Monate lang. Und es gab auch einen bewaffneten Raubüberfall aufs Gästehaus. Da sind die dann halt mit 'ner Kasse abgezogen, die ein Entwicklungshelfer leider vom Büro mitgebracht hatte und noch nicht in den Tresor gestellt hatte. [...] Und 'ne Entwicklungshelferin ist auch [...] beinahe wäre sie vergewaltigt worden [...] das war so nah dran, irgendwie [...] da gab es dann auch Krisensitzungen, und was macht man denn, wie verhält man sich am besten, wenn man abends weggeht. Das gab es mal. Aber es war im Vergleich zu andern Ländern extrem selten. Das war auch kein Grund für mich zu sagen, ich geh jetzt wieder« (Stefanie O.). Anhand des empirischen Materials können Zielländer mit variierenden Fremdheits- und Risikograden ausgemacht werden (Scherm 1995: 208). So lassen sich Länder mit »schwierigeren Aufnahmebedingungen« feststellen, die einen hohen Grad an Differenz zum Herkunftsland aufweisen wie Konfrontation mit Armut, gesundheitliche Risiken wie Tropenkrankheiten oder exotische und gefährliche Tiere, eine medizinisch unzureichende Versorgung im Land, ein schwieriges Klima (Indien, Westafrika, Malaysia, Ecuador). Und Länder, die weniger starke umweltsituative Beeinträchtigungen für den Entsandten und seine Familie aufweisen, da der Unterschied zum Herkunftsland bezüglich dieser Einflussfaktoren als niedrig eingestuft wird (östliche Länder Europas). In den Ländern des östlichen Europas sind dafür, wie bereits erwähnt, die soziokulturellen Faktoren nicht zu unterschätzen. Alle Entsandten berichten, dass sie von der »gefühlten Distanz« zur Gastgesellschaft irritiert waren. Allerdings finden diese Irritationen mehr im »Inneren« als bei den umweltsituativen Bedrohungen im »Außen« statt. Die Empirie bestätigt: Je stärker sich Gastland und Herkunftsland aufgrund der umweltsituativen Bedingungen unterscheiden, desto anstrengender wird »der Alltag« von den Protagonisten in der Fremde erlebt. Wie groß diese Einschränkungen und das Gefühl des „Fremdsein" erlebt werden, hängt allerdings stark vom subjektiven Empfinden der Protagonisten ab.

Zu den umweltsituativen Herausforderungen in den außereuropäischen Destinationen zählen auch gesundheitliche Risiken. Von den hier befragten Entwicklungshelfern und deren Kindern erkrankt während der Entsendung jeder ein- bis dreimal an einer Malaria, Jürgen E. und seine Frau stecken sich mit Hepatitis an. Die gesundheitliche Gefährdung für die Entwicklungshelfer ist aufgrund der umweltsituativen Bedingungen, in denen sie leben, ungleich höher als bei den Wirtschaftsexpats. Nur in einem Fall erkrankt eine mitausreisende Ehefrau in Malaysia vermutlich an Denguefieber. Als Grund können die variierenden Lebensbedingungen zwischen Stadt und Land ausgemacht werden. Drei Entwicklungshelfer wurden im Laufe der Entsendung wegen unzureichender hygienischer Bedingungen evakuiert (Jürgen E. und seine Frau während einer Hepatitiserkrankung, Sandra K. wegen der

Schwangerschaftskomplikationen). Franz S. erlebte dagegen in Indien ein Erdbeben, Helmut R. machte diese Erfahrung innerhalb von sechs Jahren in Kolumbien dreimal. Mit seiner Familie erlebte er zudem 60 Stunden ohne Wasser sowie Stromausfälle, heftige Tropengewitter und Überflutungen, die wegen der instabilen Bauweise mehrfach das Wohnzimmer unter Wasser setzten.

Auch die wirtschaftliche oder politische Lage im Land beeinträchtigte das Sicherheitsempfinden der Entsandten. Helmut R. berichtet in einem seiner Rundschreiben, dass er mit der Familie eine Straße passieren musste, in der erst wenige Tage zuvor Rebellen einen LKW in die Luft gesprengt hatten. »Das ist jetzt nicht für die Omas bestimmt [...] fast 100 Meter Straßenfront lagen in Schutt und Asche. Nach gut drei Stunden hatten wir die Strecke geschafft [...] es ist gut gegangen« (Helmut R., Reise-Info Nr. 5a). Kurze Zeit später wurde in Kolumbien der Ausnahmezustand ausgerufen, da der neue Präsident härter gegen die Drogenkartelle vorgehen wollte. Ausländern war das Reisen in manchen Gebieten nur noch mit Genehmigung erlaubt. In seinem Rundbrief schreibt er: »Ein Gefühl der Unsicherheit oder Bedrohung kommt bei uns nicht auf. Es ist hier eine Situation, die man sich von außen kaum klarmachen kann. Alles geht seinen gewohnten, wenn auch vorsichtigeren Gang« (ebd.).

Wie vorsichtig, zeigt sich, als seine zwölfjährige Tochter mit einer Freundin von der Deutschen Schule gemeinsam Geburtstag feiert. Für die Party mieten beide Familien eine Finca an. »Da der Vater der Freundin als Geschäftsführer einer großen deutschen Firma zum gefährdeten Personenkreis zählte, wurde alles weiträumig durch den bewaffneten Werkschutz abgesichert, der mit Maschinenpistolen durch den umgebenden Wald patrouillierte« (Helmut R.). Als es einige Tage später zu einem Anschlag in einem nahe gelegenen internationalen Club kommt, erreichen Helmut R. viele besorgte Zuschriften aus Deutschland. Im Parkdeck eines elfstöckigen Hauses, in dem der Club untergebracht war, war eine Autobombe detoniert. Die Folge: 39 Tote und 100 Verletzte, darunter auch ein ehemaliger Schüler von Helmut R. Auch die internationalen Medien berichteten. »Trotz der vielen Opfer stellt sich uns die Situation im Land etwas differenzierter dar, als sie Journalisten im fernen Europa, oft ohne Kenntnisse von Kolumbien, zu Papier bringen [...] ich würde die Sicherheitslage nicht so drastisch darstellen. Wir sind bisher in keiner Situation gewesen, die ein Gefühl der Unsicherheit hätte aufkommen lassen [...] das Auswärtige Amt rät zwar dringend vor dem Besuch Kolumbiens ab [...] aber auch in Deutschland kann man Pech haben und von einem Laster überfahren werden oder Lehrkraft in Erfurt gewesen sein« (Helmut R., Reise-Info Nr. 16). Seine Ausführungen verdeutlichen, was auch die Entwicklungshelfer bestätigen: Die Bedrohung in den Ländern wurde von den Protagonisten meist als weniger groß empfunden als von Freunden oder Familienmitgliedern aus der Distanz in Deutschland.

Wie die Beispiele zeigen, gehen dennoch alle Entsandten ein mehr oder weniger großes Risiko für ihre Arbeitgeber ein. Die Gefährdung von Auslandsmitarbeitern ist allerdings ein Thema, das in der Öffentlichkeit selten Beachtung findet. Laut eines Artikels in der *Süddeutschen Zeitung* werden »etwa 250-mal pro Jahr [...] deutsche Geschäftsleute Opfer von Gewalttaten, die nicht glimpflich ausgehen« (Hildebrandt-Woeckel 2006). Während der Entsendung werden sowohl Helmut R. in Kolumbien als auch Patrick P. in Simbabwe jeweils einmal ausgeraubt. »Es ist aber nichts passiert, und man darf dann auch nicht so darüber nachdenken. Die absolute Sicherheit gibt es eben nicht« (Patrick P.).

4.3.6 Physische und psychische Belastungen

Inwieweit das Leben in den Gastländern als psychisch belastend empfunden wird, hängt den Ergebnissen zufolge von einem Bündel von Faktoren ab: von den Umständen und Motivationen, die zur Ausreise geführt haben, den sozialen Kontakten ins Herkunftsland,[91] die der Psychiater Salman Akhtar als »Zugang zu emotionalem Auftanken« (Akhtar 2007: 21) bezeichnet, den sozialen Netzen im Gastland, der Persönlichkeit der Entsandten, der familiären Situation, der beruflichen Herausforderung und dem Ausmaß der kulturellen Unterschiede, mit denen sie sich konfrontiert sehen. Mit der Ausreise verlassen alle Entsandten zunächst den Raum ihrer Muttersprache und damit »die tiefste, verlässlichste Verbindung zu der Kultur, in der [... sie] aufgewachsen sind« (Akhtar 2007: 42). Der Wechsel von einem Land in ein anderes sei somit ein komplexer Prozess mit bedeutenden und bleibenden Auswirkungen auf die Identität eines Individuums (ebd.: 27).

Wie in den vorherigen Kapiteln bereits beschrieben wurde, berichten die Ausreisenden je nach Destination von umweltsituativen, soziokulturellen und individualpsychologischen Herausforderungen – und meist erleben sie diese als eine Kombination gleich starker Kräfte. Neben gesundheitlichen Risiken spielen vor allem auch die psychosozialen Faktoren eine zentrale

---

91 Dieser Aspekt wird in Kapitel 4.4.2 beleuchtet.

Rolle. Wie die Empirie zeigt, ist jeder Entsendeprozess von Frustrationen begleitet. Diese können sich dem Psychiater Salman Akhtar zufolge als angestaute Aggressionen entweder nach außen oder nach innen richten (Akhtar 2007: 52). Akhtar stellt beispielsweise in Bezug auf Immigranten fest, dass es zu einer stärkeren Anfälligkeit für Autoimmunerkrankungen oder psychosomatischen Beschwerden nach einer Einwanderung kommen kann (ebd.).

Zu einem Zeitpunkt, an dem soziale Netze ins Gastland noch nicht als stabilisierende Faktoren zur Verfügung stehen und die virtuellen Kontakte in das Herkunftsland die fehlende »Nähe« nicht kompensieren können, geraten einige der Befragten in Konfliktsituationen. Für sieben Protagonisten zeigen sich die Symptome auf psychischer oder physischer Ebene. Irene B. berichtet von einem Nervenzusammenbruch, der nach der Geburt ihres zweiten Kindes in Hongkong therapeutisch behandelt wird, Hannah M. beschreibt eine Krisensituation mit ihrem Mann, in der sie sich in Bulgarien »tagelang depressiv« fühlt und sie »mit dem Kind nichts mehr anfangen kann«. Die mitausreisenden Ehefrauen von Franz S. (Indien) und Helmut R. (Kolumbien) leiden während der Entsendung an einer Depression, und Dirk L. gerät in Polen ebenfalls in eine Lebenskrise, die er therapeutisch behandeln lässt. »Das war zwei Jahre nur Kampf […] die Jahre, die ich beruflich da [in Polen] war und die wir als Familie da waren, waren nicht gut […] nicht schön für die Beziehung, auch nicht einfach für die Kinder […] ich hab mich in dem Land unwohl gefühlt, auf der Arbeit fühlte ich mich unwohl […] dann passiert, was immer passiert, wenn ein Vakuum entsteht […] man trägt den ganzen Mist nach Hause. Und da gab es extrem viel Stress. Zwischen mir und meiner Frau, zwischen mir und den Jungs« (Dirk L.).

Auch der Polen-Korrespondent Andreas R. berichtet von einer großen Herausforderung. »Das erste halbe Jahr in Polen ist einfach nur Kampf. In der Familie, im Job, im Land« (Andreas R.). Zum Teil macht sich die Anspannung auch an körperlichen Symptomatiken fest. Zwei Beispiele aus dem Sample sollen dies verdeutlichen. Der Lehrer Florian F. ist sechs Wochen in Bulgarien, als er wegen der Arbeitsbelastung und der angespannten familiären Situation einen Hörsturz erleidet. Ins staatliche Krankenhaus möchte er nicht, da er hygienische Bedenken hat. »Ich wollte mir das auch nicht eingestehen […], dass es einfach zu viel war […] aber nach zwei Monaten bin ich dann doch zum Arzt gegangen. Seitdem habe ich Tinnitus […] und er wird bleiben. Für mich persönlich ist das so eine Art Kriegsnarbe, die ich jetzt noch mit mir herumtrage. Plakativ ausgedrückt: irgendwie so durch den Kampf durch und einfach diese Spur ist noch da und erinnert mich im Guten wie im Schlechten« (Florian F.).

Seine Frau berichtet, dass Florian F. die gesamte Entsendung über im Schnitt alle sechs Wochen mit hohem Fieber für einige Tage ans Bett gefesselt war. »Was es war, weiß man nicht, ein Infekt. Für mich war das sehr belastend, da hatte ich dann zwei Pflegefälle. Kind und kranker Mann, das in Kombination. Und man will ja, dass es dem Partner gut geht. Das ist schwierig, wenn man merkt, da ist was nicht im Lot und er quält sich« (Hannah M.).

Auch Stephan D. kommt während der Entsendung in Budapest an seine Grenzen. »Ich habe da einen Überlebenskampf geführt. Es war wirklich ein Überlebenskampf. Ich wollte dieses Projekt haben und ich wollte, dass es erfolgreich ist. Ich wollte nicht als Loser zurückkommen [...] ich bin nur noch gerannt. Ich hab's nicht hingekriegt sonst. Das Werk war so groß.« Wegen des enormen Arbeitspensums ist er so angespannt, dass er nachts mit den Zähnen knirscht. »Ich habe meinen kompletten Kiefer kaputtgemacht, ich bin nachts so angespannt gewesen, dass ich jetzt wirklich Probleme mit den Zähnen hab. Ich hab mich drei Jahre durchgebissen, im wahrsten Sinne [...] Es war schnell klar, dass ich das nicht länger als drei Jahre mache. Ich habe da nur noch die Ziellinie gesehen, da musst du jetzt drüber. Das musst du irgendwie schaffen« (Stephan D.).

Die Zitate verdeutlichen, welch emotional aufgeladene Begriffe (»Kampf«, »Überlebenskampf«, »Kriegsnarbe«, »durchbeißen«, »quälen«) die Protagonisten nutzen, um die Empfindungen während dieser Lebensphase zu umschreiben. Gerade bei Auslandsentsendungen lassen die Mobilitätsanforderungen die Grenzen zwischen Arbeit und Leben verschwimmen und die Akteure stehen meist unter großen Druck, sowohl ihrem beruflichen als auch ihrem familiären Leben gerecht zu werden. Wie die Fallbeispiele verdeutlichen, gilt die »Bedrohung« einer Selbst-Überarbeitung umso mehr während der Jahre im Ausland, wenn sich die Akteure unter extremen Bedingungen in arbeitsintensiven Positionen behaupten wollen. Das »erschöpfte Selbst« (Ehrenberg 2011), kann den Soziologen Voß und Weiss zufolge die tiefe Pathologie des »Arbeitskraftunternehmers und möglicherweise sogar unsere Zeit insgesamt beschreiben« (2014: 36).

»Die Anforderungen einer meist riskanten Selbststeuerung unter unsicheren Bedingungen bedeutet für viele Menschen nicht nur eine quantitative Überlastung in vielen Dimensionen (zeitlich zum Beispiel durch immer knappere Zeitressourcen, steigenden Termindruck, Multitasking und Beschleunigungserscheinungen ...), sondern führt vor allem zu einer gefährlichen Verknüpfung von Selbstentfaltung und Selbstüberforderung.« (Voß/Weiss 2014: 47)

So verheißungsvoll die neuen Posten im Ausland für die Mehrheit der Befragten auch waren, nahezu alle berichten, auf unterschiedliche Art und Weise an ihre Grenze gestoßen zu sein.[92]

Die Frage liegt nahe, ob es einen Unterschied zwischen Frauen und Männern im Stresserleben während der Entsendung gibt. Wie gezeigt werden konnte, sind gerade auch die Frauen mit einer Vielzahl an psychischen Stressoren während des Lebens im Ausland konfrontiert (Infragestellung des Selbstbildes, da die Identifikation als berufstätige Frau zunächst wegfällt, Eroberung eines neuen, kulturell fremden Umfeldes, »Sprachlosigkeit« in den ersten Wochen wegen der mangelnden Sprachkompetenzen in einigen Ländern, Paarkonflikte, Einsamkeit, Verzicht auf soziale Kontakte und ein »selbstbestimmtes Leben«, Trauer der Kinder). Auch wenn die Männer ebenfalls vor großen Herausforderungen stehen, kann für dieses Sample festgehalten werden: Die befragten Frauen werden im temporären Migrationsprozess nicht nur als beanspruchter, sondern in der Mehrheit auch als »beanspruchbarer« erlebt.

Akhtar zufolge liegen dem Phänomen, das er anhand der Immigration ebenfalls beobachtete, einige zentrale Aspekte zugrunde: Frauen legen größeren Wert auf »optimale Nähe« und »optimale Distanz« in den zwischenmenschlichen Beziehungen (Akhtar 2007: 52). »Um eine poetische Metapher zu gebrauchen: Frauen sind Meere, frei, ineinander zu fließen, während Männer als Kontinente für sich stehen« (ebd.). Zudem überschreite Mutterschaft ethnische und nationale Grenzen, die Mütter im Alltag zusammenführt. Diese Gelegenheit wird Akhtar zufolge als indirekte Plattform zur Übermittlung kultureller Informationen genutzt (ebd.). Kinder, so Akhtar, dienen als »Brücke« und »Mittler« zur neuen kulturellen Welt (vgl. auch Kapitel 4.4.1). Frauen scheinen Akhtar zufolge zugleich eine größere Verpflichtung ihrem Partner gegenüber zu empfinden, die sich darin zeigt, eine neue »Heimat« eher zu akzeptieren. Als weiteren Aspekt verweist Akhtar auf den »vorgegebenen biologischen Nestinstinkt«, der Frauen per se »eine bessere Anpassung zugrunde lege« (ebd.). Auch wenn der Psychiater diese Aspekte anhand der Immigration festmachte, so können sie doch auf die vorliegende Studie übertragen werden, denn tatsächlich sind es die Frauen, die dem Le-

---

92 G. Günter Voß und Cornelia Weiss stellen eine generelle Zunahme von »Burnout« oder depressiven Erkrankungen in Zusammenhang mit einer entgrenzten Arbeitswelt fest, vgl. Voß/Weiss (2014).

ben im Ausland nach einer gewissen Zeit Geborgenheit und einen heimatlichen Anstrich im »provisorischen Zuhause« der Fremde verleihen.

Wie die Stressoren und belastenden Faktoren von den Protagonisten letztlich empfunden werden, ist individuell unterschiedlich und unterliegt der subjektiven Bewertung der Situation durch die Betroffenen. Protagonisten, die auf ausgeprägte »hard skills« (arbeitsspezifische Fähigkeiten und Sprache des Gastlandes) und »soft skills« (Einfühlungsvermögen, Anpassungs- und Lernfähigkeit, hohe Frustrationstoleranz) zurückgreifen können, haben in den Gastländern meist mit geringeren Konflikten und Schwierigkeiten zu rechnen (Conratus 1984: 57). Alle Befragten, die psychische Grenzsituationen in den Destinationen erlebt haben, bezeichnen diese als »Einschnitte« oder »Krisensituationen« ihres bisherigen Lebenslaufes.

4.4 Das soziale Umfeld während der Entsendung

4.4.1 Vom Suchen und Finden neuer Netzwerke

> »Er (der Mensch) ist nicht mehr ›zu Hause‹ in einem stimmigen Kosmos, er ähnelt eher einem Vagabunden (oder allenfalls einem Nomaden) auf der Suche nach geistiger und gefühlsmäßiger Heimat.«
> *(Hitzler/Honer 1994: 311)*

Das Erschließen neuer sozialer Kontakte ist, wie die vorigen Kapitel gezeigt haben, überwiegend die Aufgabe der Frauen. Das Vorhaben wird umso komplizierter, wenn die Frauen die Landessprache nicht sprechen. Kontakte ergeben sich deshalb meist im internationalen Kontext. »Das hab alles ich gemanagt. Über die berufliche Schiene meines Mannes hatten wir nur offizielle Einladungen. Empfänge bei der Botschaft und großen Wirtschaftsunternehmen. Nicht privat und nicht persönlich« (Katrin L.). Wer mit Kindern ausreist, ist im Vorteil. Der Nachwuchs wird für die ausreisenden Protagonisten in allen Fällen zum Türöffner in die neue Umgebung. Die Frauen lernen meist über Kinderkrippen, Kindergärten und Schulen andere internationale oder auch deutsche Mütter kennen.

Aufgrund ihres privilegierten Status leben die meisten Entsandten in Stadtteilen, in denen auch andere Auslandsentsandte wohnen. Die neue Welt wird dadurch »kleiner und überschaubarer«. Unterstützt wird dies zusätzlich durch die deutschen oder internationalen Clubs. Für einige der befragten Familien werden diese speziellen Gemeinschaften anderer deutscher oder internationaler Entsandter zu wertvollen Netzwerken. Dort erfahren sie, wo es die besten Einkaufsmöglichkeiten gibt, welche Ärzte zu empfehlen sind, wann Babygruppen stattfinden und wo sich die Freizeit gut gestalten lässt. Nicht zuletzt knüpfen einige Entsandte dort auch Freundschaften, die in familiären Krisensituationen Halt geben können. »Ich habe mich in einem netten Freundeskreis aufgehoben gefühlt, Budapest ist ja eine sehr internationale Stadt mit vielen offenen Leuten. [...] Ich hatte Leute, die ich anrufen konnte. [...] Es gab natürlich auch Fälle, wo Männer eine Affäre mit Ungarinnen angefangen haben. Das wurde in der Gemeinschaft durchdiskutiert. Die betroffenen Frauen waren froh, jemanden zum Reden zu haben« (Yasemin D.). Die Clubs werden so für manche der Akteure zum präsenten Ersatz für Vertrauenspersonen, die in Deutschland zurückgelassen werden mussten.

Einige Protagonisten bewegen sich in ihrer Freizeit hauptsächlich in diesen Gemeinschaften. Auffällig ist, dass die Expats sich am schnellsten mit Österreichern oder Schweizern in den Clubs anfreundeten; Ressentiments die »Nachbarn« betreffend schienen in größerer Distanz zu schmelzen – vermutlich, weil mehr Ähnlichkeiten als Unterschiede im Gegensatz zur Gastkultur ausgemacht werden können und es keine große Sprachbarriere gibt. Diese neuen, sozialen Räume werden so für manche der Protagonisten zu Orten der »Heimat« und Sicherheit in einer Phase, in der das eigene Werte- und Normensystem bedroht ist. Im internationalen oder deutschen Kontext müssen sich die Protagonisten nicht unentwegt erklären, die Clubs bieten Austausch und Raum für das Zelebrieren der »eigenen Kultur«. Die Protagonisten leben hier in »geschützten Bereichen« und können ihre Begegnungen mit dem »Fremden« dadurch besser kontrollieren.[93] Ähnliches hat Alois Moosmüller aufgrund seiner langjährigen Erfahrungen mit Expatkulturen in Japan festgestellt. In der »Diaspora«, so Moosmüller, reproduzierten die Protagonisten in verschiedener Weise »ihre Heimat« in der Fremde (Moosmüller 2002; Kartarı 1997). In den Gemeinschaften werden Weihnachtsbasare organisiert, Oktoberfeste gefeiert, Frauentreffs gegründet und Wohltätigkeitsbasare veranstaltet. Dabei »identifizieren sie sich nicht selten mit

---

93 Asker Kartarı stellt am Beispiel deutscher Manager und ihrer Familien in Ankara ebenfalls die herausragende soziale Funktion der deutschen Gemeinden heraus, die den Entsandten und seiner Familie als Kontaktbörse in die neue Kultur dienen kann. Auch er stellt fest, dass die Expat-Gemeinde ein unverzichtbares Kommunikationsnetz wird, vgl. Kartarı (1997).

›ihrem‹ Land und ›ihrem‹ Staat draußen stärker als zuvor in der Heimat« (Maletzke 1996: 157). Originalgetreu wird hier versucht, die sozialen Muster der Herkunftsgesellschaft zu reproduzieren. Die Frauen treffen sich zum gemeinsamen Frühstück oder Lunch, finden Spielgefährten für die Kinder, unternehmen Ausflüge oder ausgedehnte Shoppingtouren. Mit den Club-Mitgliedern werden auch Urlaube verbracht, Schwangerschaften miterlebt, Taufen gefeiert und Ehekrisen umschifft. Während Yasemin D. und ihr Mann in Budapest sind, leben beispielsweise weitere 60 Entsandtenfamilien vor Ort, zehn Familien sind sogar für denselben Arbeitgeber ausgereist. Zum Zeitpunkt ihrer Schwangerschaft werden zehn weitere Kinder in der Expatgemeinschaft geboren. »Der Zusammenhalt ist enorm«, wie es Doris W. beschreibt. Da alle Protagonisten mit dem Wissen in den jeweiligen Destinationen leben, dass sie nach wenigen Jahren wieder nach Deutschland zurückkehren werden, hat die Integration in die Gastgesellschaften für die Mehrheit keine Priorität (vgl. auch Kraemer 2008: 243).

Die »Diaspora-Gemeinschaften« passen Alois Moosmüller zufolge besonders gut in die Gegenwart, da sie selbst »glokale Phänomene«, die Spannung zwischen Lokalem und Globalem, darstellen (Moosmüller 2002: 16). »Die Diaspora-Gemeinde ist in der Lage, sowohl die lokalen Bedürfnisse nach Identität, nach ›Heimat‹[94] und Geborgenheit in der kulturellen Gruppe zu erfüllen als auch jene Bedürfnisse und Ansprüche, die sich aus der Globalität ergeben, nämlich flexibel, mobil und kulturell anpassungsfähig zu sein« (ebd.). Das Verlangen nach »Heimat« werde nicht aufgeschoben bis zur Rückkehr, sondern »hier und heute befriedigt, mit in dem Referenzland und in der Diaspora-Gemeinde gegebenen Möglichkeiten und Ressourcen. Das Heimat-Verlangen sucht nach Ähnlichkeit, nach allem, was ähnlich zu den eigenen Gefühlen, Wünschen, Gewohnheiten, Vorstellungen, Vorlieben etc. eingeschätzt wird« (ebd.: 17). Für einige der Protagonisten trifft das zu – für sie erfüllen die Clubs zentrale Bedürfnisse nach Nähe und Stabilität. Andere meiden diese Orte jedoch bewusst.

Vor allem für die Entwicklungshelfer und Lehrer ist der Wunsch groß, in die Gastkultur einzutauchen. Innerhalb kürzester Zeit stellen sie jedoch fest, dass dies nur bis zu einem gewissen Grad möglich ist. Juliana und Klaus Roth haben mit ihrer Studie über deutsche Entsandte in Moskau (2002)

---

94 Moosmüller favorisiert den Begriff »Heimat-Verlangen«, da »das diasporische Gefühl (für die Mitglieder) nicht aus dem Verlangen nach einem Heimatland (»desire for a homeland«), sondern aus einem »Heimat-Verlangen (›homing desire‹)« bestehe, vgl. Moosmüller (2002: 17).

gezeigt, dass eine Anpassung vom Gegenüber bisweilen gar nicht erwünscht ist. Durch das in Russland praktizierte Ingroup-Outgroup-Denken, das in der Vorgeschichte der russisch-westlichen Beziehungen seinen Ursprung nimmt, ergebe sich, »dass sich zwischen der Gastgesellschaft und den Entsandten von beiden Seiten ein sozialer oder mentaler Zaun, eine ›gläserne Mauer‹ auftut. Dieser Zaun wird von den Russen aber nicht als störend empfunden, denn sie sind geleitet von einer Grundhaltung, die Differenz nicht nur akzeptiert, sondern als gegeben ansieht und Distanz, nicht Anpassung erwartet, denn man müsse ›Fremdes fremd sein lassen‹« (J. Roth/K. Roth 2002: 87). Exemplarisch gilt dies auch für Aussagen der Protagonisten, die in andere Destinationen entsandt waren. Das hat zur Folge, dass der Großteil sich nach einer gewissen Zeit doch den deutschen oder internationalen Gemeinschaften annähert. Jutta P. ist vom bayerischen Defiliermarsch und dem Trachtenkult mit Bieranstich in der Entsandtengemeinschaft in Simbabwe zwar irritiert. Aber sie ist dennoch ein »Mitglied« der Gemeinschaft. »Ich habe Harare gehasst […] diese internationalisierte Welt, in der wir uns dann bewegt haben […] die fand ich so künstlich […] man hatte automatisch mit Leuten zu tun, die man sich eigentlich nicht ausgesucht hätte […] das hat manchmal einen sehr zwanghaften Charakter« (Jutta P.). Auch Hannah M. schreckt vor den Deutschen in Bulgarien zunächst zurück. Obwohl das Paar »das erste Mal Geld hatte« (Florian F.), leben die anderen Deutschen privilegierter. »Die haben da teilweise 6.000 bis 7.000 Euro Miete im Monat für ihre Häuser bezahlt […] das war nicht unsere Liga […] aber es gab sonst niemanden, dann hab ich das gemacht […] ich hab Kontakt zu diesen Deutschen gesucht, so wie ich es sonst immer angekreidet habe« (Hannah M.).

Katrin L. nutzt die Gemeinschaft in Polen nur für Ausflüge. »Ansonsten war das aber viel Smalltalk […] man kann da unheimlich viel Zeit mit oberflächlichen Kontakten und Charity-Veranstaltungen verbringen, und das fand ich nicht so interessant« (Katrin L.). Stattdessen freundet sie sich mit Müttern an der Deutschen Schule an. Auch ihr Mann verweigert sich der »Community«. »Die Typen im Ausland, das sind alles so Karrierebiester. Ich kann in Deutschland mit Karrierebiestern nicht und im Ausland auch nicht. Selten, dass ich mal einen Expatkollegen gemocht habe […] Die Frauen sind so Konsumbiester. Die legen nur Wert auf Häuser und viel Personal und Schickimicki […] Sektchen trinken und die sind die ganze Zeit auf Bällen. Smoking und Garderobe, also wenn mich was anödet, dann sind es Bälle mit Smoking und Garderobe. […] Wenn das dein Lebenskreis ist, da wirst du verrückt« (Dirk L.).

Claudia H. findet zu den mitausreisenden Frauen in Polen ebenfalls keinen Zugang. Auch sie schließt sich Frauen über die Deutsche Schule an. Irene B. setzt dagegen große Hoffnungen auf den Deutschen Club in Hongkong. In der Stadt fällt es ihr sehr schwer, andere Mütter kennenzulernen, da ihre Tochter noch nicht im Kindergartenalter ist. Doch zu den Frauen findet sie zunächst keinen Zugang. Im Laufe ihrer Auslandsjahre lernt sie in den Clubs in Hongkong und später in Brasilien viele Frauenschicksale kennen: »Neben Depressionen ist Alkoholismus oder Tablettenmissbrauch ein Riesenproblem. Den Frauen ist langweilig. Immer Prosecco trinken und Cocktailkleidchen kaufen, das reicht nicht für das Selbstbewusstsein. Sie haben ja nichts Eigenes mehr im Ausland. Sie verkümmern [...] während der Mann womöglich ein Techtelmechtel mit der Sekretärin hat und die Frau noch dagegen ankämpft, die Schwangerschaftspfunde wieder loszuwerden. Da hilft dann auch kein neues Gucci-Täschchen« (Irene B.).

Andreas R. beobachtet das besondere Milieu der Gemeinschaft interessiert. Er wird jedoch kein Teil davon. »Die Rollen sind im Ausland arg zementiert. Der Mann verdient viel Geld. Und die Frau gibt viel Geld aus. Es gab Frauen, denen hat das richtig Spaß gemacht [...] Shopping und Champagner, mit anderen Mädels, die unter derselben Situation leben [...] es gibt Frauen, die halt von einer kleinbürgerlichen, spießigen Umgebung in dieses mondäne Warschau kamen, das fanden die natürlich faszinierend. [...] Das Rollenklischee ist in den Communitys so zementiert. [...] Der Mann ist der große Macher, die Frau darf dafür einen großen Geländewagen fahren. Deutschland von vor fünfzig Jahren. Die meisten Frauen hatten zu Hause richtige Berufe [...] wenn du dann plötzlich in so ein traditionelles Gefüge zurück musst, das Leben deiner Mutter oder Großmutter leben musst, dann wird das halt manchmal kompensiert mit dem Frühstück bei Mariott, mit Shopping, dass man sagt: mein normales Leben hab ich gerade nicht, wie ich mir das als emanzipierter Mensch denke. Also hau ich richtig drauf« (Andreas R.).

Die Situation dürfte auch für mitausreisende, männliche Partner herausfordernd sein, auch wenn diese Studie dazu keine ausführlichen Ergebnisse liefern kann. Petra T. lernte in Polen einen mitausreisenden Ehemann kennen, der eine Botschaftsmitarbeiterin begleitete. »Da das Paar keine Kinder hatte, wusste er in Polen überhaupt nichts mit sich anzufangen. Das war schlimm. Er ist überhaupt nicht mit seiner Rolle klargekommen. Die haben sich dann getrennt, und er ist schnell wieder zurückgegangen« (Petra T.). Der Partner von Petra T. reist ebenfalls früher als geplant zurück, allerdings gibt er als Grund sein Dissertationsstipendium an. Georg A., der einzige Hausmann im Sample, der seine Ehefrau während der gesamten Entsendezeit begleitet hatte, berichtet von keinerlei Schwierigkeiten mit seiner neuen Rolle. Zum Zeitpunkt der Entsendung hatte er bereits mit seiner Berufstätigkeit abgeschlossen. Im Interview präsentierte er sich pragmatisch: Sein Wohlbefinden hänge nicht so sehr von externen sinnstiftenden Gemeinschaften oder beruflicher Selbstverwirklichung ab. Seinen Angaben zufolge hatte er während der Jahre im Ausland auch keinerlei Schwierigkeiten mit Gefühlen der Einsamkeit. Auf die Problematik der mitausreisenden Ehemänner kann an dieser Stelle aufgrund des Forschungsdesigns nur verwiesen, aber nicht vertieft eingegangen werden.

Egal ob Mumbai, Warschau oder Simbabwe, die »Bedingungen« der speziellen Clubmitgliedschaft orientieren sich überall auf der Welt an der gleichen Praxis. Die Kontakte müssen schnell erschlossen werden, da es durch die unterschiedlichen Ankunfts- und Abreisedaten der Familien zu einer hohen Fluktuation unter den Mitgliedern kommt. Einige Protagonisten berichten bezüglich des Herstellens neuer Freundschaften von Ermüdungserscheinungen. »Es ist ein ständiges Kommen und Gehen. Und wenn man weiß, man ist selbst nur noch ein halbes Jahr da, zieht man sich auch raus, da hat man kein Interesse mehr, jemanden kennenzulernen. Ja, und irgendwann lohnt sich das dann nicht mehr, wenn man selbst bald wieder heimfliegt« (Doris W.).

Gerade weil die Anbahnung sozialer Kontakte einem anderen Zeitschema unterliegt, folgt die Phase des Kennenlernens anderen Regeln: »Du kommst an und wirst sofort abgecheckt. Du wirst eingeladen ohne Ende und abgecheckt, passt der oder nicht [...] du erlebst alles im Zeitraffer. Was hier [Deutschland] sechs Monate dauert, dauert dort keine sechs Wochen. Weil jeder weiß, du hast keine drei Jahre Zeit. Das muss alles schnell gehen. Der Andere geht ja vielleicht früher« (Andreas R.). Die Expatgemeinschaften zeichnen sich deshalb durch ihre Kurzlebigkeit aus und werden vom Großteil der Befragten als »künstlich« beschrieben – dennoch greifen drei Viertel aller Befragten auf diese Netzwerke zurück.

Einige Befragte werteten es jedoch als fehlgeschlagenen Integrationsprozess, wenn sie sich in der »künstlichen Blase«, wie es Florian F. nannte, bewegten, und wollten dies deshalb vermeiden. Dennoch bieten aber eben jene sozialen Räume der Clubs sinnstiftende Gemeinschaften, die die erlebte Fremde in einer neuen Umgebung für viele erst erträglich machten. Wenn die subjektiv empfundene Distanz zum Gastland als besonders groß eingestuft wurde (was wiederum nicht nur unabhängig von der geografischen und/oder kulturellen Distanz gesehen werden muss, sondern genauso auch in der Persönlichkeit der Protagonisten zu suchen ist), können die Clubs zu einer Stabilisierung oder sogar Verstärkung der »deutschen Identität« beitragen. Das liegt, so lassen sich die Ergebnisse interpretieren, daran, dass die Persönlichkeit damit geschützt und stabilisiert wird, wenn das gefühlte »Fremdsein« zu groß wird. Das Phänomen kann verglichen werden mit jenem, das Salman Akhtar für die Einwanderer beschreibt: »Der Besuch volkstümlicher Märkte, Feste heimatlicher Tradition [...] gehören zu den Aktivitäten, die dem Einwanderer ›ethnopsychische Verjüngung‹ ermöglichen« (Akhtar 2007: 32). Seiner Auffassung nach haben es Protagonisten, die aus diesen Quellen schöpfen können, leichter, sich an die neuen Gegebenheiten anzupassen. Die Protagonisten schützen so ihre eigenen Werte, Moralvorstellungen und schließlich auch die Grenzen und Konturen ihres Ichs. Es konnte ebenfalls festgestellt werden, dass die Auslandsentsendung jener Protagonisten, die sich hauptsächlich in den geschützten Räumen der internationalen oder deutschen Gemeinschaften bewegten, keinesfalls als »weniger gelungen« bezeichnet werden können, auch wenn die Kontakte ins Gastland gering oder auf einer oberflächlichen Ebene blieben. Vielmehr wurden die Clubgemeinschaften zu einem Zeitpunkt der Verunsicherung zu neuen Wegweisern auf unbekannten Pfaden. Mangelnde Sprachkenntnisse machten das Gemeindenetzwerk und seine Einrichtungen für einige zu unentbehrlichen Stützen im Alltag.

Das internationale Flair und die sich daraus ergebenden Begegnungen während der Aufenthalte wurden von allen Befragten zudem als besonders bereichernd empfunden. Die meisten Kontakte zur Gastgesellschaft fanden jedoch auf der Ebene des Dienstleistungssektors statt. Auch wenn das Hauspersonal zur Brücke in die Gastkultur für die Entsandten wurde, waren die Grenzen zwischen »Angestellten« und »Arbeitgebern« immer klar umrissen. Ähnlich ist es den Ergebnissen zufolge mit den beruflichen Kontakten zur indigenen Bevölkerung. Richard W. erlebt eine Ausnahme. »Ich hab dann später auch mal einen indischen Manager aus der Firma eingeladen, und der kam einfach nie. Irgendwann hat er mir dann gesagt, dass er nicht kommt, weil er sich geschämt hat, weil seine Frau kein Englisch kann. [...] Ein anderer ist dann tatsächlich mal gekommen, seine Frau hat dann sogar das Kopftuch bei uns abgenommen. [...] Der Mann hat dann zu ihr gesagt, sie seien jetzt bei einer europäischen Familie und sie braucht sich nicht bedecken. Also das ist was ganz besonderes. Sonst laufen die Frauen da den ganzen Tag mit dem Kopftuch herum, und bei uns hat sie es dann abgelegt. Das war ein tolles Erlebnis, wir haben uns damals sehr gefreut, weil wir wussten, dass etwas ganz Besonderes passiert war« (Richard W.).

Auch seine Frau Doris wird von ihrem Kindermädchen eines Tages nach Hause eingeladen – allerdings bleibt dies eine einmalige Gelegenheit. Andere Familien machen ähnliche Erfahrungen und vermuten dahinter verborgene Scham des Gegenübers, der Aufgabe als Gastgeber für die »internationalen, wohlhabenden Gäste« nicht gerecht werden zu können. Die Konzepte der Gastfreundschaft und des Einladens in den privaten, intimen Wohnraum zu Hause variieren innerhalb der Gastländer – allerdings erschließen sich diese »ungeschriebenen Gesetze« für viele der Befragten nicht. Von den Entsandten werden immer wieder Versuche unternommen, diese unsichtbaren Grenzen zu überwinden. Doch letztlich werden die Statusgrenzen fast immer zu unüberbrückbaren Differenzen. So werden, wenn Freundschaften zur Gastgesellschaft geschlossen werden, diese meist »auf Augenhöhe«, also zu sozial höher gestellten Vertretern der Gastgesellschaft geschlossen.

Die Entsandten sehen eine fremde Kultur immer durch den Filter ihrer »eigenkulturellen Vorverständnisse und Vorbilder« (Wierlacher 1993: 62). Das oftmals erwähnte »tiefe Eintauchen« in die Gastkultur kann aus diesem Grund von keinem der Entsandten erreicht werden, was vor allem von den Entwicklungshelfern und Lehrern als Enttäuschung erlebt wurde. »Es gibt Bereiche, die der eigenen Erfahrung nicht zugänglich sind und daher in ihrem Eigenwert akzeptiert werden sollten, statt der eigenen Perspektive einverleibt zu werden. Die Akzeptanz dieser Begrenztheit stellt die Bedingungen der Möglichkeit dar, dass die Fremden fremd bleiben können« (Schäffter 1991: 26). Jeder der Entsandten betonte, Erfahrungen außerhalb der »ausgetretenen Touristenpfade« gemacht zu haben, wo »andere« für gewöhnlich nicht hinkämen, was es zu einem einmaligen Erleben mache. Dennoch bleibt das Fremde abseits geografischer Eroberungen zu einem überwiegenden Teil fremd. In diesem Zusammenhang ist zu verstehen, dass auch alle Entwicklungshelfer nach kurzer Zeit im Land ihren eigenen internationalen Bezugskreis haben. Es ist nicht ausgeschlossen, aber selten, dass sich Freundschaften durch die gesellschaftlichen Schichten hindurch im Ausland entwickeln. Andreas R., der als Journalist nah am Geschehen der Gastgesellschaft lebt, freundet sich mit der polnischen Nachbarschaft an. Zum 80. Geburtstag der Nachbarin ist die Familie eingeladen – was jedoch von einigen der Gäste mit großer Skepsis quittiert wird. Da Andreas R. jedoch die Landessprache fließend spricht, kann er Ressentiments schnell abbauen. Auch Katrin L. freundet sich mit ihrer Sprachlehrerin in Polen an, und auch sie wird zum Geburtstagsfest der Freundin eingeladen. »Ein Frauengeburtstag, lauter Frauen, die gut drauf waren. Zwei davon [Polinnen] haben zu ihr gesagt, sie finden das nicht gut, dass sie mich als Deutsche einlädt. Interessant, nicht? Also insofern war das nicht ohne, da Kontakt zu kriegen« (Katrin L.). Den Moment, in dem die ersten Kontakte in den Gastländern geschlossen sind, beschreiben alle Protagonisten als Zeitpunkt des wahren »Ankommens«.

4.4.2 »Heimat« aus der Ferne: Kontakte ins Herkunftsland

Für manche der Befragten nahm der Kontakt zu Freunden, Bekannten und Familienmitgliedern während der Jahre im Ausland kontinuierlich ab – jedoch muss hier nach der Dauer der Entsendung und der geografischen Entfernung der Destinationen unterschieden werden: Familien, die in Polen, Bulgarien oder Ungarn stationiert waren, erhielten aufgrund des geringeren ökonomischen und zeitlichen Aufwandes mehr Besuche von Freunden, Bekannten und Familienmitgliedern als jene, die in außereuropäischen Ländern lebten. Sie konnten nach der Rückkehr auch wieder leichter an diese Kontakte anschließen. Verallgemeinern lässt sich dies jedoch nicht. Auch die Familien in Asien, Afrika und Südamerika empfingen Besucher, nachdem sie zwei bis drei Jahre im Land waren. Stephan und Yasemin D. hatten sich gezielt für die Entsendung nach Ungarn entschieden, weil das Ziel mit dem »Billigflieger« für rund 100 Euro in einer Stunde und zehn Minuten für Freunde und die Familie zu erreichen war. Auch Polen wurde gerne als Reiseziel für ein verlängertes Wochenende von Freunden und Familienmitgliedern der Befragten genutzt. Der Effekt des Besuches ist nicht zu unterschätzen: Freunde und Verwandte konnten sich so ein eigenes Bild vom Alltag der Protagonisten im Gastland machen. Kam die Sprache später am Telefon oder per E-Mail auf eine bestimmte Begebenheit im Gastland, konnten die »Daheimgebliebenen« den dadurch weniger abstrakten Erzählungen besser folgen; sie hatten einen eigenen Bezug zum Ort des Familienlebens im Ausland.

Auch Gegenbesuche im Herkunftsland fanden bei der Mehrheit der Entsandten statt. Sie hatten den Vorteil in Bezug auf die spätere Rückkehr, dass die Protagonisten ihre imaginären Bilder über das frühere Zuhause in Ansätzen aktualisieren und gegebenenfalls bereits vor der Rückkehr modifizieren konnten. Allzu große Bedeutung kann diesen Urlaubsaufenthalten in Deutschland jedoch nicht beigemessen werden, denn oftmals reisen die Protagonisten mit touristischem Blick durch ihr Herkunftsland und besichtigten Orte, die sie noch nicht kannten. Und selbst wenn sie an die Orte ihrer Herkunft reisten, waren sie in der Eigen- und Fremdwahrnehmung »Besucher«, aber keine aktiven Akteure des gelebten Alltags. Die Wirtschaftsexpats unternahmen während ihrer Entsendung regelmäßig Dienstreisen, die sie circa zweimal im Jahr auch an den Stammsitz nach Deutschland führten. Diese Aktivitäten ließen sich mit Besuchen bei den Familien meist vereinbaren. Die Sommerurlaube verbrachte der Großteil der außereuropäisch Entsandten in Deutschland mit der Intention, die Kontakte wiederzubeleben. Außerdem erhielten die Wirtschaftsexpats einmal im Jahr die Möglichkeit, privat auf Firmenkosten nach Hause zu fliegen; die entsandten Lehrer mussten für diese Aufwendungen selbst aufkommen. Da der Entsendedienst den Entwicklungshelfern das Flugticket nach Deutschland nur alle zwei Jahre bezahlte, wurde dieser Rhythmus ausschließlich für gesundheitliche Maßnahmen oder Geburten zusätzlich unterbrochen.

Die Familien in den östlichen Ländern Europas waren im Schnitt zwischen zwei und drei Jahre im Gastland. Diejenigen, deren Aufenthalt auf zwei Jahre beschränkt war, reisten in dieser Zeit höchstens einmal pro Jahr, meistens zu Weihnachten, nach Deutschland. »Ich habe immer gesagt, ich will nicht ständig zwischen Deutschland und Ungarn hin und her pendeln, wir sind jetzt in Ungarn zu Hause [...] wenn man dauernd unterwegs ist, dann hat man gar keine Chance, sich jetzt irgendwie normal einzuleben [...] ich war auch zu keiner Vorsorgeuntersuchung (während der Schwangerschaft) in Deutschland« (Yasemin D.).[95] Abseits dieser Besuche hatten fast alle Protagonisten die Möglichkeit, über Internet oder Telefon mit den sozialen Kontakten in Deutschland in Verbindung zu bleiben.[96]

---

95 Zu den Geburten reisten jedoch alle Entwicklungshelferinnen sowie die Kulturmanagerinnen nach Deutschland aus. Als Gründe gab die Mehrheit an, nicht genügend Vertrauen in die hygienischen Bedingungen der Krankenhäuser vor Ort gehabt zu haben.
96 Bei den Entwicklungshelfern war dies jedoch wegen der Lage des Zielortes nicht immer möglich. Die Interviews dieser speziellen Gruppe, die bereits in die Magisterarbeit aus 2006 einflossen, hatten meist aufgrund der geografischen Lage zur damaligen Zeit der Entsendungen noch keine Möglichkeit, via Internet mit Verwandten oder Freunden in Kontakt zu treten. Meist beschränkten sie sich auf Briefeschreiben, was mit erheblichen Verzögerungen verbunden war. Ohne Internetverbindung ist beispielsweise auch Helmut R. in Kolumbien anfangs auf den Briefverkehr angewiesen. Briefe muss er dann über die Botschaft versenden – allerdings werden nur Kuverts bis DIN A4 und mit einem Gewicht von höchstens 100 Gramm angenommen. An diesen Schilderungen können im

Durch die Möglichkeit, den Kontakt nach Deutschland auf vielfältige Weise zu pflegen (Heimreisen und Internet), könnte man einen »translokalen«, durch unterschiedliche Formen »multilokaler Präsenz geprägten internationalen und auch kulturell hybriden Lebensalltag« vermuten (vgl. Zinn-Thomas/von Dobenbeck 2011: 376). Da sich die Protagonisten jedoch während der Entsendung hauptsächlich im internationalen oder deutschen Umfeld bewegten, war es für sie im privaten Umfeld meist nicht notwendig, sich »aus der eigenen gewohnten Kultur herauszubewegen« (Hannerz 1990: 239).

Geografische Distanz geht im Zeitalter digitaler Medien nach Meinung des Soziologen Ulrich Beck nicht mehr zwangsläufig mit sozialer Entfernung einher (vgl. Beck 2007). Welche zentrale Rolle die neuen Medien spielen, um mit sozialen Netzwerken in anderen Ländern in Verbindung zu bleiben, hat beispielsweise Uwe Schellenberger mit seiner Arbeit *Transmigration als Lebensstil* (2011) untersucht. Er geht dabei auch der Frage nach, welche Rolle soziale Netzwerke zur Stabilisierung des transnationalen Mobilseins von Pendlern zwischen Deutschland und Neuseeland einnehmen (ebd.: 31). Die von ihm analysierten Pendler nutzen alle zur Verfügung stehenden Kommunikationstechnologien, um das an den verschiedenen Orten stattfindende Leben zu stützen. »Diese Kommunikationsmedien spielen eine immer größere Rolle und sorgen für soziale Bindungen per Mausklick« (ebd.: 67). Ein Teil des Privatlebens werde damit ins Virtuelle ausgelagert (ebd.: 68f.). Auf die von ihm untersuchten *commuter migrants* wirken die Interaktionen über das Internet »sozialisierend und emotional hoch stabilisierend« (ebd.: 77). Soziale Netzwerke, so stellt Schellenberger weiter fest, zählen »als Auffang-, Sicherheits- und Stabilisierungsnetz und lokale Sozialräume« (ebd.: 89). Sie können somit dabei unterstützen, den Kontakt ins Herkunftsland aufrechtzuerhalten. Das gilt zum Teil auch für die hier präsentierte Erhebungsgruppe. Aber inwieweit können die neuen Medien auch den Verlust an emotionaler Nähe auffangen? Wie schaffen sie es, den Grad der Intimität zu vertrauten Personen zu halten? Eine Interviewpartnerin aus dem vorliegenden Sample erwidert: »Ich kann mich damit nach Hause austauschen bis zu einem gewissen Grad. Das ist aber nie so authentisch und echt, als ob man sich sehen würde. Man bekommt so viel nicht mit, auch am Telefon. Man ist nicht wirklich dabei. Und man kann so viel verbergen. Ich kann da meiner Freun-

---

Vergleich zu den Aussagen der anderen Entsandten die enormen Vorzüge des Internet als Bindeglied zwischen den Welten festgestellt werden.

din schon von den Eheproblemen erzählen. Aber wer nimmt mich dabei in den Arm?« (Hannah M.).

Die vorgestellten Protagonisten messen dem Internet als Kommunikationsmittel beim Wunsch nach »Austausch« mit den Kontakten in Deutschland keine so hohe Bedeutung bei, wie angenommen werden könnte. Das hängt auch mit den Zeitpunkten der Entsendungen zusammen, die teilweise stattfanden, als das Internet noch nicht zur alltäglichen Selbstverständlichkeit in allen Teilen der Welt zählte. Möglicherweise spielt bei Protagonisten, die ab 2008 und später ausreisen und daher über die notwendigen Infrastrukturen in den Ländern verfügen konnten, auch das Alter eine Rolle, denn auch sie nutzten das Internet nicht so intensiv wie erwartet. Sie sind nicht mit sozialen Netzwerken aufgewachsen, sondern wurden allesamt erst während des Studiums mit dem Medium Internet sozialisiert.

Alfred Schütz machte bereits 1972, ohne dabei von digitalen Welten Kenntnisse haben zu können, eine interessante Beobachtung:

»Gemeinschaft der Zeit bezieht sich nicht so sehr auf die Ausdehnung der äußeren (objektiven) Zeit, die sich die Partner teilen, sondern auf die Tatsache, dass jeder von ihnen am ablaufenden inneren Leben des anderen teilhat. In der Gesichtsfeldbeziehung kann ich das Bewusstsein des anderen in einer lebendigen Gegenwart erfassen, so wie es sich entwickelt und sich selbst aufbaut, und auch er kann dies mit Bezug auf meinen Bewusstseinsstrom tun [...] der andere ist für mich und ich bin für den anderen nicht eine Abstraktion, nicht ein bloßes Beispiel typischen Verhaltens, sondern gerade weil wir eine gemeinsame lebendige Gegenwart teilen, diese einzigartige individuelle Persönlichkeit in dieser einzigartigen besonderen Situation.« (Schütz 1972: 74)

Die Protagonisten berichten, dass ihnen eben jene »lebendige Gegenwart« bei der Kommunikation über das Internet fehle. Selbst über Internettelefonie war die erwünschte Nähe für die meisten nicht in zufriedenstellendem Maße gegeben. »Das ist nicht echt [...] man sieht nicht, wie sich sein Gegenüber fühlt, da kann man viel an Emotionen wegmogeln. Für die Dauer solcher Telefonate kann man sich gut zusammenreißen« (Petra T.).

Drei Entsandte versuchen, ihr soziales Umfeld zu Hause über E-Mail-Rundschreiben über das Leben im Ausland zu informieren. Zwei davon geben nach wenigen Wochen auf, weil sie keine oder kaum Reaktionen darauf erhalten. Sie schreiben selten und im Kurznachrichtenstil nach Deutschland. Einzig Helmut R. verschickt während der sechs Jahre in Kolumbien regelmäßig E-Mail-Rundbriefe an 100 Adressaten. Innerhalb von sechs Jahren kamen so 30 Briefe zustande, die er für diese Erhebung auch als Quelle zur

Verfügung gestellt hat. Aus diesem Material lassen sich über den Zeitverlauf wichtige Erkenntnisse über das Befinden der Familie am neuen Ort erkennen. Im Analyseprozess werden die Schriftstücke zu Zeitzeugen der zerbrechenden Ehe von Helmut R. In der ersten Phase der Entsendung informiert der Lehrer seine Leser noch recht regelmäßig, im Schnitt alle drei bis vier Wochen, über das neue Leben der Familie in Kolumbien. In der Grußzeile finden sich bis zum 19. Bericht auch stets die Namen aller vier Familienmitglieder. Helmut R. versucht, den Daheimgebliebenen auf diese Art zu beschreiben, wo genau sein neuer Wohnort liegt,[97] welche sozialen Kontakte die Familie im Land hat (hauptsächlich zu anderen deutschen und internationalen Lehrkräften), wie sein Arbeitsalltag strukturiert ist und wie die Familie lebt und ihre Freizeit verbringt. In allen Berichten finden sich immer wieder auch Verweise auf die Aktivitäten der Kinder, aber nur drei Randbemerkungen auf seine Frau. »Lydia kann es hier gut aushalten«, heißt es im dritten Bericht, einige Monate später schreibt er: »Lydia lud ihr Damenkränzchen ein. Wer wegen der Hausgeister unbeschäftigt ist, muss sich andere Aktivitäten suchen, die sie dort beim Yoga, Tanzen und sonstigen Tätigkeiten findet. Die saßen also hier und klagten sich am überbordenden Kuchenbuffet ihr Leid, sodass ich mich schleunigst aus dem Staub machte«, und wieder einige Monate später heißt es: »Lydia verdrückte sich für vier Tage mit dem Frauenkreis, um sich an der Karibikküste von der anstrengenden Beaufsichtigung des Hauspersonals zu erholen.«

Weit ausführlicher berichtet er von »traumhaften, luxuriösen« Urlauben in der Karibik (»aus unserem Zimmer konnte man in fünf Schritten am Wasser sein«), den erlesenen Speisen während der Ferien (»Muscheln und Krabben mit Essig und feinen Kräutern, Fischmedaillon im Speckmantel mit Kartoffelsalat und Ananas-Soße, Pute mit Mango-Anis-Soße [...] Kokostorte mit Schokoladensoße [...] pro Menü für nur neun Euro«), weiteren exklusiven Urlauben: »Die Finca hatten wir von einer sehr bekannten Fernsehmoderatorin gemietet. Sie war mit allem Luxus ausgestattet, den man sich wünschen konnte: Tennisplatz, Billardtisch, großer Pool; ein riesiges Anwesen. Drei Angestellte kümmerten sich um Besorgungen, Essen und alles Weitere, sodass wir uns auf Baden, Lesen, Essen, Trinken und Schlafen [...] konzentrieren konnten.« Und auch andere Urlaube in Panama, Flo-

---

97 Er verweist immer wieder darauf, dass die Region in 2.600 Metern Höhe zu den gemäßigten Kalttropen gehört. Dem Tonfall seiner E-Mails ist eine gewisse Ernüchterung anzumerken: »Einigen Mails entnehme ich, dass ihr trotz mehrfacher Berichte immer noch glaubt, wir würden in tropischer Hitze leben.« Im Laufe seiner Korrespondenz wird er die geografische Lage noch weitere vier Mal erläutern.

rida und dem Amazonasbecken wurden detailreich geschildert. Eingang in die Berichte fanden auch die *asados* (Grillfeiern), etwa »zum ersten Advent bei milden 20 Grad, bei denen wir einmal, ganz kurz, an Schnee gedacht haben«. Auch Überschwemmungen, Unwetter, Erdbeben, Anschläge einer Rebellenorganisation, ein Busunglück, das auch Kinder befreundeter Ehepaare das Leben kostete, und zahlreiche Anekdoten aus dem Land finden Eingang in die Korrespondenz. Immer wieder thematisiert er die Sicherheitslage im Land und versucht, seine Adressaten zu beruhigen (vgl. auch Kapitel 4.3.5). Helmut R. berichtet auch vom sozialen Gefälle im Gastland: »Unsere Hausmeisterfamilie wohnt mit drei Personen auf einer Fläche, die unserer Waschküche entspricht. Man kann also über vieles nachdenken«. Er vergleicht auch die Preise für Lebenshaltungskosten und Nahrungsmittel. »Es gibt alles hier, bei importierten Waren wird es aber gleich teuer. Ein Glas Himbeermarmelade von Schwartau steht mit 6 Euro im Regal.« Genauso verschafft er seinem Ärger Luft, wenn das Internet nicht funktioniert und die Handwerker nicht wie vereinbart kommen, um nach einem Wasserrohrbruch zu streichen. »Manches funktioniert in der europäischen Zivilisation eben doch besser« (Helmut R.).

Wie schwierig und nahezu unmöglich es ist, die »Daheimgebliebenen« auf eine Reise in seine Alltagswelt mitzunehmen, zeigt folgende Korrespondenz: »Immer wieder tauchen in euren Schreiben Punkte auf, die ich nochmals richtigstellen möchte: Mein Leben (und das der Kinder) besteht leider nicht nur aus Ferien, Reisen und Erholung. Dass diese Phasen in meinen Berichten überwiegen, liegt daran, dass sie berichtenswerter sind als der Schulalltag. [...] Mit der Zeit nimmt aber meine Lust ab, das alte Vorurteil, deutsche Auslandslehrer lägen unter Palmen und ließen sich gebratene Tauben in den Mund fliegen, immer wieder widerlegen zu müssen. Wir genießen unsere Ferien hier sehr, sie sind aber auch hart erarbeitet« (Helmut R.).

Zwischen der 13. und 14. Reise-Info vergehen zum ersten Mal zwei Monate ohne Nachrichten aus Kolumbien. Helmut R. begründet das folgendermaßen: »Dass die Abstände zwischen den Infos langsam etwas größer werden, hat nichts mit beginnender Schreibfaulheit zu tun. Es liegt einfach daran, dass die ersten Eindrücke berichtet wurden und nun langsam Routine einkehrt. Wenn ich Wiederholungen vermeiden will, nimmt die Zahl der berichtenswerten Ereignisse naturgemäß mit der Dauer des Aufenthaltes ab.« In der Grußzeile unterschreibt er nur noch mit: »viele Grüße, euer Helmut«. Die Abstände werden nun länger und länger, dann setzt Helmut R. dreizehn Monate lang mit dem Schreiben aus. Zu dem Zeitpunkt ist die Familie drei Jahre im Land, Helmut R. hat soeben den Aufenthalt um weitere drei Jahre verlängert. Die Frau und seine zwei Kinder sind wenige Tage zuvor wieder nach Deutschland zurückgekehrt. Die Ehe ist beendet. Er vermeldet diese Neuigkeit kurz: »Es lief privat und beruflich nicht sehr angenehm.« Bereits in der fünften Info hatte Helmut R. die wenigen Rückmeldungen auf seine Schreiben thematisiert. »Ich frage mich, was interessiert euch überhaupt, weil es nur durch die Brille desjenigen vor Ort beachtenswert erscheint. Relativ wenige Rückmeldungen lassen auch befürchten, dass manches gleich ungelesen im Papierkorb landet. Ich wähle deshalb heute das Thema Wetter« (Helmut R.). In der neunten Info bedankt er sich »bei den wenigen, die mir zum Weihnachtsfest und zum Jahreswechsel Glück und alles Gute gewünscht haben […] in der südamerikanischen Bedächtigkeit vergisst man allzu schnell, dass die europäische Terminhatz für die Kontaktpflege wenig Zeit lässt.« Und die 30. Reise-Info beginnt so: »Schon wieder ist seit dem letzten Info ein halbes Jahr vergangen. Aber immerhin ist es das 30. Info, und von fast allen Adressaten habe ich in dieser Zeit keine drei erhalten, das tröstet mich in meiner Faulheit« (Helmut R.). Dann verschickt er die letzte digitale Post mit den Worten: »Sechs Jahre lang habe ich euch mit diesen Infos an meinem Leben teilhaben lassen. Die Rückmeldungen waren sehr spärlich und selten. Trotzdem hoffe ich, dass es euch interessiert hat.«

Die Erfahrungen des Lehrers verdeutlichen, wie schwierig es auch in Zeiten des Internets ist, Erlebtes für ein »entferntes« Gegenüber erfahrbar und interessant zu machen. Den Verfasser kostet es Anstrengung und Zeit, die Infos zu erstellen (im Schnitt war eine Reiseinfo zwischen 1,5 und 2 DIN-A4-Seiten lang). Aber auch dem Leser wurde Zeile um Zeile Zeit abverlangt. Da die Antworten, wie er schildert, nur spärlich ausgefallen waren, lässt das den Schluss zu, dass die Botschaften nicht in dem Maße ankamen, wie sich das der Sender wünschte. Da sich die Berichte teilweise wie spannende Abenteuerberichte in paradiesischer Kulisse lesen, könnten sie bei den Daheimgebliebenen auch »Neidgefühle« geweckt haben.

Die Vergleiche mit den anderen Protagonisten zeigen, dass das Aufrechterhalten der Kontakte in allen Fällen große Anstrengungen erforderte. Die Kontakte in das Herkunftsland können dem Psychiater Salman Akhtar zufolge als wichtige Quelle des »emotionalen Auftankens« betrachtet werden (Akhtar 2007: 30). Wie dieses »emotionale Auftanken« aber auch unter den neuen sozialen Kontakten in den Gastländern praktiziert wird, wurde bereits im vorigen Kapitel am Beispiel der Entsandtengemeinschaften beschrieben. Mit der Zeit verwandten die Akteure ihr Engagement und ihre Energie meist in größerem Maße darauf, neue Kontakte für das alltägliche Leben im Gastland zu erschließen. Yasemin D. und Sandra K. berichteten beispielsweise, dass einige Kontakte nach Deutschland während der Zeit im Ausland auch gänzlich zum Stillstand kamen. An einige davon konnten sie nach der Rückkehr wieder anschließen, andere waren unwiderruflich verloren.

Während sich manche Entsandte noch darum bemühten, die Neuigkeiten ihres sozialen Umfeldes so weit als möglich mitzuverfolgen, verloren viele mit den Jahren im Ausland das Interesse an den aktuellen politischen und gesellschaftlichen Geschehnissen im Herkunftsland. »Das interessiert nicht so, wenn man in Indien sitzt. [...] Man hat schon einen anderen Blickwinkel, wenn man weg ist. Nicht mehr so deutschlandzentriert, sondern es interessiert viel mehr das Weltgeschehen [...] eigentlich kannte ich dank BBC nur die Wettervorhersage für Deutschland« (Franz S.). Für die Gruppe der Entwicklungshelfer bleibt hier wieder festzustellen: Aufgrund der Tatsache, dass sie überwiegend in dörflichen Regionen der Entwicklungsländer gelebt und gearbeitet haben, hatten sie entweder keinen Fernseher, keinen Strom dazu oder dann keinen Zugang zu internationalen Programmen. Auch Zugänge zum Internet waren zum Zeitpunkt der Entsendungen noch schwierig zu erhalten. Ein Zeitungsabonnement in diese zum Teil entlegene Länder der Welt wie Benin und Ghana ist sehr teuer. Patrick P. und Thorsten K. bezogen ihre Informationen daher von einem Weltempfänger. »Den stellte man möglichst auf irgendeinen Berg, damit man auch wirklich Empfang hatte. [...] Bei bestimmten Witterungen war es dann am besten, und da musste alles stehen und liegen gelassen werden« (Jutta P.). Der Großteil der Entwicklungshelfer lebte weitestgehend uninformiert. Das gilt auch für Stefanie O.: »Eigentlich kann man sich das sparen, so wichtig ist das alles nicht. Das ist ja sehr deutschlandzentriert alles, diese Berichterstattung [...] mich hat das fast nicht interessiert, was in Deutschland ist. Ob jetzt CDU oder SPD – das ist ja so wurscht. Man kann ja sowieso nix ändern, und man lebt so weit entfernt. Die Empfindlichkeiten für Probleme verschieben sich« (Stefanie O.).

Abgesehen von Andreas R., der als Journalist aus Polen berichtete, geriet für die meisten Befragten Deutschland mehr und mehr in den Hintergrund. Fünf von 14 Familien informierten sich über eine wöchentlich erscheinende, überregionale Tageszeitung, die sie sich mit einem Abonnement ins Ausland schicken ließen. Andere schauten sporadisch über Satellitenfernsehen deutsche Nachrichten. Erst, wenn die Zeit im Ausland fast abgelaufen war und die Protagonisten sich gedanklich wieder mit der Ausreise beschäftigten, begannen wenige, sich wieder gezielter mit den Nachrichten aus Deutschland zu befassen.

4.4.3 Zerbrochene Lebensentwürfe und Neuverhandlung der Paarbeziehungen

Alle Protagonisten haben im Ausland ihre eigenen Grenzen ausgelotet – und in vielerlei Hinsicht auch überschritten. Jeder einzelne Protagonist musste sich in einer unbekannten Umgebung im Sinne Ina Maria Greverus dem Prozess des »Sich Erkennen, Erkannt- und Anerkanntwerdens« unterziehen (Greverus 1995: 1). Diese Prozesse durchlief jeder Einzelne der Protagonisten im Erschließen des neuen Raumes, beispielsweise durch das Suchen und Finden neuer identitätsstiftender sozialer Kontakte und das Praktizieren neuer Rollen. Auch die Paarbeziehungen wurden im Laufe der Entsendungen immer wieder der Neuverhandlung unterzogen. Eva Illouz betont, dass die Liebe unverzichtbarer für die Bestimmung des Selbstwertes geworden ist als je zuvor (Illouz 2012: 441). »Liebe ist mehr als ein kulturelles Ideal, sie ist eine soziale Grundlage des Selbst« (ebd.: 441). Die Neuverhandlung der Paare über ihre Liebesbeziehungen blieb nicht folgenlos.

Von den ehemals 14 gemeinsam ausreisenden Familien kehren 10 Paare gemeinsam nach Deutschland zurück, für vier Paare endet die Entsendung mit einer Scheidung. Mit einer Ehekrise und drohender Trennung während der Entsendung hatten sechs weitere Paare zu kämpfen. Als intakt können zum Zeitpunkt der Befragung vier Paare bezeichnet werden. Alle vier mittlerweile geschiedenen Paare (in einem Fall die erwachsenen Kinder) bringen den Auslandsaufenthalt mit den Schwierigkeiten in ihrer Ehe in Verbindung. Irene B., Jürgen E. und Stefanie O. sind sich sicher, dass sie in Deutschland eher auf die Schwierigkeiten ihrer Ehe reagiert und möglicherweise auch fachkundige Hilfe, beispielsweise eines Paartherapeuten, in Anspruch genommen hätten. »Hätten wir immer an einem Ort gelebt, hätten wir uns auf dieses Eheproblem konzentrieren können. [...] Weil das Drumherum hätte ja gestimmt. Es wäre ja Routine, Alltag gewesen. Das ist Energie, die plötzlich in der Fremde von anderen Dingen aufgesogen wird. [...] Das heißt, das Eheverhältnis wird noch leerer. Weil du musst ja sehr viel Kraft nach außen investieren [...] die ganzen Sinnesorgane laufen ja auf Hochtouren. [...] Und diese Energie, die man braucht, um das Alltagsleben zu meistern und sich wieder mit dem Andersartigen zurechtzufinden, das kostet sehr viel Kraft. Die man nicht mehr hat für sich selbst [...] und das [...] lenkt ab von den eigenen Problemen« (Irene B.).

In Deutschland, so sagt sie, hätte sie früher interveniert. »Da muss man sich Hilfe holen. Aber wo wollen Sie sich in einem brasilianischen Dorf mit nur einem Tierarzt Hilfe bei Eheproblemen holen?« (Irene B.). Nach Deutschland kehrt sie aus rationalen Gründen zurück: Rentenversicherung, Krankenversicherung, das deutsche Schulsystem. »Ich hätte mir auch vorstellen können, ganz auszuwandern« (Irene B.).

Jürgen E. führt die Trennung von seiner Frau ebenfalls auf die Entsendung zurück. »[...] weil man irgendwie auch so dieses Umfeld verlassen hat, in dem man so heranwachsende Probleme anders behandelt hätte. Also Freunde, mit denen man reden kann – oder was weiß ich – 'ne Eheberatung. Im Süden Ecuadors geht man nicht eben mal zum Eheberater. [...] Für mich war das schrecklich, ich hab das nicht gewollt. [...] Manchmal denk ich, Mensch, wenn wir nicht gegangen wären, dann wäre die Trennung nicht gekommen. [...] Und ich hätte meine Familie nicht verloren. [...] Ich weiß ja nicht, ob die Ehe hätte gerettet werden können, wenn wir in Deutschland geblieben wären. [...] aber ich denke, dass sie so ziemlich flott dann in die Brüche ging, hat schon definitiv damit zu tun, dass wir im Ausland waren« (Jürgen E.).

Zu den Kindern hat er eine sehr enge Bindung. Er leidet darunter, sie nicht aufwachsen zu sehen. »Ich könnte auch stolz auf dem Schulfest meiner Kinder sein. Einfach Vater meiner Kinder sein zu können. Zu sehen, wie sie aufwachsen. Welche Probleme und Ängste sie haben. Das Monster im Schrank verjagen. Und bei mir [...] fühlt sich alles taub an. Es ging alles verloren« (Jürgen E.).

Helmut R. erlebt es seinen Angaben nach als »Trauma«, als seine Frau ohne Vorwarnung die seit 15 Jahren bestehende Ehe beendet. Von ihrem Vorhaben, mit den Kinder zurück nach Deutschland zu gehen, obwohl die Familie erst wenige Wochen zuvor die Entsendung für weitere drei Jahre verlängert hat, erfährt er, als die Umzugspacker durch die Villa gehen. »Meine Frau hat mich darüber informiert, dass diese Entscheidung zurückzugehen nicht nur eine Entscheidung für einen neuen Aufenthaltsort ist, sondern auch die Entscheidung der Beendigung der Ehe beinhaltet. [...] Da sitzt man dann da als Familienvater und die Familie geht. Das ist ein Scherbenhaufen, der dann übrig bleibt. Wenn die Familie so ohne ersichtlichen Grund unerwartet auseinander fällt, ist das ein Schlag ins Kontor« (Helmut R.). Die mittlerweile volljährigen Kinder vermuten (und werden darin von ihrer Großmutter bestärkt), dass die Ehe in Deutschland nicht – oder nicht so schnell – in die Brüche gegangen wäre. »Was Pia [Schwester] eben auch öfter sagt, die sagt dann, ah ich habe ja gleich gesagt, wir hätten lieber hier bleiben sollen [...] gut, man kann jetzt auch viel darüber Rätsel raten. Zum Beispiel meine Oma sagt auch öfters, ja, ich glaube das wäre auch ganz anders gewesen, wenn ihr hier geblieben wärt. Aber ich finde, man weiß es eben nicht sicher. Ich würde nicht unbedingt sagen, nur weil wir dahin gezogen sind, ist es eben zu diesem Bruch gekommen. Aber es hatte schon einen großen Anteil, denke ich« (Jakob R.). Sein Vater möchte »darüber nicht spekulieren«.

Stefanie O. fragt sich, ob ihre Ehe in Deutschland gehalten hätte. »Mein Mann hat ja eine andere Frau kennen gelernt aus einem anderen Projekt, und es hat gefunkt. Er hat mich betrogen. Gut, das hätte in Deutschland auch passieren können, es ist nun mal aber in Afrika passiert. [...] Ich hab gewusst, ich halt das nicht mehr aus, ich will nach Deutschland. Ich hab zwei Monate Zeit gehabt [...] und ich mein es war schwer, weil man hat ja fast keine Kontakte mehr [in Deutschland]« (Stefanie O.).

In einer Publikation, die von der ehemaligen Gesellschaft für technische Zusammenarbeit und Entwicklung herausgegeben wurde, führt die Autorin eine Scheidungsrate von Entwicklungsexperten von 60 Prozent an (Malanowski 1993: 3). Ausschlaggebend seien die erschwerten Bedingungen des Zusammenlebens von gleich gut qualifizierten Partnern. Die größten Gefahren einer Entsendung sind Malanowski zufolge nicht die Ansteckung mit Malaria, sondern Scheidung, Alkoholismus und Autounfälle (ebd.).

Von Konflikten, die die Beziehungen im Ausland bedrohten, berichten sechs weitere Paare. Jutta P. beschreibt ihre Erfahrungen in Bezug auf ihre Partnerschaft während der Zeit im Ausland als das Erleben einer Extremsituation. »Man wird sehr auf den eigenen Kern zurückgeworfen in einer fremden Kultur [...] und dann brechen unter Umständen alte Konflikte auf, die man mit sich selbst hat. Und die man schon hatte (!) – möchte ich betonen, – ja. Die kommen dann aber manchmal in einer Klarheit und einer Reinheit zum Vorschein, mit der man nicht umgehen kann. [...] Und dasselbe passiert zwischen Partnern [...] das sich unter Umständen auch neu kennenlernen [...] und daran vielleicht auch verzweifeln [...] die meisten Partnerschaften sind einer Riesenbestandsprobe ausgesetzt [...] meine Ehe ist ja auch ein Balanceakt« (Jutta P.).

Vor allem bei den jüngeren Paaren des Samples, die in Deutschland noch nicht im Zusammenleben erprobt waren und daher noch über geringfügiges

»Beziehungskapital« verfügen, erleben die Entsendung als Bewährungsprobe. Florian F. und Hannah M. stehen in Bulgarien kurz vor der Trennung, die Situation eskaliert wegen des Drucks, unter dem beide stehen. Florian F. ist beruflich überlastet, Hannah M. leidet unter der anfänglichen Isolation und der Reduzierung auf die Rolle als Hausfrau und Mutter. »Es gab dann halt mal ein paar Tage, wo ich gesagt habe, ich will einfach nicht mehr. [...] Ich konnte einfach mit dem Kind nichts mehr anfangen. Gut, da hatte ich dann mit Florian drüber gesprochen und dann ging auch wieder so eine Grundsatzdiskussion los, was machst du, was mache ich, was alles nicht verbessert hatte. Das war dann auch wirklich so ein Grenzpunkt, wo man dachte, ja was mache ich denn jetzt. Wenn jetzt unsere Beziehung letztendlich kaputtgeht, wo gehe ich dann hin. Ich kann ja nicht mal sagen, ich kann jetzt eine Nacht woanders schlafen, oder wir geben das Kind ab, und ich gehe dahin und er bleibt da. Es war einfach niemand da. Wir hatten niemanden, wir konnten niemanden herbestellen und mussten uns arrangieren, irgendwie dann. Das war ent-setz-lich! Wirklich. Das will man nicht erleben. Ganz grauenvoll. Und dann hatte ich ein schlechtes Gewissen, weil ich dachte, ich bin eine miese Mutter, eine ganz miese. Ich wollte das Kind in dem Moment nicht mehr sehen. Und Florian hat mich spüren lassen, wie entsetzt er davon war« (Hannah M.).

Auch Katrin L. erlebt Grenzsituationen mit ihrem Mann. »In dieser krisenhaften Situation [Wirtschaftskrise], wo es ihm dann nicht mehr gut ging, das war wirklich sehr schwierig, wo ich ihn ganz anders kennengelernt habe. Er war sonst immer jemand, der sehr optimistisch und sehr neugierig und offen war, der immer sagte, es gibt für alles eine Lösung. In der Zeit war er aber wirklich sehr, sehr belastet, auch destruktiv. Also ich denke, eine große Ressource ist schon, dass ich sehr eigenständig bin. Dass ich so meine eigene Persönlichkeit bin und lebe und mich nicht definiere in Abhängigkeiten zu der Entwicklung meines Mannes. Dass ich einfach für mich selber [...] bodenständig bin und einfach eine lange Beziehung habe, und wir ganz viele verbindende und existenzielle Sachen miteinander erlebt haben und auch vom Wertesystem her bestimmt ist, dass man nicht so schnell aufgibt und auch so eine tiefe Liebe, die das auch irgendwie trotzdem möglich gemacht hat, so eine Krise zu managen. [...] Ich wusste, das wird vorbeigehen und ich wusste auch, wobei ich nicht genau wusste, wie geht es weiter, aber irgendwie, es wird vorbeigehen und ich werde auch wieder die Dinge abrufen können, die prägend waren, die gut waren [...] das war schon teilweise so belastend, dass ich froh war, wenn der Dirk sonntags geflogen ist, weil ich gedacht habe, ich habe hier in meinem Alltag schon genug zu managen, ich kann nicht noch ständig einen frustrierten Mann ertragen. [...] Die Spannungen, das war unheimlich anstrengend. Dann nerven die Kinder und wenn der Mann so belastet ist, ist das schwer, es gibt Konflikte, also das ist super anstrengend. Wo ich manchmal gedacht habe, ich mache mein Ding jetzt alleine« (Katrin L.).

Unterstützung erfährt sie in dieser Phase von einer anderen Expatfrau, deren Mann wegen der Wirtschaftskrise in eine ähnliche Situation geraten war. »Ich weiß noch, eine Frau, die hat mich angerufen nach Silvester und hat gesagt, ein schönes neues Jahr, und wir haben so Smalltalk gemacht und dann habe ich gedacht, was erzähle ich denn für einen Unsinn. Dann habe ich gesagt, du, das war eigentlich gar nicht so gut, der Dirk und ich hatten irgendwie totale Spannungen und ziemlich Streit, dann hat sie gesagt, das ist ja erfreulich zu hören, wir haben die ganzen Feiertage kein einziges Wort miteinander gewechselt. Das hat es mir auch leichter gemacht, weil ich gesehen habe [...] das sind viele strukturelle Sachen im Ausland, die die Spannungen machen, die belastend sind für Familie und Paare. Das bringt das auch wieder weg von dieser individuellen Ebene [...] das ist nicht nur unmittelbar der Paarkonflikt, sondern du weißt um die Umstände und so. [...] Aber wenn man alleine ist in der Situation, als mitreisende Ehefrau und vor allen Dingen jene, die das über Jahre hinweg machen. Die Frau des Chefs von meinem Mann, das war richtig schlimm. Das ganze Familiensystem ist zerrüttet, die hatte Depressionen, die Tochter war sauer, dass sie da in Warschau sein musste. Also ganz schwierig. Es gibt ganz viele Familien, die damit [Leben im Ausland] nicht zurechtkommen. Die dann zerstört sind. Ja, die einfach ein Parallelleben haben [...] und die dabei kaputtgehen« (Katrin L.).

Katrin L. ist sich bewusst, dass sie diese Ehekrise meistern werden. Damit verfügt sie über eine Ressource, die die Soziologin Eva Illouz als »emotionales Kapital« (Illouz 2012) bezeichnet. Um es zu aktivieren, müssen die Protagonisten der Autorin zufolge über »emotionale Intelligenz« verfügen. »Emotionale Intelligenz umfasst Fähigkeiten, die in fünf Bereiche eingeteilt werden können: Selbstempfinden; Emotionsmanagement; Selbstmotivation; Empathie und die Gestaltung von Beziehungen« (Illouz 2012: 98). Emotionales Kapital wird so zur Grundlage von Beziehungskapital. In einer Partnerschaft müssen jedoch beide Akteure darüber verfügen, damit Krisen umschifft werden können, wie die Beispiele zeigen.

Die Kulturmanagerin Petra T. und ihr Freund Daniel G. kommen, vor allem als das Paar mit dem Nachwuchs das Pendeln zwischen Deutschland und Polen beginnt, an die Grenzen ihrer noch relativ frischen Beziehung. »Es sind 750 Kilometer, die man auch nicht so einfach fahren kann [...] von Berlin aus hat das einen ganzen Tag gedauert [...] es gab Momente, wo wir beide gesagt haben, das ist jetzt dann überstrapaziert« (Daniel G.).

Andreas R. und seine Frau erleben in den Jahren in Polen, wie Ehen von befreundeten Paaren vor Ort zerbrechen. »Paarbeziehungen entspannen sich im Ausland sicher nicht, wenn die Variablen zu Hause schon nicht stimmen. Man darf sich darauf einstellen, dass sich die Probleme potenzieren. Das hab ich in meinem Umfeld beobachtet. Und es ist anstrengend, halt wirklich anstrengend« (Andreas R.).

Richard W. hat das in Malaysia ähnlich erlebt: »Das gab es immer wieder mal, dass die Ehen gekriselt haben. Die Frauen in den asiatischen Ländern sind sehr entgegenkommend, mancher hat sich da wohl geschmeichelt gefühlt und sich zu Dummheiten verleiten lassen. Freunden von uns ist das auch passiert. Ich dachte immer, die kann nix trennen. Und eines Tages hat er wohl den Höhenflug bekommen und sich da anscheinend in eine lokale Frau verliebt. Das war schlimm, er hat sich dann getrennt von seiner Frau. Also das kann ich bis heut nicht verstehen. Es gibt im Ausland viele unschöne Szenen unter Paaren« (Richard W.).

Die Ergebnisse in Bezug auf die Situation der Paare sind eindeutig: Entweder wächst die Verbindung in der fremden Umgebung und lässt die Paare näher zueinander finden, oder sie entfernen sich unwiederbringlich voneinander. Ausschlaggebend sind dabei nicht nur die innerfamiliären Aspekte, sondern auch die umweltsituativen Einflüsse, denen die Paare ausgeliefert sind (Stress, hohe Arbeitsbelastung, fremde Umgebung, neue Rollenmodelle, fehlendes soziales Netz). Die Motive und die Ziele, die ursprünglich für die Entsendung sprachen, sowie der dahinter stehende Entscheidungsprozess sind zudem entscheidend. Die Ehefrau von Franz S. leidet nach Angaben ihres Mannes auch zwei Jahre nach der Rückkehr an den Folgen der »erzwungenen« Entsendung. Zur zweiten Ausreise nach Ecuador hat Jürgen E. seine Frau überredet. Trennung und Scheidung folgten. Jutta P. sieht ihre Ehe ebenfalls durch eine erneute Entsendung nach Südamerika gefährdet, weil auch sie zur erneuten Ausreise überredet wurde. In den Fällen, in denen die Entscheidung über die Entsendung von den Paaren gemeinsam gefällt wurde, gab es außerdem während der Entsendung geringere familiäre Schwierigkeiten. Eine zentrale Rolle spielt auch, über welche gemeinsame Beziehungsgeschichte die Paare bereits verfügen und welche Konzepte zur Konfliktbewältigung im Laufe der Zeit erprobt wurden (Beziehungskapital). Während im Herkunftsland das soziale Umfeld und etablierte Institutionen (Vereine, Kollegen, Freizeitaktivitäten) Anerkennung, Sicherheit und Rückhalt geben können, müssen diese Stabilisatoren im Ausland mühsam erschlossen werden. Nicht immer halten die Paarbeziehungen, wie gezeigt werden konnte, den Anforderungen und dem Druck stand.

5 Die Rückkehr

5.1 Die Ausreise nach Deutschland

»Man kann nicht zweimal in denselben Fluss steigen.
Andere Wasser strömen nach.«
Heraklit

Die Rückkehr ins »vermeintlich Vertraute« stellt vor allem Akteure, die diese Passage noch nie erlebt haben, vor eine besondere Herausforderung. Aber auch jene, die bereits in der Vergangenheit Erfahrungen mit einer Rückkehr nach Deutschland – sei es nach einer Entsendung mit den Eltern oder nach einem Auslandssemester – gesammelt haben, wurden überrascht. Einige von ihnen hatten nie zuvor mit einem Kind in Deutschland gelebt, andere kamen als alleinerziehende Singles wieder. Doch aus welchen Teilen der Welt auch immer die Akteure zurückkehrten, sie alle teilen eine Erfahrung: Ein »einfaches« Wiederkehren und Eintauchen in die Alltagswelt des Herkunftslandes ohne jedwede Irritation ist nicht möglich. Die soziale Distanz nimmt während der Jahre im Ausland kontinuierlich zu, da die Herausforderungen des Alltags nicht in der gelebten Gemeinschaft gemeistert werden konnten. In der Folge ist ein Auseinanderdriften der Welten zu beobachten. Sowohl die Protagonisten, ihre sozialen Kontakte in Deutschland wie auch die gesamtgesellschaftliche Situation waren während der Jahre im Ausland einem Wandel unterzogen.

Vor allem das Erleben des Fremdseins im Eigenen, die Konfrontation mit einer (wenn vielleicht auch nur temporären) Außenseiterrolle im vermeintlich Vertrauten wird für die Mehrheit der Befragten zum einschneidenden Erlebnis. Besonders deutlich tritt dies in den Fallbeispielen von Doris W. und Irene B. zu Tage. Beide Frauen berichten, dass sie trotz großer Anstrengung keinen Zugang mehr zu den Nachbarn in den dörflichen Gemeinden finden. An beiden Orten haben sich stabile Gemeinschaften gebildet, die es den »neu« Zurückgekehrten sehr schwer machen, sich zu »etablieren«. Sie finden sich in einer Außenseiterposition wieder und leiden darunter. Der Grund für dieses »Auseinanderdriften« dürfte die Anzahl an nicht gemeinsam gelebten Jahren, eben die »Wohndauer« am Ort sein[98] (vgl. Elias 2013). Wie stark die Veränderungen wahrgenommen werden, hängt von der Dauer des Einsatzes, den Kontakten, die die Entsandten während der Jahre im Ausland ins Herkunftsland gepflegt haben, und den umweltsituativen Bedingungen in den Gastländern ab. Je länger die Entsandten außerhalb ihres Herkunftslandes gelebt haben, und je mehr sie sich in den Gastländern eigene, sinnstiftende Welten erschaffen haben, desto schwieriger wurde die Rückkehr teilweise erlebt. Für den Großteil der Befragten war die Rückreise eine größere Herausforderung als die Ausreise. Im Folgenden sollen Faktoren, die zu diesen Ergebnissen geführt haben, präsentiert werden.

5.1.1 Rahmenbedingungen und Motivationen der Rückkehr

In Hinblick auf eine später als gelungen empfundene Reintegration ist es wichtig, zwischen einer »gewünschten« und einer »unerwünschten« Rückkehr zum Zeitpunkt der Rückreise zu unterscheiden. Ein weiteres wichtiges Kriterium ist, ob das Ziel der Rückkehr das Umfeld vor der Ausreise ist oder ob die Rückkehrer sich an einem neuen Ort einleben müssen und möglicherweise auch ein Arbeitsplatzwechsel bevorsteht. Auch die Dauer des Einsatzes, bereits erlebte Rückkehrerfahrungen und die Erfüllungen der Wünsche, Ziele und Motive, die ursprünglich mit einer Entsendung verknüpft waren, spielen eine zentrale Rolle. Alle Protagonisten sind mit dem klaren Vorhaben ausgereist, nach einer gewissen, im Vorfeld festgelegten Zeitspanne wieder nach Deutschland zurückzukehren. Dennoch haben sie ihre ursprünglich auf zwei Jahre angedachten Entsendungen um mindestens ein Jahr verlän-

---

98 Der Soziologe Norbert Elias hat 1965 seine Studie »The Etablished and the Outsiders« veröffentlicht. Darin nähert er sich mit dichter Beschreibung der Lebenswelt einer englischen Vorortgemeinde. Die scharfe Trennlinie zwischen den dort schon länger Ansässigen und den später Zugezogenen, die ihm auffällt, überrascht Elias: Die »Etablierten« und »Außenseiter« unterscheiden sich weder in der Nationalität, der Herkunft, der Einkommenshöhe noch dem Bildungsgrad. Der einzig offenkundige Unterschied, der für die Spaltung Elias zufolge verantwortlich war, war die Wohndauer der Gruppen am Ort. Die Anspruchshaltung und Machtüberlegenheit der »Etablierten« basierte Elias zufolge gegenüber den »Außenseitern« einzig auf dieser Wohndauer. Nahezu chancenlos sind die »Außenseiter« in ihrer Position gegenüber den »Etablierten« und nehmen das mit »einer Art verwirrter Resignation« hin (Elias/Scotson 2013: 9).

gert. Der Zeitpunkt der Rückkehr war also bei allen Protagonisten in gewissem Maße flexibel und konnte von den Paaren im Rahmen der Vorgaben des Arbeitgebers innerhalb der Familie verhandelt werden.

Während bei den Entsandten der europäischen Destinationen festgehalten werden kann, dass sie im Laufe ihrer zwei- bis maximal dreijährigen Aufenthalte das Leben in der Gastkultur als ein »Darübergleiten« ohne tiefere Kontakte zur indigenen Bevölkerung beschreiben, kann man bei jenen Entsandten mit längerer Aufenthaltsdauer (5 bis 9 Jahre) von einer stärkeren Anpassungstendenz ausgehen, die es in der Folge schwerer machte, sich von dem Leben im Ausland zu verabschieden. Nicht immer kam der Zeitpunkt der Rückreise für alle Beteiligten zu einem passenden Moment – und für einige Protagonisten kommt die Rückreise nach dem Zerbrechen der Ehe einer Flucht gleich.

Wie im vorigen Kapitel gezeigt wurde, kehren vier Befragte nach der Trennung ihrer Lebenspartner entweder als Alleinerziehende, in Scheidung lebende Mütter (Irene B., Stefanie O.) oder Väter zurück (Helmut R., Jürgen E.).[99] Was Familie fortan bedeutet und beinhaltet, ist für sie nicht mehr klar definiert und muss von den »scheidenden Partnern« neu verhandelt werden. Tatsache ist einzig, dass die Paare künftig getrennte Wege gehen. Was für geschiedene Paare jedoch nach der Rückkehr gilt, gilt für ihre Kinder nicht. Sie leben über die Grenzlinien der Trennung hinweg in einem Dazwischen. Dieser Aspekt wird in Kapitel 5.2.5 dargestellt.

Für jene Protagonisten, die das Entsendeland nach einer Trennung oder Scheidung verlassen, stellt die Rückkehr innerhalb des Sample die größte Herausforderung dar. Eine Trennung kann der Sozialwissenschaftlerin Doris Lucke zufolge zum »Scheidungsschock« (Lucke 1990: 364) führen und zu »Schuldgefühlen, mit der ›gescheiterten‹ Ehe in ihrer ›natürlichen‹ Aufgabe als Frau (oder auch als Mann) versagt zu haben« (ebd. 364). Nachdem das »Projekt Ehe« gescheitert war, müssen sich die betroffenen »Familien« neu definieren. Hierbei sind die Faktoren ausschlaggebend, wie der Bruch erlebt wurde. »Eine Scheidung kann [...] die Identität eines Menschen in ihren Grundfesten erschüttern [...] sie kann tief greifende, psychische, soziale und

---

99 Ein Vergleich zur Situation in Deutschland zeigt: Im Jahr 2012 betrug die Scheidungsquote in Deutschland nach Angaben des Statistischen Bundesamtes (Destatis) 46,23 Prozent. Während in Großstädten demnach jede dritte Ehe in die Brüche geht, ist es auf dem Land oder in ländlichen Regionen noch jede vierte. Die Ehen halten den Angaben zufolge im Schnitt länger. 2012 betrug die Ehedauer bis zur Scheidung im Schnitt 14,5 Jahre. Zum Vergleich waren es 1992 noch 11,5 Jahre. Die Tendenz der vergangenen Jahre, dass Scheidungen nach einer längeren Ehedauer erfolgen, setzt sich fort (Statista GmbH 2015).

wirtschaftliche Veränderungen auslösen« (Wallerstein/Blakeslee 1994: 168). Die Autorinnen vergleichen die Scheidung eines Paares mit einem Todesfall, da in beiden Situationen Verlust und Trauer die Folge seien. »Bei einer Scheidung gibt es jedoch Alternativen, und die Krise nach der Scheidung birgt die Chance für einen positiven Ausgang der Krise in sich« (ebd.: 170). Scheidung sei der Beginn einer besonderen Lebenskrise, die neue Probleme aufwerfe und neue Lösungen erforderlich mache. »Im Gegensatz zu anderen Lebenskrisen bringt eine Scheidung die elementarsten menschlichen Leidenschaften zum Vorschein – Liebe, Hass und Eifersucht« (ebd.: 171).

Ohne den Partner zurückzukehren, beschrieben alle getrennten Protagonisten (mit Ausnahme von Helmut R., der mit seiner zweiten Ehefrau zurückkehrt) als die bisher schmerzhaftesten Einschnitte ihres Lebens. Den Lebensunterhalt in Deutschland zunächst alleine bestreiten zu müssen, setzt vor allen Dingen die rückkehrenden Frauen unter enormen Druck, da sie fortan nicht nur alleinerziehend sind, sondern dem Arbeitsmarkt im Herkunftsland auch einige Jahre nicht zur Verfügung gestanden hatten, was eine berufliche Integration schwierig macht. Für Irene B. und Stefanie O. wurde dies vorübergehend zu einem sozialen Abstieg, der den Gang zu sozialen Trägern wie der Agentur für Arbeit oder dem Sozialamt beinhaltete.

Irene B. kehrt beispielsweise gezwungenermaßen wieder nach Deutschland zurück, nachdem ihre Ehe zerbrochen ist. In Brasilien sieht sie für sich und ihre Töchter keine reelle Zukunftschance, obwohl sie sich dort »heimisch« fühlt und sie sich vorstellen könnte, sich in dem Land dauerhaft niederzulassen. Ihr Exmann bleibt in Brasilien und gründet dort mit einer neuen Partnerin eine Familie. »Ich habe die Entscheidung getroffen nach Deutschland zu gehen aus Sicherheitsgründen. Wegen der Zukunft. Ratio. Geld verdienen. Rentenversicherung [...] Krankenversicherung. Das ist Deutschland [...] Sicherheit. Hier bricht niemand ein, mein Vater hat eine Firma, da arbeite ich gerade. [...] Ich bin jetzt auch über 40« (Irene B.).

Jürgen E., der Entwicklungshelfer aus Ecuador, bemüht sich bewusst um keine weitere Verlängerung mehr. Er möchte nach Deutschland zurück, weil er in Ecuador im Gegensatz zu seiner Exfrau nie »Fuß fassen konnte«. Die Kinder sieht er auch in Ecuador nur zwei- bis dreimal pro Jahr aufgrund der Distanz innerhalb des Landes. Er beschließt, sich in Deutschland ein eigenes Leben aufzubauen. Wie für alle Entwicklungshelfer bedeutet es auch für ihn den Gang in die Arbeitslosigkeit.[100] Auch Stefanie O. ist nach ihrer Rückkehr arbeitslos.

Doris und Richard W. treten dagegen nach fünf Jahren in Malaysia die Heimreise an, weil es für sie »nichts Neues mehr« zu entdecken gibt und alle Karriereoptionen in der Niederlassung ausgeschöpft sind. »Ich hatte alles erreicht. [...] Irgendwann passiert nix Neues mehr in einem Land. Da haben Sie alles erlebt« (Richard W.). Seine Aussage macht deutlich, dass ab dem Zeitpunkt, an dem der Alltag wieder ins Leben einkehrt und die Exotik verblasst, der Aufenthalt zunehmend an Reiz verliert. Die Entsandten-Gemeinschaft erfährt zu diesem Zeitpunkt große Veränderungen, da viele Paare, mit denen das Paar befreundet ist, ebenfalls ausreisen. Seine Frau Doris führt noch andere Gründe für die Rückkehr an: Sie möchte wieder in der Nähe ihrer Eltern leben. »Ohnehin haben wir ja immer gedacht, wir müssen zurück. Irgendwann ist mal was und dann stirbt jemand, und wir sind einfach nicht da [...] immer so ein bisschen ein schlechtes Gewissen« (Doris W.). Franz S. hat ebenfalls konkrete Gründe für die Rückkehr: »Wenn man bedenkt, dass ich meine Frau sowieso schon dazu [Entsendung] vergewaltigt hatte [...] dann noch mal zwei Jahre verlängert hab im Ausland [...] nein, das wäre nicht gegangen. Auch von Firmenseite her nicht. Und ich wollte dann auch mal wieder nach Hause« (Franz S.).

Thorsten und Sandra K., das Entwicklungshelferehepaar aus Benin, denken zunächst über eine weitere Verlängerung nach. Nach Vertragsende steuern sie mit zwei kleinen Kindern in Deutschland auf die Arbeitslosigkeit zu. In Benin könnten beide durch die Unterstützung des Hauspersonals weiterhin berufstätig sein, und das Paar wäre finanziell abgesichert. »Gerade während der Phase einer angespannten Arbeitsmarktsituation in Deutschland werden die Einsätze in den Partnerländern gerne verlängert. Häufig wird dadurch die spätere Integration in Deutschland erschwert« (Collenberg 2004: 12). Das Paar entscheidet sich nach drei Jahren, um diese Gefahr wissend, bewusst für die Rückkehr. »Ich habe immer gesagt, ich komm nach spätestens drei Jahren wieder. [...] Sonst wird es immer schwieriger, zurückzukehren. Wenn Sie zu lange draußen sind, dann haben Sie es einfach auf dem Arbeitsmarkt schwerer. [...] Dann verkehrt sich das genau ins Gegenteil um. Also es ist auf der einen Seite ganz gut, wenn Sie Auslandserfahrung

---

100 Obwohl sie in befristeten Arbeitsverträgen ihre Tätigkeit aufnahmen, erhalten alle Entwicklungshelfer der Studie nach der Rückkehr Arbeitslosengeld, da sie für mindestens zwei Jahre im Sinne des Entwicklungshelfergesetzes im Einsatz waren. Dieser Anspruch ist gesetzlich verankert.

haben, wenn Sie aber zu lange draußen waren, dann heißt's: Der ist verbuscht, da passiert nix mehr« (Thorsten K.). Außerdem trägt er seit seinem Südostasienaufenthalt als Student eine tiefe Angst in sich, seine Wurzeln zu verlieren. »Da hab ich die Erfahrung gemacht über Leute [...] so Traveller, die Ewig-Traveller, die einfach seit fünfzehn Jahren damals durch die Gegend reisten. Und eigentlich wurzellos wurden. Wo ich mir gesagt hab: So will ich nie werden. Und letztlich ist das auf einem anderen Niveau auch so [beim beruflichen Einsatz]. Und deswegen war mir von Anfang an klar: nie, nie, nie, nie und wenn es noch so verlockend ist« (Thorsten K.).

Auch seine Frau Sandra möchte wieder nach Deutschland zurück. »Wir hatten so das Gefühl, das was wir so abgeben wollten, was wir an Input geben können, das haben wir auch gegeben. Jetzt sind wir leer. Jetzt muss es auch wieder was Neues geben. Weil eben sich das nicht weiterentwickelt. Und wir uns dann nicht weiterentwickeln [...] und noch ein Jahr mehr wäre jetzt eigentlich so ein Bequemlichkeitsjahr gewesen« (Sandra K.).

Für die Lehrer Helmut R. und Patrick P. stellt sich die Frage einer Verlängerung nach sechs beziehungsweise neun Jahren im Ausland nicht mehr. Beide müssen die Rückkehr antreten, da die Verträge ausgeschöpft sind. Vor allem Jutta P. sieht der Rückkehr nach Deutschland mit gemischten Gefühlen entgegen. Sie würde mit der Familie lieber weiterhin in Afrika leben. Und während sich auch Yasemin D. in der Rolle als Hausfrau und Mutter in Ungarn zusehends wohler fühlt und sie sich auch ein weiteres Jahr vor Ort vorstellen könnte, drängt ihr Ehemann auf die Rückkehr.

Zum Zeitpunkt der Ausreise würden fünf Protagonisten ihren Aufenthalt gerne noch einmal verlängern – die Arbeitsverträge lassen dies jedoch nicht zu. Zwei Protagonisten könnten sich vorstellen, ihren Lebensmittelpunkt dauerhaft in die Gastländer zu verlagern (Irene B. und Jutta P.). Zwei Akteure reisen nach der Trennung überstürzt aus (Irene B., Stefanie O.). Siebzehn Befragte geben an, dass sie die Entscheidung bewusst trafen, weil sie nach der vorgegebenen Zeit ausreisen wollten. Sieben Personen berichten, »sehr erleichtert« über das Ende der Entsendung gewesen zu sein. Sie freuten sich auf die Rückkehr und das Leben in Deutschland.

Keine Entsendung wurde maßgeblich früher als ursprünglich geplant beendet. Das spricht dafür, dass die Protagonisten trotz der Herausforderungen im Alltag Strategien entwickeln konnten, die ihnen das Leben im Ausland, wenn auch nicht in allen Fällen angenehm und gewinnbringend, so doch »erträglich« machten. Letztlich kehren alle Protagonisten mit dem Wissen nach Deutschland zurück, dass der Auslandseinsatz ein beruflicher

Erfolg war. Sie alle haben ihre individuellen Herausforderungen in den Destinationen erlebt und sind nach eigenen Aussagen daran gewachsen. Paare, die gemeinsam nach Deutschland zurückkehrten, berichten, dass sie auch in der Paarbeziehung aufgrund der Erfahrungen »stärker« geworden sind. Die mitausreisenden Ehefrauen (und der mitausreisende Ehemann) betonten in den Interviews, dass sie stolz darauf seien, den Alltag in einer völlig fremden Umgebung, in der sie teilweise mit großen Sprachbarrieren zu kämpfen hatten, bewältigen konnten. Alle Befragten (mit Ausnahme von Irene B. und Dirk L.) berichten letztlich, sie fühlten sich bei der Rückreise »selbstbewusster«, »stärker« und offener für neue Herausforderungen.

5.1.2 Private und berufliche Vorbereitungen auf die Rückkehr

Die meisten entsendenden Firmen und Organisationen bieten heute mit großer Selbstverständlichkeit Vorbereitungstrainings für den Auslandseinsatz an. Keiner der Befragten berichtet allerdings von vorbereitenden Maßnahmen seitens der Arbeitgeber auf die Rückkehr. Während die Umzugskosten zwar entweder gesamt (Wirtschaftsexpats) oder anteilig (Entwicklungshelfer, Lehrer und Kulturmanagerinnen) bezahlt werden, wurden die Firmen weder unterstützend tätig, als sich die Rückkehrer um neue Wohnungen oder Kindergartenplätze in Deutschland kümmern mussten, noch wurden vor der Rückreise konkrete Berufsperspektiven besprochen. Die Wirtschaftsexpats stießen dies in Eigeninitiative einige Monate vor Ablauf des Entsendevertrages an, indem sie Kontakt zu ihren Vorgesetzten aufnahmen. Die Lehrer regelten ihre berufliche Rückkehr über die jeweils zuständigen Ministerien und die Kulturmanagerinnen und Entwicklungshelfer mussten sich, da sie mit zeitlich befristeten Verträgen ausgereist waren, in Eigenregie um neue berufliche Anknüpfpunkte bemühen.

Für die Lehrer waren die Aspekte der Unterstützung während der letzten Phase des Auslandsaufenthaltes nicht in dem Maße relevant. Alle fühlten sich in einem »krisensicheren Job mit Rückkehrgarantie«, wenn auch nicht für alle Protagonisten sicher war, ob sie an ihre »alten« Schulen zurückkehren konnten.[101] In drei von vier Fällen war bereits vor der Ausreise klar, dass die

---

101 Im Interview berichten die Lehrer von Kollegen, die im Ausland eine Schule geleitet hatten und in Deutschland wieder eine »normale« Lehrertätigkeit aufnehmen mussten. Dies wurde von den Betroffenen den Angaben zufolge als Statusverlust empfunden. In diesem Sample kamen solche Fälle jedoch nicht vor.

Familie anschließend wieder am selben Ort leben und arbeiten würde. Einzig für Florian F. und Hannah M. stand die Frage im Raum, ob sein oder ihr Herkunftsort das Rennen für die erste gemeinsame Zukunft in Deutschland machen würde. Sie nahmen einige Zeit vor der Ausreise Kontakte zu Behörden und Schulen in Deutschland auf – und ließen »das Schicksal entscheiden« (Florian F.). Heute lebt die Familie in der Heimatstadt von Florian F.

Die letzten Ferien vor der Ausreise nutzen die meisten Familien, um sich an den jeweiligen Zielorten in Deutschland nach Wohnungen umzusehen oder um das vorhandene Wohneigentum zu renovieren. Zu den praktischen Aspekten der Vorbereitung gehört außerdem das Packen. Alle Protagonisten an den außereuropäischen Standorten, die allesamt länger als die Entsandten der östlichen Länder Europas im Einsatz waren, nehmen den Großteil ihres Hausstandes wieder mit zurück nach Deutschland. Während Richard W. beispielsweise mit seiner Familie während der Ausreise nach Malaysia einen 20-Fuß-Container nicht ganz füllt, benötigte die Familie bei der Rückkehr einen 40-Fuß-Container. Das Packen beschreiben alle Protagonisten als besonders herausfordernd. Allerdings konnten die Wirtschaftsexpats (mit Ausnahme der allein ausreisenden Irene B.) auf die Dienstleistungen eines Umzugsservices zurückgreifen. Da sich die Familien im Ausland meist vergrößerten, machte auch das Gepäck der Rückkehrer in nahezu allen Fällen annähernd das Doppelte als vor der Ausreise aus. »Meine Frau hat sehr euphorisch gepackt, sie hat sich sehr auf die Rückkehr gefreut. Da kam dann ein Umzugsunternehmen, die haben alles eingepackt und nach Hause transportiert, beziehungsweise verschifft. Es hat ungefähr zwei Monate gedauert, und die Packer haben sogar trockene Blumen ohne Augenzwinkern eingepackt« (Franz S.).

Claudia H. engagiert für ihren Umzug ein polnisches Unternehmen. »Das waren super Jungs. Es waren viele Kartons. Mit vielen Büchern ist man schnell dabei und die Kinder haben ja dann auch eigene Sachen und so weiter. Es hat natürlich jedes Mal den Vorteil gehabt, dass man ausgemistet hat. Das gehört aber auch zu dem anstrengenden Prozess, ist ja auch jedes Mal ein Abschied« (Claudia H.). Katrin L. steht vor der Herausforderung, eine Transportmöglichkeit für die Haustiere ihrer Kinder zu finden. »Ich habe akribisch wochenlang Flüge gecheckt, weil man durfte nur zwei Tiere an Bord mitnehmen, maximal. Wenn da jetzt 'ne andere Familie auch hätte eine Katze transportieren wollen, hätte das schon gar nicht geklappt. Nee, nee, das hätte ich nicht gemacht. Die Katzen hätten wir auf keinen Fall zurücklassen können, das hätte den Kindern das Herz gebrochen« (Katrin L.).

Da die Umzugspauschalen der Entwicklungshelfer streng limitiert sind, unternahmen sie in ihren Destinationen große Anstrengungen, um ihr Gepäck bei anderen Ausreisenden (Botschaftsmitarbeiter oder Expats) in den Containern unterzubringen. »Einiges haben wir auch dagelassen, Klamotten und so Sachen. Da hat sich unser Hausmädchen gefreut« (Thorsten K.). Stefanie O. reist beispielsweise mit 150 Kilogramm Gepäck nach Afrika aus. Acht Jahre später kehrt sie mit 1.000 Kilogramm Umzugsgut zurück. »Pro Kilo hätte das acht Euro gekostet, aber ich hatte Glück, dass mein damaliger Mann einen hauptamtlichen Vertrag hatte, und wir waren noch nicht geschieden. Ich konnte also die 1.000 Kilo auf Kosten seines Arbeitgebers nach Deutschland transportieren lassen« (Stefanie O.). Doris W. lässt ihre Waschmaschine sowie die komplette Küchenausstattung in Malaysia zurück und verschenkt sie an ihr Kindermädchen. »Die hat sich gefreut wie verrückt, das war mehr, als sie sich hätte erarbeiten können. Ich habe dann auch viele Spielsachen für ihre Kinder dagelassen. Meine hatten eh zu viel Zeug« (Doris W.). Die Protagonisten, die in den Jahren ihres Auslandsaufenthaltes mit Hauspersonal zusammengelebt hatten, sahen sich als »Arbeitgeber« in der Verpflichtung, für die soziale Absicherung ihrer »Angestellten« für die Zeit nach der Rückkehr zu sorgen. Jutta P. hatte beispielsweise zu Beginn der Entsendung ein Sparbuch für ihre Haushälterin angelegt, welches sie ihr nach der Ausreise aushändigte. »Die Unterstützung der *locals* ist ja immer eine heikle Sache. Man darf das auch nicht übertreiben, sie müssen ja danach auch wieder alleine klarkommen. Und man muss aufpassen, dass man nicht ausgenutzt wird. Aber ich sah mich schon in der Verpflichtung, ihr auch nach unserer Abreise eine neue Arbeitsstelle zu vermitteln. In den Ländern gibt es nun mal kein soziales Netz, keine Sicherheit. Nur den Kampf gegen die Armut und der Versuch, irgendwie zu überleben« (Jutta P.).

Sowohl die Kulturmanagerin Petra T. als auch die rückkehrenden Entwicklungshelfer hatten zum Zeitpunkt der Ausreise keine neuen Verträge – einzig Sandra K. erhielt einen auf drei Monate befristeten Aushilfsvertrag. Beide Gruppen konnten ebenfalls eine Umzugspauschale und ein »Übergangsgeld« für die erste Zeit in Deutschland in Anspruch nehmen. Die Kulturmanagerinnen erhielten 900 Euro, die Entwicklungshelfer zwei Monatsgehälter in der Höhe des Verdienstes während der Entsendung abzüglich der Zuschläge. »Was es letztlich aber wirklich genau heißen würde, also sich mental vorzubereiten, wieder zurück nach Deutschland zu gehen mit den zwei Kindern, was da alles auf uns zukommt, hab ich nicht ... und ich bin auch froh darüber, weil sonst wäre ich nicht zurückgekommen«

(Thorsten K.). Diese Aussage findet sich in ähnlicher Form bei allen Entwicklungshelfern und einer Kulturmanagerin wieder. Die von Thorsten K. thematisierte mentale Vorbereitung und das »Sich-hineinfühlen«, künftig wieder in Deutschland zu leben, hat keiner der Befragten vor der Rückreise praktiziert. Patrick und Jutta P. sind jedoch bewusst die letzten zwei Jahre ihres Afrikaaufenthaltes in eine Hauptstadt gezogen, um die Kinder auf das deutsche Schulsystem vorzubereiten. Dort hat die Familie auch Zugang zu deutschen Zeitungen, Zeitschriften und Internet. Die Familie entscheidet, nach der Rückkehr wieder zu Patrick P.s Mutter zu ziehen. Patrick P. wird wieder an derselben Schule wie vor der Ausreise arbeiten.

Stefanie O. hat für ihren neuen Lebensentwurf in Burkina Faso aufgrund der Trennung nicht viel Zeit. Über das Internet organisiert sie sich ihr neues Leben in Deutschland. Anknüpfungspunkte hat sie dort aufgrund der jahrelangen Abwesenheit kaum noch. Sie entscheidet sich für einen Standort, an dem sie sich die größten beruflichen Chancen ausrechnet. Von Afrika aus belebt sie alte Kontakte zu einem früheren Kommilitonen. Er besichtigt Wohnungen für Stefanie O., die sie sich zuvor im Internet ausgesucht hat. Anschließend schickt er ihr Digitalfotos und mietet in ihrem Auftrag eine Wohnung für sie an. »Mir hat das Hoffnung gegeben, dass ich eine Adresse hatte. […] Das hat mich beruhigt« (Stefanie O.). Eine tiefe Sehnsucht hat sie nach einem Ort, an den sie gehen – und bleiben kann.

Während die Protagonisten versuchen, ihre Umzüge vorzubereiten, stehen sie zugleich vor der Herausforderung, sich um Schul- oder Kindergartenplätze für die Kinder zu kümmern. Welche Komplikationen das mit sich bringen kann, hat Yasemin D. erlebt. Da wenige Wochen vor der Ausreise noch nicht klar ist, an welchem Standort und in welcher Position ihr Mann von seinem Arbeitgeber künftig eingesetzt werden wird, ist es der Familie nahezu unmöglich, sich auf einen neuen Wohnort vorzubereiten. Ohne eine konkrete Adresse kann Yasemin D. ihre Kinder aber auch nicht im Kindergarten anmelden. »Das war eine heftige Zeit, da hab ich mich echt geärgert. Ich hab so viel rumtelefoniert von Ungarn aus wegen dem Kindergartenplatz […] ich wusste nicht, wo wir landen. Süddeutschland, Norddeutschland oder irgendwo dazwischen« (Yasemin D.). Sie löst das Problem, indem sie die Entscheidung fällt: Die Familie kehrt wieder an den ursprünglichen Wohnort zurück. Dort hat die Familie noch eine Wohnung, und Yasemin D. erhält einen Kindergartenplatz. »Ich konnte direkt wieder ein paar Stunden die Woche mit dem Arbeiten anfangen. Er musste dann halt fahren« (Yasemin D.).

Was Stephan D. zum Zeitpunkt der Ausreise nicht weiß: Er wird die kommenden zwei Jahre in Deutschland täglich 120 Kilometer zwischen der Familie und dem Arbeitsplatz pendeln.

Auch Katrin L. ärgert sich über die mangelnde Unterstützung seitens des Arbeitgebers ihres Mannes. Mitten im Schuljahr soll Dirk L. für ein weiteres Jahr nach London versetzt werden; die Familie hat die Option mitzukommen, oder alleine nach Deutschland auszureisen. Dirk L. möchte den neuen Entsendevertrag nach London nicht annehmen. Seine Frau lässt ihm aber keine andere Wahl. »Als es hieß, wir sollen gleich ausreisen, hab ich mich quergestellt. Ich hab gesagt, das mache ich auf keinen Fall, die Jungs haben es schon schwer genug. Ich will sie nicht mitten im Schuljahr in irgendeine Klasse einschleusen, ich will mir verdammt noch mal rausnehmen, welches Gymnasium ich mir aussuche […] das wäre ansonsten so weitergegangen […] ein Jahr London, ein Jahr dies und ein Jahr das. Das wollte ich weder mir noch den Kindern zumuten. Bis du installiert bist als Familie in einem anderen Land, das dauert fast ein Jahr […] die Jungs kommen jetzt dann in die Pubertät, und ich möchte, dass die in einer gewachsenen Struktur ihre Pubertät bis zum Erwachsenen zubringen« (Katrin L.).

Bis zum Ende des Schuljahres bleibt sie mit den beiden Söhnen in Warschau. Dann kehrt sie nach Deutschland zurück. Dirk L. pendelt in der Zwischenzeit zunächst sechs Monate zwischen Warschau und London und später noch einmal sechs Monate zwischen London und Deutschland. Aber nicht nur sein Arbeitgeber war in eine Krise geraten, auch die Medienbranche unterliegt Sparzwängen. Für Andreas R. bedeutet dies, dass er neun Monate früher als geplant wieder nach Deutschland ausreisen muss. Seine Frau steht vor einem ähnlichen Problem wie Katrin L.: Das Schuljahr in Polen ist noch nicht beendet. Zwischenzeitlich hat sie zudem einen eigenen Lehrauftrag. Auch sie bleibt zunächst ein halbes Jahr mit den Kindern alleine in Polen, während ihr Mann sich in Deutschland überstürzt auf Wohnungssuche macht.

Zusätzlich zu den alltagspraktischen Vorbereitungen beginnen manche der Protagonisten, wieder verstärkt Kontakte nach Deutschland zu knüpfen. Nur fünf der Befragten beschäftigen sich intensiver mit dem Zeitgeschehen in Deutschland. Weniger als die Hälfte stellt intensiveren Kontakt zu Kollegen, Freunden oder Verwandten her.

Die Ergebnisse zeigen, dass die Arbeitgeber von den Protagonisten zwar eine hohe Mobilität und Flexibilität erwarten, zugleich aber kaum Unterstützungen für die Familien in besonders herausfordernden Phasen wie der

Vorbereitung der Rückkehr bieten. Nicht nur über die Arbeitnehmer wird flexibel und ohne Rücksicht auf Verluste verfügt, sondern auch über deren Familienangehörige.

5.1.3 Und wieder: ein Abschied

> »Without a meaningful goodbye, an effective closure, there cannot be a creative hello, a hopeful commencement.«
> *(Craig Storti 1997: 43)*

Für alle Entsandten wird die Phase des Abschiedes zu einer wichtigen Passage, die viel über die vergangenen Jahre im Ausland und die vor ihnen liegenden Wochen aussagen kann. Die Protagonisten, die nach dem Scheitern der Beziehungen überstürzt von ihrem Leben in den Gastländern Abschied nehmen, verbringen die letzten Stunden im Land mit organisatorischen Dingen. Irene B. hat wegen der unfreiwilligen Abreise nach der Scheidung in Brasilien weder die Zeit noch die Kraft, sich nach sieben Jahren vom Land zu verabschieden, das für sie zur »gefühlten Heimat« wurde. Am Abend vor der Ausreise trifft sie zwei brasilianische Freundinnen, die sie bereits während der Scheidung unterstützt hatten. Bis zum Zeitpunkt des Interviews hat sie sich von der Imagination, nun am falschen Ort zu leben, nicht gelöst. »Ich bin innerlich eine Brasilianerin geworden« (Irene B.).

Franz S. verlässt Indien mit Zukunftsängsten, nach Feiern ist ihm nicht zu Mute. »Wir haben ein Fest gegeben, allerdings nur ein kleines. Irgendwie war mir bei der Rückkehr genauso wenig nach Feiern wie bei der Ausreise. Ist auch schwierig mit einer Frau, bei der man nie weiß, wie es ihr an dem Tag geht« (Franz S.). Wegen einer erneuten depressiven Phase ist es seiner Frau nicht möglich, an der Feier teilzunehmen. Von den Kollegen verabschiedet sich Franz S. mit einer großen Party. Den beruflichen Aspekt der Entsendung wertet er als »absoluten Erfolg« (Franz S.).

Thorsten und Sandra K. feiern nach drei Jahren in Benin ein großes Fest mit allen Kollegen und dem Hauspersonal. Am Abend spaziert Sandra K. mit ihrem Mann ein letztes Mal am Strand entlang. »Ich hab geheult wie ein Schlosshund am Ende, aber nicht aus Traurigkeit, sondern weil es überstanden war« (Sandra K.). Das Paar reist dennoch mit gemischten Gefühlen aus, weil beide nicht wissen, wie es in Deutschland beruflich weitergehen soll.

Patrick P. fällt der Abschied aus Afrika leicht. »Ich hatte den Aufenthalt so lange durchgedrückt, wie ich wollte. Und dann war es auch O.K., zu gehen« (Patrick P.). Mit den Kollegen feiert die Familie Abschied, die Töchter geben ein Fest an der Schule. Seine Frau Jutta versucht, der Ausreise emotionslos zu begegnen. Die Rückkehr nach Deutschland bedeutet für sie auch die Rückkehr in das Elternhaus ihres Mannes. »Einen Ort, an dem es als Familie für uns noch nie funktioniert hatte« (Jutta P.).

An den Abschied aus Ecuador erinnert sich Jürgen E. ungern. »Ich habe mit dem Abschied die Zeit als Familie hinter mir gelassen. Endgültig. Das war dann schon so eine gewisse Sentimentalität« (Jürgen E.). Seine Exfrau und die Kinder bleiben im Land. Den letzten Abend im Gastland verbringt er alleine mit einem Spaziergang im Stadtpark, dann besucht er mit Freunden noch einmal sein Lieblingsrestaurant. Abschiedsfeier gibt es keine. Die Kinder leben von nun an zehntausend Kilometer entfernt vom Vater. »Man weiß zwar, man ist in 24 Stunden in Loja, wenn es sein muss. Es ist trotzdem irgendwie ein komisches Gefühl. Schon auch Nostalgie. Wir haben als Familie viele schöne, fast nur schöne Zeiten gehabt, und man verlässt dann ein Stück Land, das einem ans Herz gewachsen ist. Trotz dieser kulturellen Unterschiede hatten wir da als Familie auch noch eine schöne Zeit, bis alles zerbrach. Auch wenn ich am Ende da nicht klarkam, es gab auch gute Bekanntschaften und das hab ich auch zurückgelassen. Viele Momente des Lernens und der Erfahrung und des beruflichen Vorankommens. Lauter so Sachen, das lässt man dann alles so zurück« (Jürgen E.).

Stefanie O. hat, ähnlich wie Irene B., wegen der überstürzten Abreise keine Zeit für eine Abschiedsfeier. Am letzten Abend im Land trinkt sie mit zwei ehemaligen Arbeitskollegen ein Glas Wein, nebenbei packt sie in größter Eile und versucht die Kinder darauf vorzubereiten, dass sie künftig an einem anderen Ort leben werden. Zwischen den Umzugskartons muss sie immer wieder ihre Kinder trösten, weil diese in Burkina Faso nicht nur den Vater, sondern auch ihre Hasen und Schildkröten zurücklassen müssen. Doris und Richard W. verlassen in Malaysia dagegen nach fünf Jahren eine gut funktionierende Entsandtengemeinschaft mit einem rauschenden Abschiedsfest. »Da war der Vorstand der Firma da. Da kamen 120 Leute zusammen. Der Konsul […] ja, da kommen dann wieder die besseren Leute zusammen. Die ganzen Expats, mit denen wir zusammen waren. Dann die Firma, das Management, die Lieferanten. Das war ein rauschendes Fest. Der Abschied von einem wunderschönen Leben. Normalerweise ist das auch immer so großartig verabschiedet worden. Nur bei Familien, bei denen was im Ausland schief gelaufen ist, hat man nicht gefeiert. Aber da muss man sich schon ordentlich was leisten, dass nicht in dem Stil gefeiert wird. […] Das war ein sehr rührender Abschied. Die Leute sind uns doch richtig ans Herz gewachsen gewesen. Und waren wichtige Begleiter für diesen Lebensabschnitt« (Richard W.).

Auch Yasemin und Stephan D. geben für die Entsandtencommunity in Budapest ein Abschiedsfest. Dirk und Katrin L. verabschieden sich mit einem privaten Umtrunk aus Polen. Wegen der beruflich angespannten Situation ihres Mannes findet kein großes Abschiedsfest wie bei der Ausreise nach Polen statt. Der Manager Dirk L. verlässt das Land mit dem Gefühl des Scheiterns, obwohl sein beruflicher Einsatz auch ein Erfolg war.

Die Kulturmanagerinnen werden in Polen und Rumänien jeweils vom Bürgermeister verabschiedet. Auch die lokale Presse berichtet über die Arbeit der Frauen. »Ich war trotzdem froh, als es dann zurückging. Ich wollte endlich wieder festeren Boden unter den Füßen haben. Das Pendeln zwischen Deutschland und Polen ging an unsere Substanz« (Petra T.). Die letzten sechs Monate ihres Aufenthaltes lebt Petra T. alleine in Polen – ihr Sohn wird von ihrem Lebenspartner in Deutschland betreut. »Na ja, für den Kleinen war es ganz gut, dass es vorbei war. Er hat schnell kapiert, dieses rot-weiße Ding, das ist ein ICE, mit dem die Mama immer wegfährt […] die Abschiede waren immer schwer. Es war höchste Zeit, zurückzukommen« (Petra T.).

Florian F. und Hannah M. flohen nach dramatischen Erlebnissen in der Wohnung in Bulgarien ohne Abschied zu nehmen nach Hause (Einsturz der Decke neben der Kinderwiege), und die mit der Mutter ausreisenden Kinder Pia und Jakob R. ließen mit der Ausreise ihren Vater in Kolumbien zurück. Beide mussten vor der Ausreise die Entscheidung treffen, an welchem Ort sie künftig leben wollen: mit der Mutter in Deutschland oder dem Vater in Kolumbien. Der Abschied war durch die konfliktreiche Situation der Eltern überschattet und wurde vom Umfeld der Kinder weder in Kolumbien noch später in Deutschland thematisiert.

Wie bereits bei der Ausreise in die Gastländer, hat das Abschiednehmen auch bei der Rückkehr einen großen Einfluss auf ein positives oder negatives Empfinden der Protagonisten. Jene Entsandten, die mit ihrem Leben im Gastland zufrieden abgeschlossen hatten und sich auch von vertraut gewordenen Orten und Personen verabschieden konnten, gingen positiv gestimmt in die nächste Phase der Rückkehr über. Im Sinne van Genneps (1999) kommt den Abschiedsritualen auch in dieser Phase des Übertrittes in ein neues Leben eine zentrale Bedeutung zu.

»Wo das Verlassen der gewohnten Umgebung mit einem so hohen Grad an Bewusstheit erlebt und ein Abschied so nachdrücklich rituell gestaltet wird, da wird der Gegensatz Heimat und Fremde sehr eindringlich erlebt; zumindest als bewusstes Gestalten des Überganges von einem Lebensabschnitt in einen deutlich anderen.« (Lehmann 1993: 103)

Protagonisten, die bewusst Abschied nehmen konnten, hatten es leichter, das vergangene Leben »loszulassen«. Sie konnten nach der Rückkehr auf Erfahrungen aufbauen, ohne im »emotionalen Nebel vergangener Erinnerungen zu verharren« (Jordan 1992: 26).

5.1.4 Erwartungen an die »Heimat«

> »Jede Bewegung verweist auf Verortungen und Verankerungen und ist ohne sie nicht zu bewältigen. [...] Der Mensch ist in Bewegung und braucht Behausung, er sucht die Reise und sehnt sich nach der Heimat.«
> *(Voss 2010: 112–113)*

Heimat ist nicht nur ein großer Begriff, der bereits viel erforscht, beschrieben und zu fassen versucht wurde (vgl. B. Binder 2008). Er provoziert und polarisiert auch die Befragten dieser Studie. Was bedeutet »Zuhause« für die Protagonisten? Welche Vorstellungen und Wünsche sind mit dieser Imagination verknüpft? Wie schon in den vorigen Kapiteln gezeigt werden konnte, vollzieht sich während des Lebens im Ausland ein Wandel. Zunächst treten die Protagonisten aus ihrem vertrauten Bezugssystem und entfernen sich räumlich und mental für eine gewisse Zeit aus ihrem gewohnten Umfeld. Während der Zeit im Ausland – wobei die Länge der Entsendung eine bedeutende Rolle spielt – befriedigen sie das Bedürfnis nach Verortung und Aufgehobensein mit neuen Strategien. Einige finden im sozialen Raum der deutschen und internationalen Clubs eine »Ersatzheimat auf Zeit«. Heimat wird während dieser Phase nicht mehr ausschließlich dem Herkunftsland zugeschrieben, sondern vielmehr einem Gefühl, das sich je nach Raum und Zeit für die Jahre im Ausland verändern kann. Sie sind in dieser Phase keine »hoffnungslos Entwurzelten«, sondern als an »mehreren Orten Verwurzelte zu begreifen« (Treibel 2003: 236).

Im Laufe der Interviews wurde der Begriff »Heimat« von den Interviewpartnern stets neu definiert, revidiert, verworfen, abgelehnt und umgedeutet. Heimat, das war zunächst für alle Befragten der Ort ihrer Geburt, den viele von ihnen aber bereits seit einigen Jahren hinter sich gelassen hatten. Andere machten den Begriff an ihren Bezugspersonen im Herkunftsland fest und an der Kultur, in der sie sozialisiert waren – der Begriff wurde häufig in eine »soziale Heimat« umgedeutet (B. Binder 2010: 195). Heimat kann aber auch als abstrakter Schutzraum fungieren, in dessen Imaginationen die Befragten Zuflucht suchen, wenn sie in der Fremde an die Grenzen des Erträglichen stoßen. Jürgen E. sehnt sich, als er in Ghana an Gelbsucht erkrankt, nach eben dieser »Heimat« mit klar definierten Handlungsmustern und hygienischen Standards für den Ernstfall. Sobald das körperliche oder seelische Wohlbefinden einer echten Gefahr ausgesetzt ist, ist der Wunsch, »nach Hause« zurückzukehren, den Ergebnissen der Studie zufolge groß.

Bei manchen Akteuren hat die Frage nach den Erwartungen an die Heimat einen wahren Sturzbach an Bildern, Erinnerungen und Gefühlsäußerungen ausgelöst. Heimat ist demnach: der grüne, duftende Wald, Bergpanorama, Brezeln, variierende Jahreszeiten, Schneegestöber ... und die Freiheit, sich in existenziellen Dingen verstanden zu fühlen, ohne sich ständig erklären zu müssen. Bei einigen Protagonisten, die nach der Entsendung wieder an den Herkunftsort zurückkehren, ist das Heimatgefühl mit diesem Ort verflochten. »Es ist meine Heimat hier. Ich glaube, beerdigt werden würde ich dann doch ned gerne drüben [Malaysia]. Das würde ich doch hier wollen. Das war immer meine Heimat und wird auch so bleiben« (Doris W.).

Für andere hat sich das »Heimatempfinden« in der Distanz verändert. »Mein Blick auf Deutschland hat sich verändert, wir sehen die Heimat aus einem anderen Winkel. Der Drang, wieder mal ins Ausland zu gehen, ist da. Man wird offener. Ich hätte mir nie träumen lassen, als wir das Haus gebaut haben, dass ich es jemals verlassen würde. Jetzt ist es für mich, was es ist: ein Haus. Nicht mehr und nicht weniger. Ich häng nicht mehr so an solchen Werten. Wenn wir wieder ins Ausland könnten, würden wir das wahrscheinlich wieder tun. [...] Wir brauchen das Leben hier nicht. Was wir früher immer geglaubt haben, hat sich völlig verändert« (Richard W.).

Seine Frau Doris fühlt sich ihrer Herkunftskultur dagegen sehr verbunden, während der Jahre im Ausland nimmt sie große Mühen auf sich, ihre Traditionen beizubehalten. Sie erwartet, in Deutschland »wieder ohne Anstrengung anknüpfen« zu können und freut sich darauf. »Ich hab sogar in Malaysia einen tollen Weihnachtsbaum gehabt. Einen künstlichen halt, aber mit Lametta, Engeln, Kugeln und allem, was man so braucht. [...] Ich hab auch einen Truthahn gehabt, gell. Also so ist es ned. [...] Ja und richtig mit

Geschenkpapier und Kerzenpyramide [...] die hab ich extra dabeigehabt. Und einen Adventskranz. [...] Sonst ist es kein Weihnachten wie daheim. So sollte es aber schon sein. Draußen war es leider nicht kalt [...] schwierig mit dem Weihnachten ohne Schnee und ohne kalt. Eine Freundin in Malaysia hat gesagt: Das mach ich ganz einfach, ich mach alle Türen zu, stell die Aircondition auf kalt ... (lacht) ... ich hab mich schon darauf gefreut, dass ich das daheim wieder alles automatisch hab« (Doris W.).

Franz S. verspricht sich von Deutschland eine Verbesserung seiner familiären Situation. »Ich dachte, dass es meiner Frau dann wieder besser geht und wir es als Familie in Deutschland wieder leichter haben. In Mumbai zu leben ist schon extrem anstrengend. In Deutschland funktioniert dagegen alles. Das Gesundheitssystem, Gesetze werden eingehalten, Beziehungen sind verlässlicher. Und ich kann endlich wieder essen, was mir schmeckt« (Franz S.). Seit Thorsten K. von einem einjährigen Rucksackurlaub während seines Studiums aus Südostasien zurückgekehrt ist, weiß er, was »Heimat« für ihn bedeutet. »Ich bin ja als Student 12 Monate am Stück gereist in Südostasien. Und da ist mir eigentlich der Begriff klar geworden. Davor war ich so ein typischer Vertreter meiner heimatkritischen linken Generation, der den Begriff immer weit von sich gewiesen hat. Deutschland war ein Scheiß und so. Und das hat sich dann natürlich schon verändert. Weil ich da schon gemerkt habe, erst wie sehr ich Europäer bin. [...] Und mir wurde klar, dass Deutscher sein – nach Diskussionen in Gesprächen mit Europäern, dass das ja auch 'ne Gabe sein kann, dass man dazu steht. Und dass ich gemerkt habe, das konnte ich erst in der Fremde finden [...] dieses Gefühl, irgendwie in einem Kulturkreis da auch eine Heimatverbundenheit zu haben [...] dieses überhaupt zu haben, was ich vorher immer negiert habe. Das ist mir erst im Ausland gelungen. Das kann man auch erst dann merken. [...] In Benin hab ich das bestätigt gefunden« (Thorsten K.).

Und auch bei seiner Frau Sandra ändert sich das Bewusstsein. »Bevor ich nach Benin gegangen bin, bin ich ja nie lange weg gewesen. [...] Wichtig ist mir, wo ist meine Familie, das ist für mich schon ein großer Wohlfühlfaktor, und wo hab ich auch ein soziales Umfeld, das ist für mich Heimat. Ein Umfeld, das mich versteht, ohne dass ich mich ständig erklären muss. Oder ohne dass sich das Umfeld ständig erklärt. [...] Insofern denke ich, war der Auslandsaufenthalt der Anfang einer neuen Heimatsuche oder Heimatdefinition« (Sandra K.).

Patrick P. kann hingegen seine Heimat genau definieren. »Meine Heimat ist mein Geburtsort, der Ort, an dem wir heute leben. Ich genieße viele

Einzelheiten jetzt viel mehr, die ganzen Facetten und Aspekte, die ich ohne Simbabwe nie sehen würde. Alles, was man sonst immer als natürlich gegeben annimmt, das sehe ich mit offenen Augen« (Patrick P.). Jutta P. fasst ihren Heimatbegriff weiter: »Ich glaube, ich hab doch sehr stark eine europäische, humanistische, christliche Tradition in mir, die mir auch bleiben wird, egal wo ich bin und wo ich es auch schön finde. [...] Also verwurzelt hier [Deutschland] aber durch die Entwurzelung beim Ausreisen [...] da ist es schwierig, das zu beantworten [...] ich denke, je mehr Orte es auf der Welt gibt, wo ein Teil von einem selbst zu Hause ist, oder man sich überwiegend zu Hause fühlt, desto schöner ist es. Das muss ja schrecklich sein, wenn es so ortsgebunden ist, das Heimatgefühl. [...] Ich hab das auch in meiner Kindheit nie gehabt, ich kenn das nicht, was ich da verpasst hab« (Jutta P.).

Stefanie O. träumt die letzten zwei Jahre in Afrika vom heimischen Wald und grünen Wiesen, frischer Luft und einem Fahrrad. Sie sehnt sich nach einem Ort, der für sie und ihre Kinder zur »Heimat« werden kann. Jürgen E. bezeichnet sich als »heimatlos«. »Ich seh Deutschland nicht als meine Heimat. Und trotzdem sag ich, ich glaube nicht, dass ich am Ende groß woanders leben kann. Der Begriff Heimat sagt mir wenig. Meine Familie war meine Heimat. Aber ich hab ein paar Stellen, wo ich mich besonders wohlfühle, aber dass ich jetzt sage, ich komme nach Hause, das hab ich nicht in Deutschland. Das hab ich aber nirgendwo [...]. Ich hätte so ein Gefühl wahrscheinlich entwickeln können mit meiner Familie am Bodensee, bevor wir nach Ecuador ausgereist sind. Sonst nirgendwo [...] dennoch, das ist eine Kultur, in der man aufgewachsen ist. Und ich würde vermutlich auch immer dahin zurückkehren« (Jürgen E.).

Auch Hannah M. sieht Deutschland zum Zeitpunkt der Befragung nicht als ihre Heimat an. »Verwurzelt sehe ich mich hier nicht. Das Wetter spielt auch eine Rolle, ich mag den Winter nicht. Ich kann mir auch ein anderes Land als Heimat vorstellen und Freunde findet man überall, ich könnte mir vorstellen, woanders zu leben, mir wird schnell langweilig. Ich falle dann in so komische Muster rein, ich brauch Abwechslung« (Hannah M.).

Letztlich fiel die Bedeutung des »Phänomens Heimat« für das eigene Leben jedem einzelnen Protagonisten schwer. Einig waren sich alle Befragten nur darüber, dass jeder Mensch persönliche Bezugsräume in der Welt braucht und dass diese stark an die sozialen Kontakte gebunden sind, die an diesen Orten das Leben der Protagonisten teilen.

Für alle Befragten, die bereits als Kinder und junge Erwachsene im Ausland gelebt haben oder die in einem anderen Land als Deutschland zur Welt kamen, trifft meist Folgendes zu: Aufgrund des Erlebens unterschiedlicher kultureller Lebenspraxen im Laufe ihrer individuellen Biografie können sie zunächst mit dem Begriff »Heimat« wenig anfangen. Wenn überhaupt, berichten sie von mehreren »Heimatorten«, die jeweils für einen bestimmten Lebensabschnitt stehen (Dirk L., Katharina A.). »Heimat« wird für sie mehr zum abstrakten Ort, der sich an Lebensphasen und nicht so sehr an der Geografie festmachen lässt. Statt des Begriffes Heimat wählt Yasemin D. beispielsweise den der »Nationalität«. Sie erlebte als junge Erwachsene den Rückkehrprozess nach ihrem Aufenthalt in Kairo als besonders schmerzhaft. »Ich bin deutsch erzogen. Ich bin eine Deutsche [...] auch wenn ich vielleicht als Teenager gerne in Ägypten geblieben wäre, so wäre ich doch eine Deutsche geblieben, von der Mentalität und vor allem der Nationalität her [...] ich bin in der deutschen Nationalität daheim. [...] ich habe immer im Hinterkopf behalten, wo sind hier [Deutschland] die Vorteile [...] ich war darauf vorbereitet, dass die Rückkehr nach Deutschland problematisch werden kann. [...] Ich glaube fast, es ist vorprogrammiert, dass dieses Zurückkommen in die Heimat emotional erst mal ein Trauma wird. Ich habe es bisher noch nicht anders gesehen« (Yasemin D.).

Alle Befragten, die den Prozess der Rückkehr noch nie erlebt haben, gehen davon aus, dass mit der Rückreise das »Abenteuer« vorbei ist. Sie kehren mit der Vorstellung zurück, im Herkunftsland wieder nahtlos an das zurückgelassene Leben anschließen zu können. Sie erwarten ein Umfeld, das es nicht mehr erforderlich macht, die täglichen Interaktionen ständigen Interpretationsprozessen zu unterziehen. Das Leben stellen sie sich als weniger »anstrengend« vor und freuen sich auf vertraute Kontakte. Dabei reflektieren jene, die noch keine Rückkehrerfahrungen gesammelt haben, nicht – und können dies zum Zeitpunkt der Rückreise aufgrund fehlender Erfahrungen auch nicht –, dass sowohl sie selbst als auch ihr zurückgelassenes Umfeld in den vergangenen Jahren einen Wandlungsprozess vollzogen hat (vgl. Kapitel 5.2.1).

Einige der Protagonisten haben durch den Auslandsaufenthalt entdeckt, dass sie »Heimatgefühle« entwickeln, andere haben festgestellt, dass sie an mehreren Orten heimisch sind, zwei Frauen sind in ihrem Erleben so tief in die Gastländer eingetaucht, dass sie mit der Ausreise nach Deutschland ihre »Wahlheimaten« (Irene B., Brasilien, und Jutta P., Simbabwe) verlassen haben, für manch andere ist der Begriff eng an das soziale Umfeld geknüpft und für wieder andere hat der Auslandsaufenthalt einen Prozess in Gang gesetzt: die Suche nach der Heimat. »Es ist, als verstoße man gegen ein stillschweigendes Einverständnis: dass Heimat letztlich nicht mit dem Verstand zu begreifen ist, sondern sich nur dem erschließt, der sich emotional mit ihr identifiziert« (Peter Blickle, zitiert aus einem Geo-Interview von Johanna Romberg 2005: 118).

5.2 Heimat als Projekt

5.2.1 Die Ankunft: Konfrontation mit dem vermeintlich Vertrauten

»Dem Heimkehrer bietet die Heimat – zumindest am Anfang – einen ungewöhnlichen Anblick. Er glaubt, selbst in einem fremden Land zu sein, ein Fremder unter Fremden [...]. Aber die Haltung des Heimkehrers unterscheidet sich von der des Fremden. Der Letztere schickt sich an, Mitglied einer Gruppe zu werden, welche niemals die seine gewesen ist [...]. Der Heimkehrer erwartet jedoch, in eine Umwelt zurückzukehren, von der er immer [...] so denkt er [...] intime Kenntnisse besitzt und besessen hat, die er nur wieder fraglos annehmen muss, um sich dort selbst wieder zurechtzufinden [...]. So denkt und hofft er; und weil er so denkt und hofft, wird er den von Homer beschriebenen typischen Schock erleiden.«
(Schütz 1972: 70)[102]

Mit der Rückkehr sind die Koordinaten vorübergehend wieder auf null gestellt: Die Protagonisten müssen sich ihr alltägliches Umfeld neu erschließen. Überrascht werden sie dabei von der Erkenntnis, dass ihnen das vertraut geglaubte soziale Umfeld »fremd« geworden ist. Während ihrer Abwesenheit haben sich Lebensziele, Strategien und Pläne der »Zuhausegebliebenen« möglicherweise erfüllt, verändert, oder sie sind gescheitert – in der Rückschau haben die einst als wichtig erachteten Dinge nun einen anderen Sinn. Diese Bedeutungen können die Rückkehrer nicht sofort erkennen. Und dies gilt auch umgekehrt: Die Rückkehrer haben einen Wandlungsprozess vollzogen, der bisweilen auch die Überarbeitung ihrer eigenen Lebensstilkonzepte zur Folge hatte. Die Entwicklungen verliefen im parallelen Zeitverlauf,

---
102 Alfred Schütz hat seine Überlegungen hauptsächlich auf rückkehrende Soldaten bezogen. Die Lebenssituationen, die Auslandsentsandte und Soldaten erleben, sind nicht miteinander vergleichbar. Jedoch haben beide Gruppen Grenzerfahrungen erlebt, die sie mit den »Daheimgebliebenen« in der Regel nicht teilen. Die Überlegungen des Autors sind daher auch gut 40 Jahre später auf die Rückkehrer dieser Studie übertragbar.

konnten über die Distanz nicht miterlebt werden und sind daher erst beim erneuten »Aufeinandertreffen« der Lebensrealitäten sichtbar.

»Das Heim, zu dem er [der Heimkehrer] zurückkehrt, ist keineswegs das Heim, das er verließ, oder das Heim, an das er sich erinnerte und nach dem er sich in seiner Abwesenheit so sehnte. Aus diesem Grund ist der Heimkehrer nicht mehr der Gleiche, der fortging. Weder für sich noch für die, die auf seine Rückkehr warten, ist er derselbe« (Schütz 1972: 81).

Eine Zeit lang waren die Protagonisten keine aktiven Mitglieder in diesem besonderen sozialen Gefüge, sie erfuhren es, um es mit Alfred Schütz zu sagen, nicht mehr »als Teilhaber in lebendiger Gegenwart. Der Aufbruch von der Heimat hat diese lebendige Erfahrung durch Erinnerungen ersetzt, und diese Erinnerungen bewahren bloß noch, was ihm das heimatliche Leben im Augenblick seines Abschiedes bedeutete« (Schütz 1972: 76).

Sieben der 14 befragten Familien sind wieder an den Ort zurückgekehrt, an dem das Familienleben bereits vor der Ausreise stattgefunden hatte. Sie hatten am wenigsten mit Veränderungen im sozialen Umfeld gerechnet. Drei davon beziehen auch dasselbe Haus oder die Eigentumswohnung, die sie für die Entsendung verließen. Für alle anderen Protagonisten wird die Rückkehr zugleich zum Neustart an einem bislang unvertrauten Ort. Zunächst freuen sich alle Rückkehrer über das Wiedersehen mit Freunden, Familie und Bekannten. »Das ist so, als ob man im Urlaub da ist. Alle nehmen sich Zeit. Das verfliegt aber schnell wieder, und dann stellst du fest: Hier ist ja einiges anders als gedacht. Kein Mensch interessiert sich für dich. Das Leben der anderen geht seinen Gang« (Thorsten K.).

Florian F. berichtet von einem »Kulturschock«, der bei der Rückkehr größer ausgefallen sei als bei der Ausreise. »Der war viel größer. Also das war am Anfang so komisch, ich habe mich sehr fremd gefühlt.« Irene B. erlebt das ähnlich. »Die Leute hier [Deutschland] haben doch auch alle ihre eigenen Probleme. Ihr Leben. Es ist ja damit auch nicht getan, wenn ich mich da mal zum Kaffee hinsetze oder mal eine Wanderung mitmache, oder mal zum Abendessen, das heißt ned, ich hab mein Leben im Griff, ich bin aufgefangen. Natürlich hilft das mit, aber es reicht nicht aus. Sie haben keine Freunde mehr, ihre Persönlichkeit hat sich verändert. Dann sind die Hiesigen oft auch neidisch. Oder sie haben eine Familie gegründet und andere Interessen. Der Mann kann mit Ihnen vielleicht nix anfangen. Außerdem haben die auch ihre Eheprobleme, ihren Alltagstrott. Ihre Vereine, wo sie drin sind. Und vielleicht ein Ämtchen übernommen haben. Haben neue Freunde, Nachbarn. Die brauchen halt nimmer die alte Irene, die jetzt zurückkommt.

Die brauchen mich nimmer. Und die wollen mich auch nimmer. Ich interessiere die nicht mehr« (Irene B.).

Selbst wenn Kontakte über die Distanz aufrechterhalten wurden, durchläuft das persönliche Verhältnis Veränderungen durch die erfahrene räumliche Distanz. Richard und Doris W. ziehen beispielsweise nach fünf Jahren ihres Malaysia-Aufenthaltes wieder in ihr Einfamilienhaus in der Kleinstadt. Beim Bäcker erfährt Doris W., welche Erklärungsmodelle einige Nachbarn damals für ihre Ausreise gefunden hatten: Die Familie könne sich das Haus nicht mehr leisten, sie seien bankrott und deshalb »zu den Schwarzen gegangen« (Doris W.). Sie zieht sich verletzt zurück. »Also mit so jemandem rede ich nicht weiter. Da brauch ich doch dann gar nix mehr sagen. Au, da bin ich ganz arg vorsichtig, weil das viele Leute auch einfach nicht verstehen können. Ich geh jetzt ned auf die Straße raus und erzähl beim Hofkehren, dass in Malaysia alles anders war. Ich glaube, viele Nachbarn wissen ned, dass oder warum wir in Malaysia gelebt haben. Die haben noch nicht einmal meine Alben [Fotoalben] gesehen. Ich geh nicht hausieren damit. Mach ich nicht. Neid ist natürlich ein Punkt. Wir hatten dort Kontakt zu wichtigen Personen, zum Konsul und so. Und Politikern, die man hier nur aus dem Fernsehen kennt. Das ist schon ein komplett anderes Leben. Hier interessiert sich doch der Ministerpräsident ned für mich. Und er würd wohl auch kaum auf meinen Geburtstag kommen. Wir haben einen anderen Status als hier gelebt. Wenn die Nachbarn hier wüssten, dass wir Personal hatten – um Gottes willen! Die würden sich das Maul zerreißen« (Doris W.).

Aber auch der Kontakt zu den einst befreundeten Nachbarn wird für Doris W. zu einem irritierenden Erleben. »Früher waren wir immer eine Clique, waren zusammen, und plötzlich haben die sich andere Freunde gesucht. Weil, wir waren ja nicht da [...] die Distanz zu den Nachbarn, die werden wir nicht wieder aufholen. Manche Sachen haben wir einfach nicht gemeinsam erlebt. Als damals ein übler Sturm Weihnachten über das Neubaugebiet gefegt ist, waren wir nicht da, um mit den anderen Nachbarn im Kerzenschein und ohne Strom herumzusitzen. So was verbindet. Und wir haben da viele Sachen in der Nachbarschaft nicht mitgekriegt« (Doris W.).

Während sich die Entsandten für einige Zeit aus dem sozialen Netz entfernten, haben die »Daheimgebliebenen« die Veränderungen zu Hause gemeinsam durchlebt (vgl. Schütz 1972). Einige der Rückkehrer nehmen zunächst Außenseiterpositionen ein (vgl. Elias 2013). »Das System kann sich im Ganzen geändert haben, aber es änderte sich als System [...] die Ingroup hat jetzt andere Ziele und Mittel dafür, aber sie bleibt eine Ingroup« (Schütz

1972: 78). Aufgrund ihres »Sozialisationskapitals« können die Rückkehrer nach und nach wieder in die sozialen Strukturen ihres Herkunftslandes zurückkehren, auch wenn einige zentrale Lebenspassagen des alten sozialen Umfeldes »blinde Flecken« bleiben werden »und nichts mehr ist, wie es war« (Thorsten K.). Auch den Daheimgebliebenen wird auf Dauer das Wissen um bestimmte Dinge, die die Entsandten in den Destinationen erlebt haben, fehlen.

»Richards Schwester hat zum Beispiel geheiratet. Das ist dann ganz anders hier, wenn man zurückkommt. Da wird geheiratet, da sterben Bekannte. [...] ja, mein Bruder hat geheiratet, als wir weg waren. [...] Wenn es ging, sind wir schon hergekommen. Aber bei seiner Schwester waren wir nicht da. Ich glaube, das trägt sie uns bis heute noch nach« (Doris W.). Richard W. erfährt in Malaysia erst drei Wochen nach der Beerdigung vom Tod seiner Großmutter, zu der er wegen des frühen Todes seiner Mutter eine besonders enge Bindung hatte. Bis heute leidet er darunter, dass er sich nicht verabschieden konnte.

Neben diesen Veränderungen im sozialen Raum müssen sich die Entsandten auch an neue, umweltsituative Begebenheiten gewöhnen. Die Rückkehr findet nicht nur ohne jeglichen Reiz der Exotik statt, sondern alle Befragten sehen sich auch mit dem Verlust gelebter Privilegien im Ausland konfrontiert. Für einige Jahre haben die Entsandten teilweise ein Leben unter der Elite der Gastgesellschaft geführt. Das »V.I.P-Gefühl« (Sperling 1965: 19) ist Vergangenheit, denn den im Ausland gelebten Status und das Prestige lassen die Entsandten mit der Ausreise hinter sich. Sie kehren wieder in ein Leben unter Vielen zurück. »Da ist die Rückkehr natürlich hart, wenn man gewohnt ist, ein wichtiger Mann in Indien zu sein, zu den Top Tausend einer Gesellschaft zu gehören, Sie können sich alles leisten, haben Kontakt zu ranghohen Politikern, Staatsmännern, Promis. Werden jeden Morgen mit dem Chauffeur abgeholt. Na ja und hier – stehe ich mir morgens die Beine in den Bauch, bis die U-Bahn kommt. Vom Fürstchen zum Würstchen, und dazwischen liegen gerade mal acht Stunden Flug« (Franz S.).

Die Entwicklungshelferin Sandra K. bezeichnet den Verlust der Privilegien als »Kulturschock«[103]: »Unser Pseudo-Prominentendasein an den Nagel zu hängen ist hart. Wir müssen wieder einkaufen gehen, stehen beim Arbeitsamt und ziehen eine Wartenummer und können nicht den Koch mal eben die Rechnung zahlen schicken. Die Wege des Organisierens sind

---

103 Der Aspekt des »Rückkehr-Schocks« wird in Kapitel 5.3.1 diskutiert.

wieder andere« (Sandra K.). Ihr Mann Thorsten K. empfindet das ähnlich. »Anscheinend kann man einen Menschen schnell vom Luxus abhängig machen, und der Weg zurück ist dann schon schlimm. Es war halt so, dass man mal für kurze Zeit reinschnuppern konnte, wie es wäre, wenn man etwas zu melden hätte auf der Welt. Und seien wir mal ehrlich: Wer will nicht gerne wichtig sein und bewundert werden für seine Arbeit. […] Das war genau das Dilemma, das mich dann als Hausmann in meine Rückkehrkrise gestürzt hat. Dass man einfach nicht mehr Mr. Wichtig war, sondern dass man genauso den Müll runterbringt, das Klo putzt, an der Schlange am Supermarkt steht und einfach nichts Weltbewegendes tut. Man muss erst wieder mit dieser Werteverschiebung klarkommen. Für einige Zeit war man etwas Besonderes, dann verschwindet man wieder in der Versenkung. […] Was aber ein realer, schmerzhafter Aspekt war: Wir hatten viel weniger Geld zur Verfügung. Und das ist immer ein Problem mit zwei kleinen Kindern« (Thorsten K.).

Die Rückkehr geht für sie nicht nur mit einem gefühlten Statusverlust einher, weil zahlreiche Privilegien wegfallen. Deutschland »bedroht« im ersten Moment den Status als »besondere Persönlichkeit«. Der erneute Wechsel erfordert neue Selbstkonzepte und impliziert nicht nur die äußere, sondern auch die innere Veränderung. Das »Sinnbasteln« setzt erneut ein, die mentalen Landkarten werden kognitiv überarbeitet. »Rückkehrer vergleichen ihre persönlichen Werte […] und Verhaltensrepertoires mit den Anforderungen der Heimatkultur. Insofern überlappen sich Prozesse der Aneignung neuer und bereits erfahrener kultureller Umwelten« (Zick 2010: 313). Im Folgeschluss impliziert also jeder Wechsel eine Neugestaltung der Selbstkonzepte.

Bereits während des Lebens in den ausländischen Destinationen machen alle Protagonisten die Erfahrung, dass sich die sozialen Kontakte zu Hause kaum für ihr Leben im Ausland interessieren. Das führt bereits während der Aufenthalte zu großen Enttäuschungen und auch zu Unverständnis. Bei der Rückkehr tritt dieses Phänomen noch einmal verstärkt und in aller Deutlichkeit zu Tage: Die Protagonisten kehren als »welterfahren« im Wortsinne wieder. Das Umfeld der Rückkehrer reagiert mit geringem Interesse auf das Erlebte und das Befinden der Protagonisten nach der Rückkehr; ihre Erfahrungen werden aus Mangel an Interesse des Gegenübers allenfalls auf exotische Anekdoten beim Erzählen reduziert. Vor allem die mitausreisenden Ehefrauen leiden darunter, dass sie in ihrem Umfeld zu Hause nicht gehört werden und es somit kein Ventil für das Erlebte gibt. »Sie leben hier eigentlich mit ihrem Denken und Fühlen noch im Ausland, sind jetzt aber wieder hier. Aber es will hier niemand wissen. Ich bin nach wie vor damit alleine. Ich hab schon begonnen, mal was zu erzählen. Die Leute gähnen. Die gähnen! Die packen das nicht! Ihren Auslandsaufenthalt können die Hiesigen, die hier gelebt haben, weder sich bildlich vorstellen, noch gefühlsmäßig nachempfinden. Das ist, als ob sie ein Märchen lesen würden oder eine Science-Fiction-Story. Das können die nicht verstehen und das interessiert sie auch nicht« (Irene B.).

Thorsten K. bezeichnet es als »Schock«, dass sich sein Gegenüber bei der Rückkehr für seine Erfahrungen nicht interessiert. »Das war ein Riesen-Rückkehrschock! Na klar! Ich hab das auch schnell aufgegeben, den Leuten jetzt so groß zu erzählen, wie es war und so zu versuchen, sie mitzunehmen. Das geht nicht. Gedanklich mitzunehmen. Ich glaub, das geht nicht. Weil es für die Leute, die nicht da waren, die können sich nix drunter vorstellen. Weil man das nie nacherzählen kann, wie es einem genau da ging, und wie es da genau war, dazu ist es viel zu fremd. Also da muss jemand schon mal in Afrika gewesen sein, um sich das einigermaßen vorstellen zu können. Oder in einem Dritte-Welt-Land, sag ich mal, in einem Entwicklungsland. [...] Ich hab es dann eher mal an so kleinen Anekdoten festgemacht, hab versucht, so ein Lebensgefühl rüberzubringen« (Thorsten K.).

Seine Frau Sandra K. schildert es drastischer: »Also länger als 'ne halbe Stunde wollte eigentlich keiner was drüber wissen. [...] Ich glaub, es war einfach so: Der Käfig war zu, wir sind jetzt wieder da. Hier lief so das Leben und wir waren da in diesem Irrgang, und dann sind wir wieder auf der richtigen Spur. [...] Also meine Eltern oder die Freunde, die mit Ausland nicht viel zu tun haben, die hatten das Gefühl: prima, Umweg abgeschlossen, jetzt haben sie das hinter sich« (Sandra K.).

Helmut R. hat sich für die Rückkehr gewappnet: Bereits vor der Ausreise ist ihm klar, dass sich sein Umfeld nicht für seine Erfahrungen interessieren wird. Die wenigen Rückmeldungen auf seine Info-Briefe, die er während der Jahre im Ausland verschickt hatte, hatten ihn darauf vorbereitet. »Ich habe mir von vornherein klargemacht: Helmut, wenn du zurückkommst, kein A... interessiert sich für das, was du gemacht hast. Also fang gar nicht erst damit an, darüber zu reden. Und genauso ist es nämlich auch. Es interessiert niemanden. Es interessiert weder das Ministerium, was man an zusätzlichen Qualifikationen, Kompetenzen oder sonstwie erworben hat, was man einbringen könnte. Es interessiert in der Schule niemanden. Der Lehrer soll einfach gut funktionieren. Man würde ja erzählen, was einem gefallen hat, und dann würde Neid aufkommen bei denen, die den Hintern selbst nicht hochgekriegt haben. Wenn man sich das klargemacht hat, fängt man erst gar nicht mit dem Erzählen an« (Helmut R.).

Das Erzählen über die besondere Lebensphase hat aber nicht zu unterschätzende psychosoziale Funktionen und könnte für die Befragten ein Weg sein, besser mit dem Erlebten umzugehen und es auch einzuordnen. Florian F. hat dagegen Verständnis dafür, dass sich sein Umfeld nicht für seine Erlebnisse interessiert. Zunächst führt das zwar auch für ihn zu Enttäuschungen, dann entwickelt er ein Erklärungsmodell dafür. »Man kennt das ja auch von sich selbst: Irgendwelche Freunde sind unterwegs, reisen und schreiben dann jeden zweiten Tag Wahnsinns-Erlebnisberichte; ich lese es zu Hause durch und denke: viel zu lang, interessiert mich überhaupt nicht. Womöglich muss man dann noch zum Diaabend und soll sich abendfüllend Geschichten reinziehen ... ich hab da ja selbst auch keine Lust drauf« (Florian F.)

Patrick P. stört sich ebenfalls nicht am Desinteresse seines Umfeldes. »Ich interessiere mich jetzt auch nicht dafür, was diese Leute hier erlebt haben. Also insofern ist das wohl ausgleichende Gerechtigkeit. Es stört mich deshalb nicht so, weil das ist meine Erfahrung, die ich für mich gemacht hab, ohne jemandem was beweisen zu wollen [...] es nervt dann auch das Gegenüber, wenn man zum dreißigsten Mal sagt, aber in Simbabwe ist es ganz anders. [...] Die Kinder haben sich das ziemlich schnell abgewöhnt, von Simbabwe zu erzählen. Weil sie dann gehänselt worden sind« (Patrick P.).

Jürgen E. und Stefanie O. führen das Desinteresse ihres Umfeldes auf das Scheitern ihrer Ehen im Ausland zurück. »Ich werde relativ selten drauf angesprochen, weil man ja weiß, dass meine Familie kaputtgegangen ist dadurch. Und da will wohl niemand neue Wunden reißen« (Jürgen E.). Auch Stefanie O. wird in ihrem Umfeld nicht auf die Entsendungen angesprochen. »Vielleicht wegen der Scheidung. [...] Aber vielleicht wäre es meinem Umfeld auch so egal, ich kann mich erinnern, als wir zusammen aus Afrika kamen, da ging das immer eine halbe Stunde gut mit dem Erzählen, dann hat man in gähnende Gesichter geblickt. Daran muss man sich einfach gewöhnen, dass die Dinge zu exotisch sind, als dass es jemand hören wollen würde. Obwohl es mich manchmal auch ärgert: Wenn meine Eltern aus dem Südtirol-Urlaub nach Hause kommen, laden sie auch zur Diashow. Die man wohl wirklich nur überstehen kann, wenn man fünf Liter Kaffee intus hat. Also es ist manchmal schon komisch, dass ein Urlaub detaillierter erzählt werden kann mit mehr Zuhörern, als mein Leben im Ausland. Aber vielleicht ist das genau der Unterschied: Im Urlaub streift man alles touristenportioniert, also nix, was einem gefährlich werden könnte. Wenn man dann aber dort lebt, taucht man ein« (Stefanie O.).

Selten reagiert das Gegenüber mit Anerkennung. »Manche beneiden uns unglaublich um unsere Flexibilität und unsere Erfahrungen, von denen sie vermuten, dass wir sie gemacht haben. Aber eigentlich kaum einer von den Menschen, die sich da eine Einschätzung erlauben, hat jemals nachgefragt. [...] Weil es könnte ja sein, dass es bei einer gewissen Innensicht nicht mehr alles so exotisch wirkt, sondern ganz normal und problematisch vielleicht auch hin und wieder« (Jutta P.).

In den wenigen Fällen, in denen Nachbarn, Freunde oder Bekannte die Entsendung doch thematisiert haben, sahen sich die Rückkehrer oftmals mit stereotypen Vorstellungen ihr Gastland betreffend konfrontiert. Meist geschah dies kurz nach der Rückkehr auf Partys, als die Rückkehrer noch den »Exotik-Bonus« der ersten Tage zugesprochen bekamen. Eine Nachbarin von Doris und Richard W. konfrontiert die Rückkehrer über den Gartenzaun hinweg mit ihrer Sicht der Dinge, die sie sich auf einer 14-tägigen »Weltreise« durch Asien angeeignet hat. »Dann sagt die so: Wie kann man da bloß leben. Das ist doch das Allerletzte. [...] Wie kann man bloß mit Moslems zusammenleben« (Doris W.). Konfrontationen mit Personen, die die jeweiligen Länder wegen ihres »Spezialwissens« genau zu kennen glauben, erlebt jeder der Rückkehrer. Zunächst versuchen sie, den Vorstellungen des Umfeldes ihre eigenen Erfahrungen entgegenzusetzen und als »Mittler« aufzutreten. In den meisten Fällen gaben die Rückkehrer den Versuch frustriert auf. Bei manchen Rückkehrern entwickelt sich aufgrund der Reaktionen des Umfeldes der Eindruck, die zu Hause Gebliebenen seien »provinziell« und in ihren Einsichten »beschränkt« (vgl. 5.2.2).

Woran könnte das Desinteresse an den Schilderungen über das Erlebte im Ausland liegen? Warum kommen beispielsweise die Infoberichte, die Helmut R. sorgfältig plant und gestaltet, um die Leser zu Hause nicht zu langweilen, beim Adressaten nicht mit dem gewünschten Ergebnis – einer Rückmeldung auf das Verfasste – an? Sind die Erlebnisse im Ausland für Außenstehende nicht reproduzierbar? Selbst mit visuellen Hilfsmitteln wie Diashows gelingt es jenen Rückkehrern, die den Versuch wagen, nicht, ihren Zuschauern einen Eindruck vom Leben im Ausland zu vermitteln. Nach einer gewissen Zeit der Betrachtung kommt es den Aussagen der Protagonisten zufolge bei den Zuschauern zu Ermüdungs- oder Übersättigungserscheinungen – was vermutlich den Hintergrund hat, dass die Außenstehenden zu dem Gezeigten keine emotionale Verknüpfung herstellen können. Was über die Leinwand flimmert, bleibt eine Momentaufnahme, statisch und ohne Bedeutung für den Betrachter, der diese Momente nicht vor Ort geteilt und nicht selten größte Schwierigkeiten hat, die Assoziationen des Fotografen zu entschlüsseln (Fendl/Löffler 1995: 57). Eine länger anhaltende Motivation, Fotos oder Berichte mitzuverfolgen, konnte den Ergebnissen zufolge nur bei Zuschauern festgestellt werden, die selbst ein Interesse an den Destinationen oder eine emotional enge Bindung zum Ersteller haben. Was die Produzenten also in Text- oder Bildform entwerfen, reicht auch bei aller Anstrengung nicht aus, um die Betrachter und die Leser aus ihrem sinnweltlichen Alltag zu lösen und auf die Reise mitzunehmen. Das Leben im Ausland bleibt für Außenstehende abstrakt und nur in engen Grenzen erfahrbar. »Ja und wenn man schon mal Fotos zeigt: Manche dachten, wir sind da jetzt fünf Jahre unter Palmen in Malaysia am Strand gelegen und haben uns die Sonne auf den Bauch scheinen lassen. Ich hatte manchmal schon das Gefühl, die Erfahrung haben die uns einfach nicht gegönnt […] vielleicht hat man uns auch angemerkt, dass wir uns ein bisschen verändert haben. Lockerer sind, entspannter. Es ist ja auf jeden Fall ein Bildungsgewinn, da waren wir klar im Vorteil. Bei uns in der Gegend geht man nicht weg, da macht man so was nicht. Dafür braucht man Mut, und den hat unser altes Umfeld halt nicht. Deshalb fragen die vielleicht nicht nach, die müssten sich das ja dann eingestehen, oder sich fragen, warum sie eigentlich nicht selbst auch ins Ausland gehen« (Richard W.).

Ventil für all die nicht erzählten Erlebnisse sind bei den Entwicklungshelfern die Kollegen am Arbeitsplatz. Dieser Personenkreis hat den Vorteil, sich in einem Umfeld zu bewegen, in dem Auslands- und Fremdheitserfahrungen zum Erfahrungshorizont gehören. Jürgen E. bewegt sich, nachdem er einige Monate nach der Rückkehr eine Inlandsstelle beim Entsendedienst bekommen hat, ausschließlich in Entwicklungshelferkreisen, andere Freundschaften konnten durch die jahrelange Abwesenheit nicht aufrechterhalten werden. Kaum einer der befragten Entwicklungshelfer hat Freundschaften oder Kontakte, die älter als zehn Jahre sind. »[…] zum Glück hatte ich nach einem Jahr Arbeitslosigkeit wieder eine Inlandsstelle und diese Berufswelt beim Entsendedienst. Also wenn ich das nicht gekriegt hätt, das wär schon sehr frustrierend. […] man muss echt in solche Kreise wieder reinkommen. Die einen dann auffangen, oder wo man sich einfach nur am Kaffeeautomaten dazustellen kann, ohne sich wie von einem anderen Planeten zu fühlen. Es ist völlig egal, wie eng der Kontakt ist oder über was man sich unterhält. Es reicht zu wissen und zu spüren, dass man nicht die Einzige ist, die sich in der Welt hier ein bisschen fremd fühlt. Niemand kann das besser nachvollziehen als meine Kollegen, von denen jeder im Ausland war« (Stefanie O.). Keiner der rückkehrenden Wirtschaftsexpats findet am Arbeitsplatz eine Plattform, um über das Erlebte zu berichten. Richard W. vermutet, dass seine Kollegen neidisch auf die Jahre in Malaysia waren, die sie dann als »Urlaubsaufenthalt« abwerteten. Auch die Lehrer berichten, dass sich kaum ein Kollege für ihre Erfahrungen interessiert hat. Oft bleibt ihnen für den persönlichen Austausch nur das familiäre Umfeld, das die Entsendung miterlebt hat. Im Fall von Franz S. ist selbst das nicht möglich. Da seine Frau die Auslandsentsendung tabuisiert, sucht er innerhalb der Firma Kontakte zu Rückkehrern. Ein paar Mal hat er sich mit Amerika-Rückkehrern getroffen. »Ich hab aber festgestellt, dass wir vollkommen unterschiedliche Erfahrungen gemacht haben. Das kann man nicht mal annähernd vergleichen. Die können das auch nicht so nachfühlen, wie das so war in Indien« (Franz S.).

Während der Jahre im Ausland kam es bei allen Befragten zudem zu einer Selektion der sozialen Kontakte. »Die wirklich guten Freunde sind zwar geblieben, aber es gab schon auch Überraschungen« (Doris W.). Nach diesen Ergebnissen ist das größte Problem bei der Rückkehr das Desinteresse an den Erlebnissen der Rückkehrer, der Statusverlust und die Konfrontation mit dem veränderten sozialen Umfeld, auf das die Rückkehrer sich nicht eingestellt hatten (und vielleicht auch nicht einstellen konnten). Für die Daheimgebliebenen sind ihre individuellen Erlebnisse genauso relevant wie die »exotischen« Erfahrungen, für die die Rückkehrer Aufmerksamkeit wünschen. »The people of home, you will soon discover, have changed almost as much as the places [...] even people who live in the same place, are married to the same person, and work in the same job are not the same people you knew when you went away [...]. You will all have to come to know each other again« (Storti 1997: 20). Es kommt in dieser Phase zu einer ähnlichen Erfahrung des »Erkennens, Erkannt- und Anerkanntwerdens« (vgl. Greverus 1995) wie bereits bei der Neuerschließung des Raumes in den ausländischen Destinationen.

»Jeder von uns wird Baumeister seines eigenen Beziehungsnetzwerks. Aber das ist nicht nur eine Freiheit, sondern eine unabdingbare Notwendigkeit. Wir müssen uns unsere eigenen Ligaturen bauen, und wenn wir das nicht tun oder nicht tun können, dann erfahren wir die Lebensfeindlichkeit sozialer Wüsten. Die Optionen sind eng an die spätmodernen Mobilitätsanforderungen gekoppelt, die eine räumliche und soziale Beweglichkeit ermöglichen und erfordern. Mit ihr verändern sich bestehende

Bindungen und Einbindungen. Sie müssen immer wieder neu auf- und umgebaut werden.« (Keupp 2006: 38)

Neben überraschenden Wenden bringt die Rückkehr auch neue Freiheiten mit sich. Einige Protagonisten freuen sich über eine funktionierende Bürokratie, unkompliziertes Einkaufen, mehr Freiheiten in der Freizeitgestaltung, die klarere Trennung zwischen Arbeits- und Freizeit sowie den Wegfall von Sicherheitsvorkehrungen im Alltag. Der Entwicklungshelfer Thorsten K. ist erleichtert, er fühlt sich erlöst von der ständigen Sorge um seine Familie.»Als wir dann hier wieder landeten und wir so die ersten Abende in Deutschland verbracht haben ohne Moskitonetz, da merkte ich schon, wie so eine Last von mir abfiel. Die mir vorher so nicht bewusst war. Aber so dieses Gefühl zu haben, ja, das zumindest kann jetzt nicht mehr passieren. Man muss jetzt abends nicht immer so Patrouille laufen« (Thorsten K.). Franz S. freut sich, dass er auf eine deftige Brotzeit und ein Weißbier nicht mehr verzichten muss.»Und ich kenne die Codes und die Verhaltensweisen und muss nicht mehr stundenlang darüber nachdenken, warum was so ist, wie es ist. Außerdem schätze ich das deutsche Krankensystem sehr und würde mit meinen Kindern auch nie mehr in Mumbai leben wollen« (Franz S.). Die Sicherheitsvorkehrungen im eigenen Wohnumfeld nehmen für alle Rückkehrer, die in außereuropäischen Destinationen gelebt haben, ab. Doris W. fühlt sich beispielsweise alleine durch die Tatsache, nicht mehr in einem vergitterten Haus leben zu müssen, im Wortsinne befreit.»Das war eine Erlösung, meine Frau im Garten arbeiten zu sehen, wo sie ja in Malaysia den Garten [wegen der Schlangen] nur auf Zehenspitzen mit einem Schlagstock in der Hand betreten hat« (Richard W.).

Die neugewonnene Freiheit hat aber auch Nachteile.»Hier muss ich immer gucken, dass meine Fenster geputzt sind. Was sagen sonst die Nachbarn dazu? Da drüben [Malaysia] hab ich ganz anders gelebt, mein Gott. Ich steh da auf, wann ich will, ich mach, was ich will, und ich mach alles, wann ich will. Hier ist man schon so in einem Schema drin. Jetzt muss ich meine Fenster putzen, und der Rasen ist auch wieder zu hoch. [...] Da drüben hat das niemand gejuckt« (Doris W.).

Auch die Nachbarn von Sandra K. üben rege soziale Kontrolle aus. Da das Paar einige Wochen nach der Rückkehr wieder berufstätig ist, engagieren sie eine Haushälterin, die kocht, putzt, wäscht, bügelt und auf die Kinder aufpasst.»Ich kann den Nachbarn doch nicht erzählen, das wir hier jemand für die Kinder haben jeden Tag. Das würde niemand verstehen. Meine Nachbarin hat schon komisch geschaut, als ich das mit der Putzhilfe erwähnt hab:

›Wie? Du kannst dein Haus nicht allein sauber halten?‹ So ungefähr kam das bei mir an. Es ist klar, hier hat man da ein anderes Verhältnis dazu. Nur sehr reiche Leute haben Personal zu haben. Wir sagen den Nachbarn, die putzt nur« (Sandra K.).

Viele der Entsandten sind das erste Mal mit Kindern in Deutschland und erleben ihr Herkunftsland als kinderunfreundlich. Sandra K. und auch Franz S. suchen lange nach einem Kindergartenplatz und erfahren, dass man in Deutschland dafür Wartelisten führt. »Wir kannten Deutschland mit Kindern nicht, andere Eltern wachsen da langsam rein, wir platzen mit einer Dreijährigen und einem Zweijährigen mitten da rein« (Sandra K.).

Der Großteil der befragten Rückkehrer beschreibt die ersten Wochen in Deutschland als ein Empfinden von »emotionsloser Kälte«, »Beziehungslosigkeit« und »Anonymität« im Vergleich zu den jeweiligen Gastländern. Die erste Zeit in Deutschland ist dominiert von Unsicherheit und Fremdheit. Die Vorzeichen drehen sich: Im Gastland fühlen sie sich als Fremde in einer fremden Kultur, in Deutschland fühlen sie sich als Angehörige der eigenen Kultur und Gesellschaft zunächst fremd.

Jene Entsandten, die in ihrer Biografie bereits eine Rückkehr nach Deutschland erlebt hatten, verfügten über das Wissen, wie groß die Herausforderung sein kann, an alte Strukturen anzuknüpfen. Yasemin D. profitiert beispielsweise davon, bereits als junge Erwachsene erlebt zu haben, was es bedeutet, nach einigen Jahren in Ägypten wieder nach Deutschland zurückzukehren. »Alle haben Probleme mit dem Zurückkommen. Nicht das Hingehen, da ist ja alles neu, aufregend und dann kommt man zurück und denkt, man kennt alles. Auf einmal wirkt aber alles ganz anders, und man ist auch nichts Besonderes mehr. Man ist wirklich einer von Tausenden« (Yasemin D.). Es dauert beim ersten Mal drei Jahre, bis sie sich wieder eingewöhnt, sie sagt, sie habe einen Kulturschock bei der Rückkehr erlebt. Bei der Rückkehr aus Ungarn ist alles anders: Sie kehrt an den Ort zurück, an dem die Familie bereits vor der Ausreise gelebt hat. »Die Nachbarn waren sofort da und haben gesagt, hurra, ihr seid wieder da, die haben Kinder im selben Alter [...] ich hatte immer das Gefühl, ich wäre überhaupt nicht weg gewesen. Ich kann mir gar nicht vorstellen, wir waren drei Jahre weg und hier ist immer noch alles wie vorher« (Yasemin D.). Katrin L. beschreibt ihre Rückkehr in das soziale Umfeld ähnlich, sie möchte nach drei Jahren Polen bewusst an den Herkunftsort der Familie zurück, während ihr Mann den Expatvertrag in London zu Ende führt. »Wir sind in unser bestehendes Freundessystem wieder integriert, das ist seit 25 Jahren gewachsen. Das war dann, als wären wir nie weg gewesen. Das hat es uns leicht gemacht« (Katrin L.). Beide Frauen berichten jedoch wie alle anderen, dass sich ihr Freundeskreis nach der Rückkehr nicht für die Auslandserfahrungen interessierte. »Ich hatte schon das Gefühl, es wird erwartet, dass alles möglichst schnell wieder läuft wie vorher« (Katrin L.). Sowohl Familie D. als auch Familie L. waren jeweils drei Jahre in Ungarn beziehungsweise Polen stationiert. Die sozialen Kontakte konnten aufgrund der geringeren räumlichen Distanz durch gegenseitige Besuche gepflegt werden. Dies hat das Einfügen in den Freundeskreis ihren Angaben zufolge nach der Rückkehr deutlich erleichtert. Wie zentral diese sozialen Kontakte für die Reintegration der Rückkehrer sind, wird auch im weiteren Verlauf der Studie gezeigt werden.

5.2.2 Die Wahrnehmung des Herkunftslandes

Während der Jahre im Ausland war nicht nur das soziale Umfeld der Protagonisten einem Wandlungsprozess unterzogen, sondern auch der gesellschaftliche und politische Rahmen durchlief Veränderungen. In welchem Umfang dies für die Protagonisten bei der Rückkehr spürbar wird, hängt wiederum stark von der Dauer der Entsendungen, den Erfahrungen in den Destinationen und dem Bemühen um Informationen aus dem Herkunftsland während der Entsendung ab. Besonders deutlich tritt das bei Entsandten hervor, die in außereuropäischen Destinationen gelebt haben. Bisweilen kommt es zu einer kritischen Einstellung gegenüber dem Herkunftsland (vgl. dazu auch G. Winter 1996: 372). Die Unterschiede zwischen den Ländern sind bei den meisten Akteuren zunächst sehr präsent, wobei davon ausgegangen werden kann, dass sie mit der Zeit abnehmen und die Protagonisten nicht unentwegt Vergleiche zwischen den Destinationen ziehen. »Ich hatte ja total vergessen, wie spießig die Deutschen sind. Das kann derselbe Typ sein, der mich am Tag vorher anzeigt, weil ich mit dem Fahrrad eine rote Ampel überfahre, und dann nicht einschreitet, wenn jemand Hilfe benötigt. [...] In Deutschland verhungern Kinder in Wohnungen, und niemand sieht es. Aber sie sehen einen Fahrradfahrer, der eine rote Ampel überfährt und zeigen ihn an. [...] Diese Pseudowachsamkeit. Das ist wohl etwas, wo sich meine Sichtweise schon verändert hat« (Jürgen E.).

Wie diese Aussage zeigt, kommt es zu einer Verschiebung der Wahrnehmung: Diese Situationen gehörten vermutlich auch bereits vor der Ausreise zum Erfahrungshorizont des Befragten. Zum Zeitpunkt der Rückkehr schien dieses Wissen aber »vergessen« oder »überschrieben« von Erfahrungen, die er in der Gastkultur gesammelt hatte. Erst durch das Erleben der Distanz konnte Jürgen E. seinen Blick offenbar für manche Verhaltensweisen seiner Herkunftskultur schärfen. Als es dann zum Abgleich mit den neuen Wertedefinitionen kam, die er sich während seines Aufenthaltes in Ecuador angeeignet hatte, führte das zum »inneren Konflikt«. Dieses vorübergehende Vergessen kann in Kombination mit dem Erleben der Fremdheit im Vertrauten zu Gefühlen der Marginalisierung führen, wie die Empirie zeigt.

Ein anderes Phänomen, das »in der Rückschau Verklären«, ist unter den Rückkehrern aus außereuropäischen Destinationen ebenfalls zu beobachten, wie diese zwei Beispiele zeigen: »Ich habe in Indien eine so große Offenheit erfahren, die Menschen dort sind wahnsinnig hilfsbereit, und es gibt noch ein Gefühl für Verantwortlichkeit. Das scheint mir hier abhandengekommen zu sein, wenn man überall in der U-Bahn Schilder braucht, die darauf aufmerksam machen, das man seinen Sitzplatz an Alte und Kranke abtreten könnte. Dass man das erwähnen muss, sagt doch schon ziemlich viel über eine Gesellschaft aus. […] Bei einer Naturkatastrophe würden die Deutschen Millionen Euros nach Indien spenden, auf einer Couch sitzend, die auf einem handgeknüpften Schnäppchenmarkt-Teppich aus Indien steht. Da wird mir echt übel. […] Dieses Verhalten hier anzutreffen ist für mich fast so schockierend wie auf die Armut in Indien zu treffen« (Franz S.).

Auch Helmut R. stellt sein Herkunftsland nach der Rückkehr in Frage. »Wenn man nach sechs Jahren zurückkommt, dann erlebt man einen Kulturschock. Diese Wehleidigkeit, dieses Jammern über alles auf hohem Niveau. In Südamerika sind die Leute so glücklich. Und wenn man sie fragt, wieso freust du dich, wieso lachst du, es geht dir doch ganz dreckig und du bist arm und dann sagt der – und? Geht es mir besser, wenn ich hier sitze und heule? Da ist noch eine Flasche Schnaps, die Gitarre steht da, wir machen Musik, wir trinken Schnaps. […] Ob wir morgen noch etwas zu essen finden, das entscheidet sich morgen, aber jetzt lasst uns doch ein Fest feiern. In Deutschland könnte man mit solchen Leuten kein Fest feiern. Die würden da vielleicht ihre Flasche Schnaps trinken und einem den ganzen Abend vollheulen wie schlecht es ihnen geht und wie ungerecht die Welt ist und wie viel besser es die anderen haben. Der Bekannte in Kolumbien, der würde sich glücklich schätzen, wenn er auf einem Hartz-IV-Niveau leben könnte. Davon ist er weit entfernt. Wir haben uns in Deutschland angewöhnt, viel zu verlangen, aber immer nur von anderen. Die Gesellschaft soll alles reparieren, die Gesellschaft soll alles bezahlen – in solchen Ländern wie

Kolumbien bezahlt die Gesellschaft nichts. Und sie repariert auch nichts. Wenn ich mir nicht selbst helfe, dann verrecke ich da einfach« (Helmut R.). Die Protagonisten haben während der Jahre im Ausland Lebensstile kennengelernt, die sie als bereichernd empfanden. So wird auch vom »familiären Zusammenhalt« in Brasilien berichtet, von erlebter Gastfreundschaft in Afrika und von der herausragenden Bedeutung der Großfamilie, die in Deutschland nicht mehr zur Erfahrungswelt der Protagonisten gehört. Die Erfahrungen mit der Not in Entwicklungs- und Schwellenländern lassen neue Einstellungen und Wertmaßstäbe entstehen, die häufig zu einer Konsumkritik führen: Der Lebensstil von Freunden, Nachbarn und Familienangehörigen wird vor dem Hintergrund der eigenen Erfahrungen oft als verschwenderisch und materialistisch erlebt. Obwohl sich alle Befragten vor ihrer Rückkehr auf das reichhaltige Warenangebot in Deutschland freuen, zählt es in den ersten Tagen für die Rückkehrer aus den außereuropäischen Destinationen mit zu den irritierenden Erlebnissen. Überfordert gehen sie an den Regalen entlang und kaufen erst einmal – nichts. »Ich war geschockt, als ich hier zum ersten Mal wieder durch ein Kaufhaus gelaufen bin und mir aufgefallen ist, was einem so als lebensnotwendig [...] eingeredet wird. Zum Überleben in Deutschland reichen ja nicht fünf Sorten Shampoo, nein, es müssen 65 sein. Dieses Überangebot hat mich tatsächlich schockiert, das war mir nie so aufgefallen zuvor« (Franz S.).

Florian F. bezeichnet es nach seiner Rückkehr aus Bulgarien als »schockierend, hier alles so geleckt vorzufinden. Alles ist so perfekt. Das hat mich erschüttert. [...] in Bulgarien waren diese Bauruinen, diese Blockbauten und die Pferdefuhrwerke [...] die Armut, die da aber tragbarer ist, weil die Gemeinschaft stärker ist. Die Familie hat noch eine größere Wertigkeit [...] bei uns ist die soziale Armut. Ich habe in Bulgarien aber gemerkt, was auch schlecht laufen kann, was in Deutschland dagegen gut geregelt ist und kaum einer von den Deutschen zu schätzen weiß. Wir haben hier viel erreicht und auch tolle Strukturen geschaffen. Darauf könnte man stolz sein. Aber es wird immer von negativer Stimmung gesprochen und bewusst Angst gemacht. Dabei müssten wir, in den Wohlstand reingeboren, wo es uns schon immer gut geht, positiver sein [...] stattdessen ärgern sich die Leute hier, wenn ich meinen Müll zur falschen Zeit vor die Türe stelle« (Florian F.).

Die Rückkehrer stören sich an der »Engstirnigkeit«, »Begrenztheit«, und der »Banalität der Themen« in Deutschland. LKW-Maut, Politikerdiäten und die Verspätung der Deutschen Bahn: All dies waren Themen, die sie zum Zeitpunkt der Rückkehr als irrelevant betrachteten. »Ich finde es außerdem bis heute ätzend, egal wo ich im öffentlichen Raum gehe und stehe, ständig bombardiert zu werden mit Geräuschen, die ich nicht erfragt hab, mit Reklame, die ich nicht erfragt hab, mit Digitalanzeigen, auf die das Auge ständig gelenkt wird. [...] Und dann doch dieses sehr verbreitete Wissen um das, was besser ist für einen. Man wird ständig mit Ratschlägen überhäuft, sei es im Briefkasten [...] in irgendwelchen Zeitschriften, sei es von den Mitmenschen. Ständig wird einem im Seelenleben rumgekramt« (Jutta P.).

Für Jutta P. war Deutschland während ihres Afrika-Aufenthaltes völlig aus dem Blickfeld geraten. Über das Geschehen im Herkunftsland hat sie sich nicht informiert. Bei der Rückkehr holen sie die Veränderungen ein. »Über Deutschland war ich stumm. Und ich fand mich richtig dumm. Ich hab mich geschämt, wie wenig ich wusste. Ich war kaum in der Lage, eine vernünftige Wahlentscheidung zu treffen. [...] Ich hab sehr viele Konzepte nicht verstanden, ich hab sehr viele Auseinandersetzungen nicht verstanden. [...] Und ich dachte immer: Was spielt sich da ab? Was ist denn da los? [...] Und ich hab ziemlich geackert, bis ich auch nur annähernd ein Gefühl dafür bekommen habe. [...] Ich hätte mich einfach am Riemen reißen sollen und sagen sollen: O.K., das ist das Land, indem du irgendwann mal wieder leben wirst. Beraub dich nicht der Chance zu verstehen, womit du dann umzugehen hast. Du wirst dich ja auch einbringen wollen. Und ich hab das Land einfach nicht mehr verstanden» (Jutta P.).

Je regelmäßiger der Kontakt nach Deutschland war und je intensiver sich die Entsandten mit dem Geschehen in Deutschland befassten, desto geringer ausgeprägt waren bei der Rückkehr Gefühle der »Fremdheit« und der »Irritation« in Bezug auf das Herkunftsland.

5.2.3 Die Rückkehr der Frau

Wie bereits bei der Ankunft in den Gastländern ist es auch bei der Rückkehr wieder primär die Aufgabe der Frauen, sich um die Organisation des Alltags, das Aktivieren neuer und alter sozialer Kontakte sowie das Einleben der Kinder zu kümmern. Da alle Frauen vor der Ausreise berufstätig waren, planen sie (mit Ausnahme von Doris W.) zeitnah nach der Rückkehr auch wieder, an ihre Berufstätigkeit anzuknüpfen. Dies wird durch einen Umstand verkompliziert, den die Protagonistinnen im Ausland zunächst nur widerstrebend akzeptiert hatten: Zur Unterstützung der häuslichen Belange gibt es kein Hauspersonal mehr. »[...] es ist unheimlich schwierig, zwei kleine Kinder, die in Windeln sind, und dann niemanden hier [Deutschland] zu haben. [...] Ich hab zu schaffen gehabt, dass ich rumkomme überall. Das Riesenhaus. Da hab ich das drüben schon einfacher gehabt. Meine Lucy [Haushaltshilfe] hätte ich gerne schon mitgenommen, gell. Dann hätt ich auch mehr Zeit jetzt für meine Kinder [...] zum Glück muss ich ned noch außer Haus arbeiten gehen. Das wäre ned zu schaffen, ich wüsste ned wie, wirklich nicht« (Doris W.).

Die Frage stellt sich vor allem für die Frauen, die ihre Berufstätigkeit wieder aufnehmen wollen. Yasemin D. organisiert eine Tagesmutter, um wieder als Beraterin einsteigen zu können. Ihre beruflichen Pläne will sie nach der dreijährigen Pause auf keinen Fall mehr zurückstellen. »Da sind Sie sonst ganz schnell weg vom Fenster. Es lebt ja vieles in der Berufswelt von Kontakten. Ich wollte wieder zurück in den Beruf, ich musste wieder zurück. Sonst ist man ganz schnell abgeschrieben« (Yasemin D.). Für die meisten Frauen der Erhebungsgruppe wird der berufliche Wiedereinstieg zu einer großen Herausforderung, den sie zum Zeitpunkt des Interviews auch nicht wieder zu ihrer Zufriedenheit geschafft hatten.

Frauen, die mit der Ausreise auch ihre Ehebeziehung hinter sich gelassen haben, stehen vor der größten Herausforderung der Erhebungsgruppe. Sie kehren nicht nur als Alleinerziehende zurück, sondern sie erleben mit der Rückkehr einen sozialen Abstieg, den sie als Bedrohung empfinden. Irene B. beschreibt die Rückkehr nach Deutschland als »die schlimmste Zeit meines Lebens. [...] Nach 15 Jahren Ehe stehen Sie alleine da ohne Partner. Ich bin immer davon ausgegangen, das ist meine Konstante in meinem Leben. Das ist sicher. Sonst hätt ich ja nicht geheiratet, wenn ich das nicht so gefühlt und gedacht hätte« (Irene B). Sie kehrt wieder an ihren Geburtsort zurück, den sie vor mehr als zwanzig Jahren verlassen hat, Anknüpfungspunkte gibt es dort keine mehr. »Meine Eltern standen damals auf dem Flughafen und haben uns abgeholt. Und ich werd den triumphierenden Blick meiner Mutter wohl nie vergessen. Sie hatte nie geglaubt, dass das mit der Ehe gut geht und mit dem Ausland schon gar nicht. Tja, und nun hatte sie Recht. Beste Voraussetzungen für eine glückliche Familienzusammenführung« (Irene B.). Mit ihrem Vater kauft sie für sich und die Kinder ein Haus auf dem Land. Als alleinerziehende Mutter zweier Töchter (bei der Rückkehr 9 und 13 Jahre alt) fühlt sie sich gesellschaftlich stigmatisiert und an den Rand gedrängt. Ihr Psychologiestudium konnte sie in Brasilien nicht mehr beenden. Stundenweise arbeitet sie als Bürohilfe in der Firma des Vaters. »Mein Herz ist in Brasilien. Ratio, Verstand sagt Deutschland. [...] ich fühl mich als Ausländerin. [...] Ich fühl mich gar ned als Deutsche. Ich weiß schon, dass ich Deutsche bin, aber ich fühl mich als internationale Frau. Mit einem deutschen Pass [...]. Ich hab die brasilianische Kultur verinnerlicht« (Irene B.). Die Rückkehr wird für sie zu ihrer bislang größten Herausforderung: »Ich hab mich gefühlt wie so ein E.T. [...] Wenn ich jetzt daran denke, bleibt mir immer noch die Luft weg. Im Bett zu liegen und keinen Ausweg zu wissen, aber überleben zu müssen wegen der Kinder. [...] In verständnislose Augen blicken, wenn man schon einmal versucht, die ganze Misere in Worte zu fassen« (Irene B.). Zu ihrem eigenen Kummer kommt der Schmerz der Kinder, die ihren Vater in Brasilien zurücklassen mussten. Bis heute findet sie keine Anschlussmöglichkeit im Dorf. »Wenn es bei der [Nachbarin] darum geht, wie rum sie ihre Marmeladegläser zumacht und was sie heut Abend zur Probe des Gesangsvereins anziehen soll, braucht man der nicht mit was anderem zu kommen. Und Sie telefonieren gerade mit Rio. Das sind Welten. Das ist der zweite Kulturschock,[104] und der geht auch nicht mehr weg [...] Man fühlt sich immer etwas anders als die anderen. Man hat zu viel erlebt, zu viel gesehen. Das ist wahrscheinlich wie eine Persönlichkeitsbildung, das steckt in Ihrer Person. Das sind Sie ja jetzt, das macht Sie ja jetzt aus. [...] das können Sie ja gar nicht mehr loswerden ...« (Irene B.).

Stefanie O. kehrt ebenfalls als alleinerziehende Mutter zurück. Die ersten Wege in Deutschland führen sie zur Agentur für Arbeit und zum Sozialamt. Sie erinnert sich noch gut daran, wie verzweifelt sie war. »Jetzt bin ich in Deutschland ganz alleine mit zwei Kindern. Jetzt gehöre ich zu der Masse an Alleinerziehenden [...] was hab ich mir da jetzt eingebrockt ...« (Stefanie O.). Bei der Rückkehr nach Deutschland sind die Kinder sechs und vier Jahre alt. Stefanie O. erkrankt kurz nach ihrer Ankunft wieder an Neurodermitis, schlimmer als jemals zuvor. Ein Jahr lang ist sie arbeitslos. »Das ist einfach dann schon irgendwie ein Absturz, ehrlich gesagt« (Stefanie O.). Mit der Situation ist sie allein. »Die Kinder haben Rotz und Wasser geheult. Und das wochenlang. Und mir ging es ja nach der Trennung auch nicht so toll« (Stefanie O.). Unterstützung vom früheren Arbeitgeber bekommt Stefanie O. keine. Der Vertrag und somit das Beschäftigungsverhältnis ist mit der Ausreise beendet. Sie denkt über einen Berufswechsel nach. Schon vor der Ausreise nach Deutschland befriedigt sie die Tätigkeit als Entwicklungshelferin nicht mehr. Die Erfolge, die sie sich in Afrika erarbeitet hat, drohen in der Fülle des Leides auf der Welt unterzugehen; ihr anfänglicher Idealismus nimmt kontinuierlich ab. »Da dachte ich, kann man alles verges-

---

104 Die Thematik des Kulturschocks wird in Kapitel 4.3.2 und 5.3.1 beleuchtet.

sen, ich steig aus und mach was anderes [...] wo ich gesagt hab: Ich lass das jetzt und [...] überleg mir mal, was ich will [...] irgendwas, wo ich so richtig Erfolg hab, ja. Aber hier in der realen Welt ist das relativ schnell erledigt mit dem Pläneschmieden, wenn es ums Überleben geht ...« (Stefanie O.). Unterstützung von ihrem sozialen Umfeld erfährt sie in dieser Phase nicht. Ihre Mutter ist von der Trennung entsetzt: »Die hat nur gesagt, ›wenn du meinst, dir so etwas [Scheidung] leisten zu können, dann sieh zu, wie du zurechtkommst‹« (Stefanie O.). Ein Jahr lang reden Tochter und Mutter kein Wort mehr miteinander. »Das war natürlich saublöd. [...] Also wirklich ganz alleine [...] gut, dann redet mir wenigstens auch keiner drein« (Stefanie O.).

Auch Claudia H. erlebt die Rückkehr als besonders konfliktreich. Zunächst kann die Lehrerin an ihrer alten Schule nicht mehr beruflich anknüpfen, den Kindern fällt die Eingewöhnung in die neuen Schulen schwer und ihr Mann ist zunehmend unzufrieden mit dem beruflichen Alltag in Deutschland. »Das Ankommen dort [Polen] war wesentlich problemloser als das Weggehen aus Deutschland und das Ankommen wieder hier« (Claudia H.). Vor der Ausreise nach Polen lebt sie sechs Monate alleine mit den Kindern in Deutschland, und bevor sie die Rückkehr antritt, bleibt sie ebenfalls sechs Monate mit den Kindern alleine in Polen. Insgesamt kümmert sie sich so ein Jahr lang alleine um die Erziehung der Kinder – und stellt ihre eigenen Bedürfnisse zurück. Hannah M. kann dagegen direkt nach ihrer Rückkehr am neuen Wohnort mit dem Unterrichten beginnen. Den Empfang am ersten Tag beschreibt sie aber als deprimierend. »Ich wurde gar nicht vorgestellt. Das fand ich schon sonderbar. Da war eine Lehrerkonferenz mit zehn Leuten, und die haben mich nicht vorgestellt. Das wäre in meiner Heimatstadt nicht passiert. Man sieht also, die Unterschiede können auch innerhalb des eigenen Landes groß sein [...] ich wusste, was mich in Deutschland erwartet. Aber es erwischt einen doch immer wieder kalt« (Hannah M.).

Die Rückkehr von Maria S., der mitausreisenden Ehefrau von Franz S,. lässt sich nur anhand der Erzählungen ihres Mannes rekonstruieren. Die Depression, unter der sie bereits in Indien leidet, wird mit der Rückkehr an den alten Wohnort in Deutschland schlimmer. Maria S. verbringt viel Zeit in der Wohnung, nach Angaben ihres Mannes schläft sie viel. Da es der Familie an sozialen Kontakten mangelt, ist sie einsam und isoliert. »Ich weiß genau, sie sitzt jetzt gerade alleine in unserer Wohnung und versucht, irgendwie den Tag rumzukriegen. Wir haben es bis heute nicht geschafft, uns hier etwas aufzubauen, sind im Prinzip bis heute [zwei Jahre nach der Rückkehr] nicht angekommen« (Franz S.).

Petra T. kehrt nach ihrem zweijährigen Einsatz in Polen mit dem Wissen zurück, dass der Auslandsaufenthalt ein beruflicher Erfolg war. Allerdings ist auch die Kulturmanagerin mit der Rückkehr arbeitslos. »Die Rückkehr war der größte Schock: Alles, was ich je in meinem Leben an interkulturellen und sozialen Kompetenzen gelernt habe, musste ich da mobilisieren, um beruflich und privat wieder Fuß zu fassen« (Petra T.). Da sie ihrem Freund zugesichert hatte, seine beruflichen Pläne nach ihrer Entsendung zu unterstützen, kümmert sie sich zunächst um den Sohn und den Haushalt. Da ihr Lebenspartner noch an seiner Dissertation schreibt, muss sie sich jedoch relativ schnell auch am Bestreiten des Lebensunterhalts beteiligen. Sie macht sich als Kulturmanagerin selbständig und versucht, Kunden zu akquirieren. »Das war zäh, wirklich zäh« (Petra T.). Als sich erste Aufträge ergeben, wird sie erneut schwanger. Ihre beruflichen Pläne sind damit erneut aufgeschoben.

Die Entwicklungshelferin Sandra K. erlebt ihre persönliche Rückkehr unter großem Druck. Direkt nach der Ankunft in Deutschland beginnt ihr dreimonatiger Vertretungsvertrag, von dem sie hofft, dass er in eine Festanstellung führt. Ihr Mann ist arbeitslos. »Ich war halt sehr gestresst, musste ja das Geld verdienen und war den ganzen Tag in der Arbeit. […] Wenn man zwei Kinder hat, kann man nicht mehr so Ich-bezogen um jedes kleinste Problemchen kreisen, bei uns ging es ums Überleben […] also ganz existentielle und materielle Ängste […] wie lange reicht das Arbeitslosengeld und in welcher Höhe kriegen wir das und welche Perspektive haben wir überhaupt hier? Man kann ja auf dem deutschen Arbeitsmarkt auch nicht lange arbeitslos bleiben, ohne total ins Abseits zu geraten. Das war so die Angst: Es muss sofort irgendwas gehen« (Sandra K.). Zusätzlich ist die Situation angespannt, weil Thorsten K. mit seiner Rolle als Hausmann und Arbeitslosengeldempfänger nicht zurechtkommt. Auch dass die Tochter sich anfangs jede Nacht in den Schlaf weint, weil sie ihr afrikanisches Kindermädchen vermisst, belastet die Familie. Ein weiteres, bislang unbekanntes Problem tritt mit der Rückkehr zu Tage: Vor der Entsendung hat das Paar nur vier Wochen zusammengelebt. In Benin kümmerte sich das Hauspersonal um die Angelegenheiten des Alltags. Bei der Rückkehr stellt sich die Frage: Wer räumt das Geschirr weg? Wer wäscht die Wäsche? Das Paar verliert sich nicht nur in endlosen Diskussionen über Zuständigkeiten des Alltags, sondern in den ersten Wochen nach der Rückkehr steht auch die Beziehung auf dem Prüfstand.

Die Rückkehr gestaltet sich auch für Jutta P. konfliktreich. Gemeinsam mit ihrer Familie zieht sie wieder gegen ihren Willen bei der Schwiegermutter ein. Die Ehe ist einer großen Belastung ausgesetzt, die fünf Jahre später nur durch eine erneute Entsendung nach Südamerika gelöst werden kann. Patrick P. hat die Möglichkeit, als Schulleiter einer Deutschen Schule für drei Jahre in Südamerika zu arbeiten. Ohne zu zögern unterschreibt er den Vertrag. Er ist so begeistert von der Idee, erneut auszureisen, dass er sich notfalls auch alleine auf den Weg machen würde. Ein halbes Jahr lang überlegt die Familie, in welcher Konstellation sie ausreisen werden – das Interview findet in dieser Phase statt. Jutta P. sträubt sich gegen die Entsendung, weil sie alles, was sie sich mühsam in fünf Jahren aufgebaut hat, wieder aufgeben soll. Sie spricht kein Wort Spanisch. Und die Töchter vor dem Abitur aus ihrem gewohnten Umfeld zu reißen, davon hält sie nichts. Mittlerweile ist die älteste Tochter 18 Jahre alt und lässt mit der Ausreise ihre erste große Liebe zurück. Harte Kämpfe liegen hinter der Familie. »Na ja, [...] der Familie musste ich das Rückflugticket versprechen, egal wann sie es haben wollen [...] es ist nicht so sicher, dass alle bleiben.« (Patrick P.). Er erwähnt nun nicht mehr, wie wichtig eine gemeinsame Entscheidung sei, wenn man ins Ausland gehen möchte. Als Grund für die Entsendung gibt er auch nicht die Konflikte zwischen seiner Frau und seiner Mutter an, sondern: »Ich hab es mir schon sehr gewünscht, noch mal auszureisen« (Patrick P). Das eigentliche Problem ist der Ehefrau zufolge mit der Ausreise nicht gelöst, sondern nur um weitere drei Jahre aufgeschoben. »Wir sind in Deutschland nie richtig angekommen [...] wir haben ja keinen eigenen Platz in Deutschland als Familie. Würden wir nicht in zwei Monaten nach Südamerika ausreisen, würde es uns jetzt schon als Familie nicht mehr geben« (Jutta P.). Sie stimmt nur zu, weil sie die erneute Ausreise als einzige Chance sieht, ihre Ehe zu retten. »Wieder mal konnten wir also entweder weit weggehen, oder uns trennen. Ich hatte keine große Wahl. [...] Ich weiß nicht, ob es uns nächstes Jahr um diese Zeit noch als Familie geben wird. Ich hab da schon Angst« (Jutta P.).

Generell ist die Situation der Rückkehr für alle Frauen eine Herausforderung. Ungleich größer ist sie vor allem aber für jene Akteurinnen, die ohne Partner als alleinerziehende Mütter aus dem Ausland wiederkehren. Aber auch alle anderen Frauen müssen neue Lebensstilkonzepte entwerfen und ihre Rollen neu definieren. Die Hauptlast der Entsendung liegt sowohl bei der Ausreise als auch bei der Rückkehr größtenteils bei den Partnerinnen. Diejenigen Frauen, die nach der Entsendung ihre Karriere weiterverfolgen möchten, brauchen zusätzlich eine gute Strategie, um die »Lücke« im Lebenslauf zu rechtfertigen.

5.2.4 Die Rückkehr des Mannes

»Most returnees from overseas assignments find re-entry extremely difficult. While abroad, the firm frequently views them as out-of-sight and out-of-mind. As returnees, it seems to them as out-of-date and unimportant.«
(N. Adler/Ghadar 1990: 249)

Lange Zeit galten Auslandseinsätze vor allem im Wirtschaftsbereich als Garanten für den beruflichen Aufstieg (Bundesagentur für Arbeit 2006: 2). Der bereits in Kapitel 2 erwähnten Mercer-Studie von 2012 zufolge betrachten nach wie vor viele Unternehmen diesen Schritt als karrierefördernd.[105] In der erfahrenen Realität der Befragten bewahrheitet sich dies nicht. Alle Wirtschaftsexpats hatten im Ausland eine leitende Position inne, die nach der Rückkehr in Deutschland nicht in dieser Form fortgeführt werden konnte. In den deutschen Unternehmen und auch in den Abteilungen der Entsendedienste gibt es in Deutschland nicht ausreichend Stellen in adäquaten Positionen, um jeden Rückkehrer entsprechend unterzubringen (Thomas/ Schroll-Machl 2003: 396). Die Akteure berichten, dass die Arbeitgeber kein Interesse an den im Ausland erworbenen Kompetenzen gezeigt hätten und diese Fähigkeiten auch bezüglich eines neuen beruflichen Aufgabengebietes nicht berücksichtigt wurden. Für den Großteil der Befragten erfüllten sich die Karrierewünsche nach der Rückkehr nicht (zu ähnlichen Ergebnissen kommen Müller 1991 und Jumpertz 2002: 92). Die zugrunde liegende Motivation für die Entsendung fand somit bei der Rückkehr keine Bestätigung. Einer Untersuchung der Universität Bayreuth zufolge sind weniger als ein Drittel von 500 befragten Expatriates mit der Rückkehrplanung in ihren Unternehmen zufrieden (Jumpertz 2002: 92). Alle Rückkehrer der hier präsentierten Studie berichten ebenfalls, dass ihre Arbeitgeber weder im Vorfeld über Anschlussmöglichkeiten gesprochen hätten, noch zeigten die Unternehmen Unterstützung bei der Rückkehr ihrer Arbeitnehmer. Dasselbe

---

[105] Drei Viertel der befragten Unternehmen halten demnach den Aspekt der Wiedereingliederung für sehr wichtig. Doch lediglich 27 Prozent bieten den Rückkehrern spezielle Programme zur Wiedereingliederung an. Nur 37 Prozent sprechen sechs Monate vor Ablauf der Entsendung über weitere Karrierechancen oder Rückkehroptionen. Bei einem Drittel werden bereits vor der Ausreise Einsatzmöglichkeiten erörtert (ECA International 2012).

gilt für die Entwicklungshelfer, die als Projektleiter tätig waren, und für die Lehrer, die nach der Rückkehr enttäuscht waren, weil sie ihre erworbenen Kompetenzen nicht einbringen konnten.

Alle befragten Männer durchlebten nach der Rückkehr dieselbe Erfahrung des Statusverlustes nicht nur im Privaten, wie unter Kapitel 5.2.1 beschrieben, sondern auch im Arbeitskontext. Die Handlungsspielräume waren plötzlich wieder eingeschränkt, die Entscheidungsgewalt und die Verantwortlichkeiten nahmen ab. Nach der Rückkehr waren sie in der Firma (oder auch dem Schuldienst) wieder einer von vielen, der Sonderstatus verfiel mit der Ausreise. Waren vor allem die Wirtschaftsexpats in der obersten Hierarchieebene anzutreffen, gliederten sie sich nun wieder im unteren Drittel ein (vgl. auch Roessel 1988: 203). Als Folge sank die Arbeitszufriedenheit, hinzu kamen unter Umständen Spannungen mit Vorgesetzten und Kollegen, die Neidkomplexe dem »Ausländer« gegenüber entwickelten. Kenter nennt das das »Duft-der-weiten-Welt-Syndrom« (Kenter/Welge 1983: 182). Im ersten Moment empfanden die Befragten die berufliche Reintegration als Degradierung, da alle ihre Aufgaben in den Destinationen erfüllt und interkulturelle Kompetenzen in den Arbeitskontexten erworben hatten, die aber weder Anerkennung noch Anwendung in der Berufspraxis fanden.

Der Auslandsaufenthalt macht sich in beruflicher Hinsicht nur bei zwei rückkehrenden Wirtschaftsexpats mit einer Beförderung bemerkbar.[106] Franz S. wartet bis heute darauf, dass sich seine Position im Unternehmen durch den Einsatz in Indien bezahlt macht. Zeitgleich mit seiner Ausreise nach Indien wurde er aus dem gesamten firmeninternen E-Mail-Verteiler gelöscht. Dadurch war er über interne Angelegenheiten nicht mehr informiert. Bei seiner Rückkehr hat er das Gefühl, dass seine Abwesenheit unbemerkt geblieben war – während die von ihm geführte Niederlassung in Indien von einem Acht-Personen- zu einem 800 Mitarbeiter starken Unternehmen heranwuchs. »Ich gehe in eine Arbeit, wo ich den Eindruck habe, dass es außer meinen Kollegen, die mit mir im Zimmer sitzen, niemandem auffallen würde, wenn ich da nicht sitze. Ich bin wieder nix Besonderes mehr, ohne großartige Funktion [...] im Grunde schert sich hier mein komplettes Umfeld nicht darum, was ich in Mumbai alles leisten musste« (Franz S.). Kollegen, die nicht im Ausland waren, haben ihn mittlerweile auf der Karriereleiter überholt. Franz S. hat wieder den Posten angetreten, den er bereits vor seiner

---

106 Sabine Heuß (2009: 204) kommt in ihrer Studie über die Karriereentwicklung von ehemaligen Auslandsentsandten zu dem Ergebnis, dass die Karriereerwartungen der Expats seltener erfüllt werden als bei ihren daheimgebliebenen Kollegen.

Ausreise innehatte. »Die meisten [bei der Arbeit] wissen ja gar nicht, dass es mich gibt und dass ich jetzt in Indien war« (Franz S.).

Richard W.s Karrierewünsche haben sich zwar mittlerweile erfüllt. Dennoch erinnert auch er sich an eine unbefriedigende Situation nach seiner Rückkehr. »Die Rückkehr nach fünfeinhalb Jahren ist genauso schlimm, oder schlimmer, wie davor wegzugehen« (Richard W.). Für seinen Arbeitgeber hatte er in Asien den Posten des »Vice President« inne. Als er zurückkommt, ist weder ein Büro für ihn vorbereitet noch ist klar, was künftig zu seinem Aufgabenfeld gehören soll. »Da kommt man aus Malaysia zurück und hat nur einen Stuhl zum Arbeiten, sonst nix« (Richard W.). In Malaysia saß er in einem 100-Quadratmeter-Büro mit Blick auf die Skyline. »Dann komme ich hierher und teile mir eine Besenkammer mit zwei Kollegen, eingequetscht zwischen Fenster und Schrank sollte ich da am Azubicomputer arbeiten. [...] Das muss man sich mal vorstellen! Eine Katastrophe!« (Richard W.).

Für Dirk L. wird die Wirtschaftskrise auch zur persönlichen Krisenzeit in Polen, die sich auch auf seine Rückkehr nach Deutschland auswirkt. »Was mich gebrochen hat [...] das war [...] nicht die fremde Kultur, denn das muss ja nicht per se schlecht sein. Es war die spezielle Kultur, die mir einfach nicht liegt« (Dirk L.). Auf dem Höhepunkt der Wirtschaftskrise wird er nach London versetzt. Das Pendeln zur Familie in Warschau wird zu einer zusätzlichen Belastung, die Jahre im Ausland gehen an seine Substanz. »Ich hab ein super Meilenkonto gehabt. Aber mir ging es so schlecht wie nie zuvor« (Dirk L.). Eine berufliche Rückkehr nach Deutschland scheint für ihn unmöglich. »Es gab keine Jobs mehr auf meinem Level in Deutschland [...] das war für mich unheimlich Stress, da die Familie aber zu 95 Prozent auf meine Einkünfte angewiesen ist, hab ich erst mal weitergemacht in London« (Dirk L.). Nach sechs Monaten kehrt er zu einer kleineren Firma nach Deutschland zurück. Er empfindet es als Rückschritt. »Also jetzt bin ich eigentlich wieder in Polen gelandet [...] ich bin wieder mit dem konfrontiert, was ich in Warschau verabscheut habe. Probleme werden nach oben geworfen. Ich hab noch nie so hart arbeiten müssen wie die letzten zwei Monate. Und ich war noch nie so beruflich frustriert [...] ich verdiene jetzt noch mehr als früher. Aber bin ich glücklicher mit dem, was ich tue? Nee, überhaupt nicht« (Dirk L.).

Stephan D. fühlt sich von seinem Arbeitgeber zunächst im Stich gelassen. Lange ist nicht klar, an welchem Ort und in welcher Position er künftig eingesetzt werden wird. Letztlich pendelt er zwei Jahre lang täglich 120 Kilometer zwischen seiner Familie und dem neuen Einsatzort. Die hohe Stressbelastung, die er im Ausland in leitender Position erlebt hatte, gehört auch wieder zu seinem Berufsalltag. »Dabei hatte ich echt gehofft, das ist dann vorbei, dass ich ein Gebiet bearbeiten kann, wo meine Neigungen sich vielleicht nicht so negativ auswirken, dieser Perfektionismus, dass ich mich kaputtmache dabei« (Stephan D.). Es kommt anders. »Ich hab auch hier wieder ein Problem mit meiner Aufgabe, weil wieder alles bei mir abgeladen wird. Ich bin also wieder in Ungarn gelandet. Es kann sein, dass ich da auch wieder drei Jahre durchhalten muss und dann was anderes machen muss [...] an sich würde ich ja gerne mal an einem Thema verweilen und Kontinuität haben für mich. Das Neuanfangen ist immer anstrengend, ist immer mit vielen Nachteilen und Unsicherheiten verbunden« (Stephan D.). Auch er empfindet es als Statusverlust, wieder einer von vielen zu sein. »An dieser Stelle war dann der Kulturschock: Ob ich jetzt komm oder nicht, ist egal [...] ich wusste in Ungarn immer, ich habe der Firma den oder den Benefit gebracht und ohne mich wäre es nicht gegangen. Hier ist das alles ganz anders, ich spiele keine Rolle« (Stephan D.).

Einen Vorteil hat ihm die Entsendung seiner Meinung nach in beruflicher Hinsicht zwar gebracht, weil er in der Firma bei seinen Vorgesetzten ein erfolgreiches Projekt hinterlassen konnte. »Aber es war nicht so, dass sie mir huldigten und sagten: ›Mensch, bist du ein toller Hecht, dass du das drei Jahre durchgestanden hast.‹ Die haben mich eher spüren lassen: ›Du wirst dich hier umschauen, Deutschland ist nicht Ungarn. Ungarn war eh Urlaub. Jetzt zeigen wir dir mal, wo es hier langgeht‹« (Stephan D.). In Deutschland spiele das Fachwissen eine größere Rolle als die im Ausland erworbenen Kompetenzen. Die Auslandserfahrungen aller Wirtschaftsexpats dieser Studie werden ihren Aussagen zufolge von den Firmen nicht in nutzbares Kapital umgewandelt.

Im Gegensatz zu den Wirtschaftsexpats, die mit einer Rückkehrgarantie von ihren Arbeitgebern ausreisten, stehen die Entwicklungshelfer vor dem Problem, dass sie aufgrund der befristeten Verträge zunächst ohne Beschäftigungsverhältnis[107] sind. Die Projektverträge haben eine Laufzeit von zwei Jahren und können maximal um zwei weitere Jahre verlängert werden. In Deutschland gibt es nur sehr wenige unbefristete Stellen in der Entwicklungszusammenarbeit. Und der restliche Arbeitsmarkt weiß nicht viel mit den rückkehrenden Entwicklungshelfern anzufangen.

---

107 Im Jahr 2002 sind bereits 30,4 Prozent der zurückgekehrten Entwicklungshelfer arbeitslos gewesen. Im Jahr 2000 waren es 10,6 Prozent (Löbsack 2004: 35).

»Bisher haben nur wenige Rückkehrer den Weg in die deutsche Privatwirtschaft gefunden. Warum? Ein Grund ist das Image des Entwicklungshelfers in der deutschen Öffentlichkeit als das eines gut meinenden, sozial engagierten, relativ jungen ›Freiwilligen‹ und nicht das einer hoch qualifizierten Fachkraft von rund 40 Jahren.« (Löbsack 2004: 9)

Die potenziellen Arbeitgeber hätten immer noch das Bild der ersten Entwicklungshelfer im Kopf: »Sie trugen verwaschene Jeans, hatten eine Gitarre über der Schulter, ein Lächeln auf den Lippen und das Herz voller Hoffnung« (Bégnon 1988: 111). »Der neue Entwicklungshelfertyp ist eher Entwicklungshelfer-Experte« (ebd. 113). Der Mittelstand als potenzieller Arbeitgeber wäre erwünscht. Das Problem aber ist, dass »in den oft sehr kleinen Personalabteilungen die Sprache, die in der Entwicklungszusammenarbeit genutzt wird, nicht verstanden wird [...]. Unter der Tätigkeit eines Entwicklungshelfers können sich die meisten potenziellen deutschen Arbeitgeber nicht viel vorstellen« (Collenberg 2004: 14). Auch die Mitarbeiter der Agentur für Arbeit haben keine Vorstellung von den Qualifikationen eines Entwicklungshelfers (Adrian u. a. 1989: 42). Drei von vier Entwicklungshelfern dieser Studie sind mit der Rückkehr zunächst arbeitslos. Im Ausland hatten sie leitende Positionen in den jeweiligen Projekten. »Das war die absolute Hölle [...] in Benin war ich ein Mann, der immer die wahnsinnig klugen Tipps gegeben hat, da bin ich mit dem fetten Dienstwagen vorgefahren und zu Hause stand das Essen auf dem Tisch. Und dann kommen Sie hierher und sind so ein Arbeitslosengeldempfänger, auf dessen Meinung es höchstens ankommt, wenn die im Supermarkt eine Kundenbefragung zur Saugkraft der neuen Windel machen. [...] Es war die Hölle für mein eigenes Selbstwertgefühl« (Thorsten K.).

Patrick P. und Helmut R. treten die Rückkehr an, weil die vertraglichen Möglichkeiten erschöpft sind. Patrick P. ging als einziger ehemaliger Entwicklungshelfer in Deutschland wieder übergangslos in den Schuldienst über. Seine berufliche Rückkehr bezeichnet er allerdings nicht als Rückschritt: »Wenn ich da vor meiner Klasse [...] vor meinen dreißig Schülern stehe, dann bin ich immer noch der große Zampano, der jetzt sagt, wo es langgeht« (Patrick P.). Während die rückkehrenden Lehrer ihre Berufspositionen allesamt als »krisensicher« bezeichnen, leiden sie am meisten darunter, dass sie ihre erworbene interkulturelle Kompetenz in ihrem Berufsalltag nicht mehr einbringen können und dass sich weder Vorgesetzte noch Kollegen für das Leben im Ausland interessieren. Sie sind zudem mit Änderungen des Lehrplanes konfrontiert und müssen sich, selbst wenn sie an die »alten

Schulen« zurückkehren, mit einem teilweise neuen Kollegium oder einer neuen Schulleitung arrangieren. Als Problem kann hinzukommen, dass sich die Lehrer aufgrund ihrer Tätigkeiten im Ausland, etwa im Fach Deutsch als Fremdsprache, von ihren ursprünglichen Unterrichtsfächern deutlich entfernt haben (Arens 2010: 224).

Die Entwicklungshelfer berichten von einem Rückkehrgespräch, das ihnen der Entsendedienst zwei Wochen nach Ankunft in Deutschland anbietet. Allerdings werden diese Gespräche, die im Durchschnitt zwischen zehn und fünfzehn Minuten dauerten, als wenig zielführend empfunden. Hauptsächlich wurden dabei projektbezogene, fachinterne Aspekte thematisiert. »Selbst wenn ich große Probleme mit der Rückkehr gehabt hätte, wäre das wohl kaum der richtige Rahmen für einen Austausch gewesen« (Patrick P.). Für Komplikationen während der Entsendung hat die Organisation eine psychologische Beraterin abgestellt, an die sich die Entwicklungshelfer im Krisenfall wenden könnten. Das Angebot hat keiner der Befragten genutzt. »Wenn Sie in dem Bereich tätig bleiben wollen, können Sie sich doch bei der Rückkehr nicht schwach zeigen. Die schicken Sie nie wieder raus, wenn Sie von Integrationsproblemen sprechen. Ein Entwicklungshelfer muss nun mal in der Lage sein, sich flexibel anzupassen« (Jürgen E). Um den rückkehrenden Entwicklungshelfern eine Möglichkeit des Austausches zu geben, bietet der Entsendedienst Rückkehrertreffen an. Diese Treffen finden in unregelmäßigen Abständen statt. »Bei den Rückkehrertreffen war ich nie, weil ich mir dachte, da muss ich alleine durch. Man versucht ja schon, möglichst schnell wieder zu funktionieren. Und mir wäre auch nicht damit geholfen gewesen, das noch hundertmal zu bereden. Das hätte doch alles nur rausgezögert [...] ich wollte nicht zu der Gruppe konstruierter Natives werden, die eine vergangene Zeit beweinen und einfach nicht bereit sind, loszulassen« (Patrick P.).

Auch das GRG Rückkehrforum[108] will allen Entwicklungshelfern, die nach dem deutschen Entwicklungshelfergesetz entsandt wurden, Ansprechpartner sein. Einige Plattformen im Internet bieten eine Möglichkeit,[109] sich über entwicklungspolitische Themen auszutauschen oder an den Angeboten zur Wiedereingliederung ins Arbeitsleben teilzunehmen. Zum Beispiel können sich die rückgekehrten Entwicklungshelfer auf der GRG-Homepage über Stellenausschreibungen informieren und sich als arbeitsuchend auf der Website registrieren. Außerdem gibt die GRG Kontaktadressen von In-

---

108 http://www.grgweb.de (letzter Aufruf 11.7.2015).
109 Z. B. http://www.epo-jobs.de (letzter Aufruf 11.7.2015).

dustrie, Umweltorganisationen und Verbänden heraus, bei denen sich der Verband bereits vorgestellt hat, so dass auch Personalentscheider aus der Wirtschaft einordnen können, was die Tätigkeitsfelder der Entwicklungszusammenarbeit beinhalten. Dies soll den Entwicklungshelfern den Weg in die Wirtschaft öffnen.[110] Diese Angebote und Informationsmaterialien erwähnen die rückkehrenden Entwicklungshelfer nicht. Die Personalabteilung der entsendenden Organisationen erwähnt bei einer telefonischen Anfrage, dass allen Rückkehrern noch in die Gastländer ein Rückkehrerpaket geschickt wird. Darin enthalten sind sowohl Informationsmaterialien über steuerrechtliche und versicherungstechnische Hinweise, Rückkehrerbroschüren und Informationen über verschiedene gemeinnützige Institutionen, die bei der Rückkehr unterstützen können. Auch dieses Rückkehrerpaket erwähnen die Interviewpartner nicht. Entweder erreichte das Paket die Rückkehrer nicht mehr rechtzeitig in ihren Destinationen, oder die Rückkehrer konnten daraus keinen Nutzen ziehen. Auf die Frage, ob es seitens der Organisation irgendeine Art von Handreichung oder Rückkehrhilfe gegeben habe, haben alle Befragten aus dieser Kategorie verneint.

Auch die rückkehrenden Lehrer haben die Möglichkeit, an Rückkehrertreffen teilzunehmen, die von der Gewerkschaft Erziehung und Wissenschaft angeboten werden. Zwei der befragten Lehrer nutzen die Möglichkeit, um sich über das Erlebte auszutauschen.

Wie gezeigt werden konnte, hängt die persönliche Situation bei der Rückkehr des Mannes maßgeblich von den beruflichen Integrationsmöglichkeiten ab, die sich nach der Rückkehr bieten, da sich die Männer des Interviewsamples hauptsächlich über ihre Arbeitswelt definieren. Alle Befragten betonten schließlich in den Gesprächen, dass sie sich bei der beruflichen wie auch bei der privaten Rückkehr mehr Unterstützung seitens der Unternehmen oder Organisationen gewünscht hätten, für die sie einige Jahre im Ausland tätig waren. Ein spezielles Rückkehrseminar, wie es beispielsweise das internationale Referat der Evangelischen Akademie Bad Boll in Zusammenarbeit mit den Firmen Bosch und Volkswagen entwickelte (Hirsch 1992: 294), hat keiner der Rückkehrer erhalten. Bei diesen Seminaren soll der Auslandsaufenthalt im geschützten Rahmen als »wesentlicher Einschnitt in der persönlichen Lebensplanung und Lebensgestaltung des Mitarbeiters reflektiert werden [...] den Teilnehmern wird Situations- und Handlungsorientierung dadurch vermittelt, dass in der gemeinsamen Arbeit

---

110 GGRG Aktuell 02/2005: Handreichung für Rückkehrer.

Einsicht in die eigenen Wertehaltungen und Verhaltensweisen und deren Veränderungen in Abhängigkeit von der Außenwelt ermöglicht wird« (ebd.). Die Rückkehr der Männer wird neben den beruflichen Aspekten auch stark von der familiären Situation beeinflusst. Haben die Partnerinnen Schwierigkeiten, an ihre Berufstätigkeit anzuknüpfen oder sich ein soziales Umfeld zu erschließen, wirkt sich dies insgesamt auf die Familie aus. Kommen dann noch Eingliederungsprobleme der Kinder hinzu, führt dies zu einer starken Belastungssituation für die gesamte Familie.

5.2.5 Die Rückkehr der Kinder

Die Kinder der Familien wurden bis auf zwei Ausnahmen nicht befragt. Aufgrund ihres Lebensalters sind sie größtenteils noch nicht in der Lage, über die Auslandsentsendung und die Rückkehr zu berichten. Die Grundlage dieses Kapitels basiert daher auf Erzählungen der Eltern. Einzig die mittlerweile erwachsenen Kinder von Helmut R. (zum Zeitpunkt der Befragung 18 und 20 Jahre alt) wurden in die Erhebung mit aufgenommen.

Die »Rückkehr« der Kinder wurde von allen Befragten als besondere Herausforderung geschildert. Von insgesamt 32 Kindern reisten 13 im Alter zwischen sechs Monaten und zehn Jahren mit ihren Eltern in die jeweiligen Gastländer aus. Die anderen 19 Kinder wurden während der Entsendung der Eltern geboren. Die Frauen der Wirtschaftsexpats bringen drei Kinder im Ausland zur Welt (Malaysia, China, Ungarn). Die Entwicklungshelfer fahren alle wegen der unzureichenden medizinischen Versorgung an ihren Destinationen zur Geburt nach Deutschland; dasselbe gilt für die Kulturmanagerinnen. Eine mitausreisende Lehrerehefrau bekommt ihr zweites Kind in Bulgarien. Bis auf vier mitausreisende Kinder (zwischen vier und zehn Jahre alt) verbringen die Entsandtenkinder auf ihr Lebensalter hochgerechnet den Großteil ihres bisherigen, bewusst erlebten Lebens in den Gastländern der Eltern. Sie wachsen in diesen Ländern unter den gegebenen klimatischen Bedingungen auf, als ob sie dort geboren worden wären. Später reisen sie in das Herkunftsland der Eltern aus, welches sie nur von Urlaubsaufenthalten kennen, und verlassen den Ort, den sie als »Heimat« kennen. Mit Deutschland verbinden sie meist nur den Ort, an dem die Großeltern leben. Sie können weder entscheiden, ob sie bleiben oder gehen möchten, noch können sie zurückkehren. Kinder sind dem Psychiater Salman Akhtar zufolge demnach immer »Exilanten« (Akhtar 2007: 33).

Die sprachliche Erstsozialisation findet für die Kinder in außereuropäischen Destinationen meist in der Landessprache statt: Englisch, Französisch, Portugiesisch und in einem Fall auch Polnisch. Deutsch sprechen und verstehen bei der Ausreise bis auf drei Kinder (Töchter von Irene B. und die Tochter von Thorsten K.) zwar alle, ihre sprachliche Kompetenz weist aber meist nicht den erforderlichen Wortschatz auf, der ein einfaches Anschließen an die Kommunikationsmuster ihres Herkunftslandes zulassen würde. Die Dauer der Entsendung und das Alter der Kinder sind für die Entwicklung der Sprachkompetenz entscheidend. Die zwölf und dreizehn Jahre alten Töchter von Patrick und Jutta P. sprechen beispielsweise während des neunjährigen Aufenthaltes in Simbabwe in der Schule englisch, mit den Eltern reden sie jedoch deutsch. Bei der Rückkehr sprechen und verstehen sie deutsch aus diesem Grund gut, dennoch gibt es Schwierigkeiten mit Spezialbegriffen, die bislang noch keinen Eingang in ihren Wortschatz gefunden haben. Mit den Bezeichnungen »Ortstarif« oder »Parklizenz«, wie sie beispielsweise in Aufgabenstellungen in der Schule benutzt werden, wissen sie nichts anzufangen. Das hat zur Folge, dass eine Tochter eine Klasse wiederholen muss.

Den Wechsel von den internationalen oder deutschen Schulen im Ausland auf die staatlichen Schulen im Herkunftsland beschreiben alle Eltern als Verlust: Mit der Anzahl der Kinder in den Klassen in Deutschland steige auch der Leistungsdruck, zudem werde weniger auf die speziellen Bedürfnisse der Kinder eingegangen. Doris W. glaubt, dass ihre Kinder in Malaysia eine glücklichere Schulzeit erlebt hätten. Diese Aussagen wiederholen sich bei allen Müttern, die Kinder auf einer Deutschen oder internationalen Schule hatten. Die Situation an den Schulen im Herkunftsland wird als konkurrenzbetont, aggressiv und wenig förderlich für den Einzelnen empfunden (vgl. Thomas/Schroll-Machl 2003: 406).

Der Sohn von Doris und Richard W. hat bereits während der Entsendung seiner Eltern schlechte Erfahrungen mit der Schule in Deutschland gesammelt. Damals geht er nur übergangsweise auf die deutsche Schule, weil er mit seiner Mutter bis zur Geburt der jüngeren Schwester in Deutschland bleiben muss. Er besucht die vierte Klasse und wird von den anderen Kindern geschlagen und als Ausländer bezeichnet. Als seine Eltern zwei Jahre später wieder nach Deutschland zurückkehren, grenzt es für den damals Zwölfjährigen an eine persönliche Katastrophe. Er hat Angst, wieder eine deutsche Schule zu besuchen. In Malaysia hatte er sich an der Schule zu einem erfolgreichen Nachwuchsleistungssportler entwickelt. Zurück in Deutschland, kann er an die Erfolge nicht mehr anknüpfen, es ist der Schule auch nicht möglich, den Jungen entsprechend zu fördern. Mit der Rückkehr der Eltern tauscht er gezwungenermaßen ein erfolgreiches Sportlerleben gegen eine Außenseiterposition in einer deutschen Schule. Nach der Ankunft in Deutschland weigert er sich, seinen Rucksack auszupacken. Seine Eltern konfrontiert er mit den Worten: »Das lohnt sich nicht, ich hau eh gleich wieder ab« (Richard W.).

Patrick P. beschreibt auch die Deutsche Schule in Simbabwe als »eine Insel der Glückseligkeit [...] da waren fünf, sechs Schüler in einer Klasse, und die Lehrer haben sich intensiv gekümmert. Das war wie so eine kleine Familie. Und hier wird man halt so reingeschmissen mit dreißig anderen, und den Lehrkräften ist es dann egal, ob man mitkommt oder nicht« (Patrick P.). Schlimmer noch ist für die beiden Mädchen die Konfrontation mit den Klassenkameraden. »Die Kinder haben sich schnell abgewöhnt, von Simbabwe zu erzählen. Weil sie dann nur gehänselt worden sind. ›Du kleiner Afrikaner, du kapierst es ja nicht. Du warst ja im Busch. Dir muss man erst mal beibringen, wie man geht‹ [...] die Kinder kamen exotisch von außerhalb [...] dann mussten sie halt schauen, dass sie in der Rangordnung in dieser Klasse auch mit reinkommen. Und das ist dann natürlich auch ein bisschen schwierig, das hängt dann auch vom Typus ab. Also sie hatten schon den Stellenwert eines Ausländers [...] die kommen als Fremde hier in eine Gemeinschaft rein und dann müssen sie sich erst mal [...] in dieser sozialen Hierarchie zurechtfinden. Die deutsche Kultur tragen sie in sich, deshalb können sie ziemlich schnell agieren. Das Anderssein ist von außen nicht sichtbar, sie haben vielleicht auch ähnliche Werte und Normen. Aber irgendetwas muss da anders sein, das sie von den anderen abhebt. Und weil die Kinder in der Klasse es dann nicht greifen können, machen sie es zu etwas, was es ja im Grunde auch ist. Zu etwas Fremdem. Zu einem Ausländer. Es geht ja um das Gefühl, das die Kinder dabei haben. Und nicht darum, ob jemand schwarz, weiß oder sonst was ist« (Patrick P.).

Wie groß die Schwierigkeiten der Kinder bei der Rückkehr in das deutsche Schulsystem sind, hängt den Ergebnissen zufolge maßgeblich vom Alter der Kinder und der Aufenthaltsdauer im Ausland ab. Steht mit der Ausreise die Einschulung bevor oder der Übergang von einer Grund- auf eine weiterführende Schule, berichten die Eltern von geringeren Schwierigkeiten. Müssen sich die Kinder jedoch in bereits bestehende Klassensysteme integrieren, wird dies in allen berichteten Fällen zu einer großen Herausforderung. Während ihrer Zeit im Ausland erlebten die Kinder in Deutschland ihren jeweiligen Altersgruppen entsprechend eine andere Alltagsrealität. Sie wuchsen mit bestimmten Stars, Casting-Shows und Pop-Ikonen auf. Dieses Wissen um Peer-Group-relevante Themen müssen sich die Kinder dem empirischen Befund zufolge nach ihrer Rückkehr erst aneignen, sie haben auf die bestehenden relevanten Alltagskonzepte der gleichaltrigen Altersgruppe keine Passung. Die Kinder von Jutta und Patrick P. wachsen in Simbabwe größtenteils ohne Fernsehen auf. »Am Anfang hatte ich echt manchmal Angst, dass die beiden noch quadratische Augen kriegen, so oft hingen die nach unserer Rückkehr vor der Glotze [...] sie wollten halt in der Schule mitreden können und hatten unglaublichen Nachholbedarf« (Jutta P.).

Aber auch an den jüngeren Kindern geht die Rückkehr nicht spurlos vorüber. Die vierjährige Tochter von Sandra K., die bislang nur Französisch spricht, verstummt in Deutschland fünf Wochen lang. Die deutsche Sprache gehörte bisher nicht zu ihrem Alltagsgebrauch. Auch der Sohn von Stefanie O. verweigert bewusst seine bisherige Alltagssprache, mit Französisch, in seinen Augen »Afrikanisch«, will er nichts mehr zu tun haben, »obwohl der ja gesprochen hat wie ein kleiner Franzose« (Stefanie O.). In den ersten Wochen in Deutschland sprechen ihre Kinder einige dunkelhäutige Passanten auf der Straße an und fragen, »ob sie auch aus Afrika kommen und jetzt hier wohnen müssen«. Stefanie O. versucht, frankophone Kontakte herzustellen, um den Kindern am neuen Ort einen Bezugspunkt zu verschaffen. Es gelingt ihr nicht. Die Tochter von Andreas R. zieht sich zwei Wochen vor der Ausreise nach Deutschland zurück. Sie möchte weder Deutsch noch Polnisch sprechen. Als sie wieder anfängt zu kommunizieren, weigert sie sich, auf polnische Sätze zu antworten. »Drei Wochen bevor das Schuljahr in Polen zu Ende war, hat meine siebenjährige Tochter angefangen, die Schule zu verweigern. Obwohl sie immer gerne hingegangen war. Es wurde jede Woche noch eine Stufe schlimmer. Sie sagte, ›ich will nicht weg von dir. Ich will nicht weg von der Schule.‹ Sie hat gesehen, dass ich packe, und ist auf keinen Geburtstag mehr gegangen. Auf kein Abschiedsfest« (Claudia H.). Zu diesem Zeitpunkt ist der Vater bereits wieder seit fünf Monaten nach Deutschland zurückgekehrt. Die Tochter ist mit der Situation überfordert. Ihr drei Jahre älterer Bruder hat mit dem Abschied von Polen weniger Schwierigkeiten, er freut sich auch auf die neue Schule in Deutschland. Während seine Schwester sich allerdings nach drei tränenreichen Wochen gut in das deutsche Schulsystem einfügt, wird die Situation für den Sohn problematisch: »Er konnte nicht andocken in der Klasse. Die Lehrerin hat kein Verständnis gezeigt für seine Situation, die mochte keine Jungs. Die Klasse war seit drei Jahren zusammen, und dann kommt ein Neuer. In die vierte Klasse. Er ist notenmäßig abgesackt und hatte eine Krankheit und einen Unfall nach dem anderen. Er hatte weder emotional noch rational verarbeitet, was er für einen Abschied zu verkraften hatte« (Claudia H.). In Polen hatte er einen besten Freund, einen »Seelenbruder«, wie die Mutter sagt. »Neulich hat er ihm einen Brief geschrieben. Der erste Satz war: ›Sebastian, ich vermisse dich noch immer.‹ Und wir sind schon zwei Jahre wieder da. So was können wir den Kindern nicht noch einmal antun« (Claudia H.). Auch Katrin und Dirk L. erleben die Rückkehr ihrer Söhne ähnlich. »Für die Kinder war das überhaupt nicht entspannt, wiederzukommen. Die wären geblieben. Jetzt noch. Das war schlimm für die, die haben wir zweimal richtig aus ihren Komfortzonen herausgeholt. Die haben damals [Ausreise] lange gelitten und die haben jetzt wieder gelitten. Die brauchen ja viel länger. Man sagt, Kinder passen sich schnell an, aber das stimmt überhaupt nicht. Die sind jetzt [nach zwei Jahren] gerade so angekommen« (Dirk L.).

Acht Kinder sind von der Scheidung ihrer Eltern betroffen. Zwei Kinder (9 und 13 Jahre) lassen mit der Ausreise den Vater in Brasilien zurück, zwei Kinder leben mit der Mutter weiterhin in Ecuador, während der Vater nach Deutschland zurückkehrt (8 und 10), zwei weitere Kinder reisen mit der Mutter aus, während ihr Vater in Burkina Faso bleibt (4 und 6). Ein Anderthalbjähriger pendelt 12 Monate lang zwischen der Mutter in Polen und dem Vater in Deutschland, bis die Familie wieder an einem gemeinsamen Ort lebt. Und zwei weitere Kinder (damals 12 und 14 Jahre) müssen die Entscheidung treffen, ob sie nach der Trennung der Eltern mit der Mutter nach Deutschland ausreisen möchten. Ihre Mutter will sich vom Vater trennen, Kolumbien verlässt sie jedoch nur, wenn die Kinder mit ausreisen. Sie gehen mit der Mutter und dem Gefühl, damit keinem von beiden gerecht zu werden – und womöglich für die Trennung der Eltern durch die Rückreise »mitverantwortlich« zu sein. Die Tochter leidet immer noch unter der Vorstellung, dass sie etwas gegen das Scheitern der Beziehung ihrer Eltern hätte unternehmen können. »Sie hat ja Papa damals nichts gesagt. Wir dachten, er wüsste das. Und dann haben wir irgendwann die Zimmer entrümpelt, weil sie das vor der Ausreise so wollte. Er kam dazu und fragte, warum räumt ihr auf. Ja, weil Mama das gesagt hat. In dem Moment dachte ich dann, oh, er weiß das gar nicht und war am Überlegen, gehst du jetzt hoch und sagst ihm das, gibst ihm mal einen Tipp irgendwie. Oder lässt du es bleiben. Und ich habe es bleiben gelassen, und das bereue ich bis heute irgendwie […] ich habe jahrelang darüber nachgedacht jetzt […] damals in Kolumbien sagte Papa irgendwann in der Schule, er will mit uns reden. Er hat sich mit uns auf eine Parkbank gesetzt und gesagt: Mama will sich scheiden lassen. Ich weiß davon nichts. Und wir so: wie, du weißt das nicht? Wir wissen es [...] wir haben dann nie wieder darüber geredet« (Pia R.).

Ihr Vater lässt den Kindern gegenüber keinen Zweifel daran, dass die Mutter geblieben wäre, wenn sie der Ausreise nicht zugestimmt hätten. Die Rückkehr dieser Kinder findet unter großer psychischer Belastung statt. Die Mutter, so berichten sie, ist nach der Rückkehr »sehr lange depressiv [...] Man hat halt gemerkt, dass sie mit der Entscheidung nach der Rückkehr sehr gehadert hat. Also sie hat die Entscheidung immer als gut dargestellt, aber sie hat auch ganz viel geweint immer [...] das war am Anfang echt nervig [...] Du kannst ja nicht viel machen als Tochter, was willst du machen in dem Alter. Und ich habe es nicht verstanden, es war doch ihre Entscheidung, zu gehen, sie hatte es doch so gewollt [...] Papa war immer sehr nett zu ihr, auch danach noch. Sie hat geblockt, richtige Trotzreaktion, und war böse teilweise auch [...] das war kompliziert« (Pia R.). Nach der Rückkehr kann Pia auch nicht mehr an alte Freundschaften anschließen. »Wir hatten keinen gemeinsamen Nenner mehr [...] die jahrelange Basis war einfach weg [...] bevor wir gegangen sind, war ich immer sehr selbstbewusst, bin auf Leute zugegangen. Seit wir wieder da sind, hab ich Schwierigkeiten damit. [...] Vor Referaten hab ich richtig Panik, weil sich das Mobbing an der Schule in Kolumbien eingebrannt hat [...] ich krieg Atemprobleme, wie wenn ich hyperventilieren würde« (Pia R.).

Die Kinder von Irene B. betreten bei der Rückkehr zum dritten Mal deutschen Boden. Damals sind sie neun und dreizehn Jahre alt. Da die Rückkehr der Mutter nach der Scheidung überraschend vollzogen wird, bleibt keine Zeit, die Kinder auf Deutschland vorzubereiten. Sie sprechen perfekt Portugiesisch und kaum ein Wort Deutsch. Es dauert lange, bis sie Anschluss in dem Dorf finden. Bis heute sind sie der Mutter zufolge Außenseiterinnen. »Das war furchtbar, das kann man nicht beschreiben. Drama. Da haben wir bis heute dran zu knabbern. [...] Die Kinder sind mir hier zerbrochen, sie hatten ja keinen Vater mehr hier. Das war ein Lebensdrama. Das Schlimmste, was ich im Leben erlebt hab, war diese Scheidung und mit den Kindern hier alleine Fuß zu fassen. Stück für Stück wursteln wir uns nach vorne. Der Vater ist für die Kinder einfach eine wahnsinnig wichtige Person. [...] Er kümmert sich zwar schon, aber Brasilien ist halt nicht der nächste Weg. Und wenn die Kinder Fieber haben, kann er nicht mal schnell herfliegen. Das geht nur übers Telefon. Zweimal im Jahr treffen die Kinder ihren Vater« (Irene B).

Auch die beiden Kinder von Stefanie O. leiden unter der Rückkehr nach Deutschland. Zwei Jahre später sagt der Sohn noch: »Mama, ich will wieder nach Afrika!« (Stefanie O.). »Also diese Umstellung auf kalt und Socken anziehen und einen Pulli [...] der war richtig sauer, dass ich ihn da rausgeholt hab. [...] Das war ein echtes Drama« (Stefanie O.). Lange Zeit erzählt der Sohn im Kindergarten noch von Afrika. Für seine Schwester beginnt zwei Monate nach der Rückkehr die Grundschule. Während sie schnell Anschluss findet, entwickelt sich ihr Bruder zum Einzelgänger. »Der sitzt am liebsten daheim in seiner gewohnten Umgebung, und am liebsten hat er es, wenn er mit seinen Gummistiefeln in den Garten darf zum Igelbeobachten. [...] Nur wenn er einen Koffer sieht, verkriecht er sich unter den Tisch. Verreisen findet er schrecklich, was ich für ihn einpacke, packt er wieder aus. Er baut sich dann ein Nest unterm Tisch mit seiner Decke und heult. Also es ist ganz schwer, ihn aus seinem gewohnten Umfeld zu locken. Verreisen findet er ätzend« (Stefanie O.).

Kinder, die die Ausreise der Eltern in die Gastländer bereits bewusst miterlebt hatten, werden bei der Rückkehr nach einigen Jahren erneut entwurzelt – das Konfliktpotenzial ist dabei der Empirie zufolge abhängig von der Entsendedauer und dem Alter der Kinder. Die Situation der Scheidungskinder, die den Vater im Ausland zurücklassen, ist bei der Rückkehr nach Deutschland eine Potenzierung der Probleme, die die Kinder an sich schon mit dem Umzug in die neue Umgebung haben. Alle »Scheidungskinder« halten den Kontakt zu den Vätern über Internettelefonie aufrecht. Hatten die neuen sozialen Medien während der Entsendung für die Protagonisten weniger Relevanz, wird das Internet gerade für die getrennt lebenden Familienmitglieder nach der Rückkehr zu einem wichtigen Bindeglied zwischen den Welten. Wegen der Entfernung der Destinationen ist den Kindern ein »realer« Besuch meist nur während der Sommerferien möglich.

Eine Studie aus dem Jahr 2013, die im Auftrag des Auswärtigen Amtes unter Botschafterkindern erstellt wurde, kommt zu dem Ergebnis, dass Kinder, die mehrere Einsätze mit den Eltern absolvieren, eine hohe Anpassungsfähigkeit und zahlreiche Kompetenzen zur Lösung von Problemen aufweisen (Hillmann u. a. 2013: 26). Den Autoren zufolge sind die Kompetenzen, die die Kinder mit der Zeit erwerben, kulturelle Offenheit und Toleranz, die jedoch parallel auch mit Wertekonflikten und Trauergefühlen wegen des Verlustes sozialer Kontakte einhergehen können. »Durch den häufigen Wechsel zwischen verschiedenen Kulturen können Identitätsprobleme oder ein Gefühl der Entwurzelung entstehen mit der Folge, dass sich die Kinder nirgends mehr zu Hause fühlen« (ebd.).[111] In Ansätzen kann für die hier vorliegende Studie eine vorübergehende Entwurzelungstendenz festgestellt werden, die sicherlich nicht mit dem Maße vergleichbar ist, wie sie Kinder (etwa Diplomatenkinder) erleben, die häufigen Kulturwechseln ausgesetzt sind. Dazu, inwieweit sich die Erfahrungen der Kinder auf eine spätere »Mobilitätslust« als Erwachsene auswirken, kann die Studie keine Prognosen abgeben. Unter den Erwachsenen des Samples sind jedoch einige Protagonisten vertreten, die bereits als Kinder Erfahrungen mit dem Leben im Ausland gesammelt haben. Neben Katharina A. und Dirk L., die beide jeweils ihre Kindheits- und Teenagerjahre in Rumänien oder den Niederlanden verbracht haben, verfügen auch Yasemin D. und Patrick P. über Auslandserfahrungen, die sie im Kindesalter gesammelt haben. Tatsächlich kann beobachtet werden, dass diese Protagonisten (mit Ausnahme von Dirk L., der in eine Lebenskrise geriet) die geringsten Schwierigkeiten in den Destinationen und bei der Rückkehr erleben. Dies lässt den Schluss zu, dass jene, die die Rückkehr bereits schon einmal erlebt haben, geringere Schwierigkeiten haben als die Vergleichsgruppe. Zugleich kann aber auch davon ausgegangen werden, dass gerade die Häufigkeit der Einsätze eine Rückkehr erschwert, da beispielsweise die Entwicklungshelfer von »Entwurzelungstendenzen« berichten.

Fazit: Alle Rückkehrerkinder erleben in Deutschland den Angaben der Eltern zufolge ein Gefühl der Isolation, Verunsicherung und Einsamkeit in den ersten Wochen und Monaten.

5.2.6 Physisches und psychisches Befinden der Rückkehrer

Das psychische Befinden einiger Rückkehrer wirft den empirischen Ergebnissen zufolge kein positives Licht auf den Entsendungsprozess. Florian F. kehrt seinen Angaben nach mit einer »Kriegsnarbe« aus Bulgarien zurück

---

111 Auch Studien zu den sogenannten *third culture kids* beschäftigen sich mit der Frage, wie Kinder mehrere Entsendungen bewältigen und über welche Kompetenzen sie anschließend verfügen. Ein *third culture kid* ist Pollock/van Reken (1999) zufolge eine Person, die einen bedeutenden Teil ihrer Entwicklungsjahre außerhalb der Kultur der Eltern verbracht hat. Während dieser Zeit stellten die Kinder Beziehungen zu allen Kulturen her, nehmen aber keine davon völlig für sich in Besitz. Patchworkartig werden verschiedene Elemente aus den jeweiligen Kulturen in die Lebenserfahrung eingefügt. Zugehörig fühlen sie sich jedoch keinen geografischen Räumen, sondern anderen Personen, die über einen ähnlichen Erfahrungshorizont verfügen. Einige Autoren stellen Entwurzelungstendenzen der Kinder fest (Pollock/van Reken 1999; Richter 2011).

(Hörsturz), Stephan D. hat massive Probleme mit den Zähnen, da er sich nachts im Wortsinne »durch drei Jahre Budapest gebissen« hat, ein weiterer Expat berichtet von Therapiestunden, die er vor der Rückreise in Anspruch nahm, (»das waren die schlimmsten 24 Monate meines Lebens«), und zwei Frauen leiden seit der Entsendung an einer Depression. Diese Ergebnisse zeugen allesamt von Individuen, die ihre Grenzen unter den zum Teil erschwerten umweltsituativen und soziokulturellen Bedingungen im Ausland überschritten haben. Häufig benutzen diese Protagonisten in der Rückschau emotional durchdrungene Begriffe wie »Überlebenskampf«, »Kampf«, »Lebensdrama«, »Durchhalten« und »Ziellinie« (vgl. Kapitel 5.2.4).

Auffallend ist, dass sich von 26 Befragten 18 Protagonisten nach einem kurzzeitigen Hochgefühl, wieder in Deutschland zu sein, sowohl physisch als auch psychisch einige Zeit nach der Ankunft in Deutschland nicht wohl fühlten, oder dass sie darunter litten, weil es ihren Familienangehörigen nach der Rückkehr nicht gut ging. Franz S. ist bereits während des Indien-Aufenthaltes aufgrund des Klimas häufig erkältet. Die Symptome bessern sich aber auch nicht, als die Familie wieder eineinhalb Jahre in Deutschland lebt. »Wir haben alle auch irgendwelche Allergien mit nach Hause gebracht, wir sind hier ständig krank alle miteinander. Allergisch war vor der Entsendung keiner von uns. Ich hab jetzt furchtbar Heuschnupfen, vertrage keine Nüsse mehr« (Franz S.). Bei der Ehefrau kommen, wie bereits erwähnt, psychische Probleme dazu. Über die Entsendung sprechen sie nicht mehr. »Das würde nur alte Wunden aufreißen, das ist ein Tabu« (Franz S.).

Alle Protagonisten, die das Ende ihrer Ehe in den Gastländern erleben mussten, berichten von erheblichen emotionalen und psychischen Belastungen wie Zukunftsängsten, Selbstzweifeln und Trauergefühlen aufgrund der zerbrochenen Beziehungen (und damit auch zerbrochener Lebensentwürfe), die sich auch auf das körperliche Befinden auswirkten. Dem Psychiater Akhtar zufolge können sich die angestauten Gefühle wie Frustrationen oder Aggressionen wie bei der Ausreise (vgl. Kapitel 4.3.6) auch bei der Rückkehr entweder nach außen oder nach innen richten (Akhtar 2007: 52). Bei der Entwicklungshelferin Stefanie O. bricht nach der Rückkehr beispielsweise die Hautkrankheit Neurodermitis wieder auf. Sie lebt unter großen Ängsten und Gefühlen der Einsamkeit, da sie als alleinerziehende Mutter für sich und die Kinder ein neues Leben in einer fremden Stadt aufbauen muss. Der Statusverlust und das Dasein als Arbeitslosengeldempfängerin machen der ehemaligen Projektleiterin zu schaffen und bedrohen ihr Selbstbild. Ähnliches hat auch Irene B. berichtet: Nach der unerwünschten Rückkehr aus

Brasilien trauert sie nicht nur um den Verlust der Ehe, sie findet in ihrem Umfeld auch weder Halt noch Unterstützung. Sie beschreibt dies im Interview als »Lebensdrama, an dem wir heute noch zu knabbern haben« (Irene B.). Jürgen E. beschreibt sein Empfinden bei der Rückkehr als Zustand innerer Zerrissenheit, Leere und großer Traurigkeit, da er seine Kinder in Ecuador zurücklassen musste. Auch Sandra und Thorsten K. erleben die Rückkehr als große psychische Belastung, da sie nicht wissen, wie lange sie vom Arbeitslosengeld und der befristeten Teilzeitbeschäftigung der Frau die Familie ernähren können.

Einige der Kinder kompensieren ihre Unsicherheit in der neuen Umgebung auf individuelle Art und Weise, beispielsweise mit dem Verweigern der Sprache, die sie sich in den Gastländern angeeignet haben, wie in Kapitel 5.2.5 beschrieben wurde. Auch dies kann als Anzeichen der Überforderung gewertet werden.

Von 26 Befragten beschrieben 22 die Rückkehr in zahlreichen Aspekten schwieriger als die Ausreise. Die Stressoren sind dabei sowohl in den umweltsituativen Begebenheiten (fehlender Karriereschritt, geringerer Verdienst als im Gastland, Arbeitslosigkeit) als auch in den individual-psychologischen Aspekten (Zerbrechen der Paarbeziehung, Konflikte in der Paarbeziehung, mangelnde Anerkennung im sozialen Umfeld, Desinteresse des Umfeldes, Statusverlust, Verlust sozialer Kontakte, Fremdheitsgefühle und Konflikte mit dem Selbstbild) zu sehen. Die Mehrheit der Frauen ist wie bereits während der Entsendung für die Integration der Familie im Privaten zuständig. Gleichzeitig versuchen sie, ihre berufliche Rückkehr zu organisieren. Wie groß die Zwänge und wie klein die Freiheiten im Entwerfen neuer Lebenskonzepte für die Frauen sind, lässt sich vor allem anhand der Erfahrungen der geschiedenen Rückkehrerinnen verfolgen.

Im Allgemeinen profitieren die Rückkehrer bei der Wiedereingliederung von denselben psychischen Faktoren, die ihnen auch das Einleben im Gastland leichter gemacht haben. Dazu zählen hauptsächlich emotionale Stabilität, Selbstsicherheit, Frustrationstoleranz, Offenheit und Flexibilität. Allerdings wirken sich auch die Umstände im Gastland, die Länge des Aufenthaltes und das Ausmaß an Konflikten, die auf allen Ebenen (beruflich und privat) möglicherweise erlebt wurden, aus. Eine zentrale Rolle beim Umgang mit den vielschichtigen Herausforderungen spielt das vorhandene emotionale und psychosoziale Kapital, das zur Lösungsfindung nutzbar gemacht und kreativ in die Lebenssituationen eingebaut werden konnte. Jene Akteure, die bereits vor der Ausreise weniger mit dem Abschied zu kämpfen hatten, neuen Erfahrungen generell aufgeschlossen und positiv gegenüberstehen, die gerne neue Pläne schmieden und sich eigenverantwortlich neue Projekte und Aufgaben suchen, die bereit sind, Sicherheiten aufzugeben, und denen es leicht fällt, sie wiederzugewinnen, gelang der Wechsel sowohl in das Gastland als auch in das Herkunftsland schneller.[112] Wie mit dem Erschließen neuer Räume oder Situationen umgegangen wird, hängt zu großen Teilen von den individuellen Charaktereigenschaften der Protagonisten ab, deshalb unterscheidet sich der Prozess auch innerhalb der Paarbeziehungen. Während einige Vertreter des Sample, meist die Frauen, aktiv an neuen Lebensstilkonzepten und neuen Bezugsräumen arbeiten, wirken die Strategien der Männer passiver und unflexibler.[113] Im Folgenden soll nun gezeigt werden, wie sich all die bisher in Kapitel 5 geschilderten Aspekte in ihrer Gesamtheit auf den Prozess der Rückkehr auswirken.

5.3 Der Prozess der Rückkehr

5.3.1 Strategien der Anpassung und mehrere Ebenen der Rückkehr

> »›Würdest du mir bitte sagen, wie ich von hier aus weitergehen soll?‹ ›Das hängt im Wesentlichen davon ab, wohin du möchtest‹, sagte die Katze.«
> *(Lewis Caroll, Alice im Wunderland)*

Anhand der Aussagen der Interviewpartner lassen sich Zeitfenster für die Rückkehrprozesse und die verschiedenen Ebenen der Rückkehr ableiten. Drei Phasen der Rückkehr können dabei beobachtet werden, die im Folgenden skizziert werden (vgl. Pander 2006). Die Phasen und die Rückkehrer-Persönlichkeiten, die im Anschluss daran vorgestellt werden, können jedoch allenfalls Tendenzen aufzeigen und keinesfalls als allgemeingültige Phänomene in Bezug auf Rückkehrereignisse im Allgemeinen betrachtet werden. Sie sollen exemplarisch als Werkzeuge dienen, die anhand der Empirie beobachteten Übergänge von einer Phase zur nächsten sichtbar zu machen. Diese

---

112 Psychologen zufolge haben vor allem die »big five« (Neurotizismus, Extraversion, Offenheit für Erfahrungen, Verträglichkeit und Gewissenhaftigkeit) Einfluss auf die psychische Anpassung während des Wechsels von einem Land in ein anderes (Zick 2010: 414).

113 Meist sind es die Frauen, die neue soziale Kontakte, Hobbys oder Aktivitäten in die Paarbeziehung einbringen – dies kann anhand des Sample für die Zeit vor wie auch nach der Entsendung festgestellt werden.

Phasen sind in ihrem Verlauf weder als linear noch als zeitlich exakt definierbare Prozesse zu verstehen. Sie sind vielmehr in jeder Hinsicht »beweglich« und zeichnen sich durch flexible Übergänge aus.

Die beobachteten Phasen können demnach eingeteilt werden in die »Antizipationsphase«, die »Akkommodationsphase« und die »Adaptionsphase« (Fritz 1982: 39).[114] In Anlehnung an Arnold van Genneps *Les rites de passage* (1981: 29) sind darunter auch jene Übergänge zu verstehen, die den Wechsel von einem Lebensabschnitt zum nächsten verdeutlichen. Auf die Antizipationsphase, die an die Trennungs- oder Abschiedsphase vom Gastland anschließt, folgt die Akkommodationsphase (Schwellen- bzw. Umwandlungsphase), in der sich der weitere Verlauf der Reintegration entscheidet und in der den Kulturschockmodellen zufolge der Rückkehrschock einsetzen kann (vgl. Storti 1997: 25) und schließlich die Adaptionsphase, die im Folgenden als Angliederungsphase bezeichnet wird (das Arrangieren mit der neuen Lebenswirklichkeit).

Wie die Antizipationsphase und damit die erste Phase nach der Ankunft im Herkunftsland verläuft, hängt von den subjektiven Motivationen der Ausreisenden, ihren Erfahrungen in den Jahren im Ausland, den zur Verfügung stehenden ökonomischen, sozialen, Bildungs- und »emotionalen« Kapitalformen sowie ihren individuellen Persönlichkeitsfaktoren ab. Sehen die Protagonisten Neuem prinzipiell aufgeschlossen entgegen und hatten sie zudem die Möglichkeit, sich von ihrem Leben im Gastland bewusst zu verabschieden und sich auf die Ausreise vorzubereiten, überwiegt unter den Protagonisten eine positive Haltung; sie freuen sich auf die sozialen Kontakte und das Leben im Herkunftsland. Von negativen Emotionen ist die Rückkehr überschattet, wenn die Ausreise einer unvorbereiteten Flucht gleicht. Die Rückkehr wird dann nicht durch den eigenen Wunsch bestimmt, das Land zu diesem Zeitpunkt zu verlassen. Der Abschied als Ritual kann nicht ausreichend zelebriert werden. Dafür sind keine bedrohlichen »äußeren« Faktoren wie Naturkatastrophen oder politische Unruhen in den Gastländern verantwortlich, sondern »innere« Motivationen wie das Zerbrechen der Ehe. Alle betroffenen Protagonisten haben sich zwar bewusst für die Rückkehr entschieden, dennoch blieb aufgrund der überstürzten Rückkehr keine Zeit, sich auf das Leben in Deutschland vorzubereiten. Die Freude über die

---

114 Vgl. 3-Phasen-Modell bei Hirsch (1992: 291): Naive Integration, Reintegrationsschock und die echte Reintegration. Dem Autor zufolge habe es sich bewährt, das Modell in Trainings zur Rückkehr zu zeigen, da die Rückkehrer dann die Möglichkeit hätten, sich selbst besser einzuordnen.

Rückkehr ist gering und wird von Zukunftsängsten dominiert, zugleich wird sie als einziger Ausweg angesehen. Die Akkommodationsphase gleicht einem Dasein in Parallelwelten. Die Akteure fühlen sich einige Tage nach ihrer Rückkehr fremd in ihrer vermeintlich vertrauten Umgebung, sie fühlen sich nicht mehr zugehörig und es stellt sich kein echtes Gefühl von Nachhausekommen ein. Craig Storti beschreibt dies so: »You will respond to your homeland much the way a stranger would, and for the same reason: because you are now an alien in your own country« (Storti 1997: 23). Der Kulturwechsel wird vor allen Dingen nach langjährigen Auslandsaufenthalten (mehr als drei Jahre) aus Zielländern, die eine große subjektiv wahrgenommene Distanz zum Herkunftsland aufweisen, als persönliche Herausforderung empfunden. Dies gilt den Ergebnissen zufolge nicht nur für die außereuropäischen Destinationen, sondern auch für die östlichen Länder Europas. Da sich die Aufenthaltsdauer aber in diesen betrachteten Fällen der Länder des östlichen Europas auf maximal drei Jahre beläuft, sind die Folgen nicht in dem Maße weitreichend wie für die Vergleichsgruppe der außereuropäischen Destinationen. Zum einen standen in allen Fällen Entsandtengemeinschaften vor Ort zur Verfügung, die als soziale Stabilisatoren genutzt werden konnten, zum anderen war es den Protagonisten wegen der geringeren geografischen Distanz häufiger möglich, während der Entsendung nach Deutschland zu reisen oder Besuche zu empfangen und so ihre sozialen Netzwerke zu pflegen. Auch auf gewohnte Dinge des täglichen Bedarfs mussten die Protagonisten nicht verzichten – auch wenn sie teurer als in Deutschland waren.

Mit der Rückkehr wird Altbekanntes hinterfragt und mit erlebten Erfahrungen und Kenntnissen verglichen (vgl. auch Kapitel 5.2). Die Zukunftserwartungen sind an diesem Punkt ganz zentral: Gibt es für den Rückkehrer keine berufliche Aufstiegschance und werden Karrierewünsche, die der Entsendung als Motivation vorausgingen, nicht erfüllt, kann es zu einem Reintegrationsschock kommen (vgl. Hirsch 1992). Was manche Entsandten in den ersten Wochen ihrer Ankunft in den Gastländern als »Kulturschock« beschrieben haben, erleben einige von ihnen auch bei der Rückkehr – wenn auch unter völlig anderen Vorzeichen. Im Gegensatz zum beschriebenen »Kulturschock« in den Gastländern findet das Fremdheitserleben bei der Rückkehr ohne den Reiz des Abenteuers statt. Während die Protagonisten allesamt in den Gastländern Differenzen erwarten, rechnen jene, die die Phase der Rückkehr noch nie erlebt haben, bei der Ankunft in Deutschland nicht damit. »The greatest shock in culture shock may be not in the encounter with a foreign culture, but in the confrontation of one's own culture and the ways in which the individuals in culture-bound« (P. Adler 1987: 34). Die erste Freude über das Wiedersehen mit alten Freunden oder Familienmitgliedern verfliegt einige Tage nach der Rückkehr. Das Umfeld nimmt wieder wie gewohnt die Alltagsgeschäfte auf, der »Rückkehrbonus der ersten Tage« mit Willkommensfesten und besonderen Aufmerksamkeiten verfliegt. Das beschwingte »Urlaubsgefühl« macht einem Alltag Platz, ohne dass die Rückkehrer darin wieder angekommen wären. Sie fühlen sich fremd und fehl am Platze und zugleich mit der Erwartung ihres Umfeldes konfrontiert, sich nahtlos – und vor allem problemlos – wieder einzufügen in das, was sie aufgrund ihrer Herkunft schließlich kennen müssten.[115]

Hirsch (1992) beschreibt die Rückkehr in drei Phasen, die er aus vielfältigen Erfahrungen in Rückkehrseminaren entwickelt hat: Die »naive Integration« ist seiner Definition nach eine Phase des oberflächlichen Verstehens, der Offenheit für neue Erfahrungen und einer allgemeinen Euphorie, wieder »zu Hause« zu sein. Seinem Zeitschema zufolge setzt dies ungefähr in den ersten sechs Monaten nach der Rückkehr ein. Die zweite Phase nennt er »Reintegrationsschock«. Das Hochgefühl lässt langsam nach, die Rückkehrer machen die Erfahrung, nicht mehr ohne weiteres an alte soziale Kontakte anschließen zu können; sie fühlen sich »nicht zu Hause«, sind möglicherweise enttäuscht über das nicht mehr vertraute Leben. Diese Spanne dauert Hirsch zufolge zwischen sechs und zwölf Monaten. Zur »echten Integration« kommt es dem Autor zufolge, wenn die Erwartungen an die Realität angepasst worden sind und die Rückkehrer beginnen, sich mit der Situation zu arrangieren. Sie erkennen alte Verhaltensmuster wieder, passen ihre Erwartungen an und fügen sich ein, ohne die neu gewonnenen Kompetenzen abzulegen. Diese Phase soll Hirsch zufolge zwölf Monate nach der Rückkehr einsetzen.

Während des Rückkehrschocks kommt es Gaugler (1989) zufolge zu vier denkbaren Reaktionen, die zu Teilen auch mit den empirisch gewonnenen Ergebnissen vergleichbar sind: Anpassung, Abhängigkeit, Ablehnung und Loslösung. »Anpassung« meint, die erkannten Unterschiede zu akzeptieren und zu ihrer Bewältigung die im Ausland erworbenen Fähigkeiten einzusetzen. »Abhängigkeit« bedeutet eine bewusste Aufgabe der im Ausland ge-

---

115 Gullahorn/Gullahorn (1963) beschreiben beispielsweise ein Modell für den Rückkehrschock. Während es sich beim Kulturschock in den Gastländern um eine U-Kurve handeln soll, an deren Scheitelpunkt der Kulturschock einsetzt, wird daraus bei der Rückkehr ein doppeltes U, eine W-Kurve. Diese soll die Wellenbewegungen der positiven und negativen Empfindungen, bis wieder die Integration ins Herkunftsland einsetzt, beschreiben.

wonnenen Erfahrungen sowie ein erneutes unreflektiertes Praktizieren von Normen und Verhaltensweisen des Herkunftslandes. Unter »Ablehnung« ist dem Autor zufolge zu verstehen, dass sich die Protagonisten nicht mehr ihrer Herkunftskultur zugehörig fühlen wollen und sich distanzieren. Im Fall der »Loslösung« entgehen Rückkehrer den Problemen bei der Reintegration durch eine erneute Entsendung (Gaugler 1989: 194). Wie lange sich die Protagonisten in dieser Phase befinden, hängt davon ab, über welche psycho-sozialen und kognitiven Kompetenzen sie verfügen, inwieweit das Umfeld als stabilisierender Faktor wirkt und in welche Richtung sich ihre aktualisierten Lebensstilkonzepte bewegen.

Wie bereits bei den Kulturschockmodellen in Kapitel 4.3.2 gezeigt werden konnte, können die Modelle lediglich mögliche Verläufe aufzeigen, sie geben jedoch keinesfalls Aufschluss über allgemeingültige Begebenheiten oder zeitlich belegbare Abläufe. Zahlreiche individuelle Faktoren spielen eine Rolle, die in den schematischen Modellen des Rückkehrschocks keine Berücksichtigung finden.

Erwähnung finden soll das Modell des Kulturschocks dennoch, weil 18 Protagonisten die Rückkehr ohne einen Anstoß von außen in den Interviews als »Schock« bezeichnet haben. Das kann darauf zurückzuführen sein, dass das Erlebte in den Jahren des Auslandsaufenthaltes und die Veränderungen nun erst für sie spür- und sichtbar werden (vgl. Thomas/Schroll-Machl 2003: 396). Die Ergebnisse zeigen, dass sich dieses Auf und Ab der Befindlichkeiten feststellen lässt, bis tatsächlich wieder der Alltag einsetzt. Meist geben die Befragten auch an, dass dies nach etwa einem Jahr der Fall ist. Aber nicht jeder hat die schematischen Verläufe wie beschrieben erlebt. Sie variieren je nach Gastland, Entsendedauer, Entsendeerlebnissen und zurückkehrender Familienkonstellation. Der Prozess kann zudem nicht linear, sondern allenfalls als ein sich dynamisch wiederholender Zyklus positiver wie auch negativer Phasen bis zum endgültigen »Ankommen« im Alltag verstanden werden.

Festgehalten werden kann jedoch, dass sich der Großteil der Befragten zunächst orientierungslos und vorübergehend marginalisiert fühlt. Im vermeintlich vertrauten Umfeld unerwartete und damit fremde Begebenheiten vorzufinden, scheint den Rückkehrer mehr zu irritieren, als »kulturelle Phänomene, die von seinen Gefühlen weit entfernt sind und exotisch wirken« (Volbrachtová 1987: 212). Protagonisten, die die Rückkehr an einen bislang unbekannten Ort in Deutschland führt, müssen sich zusätzlich einen bislang unbekannten sozialen und geografischen Raum erschließen. Selbst jene Protagonisten, die an denselben Ort zurückkehren, den sie einst für die Entsendung verlassen haben, bemerken nach und nach Veränderungen, die sich während ihrer Abwesenheit vollzogen haben. An alte Freundschaften können einige nicht anknüpfen, Familienmitglieder haben sich entfremdet, einige Jahre persönlicher Geschichte wurden, wie bereits in Kapitel 5.2.1 geschildert, nicht gemeinsam gelebt. In dieser Phase reflektieren die Protagonisten, inwiefern sich der Auslandseinsatz bezahlt gemacht hat (zum Beispiel in Bezug auf Karrierechancen oder den Erwerb kultureller Kompetenzen), während sie gleichzeitig die psycho-sozialen Kosten dagegen aufwiegen. Je nachdem, wie dieser subjektive »Kassensturz« ausfällt, nimmt die Phase, die im Idealfall in Akzeptanz übergeht, mehr oder weniger Zeit in Anspruch. Diese Zwischenphase (Akkommodationsphase) wird so für die Protagonisten zur größten Herausforderung. Sie durchlaufen nun ähnliche Phasen der Euphorie, Frustration oder Orientierungslosigkeit wie nach der Ankunft im Gastland.

Diese Erlebnisse finden dabei nicht, wie es in den Gastländern primär der Fall ist, auf einer visuell erlebbaren Ebene statt. Die Veränderungen im Herkunftsland sind dem Rückkehrer zunächst ungreif- und unbegreifbar: »Der Kulturschock, den ich im Ausland hatte, war auch was Schleichendes, aber er war visueller. Deshalb hat es mich schneller getroffen. Der Rückkehrschock war etwas, das ich nicht greifen konnte, das war nicht sichtbar. Es spielte sich auf der emotionalen Ebene ab« (Sandra K.).

Die letzte Phase, die Adaptionsphase, erreichen jene Protagonisten am schnellsten, die ihre Gastländer als weniger different zum Herkunftsland empfunden haben, die sich in den Gastländern wohl fühlten, ohne sich dem Anspruch auszusetzen, sich in die Gastgesellschaft »vollständig« zu integrieren, deren Einsatz nicht länger als drei Jahre dauerte und deren Familie als intakt bezeichnet werden kann. Meist wird für diese Phase in den Interviews ebenfalls ein Jahreszyklus als Zeitfaktor veranschlagt. Die Rückkehrer haben sich zwischenzeitlich wieder ein soziales Netz aufgebaut, sie haben Veränderungen in ihrem Umfeld akzeptiert und sich mit der neuen Wirklichkeit arrangiert. Kurz, der Alltag ist wieder eingekehrt. Wie bereits erwähnt, ist die Zeitvariante für diese deskriptiven Einteilungen flexibel zu betrachten. Der Phasenverlauf bei der Rückkehr hängt stark von der Persönlichkeit des Rückkehrers ab und muss in Zusammenhang mit der Rückkehrsituation (freiwillige oder unfreiwillige Rückkehr), der Vorerfahrung, der Verwurzelung im Herkunftsland vor der Ausreise und dem sozialen und beruflichen Umfeld betrachtet werden.

Anhand der dargestellten Phasen lassen sich nun drei Rückkehrpersönlichkeiten ableiten[116]: Der »bewahrende« Typ, der »Mobilitätspionier« und der Verweigerer oder »verbuschte Rückkehrer« (Wenzel 2004: 35). Der »bewahrende« oder »heimatverbundene« Typ lebt im Ausland in einer stabilen Entsandtengemeinschaft. Bezeichnend für diese Persönlichkeit könnten starke Objektbeziehungen (Raeithel 1981: 37) und kaum beziehungsweise geringe Kontakte in die Gastgesellschaft sein. So oft es möglich ist, besucht er Freunde oder Verwandte in Deutschland und exportiert auf diesem Weg lokale Spezialitäten aus dem Herkunftsland. In der Entsandtengemeinschaft wird die »Heimat« zelebriert. Gemeinsam feiern die Mitglieder Oktoberfeste, organisieren Weihnachtsbasare oder Ostermärkte. Die Protagonisten reisen meist mit ihrem gesamten Hausstand in die Gastländer, so dass der Wohnsitz auf den ersten Blick nur in eine exotischere Kulisse verlagert scheint. Die Entsandtengemeinschaft gibt dem »bewahrenden Typ« Sicherheit und »ersetzt« nicht nur für eine gewisse Zeit Freunde, die er im Herkunftsland zurücklassen musste, sondern auch Familienmitglieder. Dieser soziale Raum bietet den Entsandten eine Schutzfunktion, um das »Fremde« in seiner neuen Umgebung verarbeiten und kontrollieren zu können.

Moosmüller sieht diese Form der Gemeinschaft nicht »unter negativen Vorzeichen als eine Institution, die die Anpassung an die Gastkultur verhindert und somit einen geschäftsschädigenden Faktor darstellt, sondern als eine soziale und kulturelle Gegebenheit, in der die Bedürfnisse und Interessen von Menschen zum Ausdruck kommen, die für eine bestimmte Zeit außerhalb des eigenen Kulturterritoriums leben (müssen)« (Moosmüller 1997: 227). Da es je nach Zielland oftmals nicht möglich ist, sich tiefergehende private Kontakte zur Gastgesellschaft zu erschließen, und die Entsandten vor Ort schnell ihre beruflichen Positionen einnehmen müssen (wofür sie auf den Kontakt in die Gastgesellschaft angewiesen sind, was nicht selten zu Konflikten geführt hat), finden sie im künstlichen Raum der Expatgemeinschaften Anerkennung und Halt. Drei von fünf befragten Wirtschaftsfamilien (Ausnahme: Irene B. und Dirk L.) können diesem Rückkehrtyp zugeordnet werden sowie zwei Lehrerpaare. Helmut R., der eine kolumbianische Frau heiratet und damit eine enge Verbindung zu einer Vertreterin der Gastgesellschaft eingeht, kann dennoch zum ersten Typus gezählt werden, da er sich

---

116 Auch Nancy Adler (1991: 241) spricht von drei Formen der Reaktion auf eine Repatriierung: die *resocialized returnees*, die im Ausland Erlerntes verdrängen, die *alienated returnees*, deren eigene Kultur durch einen langen Einsatz fremd geworden ist, und die *proactive reenterers*, die beide Kulturen kombinieren und leben.

während der Entsendung überwiegend in deutschen oder internationalen Kreisen bewegt hat. Florian F. und Hannah M., die damit zwar nicht ihrem Selbstbild entsprechen, da sich Hannah M. bis zur ihrer Entsendung nach Bulgarien stets als »kulturbeweglich« beschrieben hat, entsprechen ebenfalls dieser Kategorie. Dem Paar gelingt es nicht, Kontakte in die Gastgesellschaft herzustellen, und es wendet sich ebenfalls an die internationale Gemeinschaft. Deutschland sieht Hannah M. dennoch nicht als »Heimat« an, sie plant wieder eine erneute Ausreise. Damit fällt Hannah M. zugleich in eine Mischform aus Typ 1 und Typ 2.

Die zweite Rückkehrpersönlichkeit, der »Mobilitätspionier«, zeichnet sich Gert Raeithel zufolge durch schwache Objektbeziehungen, »Angst-Lust«, grenzüberschreitende Fantasien und schließlich die Bereitschaft zum Objektverzicht aus (Raithel 1981: 25). Dem Soziologen Wolfgang Bonß zufolge ist ein Mobilitätspionier eine Person, die sich durch große berufliche Mobilitätsanforderungen definiert (Bonß u. a. 2004: 262). »Als ›Mobilitätspioniere‹ verfügen [Personen] über eine hohe geografische und/oder soziale Mobilität […] gerade bei geografisch Hochmobilen ist jedoch ein Bestreben nach sozialer Stabilität zu beobachten« (Bonß u. a. 2004: 261f.). Ein Mobilitätspionier hat (theoretisch!) mit Ortswechseln geringere Probleme, er fühlt sich an jedem neuen Ort als »Global Player« schnell wohl. Dennoch bleibt er Bonß zufolge seiner Kultur »treu« und der neuen Kultur gegenüber gleichzeitig offen eingestellt. Diese Personen stehen über die Arbeitswelt häufig in direktem Austausch mit der indigenen Bevölkerung. »Diese Form der modernen Nomaden werden oftmals bewundert für ihren Mut, so mir nichts, dir nichts in ein neues Land aufzubrechen und alles Gewohnte hinter sich zu lassen. In Wahrheit tun sie sich mitunter schwer. Auch sie können ihre Wurzeln nicht vollständig verleugnen. Auch sie sind geprägt von der Kultur, den Gepflogenheiten des Landes, in dem sie aufgewachsen sind« (Kerber 2004: 49). Diese Aussagen konnten bereits in Kapitel 4.4.1 bestätigt werden. Der Gewinn des Mobilitätspioniers ist die vermeintliche persönliche Freiheit und Autonomie, das Risiko der Verlust einer beschützten Existenz in einem geschützten Umfeld mit sozialen Netzen. »Ohne Ankerpunkte in diesen mobilen Lebensläufen sind sie oftmals überfordert oder jedenfalls bis an die Grenzen belastet« (Kesselring 2003: 8). Die Soziologen Kesselring und Vogl sind jedoch der Meinung, dass gerade bei Hochmobilen der Fokus verstärkt auf »immobilen« sozialen Kontakten beruht, auf die umso mehr Wert gelegt wird, je öfter die Protagonisten mobil sein müssen (vgl. Kesselring/Vogl 2010).

Im vorliegenden Sample gehören die Entwicklungshelfer, ein Lehrerpaar (Patrick und Jutta P.) und eine Kulturmanagerin (Katharina A.) in die Kategorie der Hochmobilen. Sowohl Jürgen E. als auch Stefanie O. haben sich allerdings nach mehreren Entsendeverträgen zuletzt an einen Ort gewünscht, der ihnen Sicherheit, Stabilität und Kontinuität gibt. Soziale Kontakte in Deutschland haben sie wenige. Auch Dirk L., der seit Jahrzehnten auf dem internationalen Berufsparkett agiert und sich selbst als Kosmopolit definiert, sich selbst als »hochmobil« und »kulturell beweglich« beschreibt, berichtet von wenigen Freunden, die er zu seinem Umfeld zählt. Seine Frau zeigt dagegen eher die Merkmale einer Mobilitätspionierin. Sie wirft ihre einstigen Vorbehalte gegenüber Polen schnell über Bord und zeigt sich sehr offen, tolerant und flexibel im Umgang mit der Gastkultur. Sie hat auch keinerlei Schwierigkeiten, an alte Freundschaften in Deutschland anzuknüpfen.

Aus dieser Erhebung kann der Mobilitätspionier, der keinerlei Komplikationen beim Kulturwechsel erlebt und sich innerhalb kürzester Zeit überall auf der Welt »zuhause« fühlt, nicht zugeordnet werden. Richard und Doris W. sowie Katharina und Georg A. erleben die Entsendung konfliktfrei, was aber nicht zuletzt daran liegt, dass beide Male ein Familienvertreter die Rolle als Hausfrau oder Hausmann fraglos übernimmt. Doris W. lebt in Deutschland wie auch im Ausland die Rolle einer »traditionellen« Ehefrau. Georg A. gibt seine Berufstätigkeit seiner Frau zuliebe auf und findet Bestätigung in der neuen Rolle als Hausmann. Zudem hat er mit den Kulturwechseln die geringsten Schwierigkeiten im Sample, da er keine Ansprüche hat, sich in die Gastkultur zu integrieren. Er sieht es als seine Aufgabe, die Familie im Alltag zu versorgen, und benötigt nur wenige Kontakte oder Selbstbestätigung im Außen. Generell könnten die Beispiele der beiden Familien den Schluss zulassen, dass der »Hochmobile« einen häuslichen Gegenpart in seinem persönlichen Lebensstilkonzept benötigt, der ihm im Privaten Halt, Sicherheit und »Heimat« vermittelt, um seine Pläne »konfliktfrei« in die Tat umzusetzen. Wie gezeigt werden konnte, führt bei den anderen Paaren vor allem die Tatsache, dass zwei Individuen gleich stark an ihren »Selbstverwirklichungskonzepten« arbeiten, zu Schwierigkeiten.

Die dritte Rückkehrerpersönlichkeit, der Verweigerer, ist gedanklich noch im Gastland verortet und kann sich nur schwer auf einen Neuanfang im Herkunftsland einlassen. In der Entwicklungszusammenarbeit wurde dafür der Begriff »verbuscht« geprägt (Wenzel 2004: 35). Protagonisten dieser Gruppe leben der Definition zufolge in der Rückschau und fühlen sich dem Leben im Gastland verbundener als jenem im Herkunftsland. Diese

Personen fühlen sich in ihrem Herkunftsland halt- und heimatlos. Dieser Gruppe kann Irene B. zugeordnet werden. Selbst bei regnerischem Wetter bei 12 Grad ist sie während des Interviews in ein ärmelloses Leinentop und weiße Leinenhosen gekleidet; sie trägt Zehensandalen und stellt die Heizung hoch. Deutschland würde sie lieber heute als morgen verlassen. »[…] ich weiß, ich bin Deutsche, ich hab einen deutschen Pass, aber ich fühl mich als Ausländerin« (Irene B.). Wie lange die Protagonistin in dieser Wahrnehmung verortet sein wird, kann nicht beantwortet werden. Es kann allerdings davon ausgegangen werden, dass es mit der Zeit entweder zu einer Anpassung an die Herkunftskultur oder zu einer erneuten Ausreise kommt.

Für diese Untersuchung nimmt der Verweigerer den kleinsten Teil ein. Der Bewahrer ist am häufigsten vertreten, dann folgt eine Mischform aus Bewahrer und Mobilitätspionier. Drei Akteure (Dirk L., Franz S. und Florian F.) würden die Entsendung aufgrund der erlebten Krisensituation im Ausland am liebsten ungeschehen machen. Die Mehrheit der Befragten hat jedoch kreative Formen gefunden, nach der Rückkehr das Beste aus zwei Kulturkreisen zu leben. Wie das in der Alltagspraxis umgesetzt wird, wird im Folgenden beschrieben.

5.3.2 Neubeheimatung und der Entwurf neuer Lebensstilkonzepte

Die Akteure dieser Studie orientieren sich überwiegend an einem Heimatverständnis, dem unterschiedliche Konzepte und im Sinne Appadurais auch differente »Imaginationen« zugrunde liegen. »Mehr Menschen als je zuvor, in mehr Teilen der Welt als je zuvor, ziehen heute mehr Variationen ›möglicher‹ Leben in Betracht als je zuvor« (Appadurai 1998: 21). Heimat ist, wie anhand der vielseitigen Aussagen der Entsandten in Kapitel 5.1.4 bereits gezeigt werden konnte, für die Rückkehrer nicht mehr zwingend der Ort der Geburt oder der Herkunft. Damit bestätigt sich, was auch die Kulturwissenschaftlerin Beate Binder betont, nämlich dass die Erfahrungsräume der Heimat, das »Heimat-Haben in der Regel nicht einfach in einem Gefühl der Dazugehörigkeit zu einer lokalen Gemeinschaft« (B. Binder 2010: 197) zu verorten sei. Selbst unter den Bedingungen der Mobilität löst sich der Kulturwissenschaftlerin zufolge Ortsbezogenheit nicht auf (ebd.: 293), sie erhalte aber eine neue Qualität. »Auf die damit verbundenen Praktiken und Sinnbezüge soll also der Blick gerichtet werden und danach gefragt werden, unter welchen Bedingungen und auf welche Weise Menschen sich an und zwischen Orten einrichten und soziale wie emotionale Zugehörigkeiten konstituieren« (ebd.: 202). Dem Perspektivwechsel von »Heimat« zu »Beheimatung«, den sie vorschlägt, liegt dabei die Definition zugrunde, dass »Heimat als Prozess« ausgehandelt werden muss (ebd.). Die Rückkehrer haben sich darin geübt: So fanden einige zunächst auch in den Gastländern soziale Räume der »Heimat«, die später von der »Heimat« in Deutschland ergänzt oder ersetzt wurden, andere sprechen auch von mehreren Heimaten, die sie im Laufe des Lebens abhängig von der jeweiligen Lebenssituation erworben haben. Heimat, das zeigt auch die Kulturwissenschaftlerin Regina Römhild am Beispiel der Einwanderergesellschaften, kann somit für verschiedene kulturell und sozial entwickelte Bindungen stehen. »Gerade Migranten führen eindrucksvoll vor Augen, dass es sich sehr wohl mit mehreren Heimaten leben lässt und dass damit weder Identitätsverlust noch Loyalitätskonflikte verbunden sein müssen. Angesichts einer immer mobileren, global verflochtenen Welt wird diese kosmopolitische Fähigkeit zu einem grenzüberschreitenden Leben zukünftig für alle – Migranten und Nichtmigranten – an Bedeutung gewinnen« (Römhild o.D.). Denn auch jene, die »immobil« bleiben, werden mit dem mobilen Leben der anderen konfrontiert.

Sichtbar wird das »Projekt Heimat« nach der Rückkehr an den neuen sozialen Koordinaten, welche die Protagonisten für ihr Leben festlegen. Zum sozialen Bezugsfeld nach der Rückkehr gehören in aller Regel zwar auch die alten sozialen Kontakte wie Freunde, Familienmitglieder, Bekannte und Nachbarn. Allerdings erhielt so mache Beziehung eine neue Bewertung; bisweilen wurde aus Freundschaft Bekanntschaft und aus entfernteren Bekannten Freunde. Von dieser Dichotomie berichten einige der Rückkehrer: Sie erkannten erst in der Distanz, wer ihnen wirklich nahesteht und wer zu einem Gefühl der »Beheimatung« beitragen kann.

Da alle Protagonisten die internationalen Kontakte, die sie im Ausland hauptsächlich über die Entsandtengemeinschaften oder das Umfeld deutscher oder internationaler Schulen schließen konnten, als bereichernd empfanden, unternahmen sie große Anstrengungen, diese Kontakte zu erhalten. Dieser Kontakt dient als Ventil für den Austausch über die gelebten Erfahrungen und wird in allen Fällen zumindest zeitweise nach der Rückkehr noch aufrechterhalten. Über die Grenzen hinweg werden somit bei einer Vielzahl von modernen Lebensstilprojekten, zu denen auch Entsendungen zählen, Zugehörigkeiten und Verbindungen aufrechterhalten, was wiederum mehrere (auch soziale) Orte der Zugehörigkeit zur Folge haben kann (vgl. Schellenberger 2011). Außerdem suchten sich die Rückkehrer auch in Deutschland oftmals ein soziales Umfeld, in dem Auslandserfahrung nicht bloße Exotik, sondern gelebte Realität ist. Eine ähnliche Beobachtung haben auch Maren von Groll und Ingrid Dobler für deutsche Entsandte in Mexiko festgestellt (Dobler/von Groll 2002: 125).

Irene B. unternimmt zum Beispiel große Anstrengungen, in Deutschland lebende Brasilianer in der Kleinstadt kennenzulernen. Auch Doris W. erschließt sich einen neuen Freundeskreis, der zu großen Teilen aus auslandserfahrenen Personen besteht. Das erworbene kulturelle Kapital wird im adäquaten Gegenüber so zur Projektionsfläche des »Erkennens, Erkannt- und Anerkanntwerdens« (vgl. Greverus 1995: 1). Orte des Kennenlernens in Deutschland sind Kulturveranstaltungen (länderthematische Ausstellungen, Konzerte, Kulturfestivals, Vortragsreihen, Rückkehrtreffen der Entsandten-Gemeinschaften) in den Städten, die auch von den Rückkehrern der dörflicheren Wohnorte zur »Erweiterung des Horizontes«, wie es Doris W. formuliert, aufgesucht werden.

»Menschen, die im Ausland gelebt haben, sind anders. Offener. Man braucht für eine Entsendung eine gewisse Bereitschaft, sich auf Neues einzulassen. Vielleicht sind Menschen, die mal woanders gelebt haben, deshalb auch zugänglicher. Ich genieße meine internationalen Kontakte sehr« (Helmut R.).

Der mitausreisende Ehemann und Hausmann Georg A. hat zudem eine ganz eigene Technik entwickelt, sich neue Räume zu erschließen. Er ist der einzige Protagonist im Sample, der die Kontakte weniger im Außen sucht. Vielmehr macht er sich neue Räume gemeinsam mit seiner Tochter, die er als Hausmann betreut (sei es im Ausland oder am neuen Ort in Deutschland), durch ausschweifende Ortserkundungen zu Fuß vertraut. »Wenn man U-Bahn fährt oder Auto, kann man kein Gefühl für die Koordinaten eines Ortes entwickeln, und wenn ich das nicht kann, kenne ich auch die räumliche Begrenzung des Ortes nicht, was zur Folge hat, dass ich mich nachhaltig fremd und unsicher fühle« (Georg A.). Nach der Rückkehr in eine ihm bis dahin unbekannte Großstadt lässt er sich mit viel Zeit durch die neue Umwelt »treiben«.

Die Bedeutung der Zeit durchläuft bei allen Rückkehrern einen Wandel. Da sie in den Destinationen andere Definitionen von Zeit kennengelernt haben, beschreiben sie sich nach der Rückkehrer als »flexibler« und »geduldiger«. Je nach Anforderungen der Lebenssituation können die neu erworbenen Kompetenzen in den Lebensstil eingeflochten werden. Sabine

Hess (2000) zufolge entstehen damit »Sowohl-als-auch-Identitäten«. »Zu verstehen sind hybride Identitäten als Melange aus mehreren ineinander greifenden Geschichten, als Resultat kultureller Verbindungen und komplexer Kreuzungen, als ›in-mitten‹, im permanenten Übergang zwischen verschiedenen Positionen« (ebd.: 211).

Die Kulturanthropologin Ina-Maria Greverus (1995: 22) nennt die Gestaltung von Selbstkonzepten auch »Collage als Lebensstil«. Eine funktionierende Collage beschreibt sie so: »Die Decollage verfestigter kultureller Selbstverständlichkeiten, die Gegenüberstellung anderer Möglichkeiten, die Ironisierung der Zentralität und Harmonie des (westlichen) Menschen und seiner Weltherrschaft, die Zusammenführung verschiedener Realitäten und die Schöpfung eines kulturell Neuen mit eben jenem Funken Poesie« (ebd.: 23). Kultur sei letztlich, so Greverus, immer ein Prozess des Um- und Neugestaltens, der Veränderung eigener Gehalte und der Übernahme fremder Ideen, Erfahrungen und Objekte »[... Kultur] ist immer Collage aus Altem und Neuem, Eigenem und Fremdem. Als gekonnte Collage fordert sie eine bessere Welt für ihre Gestalter« (ebd.: 23).

Lebenskonzepte sind demnach flexibel und beweglich. Dies bringt den Sozialwissenschaftlern Ronald Hitzler und Anne Honer zufolge einen Gewinn an Entscheidungschancen, an individuellen Optionen, aber auch den Verlust »eines schützenden, das Dasein überwölbenden, kollektiv und individuell verbindlichen Sinn-Daches« (Hitzler/Honer 1994: 307). Folgt man dieser Argumentationslinie, kann man sich den Menschen als unermüdlichen »Bastler seiner Existenz« vorstellen, der allerdings auch mit einem gewissen Maß an Entscheidungskompetenz ausgestattet sein muss:

> »Es entsteht ein Sinn-Markt, eine Art ›kultureller Supermarkt‹ für Weltdeutungsangebote aller Art (und auch sozusagen mehr oder weniger jeglicher Preislage) [...] die alltägliche Lebenswelt des Menschen ist zersplittert in eine Vielzahl von Entscheidungssituationen, für die es (nicht trotz, sondern wegen der breiten Angebotspalette) keine verlässlichen ›Rezepte‹ mehr gibt. Für jeden Einzelnen besteht mithin der Zwang zugleich zu einem (mehr oder weniger) eigenen Leben.« (Hitzler/Honer 1994: 308)

Der Mensch müsse sich, da nirgends mehr verbindlich verortet, zwischen unterschiedlichen Mitgliedschaften entscheiden. Die Protagonisten wandern so während ihres »Sinnbastelns« im Ausland und auch bei der Rückkehr von »Mitgliedschaft zu Mitgliedschaft«, während sie jeweils nur Teile ihrer Identität »aktualisieren«. Jeder Mensch schnürt sich demnach sein eigenes Lebensstilarrangement und entscheidet sich für eine (vielleicht auch nur temporäre) »Sinnheimat« (ebd.: 311). Dem Sozialpsychologen Keupp (2006) zufolge ist eben dieses Prinzip des Patchworks nie abgeschlossen, die Folge seien Patchworkidentitäten.

Anhand der Interviews lässt sich erkennen, dass das Erleben anderer Lebensstilkonzepte zunächst die eigenen Kulturmuster ihrer Selbstverständlichkeit beraubt. Sie werden reflexionsbedürftig. Zygmunt Baumann zufolge wird die Frage nach der Identität schließlich immer erst dann relevant, »wenn man nicht sicher ist, wohin man gehört; das heißt, man ist nicht sicher, wie man sich innerhalb der evidenten Vielfalt der Verhaltensstile und Muster einordnen soll« (Baumann 1997: 134). Wenn die Reflexion über die eigenen Muster gelingt, lassen sie sich als Kulturmuster begreifen, zu denen es Alternativen gibt. Das heißt, in dem Maße, in dem Kulturmuster erkennbar werden, öffnen sich die Entsandten für Veränderungen und andere Lösungen. Der Ethnologe Lévi-Strauss (1968: 29–48) beschreibt in seinem Werk *Das wilde Denken* das Prinzip der »Bricolage« (Bastelei). Mit dem Bild des »Bastlers« erklärt er die Entstehung und Weitergabe von Mythen. Dem Autor zufolge erfindet der Bastler nicht etwas völlig Neues, sondern er improvisiert und kombiniert auf kreative Weise, was er vorfindet.

Das Prinzip der Bricolage scheinen auch die Auslandsentsandten beim Umgang mit fremdkulturellen Einflüssen, Ideen, Werten und Normen zu praktizieren. Was brauchbar erscheint, wird aufbewahrt, mit neuen oder alten Bedeutungen vermischt und in das eigenkulturell Geprägte eingebaut. Auf diese Weise entstehen kulturelle Mischgebilde, »Hybride«. Diese Anstöße aus den Kulturbegegnungen führen, wenn man so will, zu einer Umgestaltung oder Erweiterung des Lebensstilkonzeptes. Dadurch, dass einige soziokulturelle Elemente in das Eigenkulturelle eingespeist werden, werden die Expats zu aktiv agierenden Protagonisten. Durch die Begegnung mit anderen kulturellen Werten im beruflichen und privaten Leben kann es somit zu Verhaltensänderungen kommen, die den Protagonisten mehr oder weniger bewusst sind (vgl. auch Hirsch 1992). Sie sind damit keine passiven Kulturgänger, die sich der jeweils gegebenen Kultur unterordnen. Sondern sie treffen Entscheidungen, welche kulturellen »Schnipsel« nach ihren Vorlieben aufgenommen werden sollen. Einige Beispiele aus dem Sample sollen das »Sinnbasteln« verdeutlichen.

Doris W. hat in Malaysia beispielsweise Ikebana, die Technik der japanischen Blumensteckkunst, gelernt und dekoriert heute noch für besondere Anlässe ihr Haus oder das Büro ihres Mannes in diesem Stil. Außerdem spielt sie seit der Entsendung leidenschaftlich gerne Majong, und sie unternimmt große Anstrengungen, um in Deutschland Mitspieler für das Legespiel zu finden. Seit dem Malaysia-Aufenthalt hat ihre Familie ebenfalls verinnerlicht, dass man nicht mit dem Finger auf Menschen zeigt. »Auf Schweine zeigt man mit dem Finger, aber ned auf Menschen [...] man macht das einfach anders. Den Daumen oben drauf und so. Das mach ich heut noch so. Das gewöhnt man sich an. [...] Meine Kinder machen das mit dem Fingerzeigen auch ned« (Doris W.). Irene B. kocht ihren Angaben zufolge einmal in der Woche Feijoada, ein brasilianisches Nationalgericht. Auf der kleinen Terrasse des Hauses hat sie nach der Rückkehr gemeinsam mit ihren Kindern die brasilianische Flagge gehisst. Der regelmäßige Solariumbesuch ist festes Programm, weil sie sich »blass deutsch« nicht wohl fühlt, wie sie sagt. Sie liest überwiegend Bücher in portugiesischer Sprache und lässt sich brasilianische Fernsehserien von ihren Freundinnen auf DVD schicken. Darüber sprechen sie, wenn sie telefonieren.

Nicht immer sind die Verhaltensweisen, die sich die Entsandten in ihren Gastländern angeeignet haben, nach der Rückkehr in Deutschland zielführend: Drei Jahre lang läuft Thorsten K. allabendlich in Afrika Patrouille, um sein Haus moskitofrei zu halten. In Deutschland ertappt er sich ein Jahr später immer noch dabei. »Klar, eine Malaria ist ja nicht so ungefährlich. Ich laufe hier auch noch durch die Zimmer und erschlage alles, was an der Wand sitzt und aussieht wie ein Moskito [...] das macht man halt wie Hände waschen« (Thorsten K.). Jürgen E. dreht Monate nach der Rückkehr morgens immer noch automatisch seine Schuhe um, bevor er hineinschlüpft. Eine Sicherheitsmaßnahme, die sich gegen Skorpione in Ghana bewährt hatte. Stefanie O. hat eine Verhaltensweise aus dem islamischen Mali übernommen: »Ich übergebe immer noch nix mit der linken Hand. Selbst im Supermarkt an der Kasse nehm ich das Geld und mach es in die rechte Hand und gebs weiter. Das ist irgendwie absolut drin, weil die Hand ist halt in Westafrika ›unrein‹« (Stefanie O.).

Auch Werte und Wissen können in bestehende Lebenskonzepte eingebaut werden. Je nachdem, wie groß die Passung der Länder auf die Individuen empfunden wurde, gab es jedoch überhaupt erst die Bereitschaft, andere Konzepte auf ihre Sinnhaftigkeit für das eigene Leben zu überprüfen. Während Dirk L. beispielsweise während seiner Entsendung keinen Zugang zu den Konzepten und Denkstilen der lokalen Bevölkerung seines Gastlandes Polen erfährt und diese Konzepte sogar ablehnt, findet Richard W. durchaus Elemente der asiatischen Gastkultur, die ihn zu einer Neugestaltung und Adaption seines Selbstkonzeptes anregen. »Wir reden viel mit den Händen, die reden gar nicht mit den Händen. Auch die Besprechungen sind eher leise. Es kann dort nicht passieren, dass in einer Sitzung ein Mitarbeiter öffentlich fertiggemacht wird. Das gibt es da nicht. Der Malaie würde dann sein Gesicht verlieren. Das wäre vergleichbar mit einer furchtbaren Schande. Und derjenige, der den anderen öffentlich kritisiert hat, würde von den anderen Mitarbeitern geschnitten und nicht mehr ernst genommen werden. An diese zurückhaltenden Umgangsformen, wo der Mensch als Individuum nicht so heraussticht, muss man sich als Deutscher erst einmal gewöhnen und muss lernen, auf die leisen Töne in der Kultur zu achten. Denn die sagen meistens mehr aus und sind wichtiger als alles andere. Und ich finde die malaiische Variante viel besser als unsere deutsche. Ich finde, wir könnten auch alle ein bisschen mehr Respekt miteinander vertragen. Ich werde die malaiische Betriebskultur in Sachen Respekt und Umgang miteinander in Deutschland praktizieren, so gut es geht. Aber wahrscheinlich passt man sich schnell wieder dem Umfeld an« (Richard W.). Dirk L. hat dafür eine Erklärung: »Man geht als Firma ins Ausland, um Kosten zu sparen, und nicht, um sich Strategien für die eigene Arbeitswelt zu erschließen« (Dirk L.).

Die Lehrer berichten, dass ihre erworbenen interkulturellen Fähigkeiten nach der Rückkehr an Relevanz verlieren, es kommt ihrem Empfinden nach auch nicht zur Übernahme angeeigneter beruflicher Kompetenzen ins Herkunftsland. Auch allen anderen Berufsvertretern gelingt die Rolle als »Mittler« zwischen den Welten weder im beruflichen noch im sozialen Umfeld in dem Maße, wie sie sich das wünschen würden. Zunächst kämpfen sie zwar gegen Vorurteile an, was ihre Gastländer betrifft, und versuchen, sie durch ihre Erfahrungen in einen neuen Kontext zu setzen. Und auch im Freundes- und Familienkreis würden sie sich gerne über das Erlebte und Erfahrene austauschen. Wie gezeigt werden konnte, scheitert dies aber am mangelnden Interesse des Gegenübers. Die Gelegenheiten des »kulturellen Transfers« (Werner 2005) müssen die Rückkehrer selbst herstellen. Sie tun dies, indem sie sich zum Beispiel in Städtepartnerschaften mit den Gastländern engagieren, Benefizveranstaltungen für die jeweiligen Destinationen organisieren und sich im Falle der befragten Entwicklungshelfer als Länderreferenten zur Verfügung stellen.

5.3.3 Umgang mit Erinnerung: sichtbare Spuren der Entsendung

»Wo ein exotischer Gegenstand mit persönlichen Erinnerungen verknüpft ist, gelingt es am ehesten, eine Balance aus Ferne und Nähe zu schaffen. Über die Erinnerung ist der Gegenstand angeeignet, ist in die vertraute Nähe gerückt. Aber die Erinnerung hält auch seinen ursprünglichen Platz fest und rettet so die Distanz, die den Bestand des Exotischen garantiert.«
(Bausinger 1987: 116)

Das Greif- und Sichtbarste, was vom Leben im Ausland für die 14 Interviewfamilien bleibt, sind die materiellen Erinnerungsgegenstände und Souvenirs. Alle Befragten haben sich über die Jahre im Ausland Objekte angeschafft oder angeeignet, die sie später mit nach Deutschland gebracht haben. Typischerweise sind dies Möbelstücke, die die Familien in ihren Gastländern anfertigen ließen, die dort ursprünglich zum Alltagsgebrauch bestimmt waren und die nun auch Einzug in das Wohnumfeld in Deutschland fanden. Die Rückkehrer verfügen über eine Vielzahl unterschiedlicher, bedeutungsvoller Erinnerungsträger, die sie in ihr neues Leben hineingetragen haben. Im Folgenden werden die verschiedenen Formen der Erinnerung exemplarisch beschrieben.

Lässt man den Blick durch die Wohnräume der Rückkehrer schweifen, lassen sich offen zur Schau gestellte Erinnerungsstücke in Form von Fotografien oder Landkarten der Destinationen meist im Eingangsbereich, dem Treppenaufgang, dem Wohnzimmer oder dem Arbeitszimmer (dort befinden sich meist Landkarten mit Reiserouten) entdecken. An welchen Orten und Plätzen die Dinge präsentiert werden, lässt auch Rückschlüsse auf die emotionale Bindung zu den Gegenständen erkennen (vgl. Pöttler 2009). So sind die Familienporträts vor den »exotischen Kulissen« meist an zentralen Wänden im Flur oder im Wohnzimmer angebracht, wo sie die Aufmerksamkeit von Besuchern auf sich ziehen. Diese visuellen Objekte lassen sichtbar werden, dass eine »symbolische Aneignung« des Landes auf das eigene Lebensumfeld stattgefunden hat (ebd.). Eine Intention dabei ist, dass sich der Besitzer Teile des Gastlandes damit »erobert« oder Fremdes »domestiziert« beziehungsweise »gezähmt« hat.

Alle Entsandten legen Wert darauf, von der Besonderheit der Stücke, die sie mitgebracht haben, zu erzählen. Der Wert bemisst sich dabei weniger am Preis, den die Entsandten dafür im monetären Sinne aufbringen mussten. Sondern er macht sich vielmehr am Aufwand oder der Situation, mit der seine Beschaffung verknüpft ist, fest. Von »Kitsch-Mitbringseln« oder stereotypen Abbildern der Gastländer distanzierten sich die Rückkehrer. Die Mehrheit jener, die sich erinnern wollen, versuchten, etwas Besonderes aus der Zeit dinglich zu konservieren. »Dinge [sind] immer auch Ausdruck des sozialen und kulturellen Kapitals der Reisenden« (Moser/Seidl 2009: 12).

In der Rückschau laden diese Objekte ihre Besitzer zur Zeitreise ein. Sie schaffen zeitliche und räumliche Nähe zum Gastland – und wenn die Gegenstände symbolisch aufgeladen sind, auch zu dem speziellen Ereignis, das damit verknüpft wurde, und deren innewohnende Bedeutung nur dem Besitzer und Bedeutungsgeber bekannt ist. Die Souvenirs und mitgebrachten Andenken funktionieren als »individuelle Erinnerungsobjekte« und zeugen symbolisch von den absolvierten Grenzgängen (Moser/Seidl 2009). Souvenirs sind den Autoren zufolge nicht nur Repräsentanten der symbolischen Aneignung eines Landes für das eigene Lebensumfeld, sondern immer auch Ausdruck des Lebensstils der Protagonisten (ebd.). »Das Exotische ist eine mögliche Dimension von Prestige. Aus dem vertrauten Milieu ragt das Fremde als etwas Besonderes heraus [...]. Das Staunen des Betrachters bestätigt nicht nur die Fremdartigkeit, es fließt in diese ein und steigert die Exotik« (Bausinger 1987: 116). Neben offenen, »impliziten Souvenirs«, die dem Betrachter sofort als solche erkennbar sind, haben die Rückkehrer auch »explizite«, codierte Mitbringsel in ihre Wohnräume integriert, die sich von Außenstehenden nicht entschlüsseln lassen und über deren Herkunft und Sinnhaftigkeit einzig der Besitzer Auskunft geben kann (Köstlin 1991). Diese Erinnerungsgegenstände wurden nicht als klassische Souvenirs gefertigt – im Umzugsgepäck der Rückkehrer findet sich diese Kategorie am häufigsten. Es handelt sich dabei um Gegenstände, die »völlig unabhängig von ihrer eigentlichen Funktion und Zweckbestimmung [...] mit Erinnerungspotenzial [...] aufgeladen werden« (Mohrmann 1991: 213).

Symbolisch besetzte Souvenirs können beispielsweise auch einen negativen Bruch in der Biografie materialisieren. Für Jürgen E. wird eine Holzplanke, die er bei einem Spaziergang in Ecuador fand, zu einem bedeutungsvollen Erinnerungsträger. Er bewahrt sie im Wohnzimmer neben der Couch auf. »Die hab ich damals gefunden, als ich beschlossen habe, ich gehe wieder endgültig nach Deutschland« (Jürgen E.). Den Großteil seiner Möbel lässt er damals zurück, zu viele Erinnerungen hängen daran. Jürgen E. berichtet, dass er nahezu täglich an das Land denkt, in dem er seine Familie zurückgelassen hat. 10.000 Kilometer Distanz liegen zwischen dem Vater und den Kindern in Ecuador. »Jedes Mal, wenn ich [nach einem Besuch] ausreise, lasse ich ein Stück von mir zurück. Das tut weh. Das ist, als ob ein Körperteil in einem anderen Land ist. Und man immer unvollständig ist. [...] Vollständig bin ich nur, wenn ich meine Kinder im Arm halte« (Jürgen E.). In Deutschland gibt es niemanden, mit dem er seine Erinnerungen teilen kann. Die Holzplanke, so sagt er, soll ihn daran erinnern, dass die Entscheidung dennoch richtig war. An dem expliziten »Souvenir« der Holzplanke zeigt sich, dass jeder Gegenstand zum individuellen Erinnerungsträger werden kann, wenn er mit den entsprechenden Erinnerungen aufgeladen wird. Burkhard Pöttler (2009) zufolge können Gegenstände somit auch den Rites-de-Passage-Objekten zugeordnet werden.

Doris W.s wertvollster, greifbarer Erinnerungsschatz an Malaysia sind drei dicke, in Leder gebundene Fotoalben. Auf dem karamellfarbenen Ledereinband prangt in eingravierten goldenen Lettern: »The W. Family«. Jedes Buch ist acht Zentimeter dick; jeweils anderthalb Jahre Malaysia-Aufenthalt der Familie sind darin fotografisch konserviert. Bevor Doris W. die Bücher während des Interviews auf den massiven Esstisch legt – den sie in Malaysia erworben hat –, drückt sie sich die abgegriffenen Alben an die Brust, riecht daran und sagt: »Meine Alben. Das sind meine Erinnerungen. Die würde ich nie hergeben. Das ist unsere Geschichte« (Doris W.). Zur Erinnerung gehören beispielsweise auch die Strände Phukets, sie zeigt die Fotos gerne: Den Ort am Meer suchte die Familie immer auf, wenn sie etwas zu feiern hatte. Für das Paar hat der Strand Symbolcharakter: Dort sagt Doris W. ihrem Mann, dass sie wieder ein Kind erwarten. Zu diesem Zeitpunkt hatten beide die Hoffnung auf ein zweites Kind längst aufgegeben. Das Strandfoto steht in diesem Zusammenhang symbolisch für eine Wendung in der Familienbiografie des Paares.

Generell kann der Umgang mit Erinnerung für dieses Sample in drei Kategorien aufgeteilt werden: Zum einen umgeben sich die Rückkehrer mit materiellen Gegenständen, die sie sich im Ausland kauften oder anfertigen ließen und die zum täglichen Gebrauch bestimmt waren wie ein Tisch aus Malaysia oder Korbmöbel aus Brasilien. Meist kann zu jedem Tisch, Stuhl oder Regal eine Geschichte erzählt werden. In die zweite Kategorie fallen immaterielle Dinge auf emotional-sensueller Ebene, die an Gerüchen, Farbmustern oder geografischen Besonderheiten des Gastlandes festgemacht werden (Meer, Strand, Sonnenuntergang, Berge). Davon berichten die Protagonisten häufig, meist zeigen sie bei dieser Gelegenheit auch Fotos aus den Gastländern. Und die dritte Einteilung schließlich ist mentaler Art: Wie gehen die Familien mit der Erinnerung an das Leben in den Gastländern um? Wie oft wird die Zeit des Einsatzes in Gesprächen noch thematisiert? Je nachdem, wie positiv die Zeit im Gastland erlebt wurde, ist der Umgang mit der Erinnerung aktiv. Das Erinnern wird von den Familien bisweilen bewusst zelebriert.

Franz S. und seine Frau tabuisieren dagegen ihren Indien-Aufenthalt. Er berichtet davon, die Fotos vom Leben der Familie in Indien seit der Entsendung nicht mehr angeschaut zu haben. »Es war nicht so einfach, diese Kiste aus der Vergangenheit, in der meine Frau nicht glücklich war, hier wieder zu öffnen. Wir haben auch bis heute nicht alles wieder ausgepackt. Ich glaube, sie will nicht damit konfrontiert werden und möchte auch nicht daran erinnert werden. [...] Fotoalben aus dieser Zeit anzuschauen ist schwierig, weil meine Frau da so kreuzunglücklich schaut und ich mir das auch nicht anschauen möchte« (Franz S.). Wo sich die Bilder befinden, weiß er jedoch genau – in der untersten Schublade seines Sekretärs im Arbeitszimmer. »Sie [die Erinnerungsgegenstände] sind aber da, und man darf vermuten, dass gerade die mit ihnen verpackten Erinnerungen das eigentlich Bedrohliche sind« (Köstlin 1991: 132). Köstlin zufolge dienen die Gegenstände zweierlei Funktionen: Zum einen gelten sie als nicht beendete, aufgehobene museale Bestände der Lebensgeschichte. Andererseits stehen sie symbolisch für Unbewältigtes, für ein zum späteren Nachdenken Konserviertes. Sie werden so zu »Beweisstücken des gelebten Lebens« (Köstlin 1991). Für die Familie von Franz S. ist ein gemeinsames Erinnern zum Zeitpunkt der Befragung nicht möglich.

Patrick P. hat dagegen eine nüchterne Art, mit der Erinnerung an sein Leben in Afrika umzugehen. »Ich habe immer gesagt, das ist das eine Buch, das ich jetzt ausgelesen hab, das stell ich jetzt auf ein Regal. Es heißt Simbabwe, es hat drei große Kapitel [...] und jetzt kommt ein neues Buch [...] für das alltägliche Leben spielt das eigentlich keine Rolle mehr für mich. Meine Frau und die ältere Tochter reden oft darüber [...] das nimmt ab mit der Zeit und ist nicht mehr so präsent. Das ist eine Erinnerung, die im Hinterkopf vor sich hinschlummert. Aber kein Film, der ständig vor meinem inneren Auge abläuft. Dennoch kann ich die Erlebnisse mit meiner Familie teilen [...] es gehört zu unserer gemeinsamen Zeit« (Patrick P.).

Stefanie O. und ihre Kinder sprechen häufig über das Leben in Afrika – »wahrscheinlich, weil der Vater dort noch arbeitet« (Stefanie O.). Die Wohnung zeigt die Spuren des vergangenen Lebens deutlich: An der Wand hängen afrikanische Masken, im Wohnzimmer zieren Kalebassen, Trommeln und Rasseln die Regale. Zwei Jahre nach der Rückkehr erzählt der Sohn immer noch von seinem Leben in Afrika. »Das war am Anfang schlimm [...] ich denke, es ist schon was geblieben. Er hat eine Decke aus Afrika mitgebracht, eine Schmusedecke. Die hatte er am Anfang fast ständig bei sich. Ich durfte die auch nur heimlich waschen. Er hat immer behauptet, dass sie nach Afrika und Papa riecht. Das mit den Gerüchen hatte ich auch: Als unsere Sachen in die Wohnung kamen, die wir mitgebracht haben. Da hab ich nach sechs Monaten eine Schachtel aufgemacht. Völlig ahnungslos. Mach den Deckel auf und mir kommt ein intensiver Geruch entgegen, ein Geruch, der mir so vertraut war. Das hat mich fast umgehauen. Das hat gerochen nach Afrika, nach Sonne, Staub und trockener Hitze. Und ich hatte das in dieser Kiste konserviert. Ich hab sie dann schnell zugemacht, um mir etwas davon aufzuheben. Blöd, oder?« (Stefanie O.).

Für Thorsten K.s Familie und auch für Richard W. und seine Frau ist die Erinnerung an die Zeit in Afrika und Malaysia jeweils in Gestalt der Töchter präsent. Für beide Familien verkörpern diese Kinder eine besondere Passage ihres Lebens: Ob Thorsten K.s Tochter gesund zur Welt kommt, war für die Familie aufgrund der Impfungen von Sandra K., die zu diesem Zeitpunkt nicht ahnte, dass sie schwanger ist, unklar. Und Richard und Doris W. hatten nach mehreren Fehlgeburten bereits in Deutschland mit einer weiteren Familienplanung abgeschlossen. Thorsten K. gibt seiner Tochter in Erinnerung an die Zeit einen afrikanischen Namen. Doris W. lässt sich von der australischen Nachbarschaft in Malaysia inspirieren. »Wenn die Eltern den Namen der Tochter gerufen haben, habe ich Gänsehaut gekriegt. Deutsch ausgesprochen hört sich der Name nicht mehr so toll an« (Doris W.). Die »Entstehungsgeschichte« des Namens wird dennoch stets mit dem Ort verbunden sein. Auch Helmut R. lebt täglich die Erinnerung. »Es ist durch meine kolumbianische Frau immer präsent. Die sechs Jahre sind ein Zehntel meines Lebens. Aber es ist ein ganz wesentliches Zehntel meines Lebens. Ich möchte es nicht missen und denke oft mit Wehmut und Freude daran zurück, auch wenn es sehr schwierig war, war der Prozess richtig und wichtig« (Helmut R.).

Manchem Rückkehrer dient das sichtbare Souvenir auch als Abzeichen, Trophäe oder als Repräsentationsobjekt, eine mitunter herausfordernde Passage des Lebens tatsächlich durchlebt – und überlebt – zu haben. Mitgebrachte Gegenstände können so in ritualisierter Form zu plakativen, hoffnungsvollen Zeugen der Stärke und des Durchhaltens werden. Die Bedeutungen, die damit verknüpft sind, sollen mit in das weitere Leben genommen werden. Richard W. hat an seinem Arbeitsplatz in der Firma einen großen Fächer hinter seinem Schreibtisch aufgehängt, den er aus Malaysia mitgebracht hat. Auf seinem Schreibtisch steht ein Buddha, der demonstrativ den Blick des Besuchers auf sich zieht. Daneben hat er ein goldgerahmtes Foto in DIN-A5-Format platziert – genau in jenem Winkel, dass für Besucher erkennbar ist, dass es sich hier nicht um ein Familienfoto handelt. Stattdessen fällt das Auge des Betrachters auf folgende Szenerie: Richard W. blickt stolz in die Kamera, eingerahmt von Palmen und seiner malaiischen, indischen und chinesischen Belegschaft. »Das war ein wichtiger Baustein für mein Leben, meine Karriere. Es gehört zu meinem Leben, warum soll ich das nicht zeigen? Aber es bringt nichts, einer vergangenen Zeit hinterherzutrauern [...] ich bin mir ziemlich sicher, dass wir dort nicht mehr glücklich wären. [...] Die Zeit in Malaysia bleibt ja nicht stehen, und die Dinge, die uns die Zeit dort schön gemacht haben, gibt es vielleicht auch nicht mehr [...] unsere Freunde sind ja jetzt auch nicht mehr dort. Es gibt ja nirgends ein zeitliches Vakuum, wo man schöne Momente konservieren kann, um sie dann wieder aufzutauen. Aber ich erinnere mich gerne daran« (Richard W.).

Seine Souvenirs stehen nicht nur symbolisch für das kulturelle Kapital, das er sich in Malaysia angeeignet hat, das Foto dient beispielsweise auch als Gesprächsanreiz, was durchaus beabsichtigt ist. »Als eine private, wiewohl auf Resonanz gerichtete Denkmalpflege der Identität musealisieren sie Gewesenes, Vergangenes und versuchen es gleichzeitig präsent zu halten, es im Erinnern zu verwerten« (Köstlin 1991: 140). Für alle Protagonisten wird die mentale Erinnerung an den Auslandsaufenthalt nach und nach in den Hintergrund rücken, sie werden nicht mehr zwangsläufig Parallelen zwischen dem Leben im Gastland und Deutschland herstellen. Durch die mitgebrachten Gegenstände wirft das vergangene Leben jedoch einen Schatten in die Gegenwart. Neben ihrer Funktion als Erinnerungsstimuli für die Familie geben sie dem Wohnumfeld einen Hauch von Exotik. Dass mit den Souvenirs meist jahrelang gelebt wurde und diese Spuren an den Möbeln teilweise auch sichtbar sind, gibt ihnen Authentizität. Keiner der Befragten muss lange nachdenken, bei welcher Gelegenheit die Objekte erstanden wurden.

5.3.4 Gewinn und Verlust: die Protagonisten ziehen Bilanz

Da alle Protagonisten mit dem primären Ziel ausgereist waren, im Ausland eine Aufgabe für ihre Arbeitgeber zu übernehmen, und keiner der Befragten den Einsatz vorzeitig abgebrochen hat, wird der berufliche Aspekt von allen Protagonisten bis zur Rückreise als erfolgreich bezeichnet. Allerdings führt die Rückkehr nur bei den wenigsten, die mit Karrierewünschen ausgereist sind, zur angestrebten Beförderung. Damit hat sich das, was einst als größter Motivationsanreiz geäußert wurde, für vier von fünf Wirtschaftsexpats nach der Rückkehr nicht im gewünschten Maße erfüllt. Der Preis, den einige Befragte für die Jahre im Ausland bezahlten, um ihren Aufgaben gerecht zu werden, war dagegen hoch. Manche setzten ihre Gesundheit aufs Spiel, andere hatten das Zerbrechen der Ehebeziehung zu verarbeiten. Vier von 26 Befragten würden die Entsendung mit dem heutigen Wissen nicht mehr auf sich nehmen (die zwei Ehefrauen, die seit der Entsendung unter Depressionen leiden, können für diesen Teil der Auswertung nicht berücksichtigt werden, da sie nicht zu ihrer Einschätzung befragt werden konnten). Die Studie zeigt, dass Auslandsentsendungen sowohl den Arbeitnehmern als auch ihren Familien vieles abverlangen – vor allem, wenn diese Familien auseinanderbrechen und über Kontinente hinweg getrennt voneinander leben.

Alle Protagonisten (mit Ausnahme von Dirk L.) geben dennoch an, an der Herausforderung persönlich gewachsen zu sein. Georg A. beschreibt seine Erfahrungen als Hausmann und die intensive Zeit, die er dadurch mit der Tochter erlebte, beispielsweise als »größtes persönliches Lebensglück«. Die anderen Protagonisten beschreiben den Auslandseinsatz als einen Zugewinn an »Gelassenheit«, »Flexibilität«, »Offenheit«, »Toleranz«, »Sprachkompetenz«, »Horizonterweiterung« und »Selbstbewusstsein«. Der Großteil der Befragten hat die Grenzen des »Denkens« und »Handelns« durch die Erfahrungen im Ausland erweitert und mit der Zeit gelernt, mit ungewohnten und unvorhersehbaren Situationen des beruflichen und privaten Alltags im neuen Kontext umzugehen – sie haben außerdem soziale und interkulturelle Kompetenzen erworben.[117] Dabei entwickelten sie bisweilen kreative Handlungsmuster und beschritten in einigen Bereichen ihres Lebens neue Pfade. Damit wurde der zweitgrößte Motivationsfaktor, sich selbst in der »Fremde« auf die Probe zu stellen, erfüllt. Das Vertrauen in die eigenen Fähigkeiten konnte im neuen Kontext gestärkt und der Blick für das »Andere« geschärft werden. Positiv werteten in diesem Zusammenhang alle Befragten zudem die generelle Werteverschiebung in Bezug auf ihr Herkunftsland, worunter Veränderungen der Anschauungen, Werte und Verhaltensweisen zu verste-

---

[117] Thomas (2003b: 143) zufolge ist interkulturelle Kompetenz »die Fähigkeit, kulturelle Bedingungen und Einflussfaktoren im Wahrnehmen, Urteilen, Empfinden und Handeln bei sich selbst und bei anderen Personen zu erfassen, zu respektieren, zu würdigen und produktiv zu nutzen im Sinne einer wechselseitigen Anpassung, von Toleranz gegenüber Inkompatibilitäten und einer Entwicklung hin zu synergieträchtigen Formen«.

hen sind, die sich unabhängig von den Zielländern – allerdings noch in stärkerem Maße bei den Protagonisten aus den außereuropäischen Destinationen – herausbildeten. Bei allen Befragten (mit Ausnahme von Dirk L.) setzte eine Relativierung des eigenen Werte- und Normensystems ein. Lebensstile wurden daraufhin hinterfragt, ergänzt oder modifiziert.

Für die mitausreisenden Frauen bedeutete die Entsendung zunächst auch den Verlust der eigenen Berufstätigkeit. Während sich die Frauen im Ausland damit arrangieren, fällt es ihnen schwer, sich nach der Rückkehr wieder in die Arbeitswelt zu integrieren. Der Großteil der mitausreisenden Frauen bemüht sich zum Zeitpunkt des Interviews noch um eine berufliche Rückkehr. Als negativ in der Entsendebilanz wurde auch der Verlust von sozialen Kontakten genannt. Allerdings zeigen sich alle Befragten sehr reflektiert: Die wahren Freundschaften seien erhalten geblieben, auch wenn sich bei nahezu allen Protagonisten unerfreuliche Überraschungen in Bezug auf das soziale Umfeld ergeben hatten. »Je mehr traditionelle Bindungen an Bedeutung verlieren, desto mehr werden die unmittelbar nahen Personen wichtig für das Bewusstsein und Selbstbewusstsein des Menschen, für seinen Platz in der Welt, ja für sein körperliches und seelisches Wohlbefinden« (Beck/Beck-Gernsheim 2005: 70). Umso mehr werteten die Protagonisten die neuen sozialen Kontakte, die sie in den Zielländern schließen konnten, als bereichernd. Das primäre Ziel, in engeren Austausch mit der Gastbevölkerung zu treten, hat sich zwar für kaum einen der Protagonisten im gewünschten Ausmaß erfüllt. Die Erwartungen an das »kulturelle Eintauchen« konnten durch die Entsendungen jedoch revidiert und angepasst werden. Dennoch haben auch sie interessante, teilweise internationale Kontakte geknüpft, die sie auch weiterhin in ihr Leben integrieren möchten. Für den Großteil hat sich auch der dritte Motivationsgrund, der zur Entsendung führte, »ein neues Land kennenlernen«, realisiert.

Daniel Kealey unterscheidet im *Handbook of Intercultural Training* (1996: 86f.) drei Merkmale, die über den Erfolg im Ausland entscheiden: die *adaption skills* (darunter versteht er eine positive Einstellung gegenüber dem Gastland, Flexibilität, Geduld, Stresstoleranz, emotionale Reife und innere Sicherheit sowie die Fähigkeit, Stabilität in der Ehe bzw. Familie herzustellen), die *cross-cultural skills* (interkulturelle Fähigkeiten, Toleranz, Realismus, Neugier auf die Gastkultur, ein gewisses Erlernen der Sprache, kulturelle Sensibilität) und die *partnership skills* (eine generelle Offenheit gegenüber Neuem und Anderem, schwache »Ingroup-Outgroup-Grenzen«, berufliche Zielstrebigkeit, Ausdauer, Eigeninitiative, soziale Kompetenz und Selbstvertrauen, Problemlösungsfähigkeiten). Dem Modell liegt jedoch die Auffassung zugrunde, dass der Entsandte Kontakte nicht mit seinen »Landsleuten«, sondern mit der lokalen Bevölkerung des Gastlandes bevorzugt und aus diesem Grund eine erfolgreiche Integration in die Destinationen stattfindet (vgl. J. Roth/K. Roth 2002: 79). Empirische Studien zeigten jedoch in der Vergangenheit Anderes: Ein Großteil der temporären Migranten, wie sie auch die Basis dieser Studie bilden, lebt »privilegiert und eher isoliert von der sozialen Wirklichkeit des Landes [...] die Mehrheit [verbringt] ihre Freizeit zum allergrößten Teil nicht mit den Einheimischen, sondern mit Angehörigen ihrer ›Gemeinde‹. Für einen großen Teil der entsandten Familien stellt die ›Gemeinde‹ sogar ein lebensnotwendiges Netzwerk dar« (Moosmüller 1997: 227). Dies kann für die vorliegende Studie bestätigt werden. Eine Integration ins Gastland muss für eine als gelungen empfundene Entsendung nicht zwingend erfolgt sein. Stattdessen berichten auch Entsandte, die den Großteil ihrer Freizeit in den Entsandtengemeinschaften oder den internationalen Clubs verbracht haben, dass sie den Auslandsaufenthalt als erfolgreich betrachten, obwohl das Leben in Distanz zur Gastgesellschaft geführt wurde.

Einige der Protagonisten berichteten, im Ausland auf ihren »inneren Kern« oder auf ihr »Selbst« gestoßen worden zu sein. Jutta P. bezeichnete dies als »persönliches Wachstum«. Dies hatte den Aussagen zufolge aber nie eine vollständige Änderung der Selbstbilder zur Folge, sondern ähnelte in den Beschreibungen eher einem Experiment oder Spiel verschiedener Anteile, wie es bereits in Kapitel 5.3.2 anhand des Phänomens der »Patchworkidentitäten« oder der Bricolage beschrieben wurde. Wird im Ausland allerdings erlebt, dass das Selbst an seine Grenzen kommt, und setzt in der Folge eine Infragestellung der Identität ein, wie es bei Dirk L. und Irene B. der Fall war, kann von einer Störung des Selbstwertes, einer nachhaltigen Verunsicherung oder einer Lebenskrise ausgegangen werden. Irene B. kehrt beispielsweise während einer Lebenskrise nach Deutschland zurück, die von einem Gefühl des Verlustes und »innerer Zerrissenheit« begleitet wird. Während sie ihr Befinden mit dem Ende der Ehe begründet und nicht mit den umweltsituativen Bedingungen in Brasilien, führt Dirk L. seine »Krise« auf das umweltsituative und soziokulturelle Leben in Polen zurück. »*Waste of time*, hat mir nichts gebracht, hat mir keine kulturelle Erweiterung meines Horizontes gebracht, das waren die härtesten Jahre meines Lebens« (Dirk L.). Beruflich war aber sein Einsatz ein Erfolg. Dass er mit dem Land so hart ins Gericht geht und gängige Stereotypen und Vorurteile reproduziert, ist sicherlich auch der persönlich erlebten konfliktreichen Situation am Arbeitsplatz geschuldet. Dirk L. betont aber, dass Polen nicht zu ihm passe und er mit der Kultur, der »Unfreundlichkeit der Menschen«, nicht »klarkommen konnte« (Dirk L.). Deshalb sei es ihm auch im Arbeitskontext unmöglich gewesen, mit dem polnischen Gegenüber zu arbeiten. »Wenn ich beruflich glücklicher gewesen wäre, wäre ich weicher, würde ich es jetzt weicher zeichnen. Dann hätte ich nicht gesagt, achachach, dann hätte ich gesagt, na ja, ist halt ein bisschen anders dort, familienzentriert, komm, aber in zehn, fünfzehn Jahren sind sie da auch so weit. Es liegt ja alles nur an dem Kommunismus« (Dirk L). Allerdings erlebt er seine berufliche Situation auch nach der Rückkehr als unbefriedigend. Es kann davon ausgegangen werden, dass seine »Krise« in Polen nicht primär durch das Aufeinandertreffen mit der Gastkultur ausgelöst wurde, sondern dass die Umgebung als Verstärker einer bereits bestehenden Problematik wirkte.

Auch Hannah M. blickt auf Bulgarien aufgrund eines traumatisches Erlebnisses (Einbruch der Zimmerdecke neben der Kinderwiege) zum Zeitpunkt des Interviews negativ zurück: »Die blöden Bulgaren, vom Ostblock hab ich echt genug« (Hannah M.). Es ist ihr nach der Rückkehr nicht (oder noch nicht, die Rückkehr liegt zum Zeitpunkt des Interviews ein Jahr zurück) möglich, reflektierend und differenzierend auf das Geschehene zu blicken. In der Rückschau dominiert die auf stereotypen Bewertungen basierende pauschalierende Erinnerung an eine Nation, die »nichts gebacken kriegt« (Hannah M.).[118] Florian F. würde die Zeit in Bulgarien nicht noch einmal erleben wollen. Allerdings liegen seine Gründe für diese Einschätzung in der konfliktreichen Paarbeziehung sowie der anstrengenden beruflichen Situation und weniger im Gastland begründet. »Wenn ich gewusst hätte, was auf mich zukommt, ich hätte es nicht gemacht. Ich will das gar nicht erleben. Aber ich bin froh, dass ich es gemacht habe. Dass ich die Erfahrung habe […] und auf diesen Erfahrungsschatz kann ich zurückgreifen und ich glaube, dass mir das in Zukunft auch irgendwie hilft. Die Selbstsicherheit, die Gelassenheit […] wir haben Sachen durchgemacht, die einfach grenz-

---

118 Juliana Roth hat in ihrer Arbeit über deutsche Expats in der Tschechischen Republik das »Osteuropa-Syndrom« nachgezeichnet, welches sich in der alten Konfliktsituation des Ost-West-Gefälles spiegelt: »Das Problem potenziert sich durch die eindeutigen Wertzuweisungen (westlich – positiv, östlich – negativ) sowie durch evolutionistische Betrachtung der Transformation der postsozialistischen Länder. ›Die sind noch nicht so weit‹ attestieren die Entsandten ihren tschechischen Partnern, ›aber mit unserer Hilfe werden sie es schon schaffen‹« (J. Roth 2001: 205). Aussagen wie diese finden sich beim Großteil der in die östlichen Länder Europas entsandten Protagonisten.

wertig waren und eine wahnsinnige Belastung für beide, und wir haben es trotzdem geschafft. Wir haben an uns geglaubt, an das Gemeinsame von uns geglaubt« (Florian F.). Zu den größten »Verlusten« zählt sicherlich, dass vier Protagonisten nach einer Trennung ohne den Partner aus den Destinationen zurückkehrten.

Generell lässt sich jedoch feststellen, dass alle anderen Entsandten mit dem Gefühl, etwas geleistet zu haben, auf ihre Entsendung zurückblicken. Sie haben nicht nur ihre primären beruflichen Projektziele im Ausland erreicht, sondern auch im privaten Umfeld viele Situationen gemeistert, die in ihrem Empfinden nicht nur die individuelle Persönlichkeit, sondern bei den nicht getrennten Paaren auch die Beziehung gestärkt hat. Bei einigen von ihnen gab es auch Familienzuwachs. Doris W. bringt in Malaysia zwei Töchter zur Welt, obwohl sie in Deutschland nach traumatischen Erlebnissen vor ihrer Ausreise mit der Nachwuchsplanung abgeschlossen hatte. Erst mit dem Erleben der »Freiheit«, aus alten sozialen Kontrollsystemen ausbrechen zu können, entwickelt sie ein neues »Selbstbewusstsein«.[119] »Ich habe unserem Leben in Malaysia zwei Töchter zu verdanken! Wären wir damals in Deutschland geblieben, wäre es mir schwerer gefallen, mit allem klarzukommen [...] mit den Fehlgeburten. Ich hab den Ortswechsel gebraucht, um wieder zu mir selbst zu finden« (Doris W.).

Die Entsendung hat auch ihren Mann verändert. »Er hat sich ganz arg gemacht im Umgang mit Leuten. Ganz anders [...] er ist offener. Ich denke, das gilt auch für mich. Ich bin nicht mehr so verkrampft, nehme Sachen gelassener. Ich bin nicht mehr so hart zu mir selbst« (Doris W.). Die Entsendung bezeichnet sie rückblickend als »die beste Zeit« in ihrem Leben. Auch in ihrer Rolle als Ehefrau sei sie selbstbewusster geworden. In Malaysia hat sie viele Stunden mit dem Warten auf ihren Mann verbracht und ihre eigenen Bedürfnisse zurückgestellt. »Man muss seinen eigenen Stil finden, auch unabhängig vom Mann [...] man darf sich dem Leben des Partners nicht so unterwerfen« (Doris W.). Auch Richard W. erinnert die Jahre in Malaysia als durchweg positiv. »Da haben wir einfach gemerkt, dass man nicht so ängstlich sein muss. Überall wo andere Menschen sind, lässt es sich auch irgendwie leben. Geistig kann man jedenfalls bei so einem Ortswechsel nur dazugewinnen« (Richard W.). Das Vertrauen in sich und die Welt erlebt auch er erst, als er aus der vertrauten Umgebung ausbricht.

---

119 Johanna Stadlbauer stellte in ihrer Studie ähnliches fest: Migration könne die Möglichkeit bieten, die »eigene (psychische) Gesundheit zu erhalten und biographische Brüche zu bewältigen« (Stadlbauer 2015: 253).

Helmut R. stellt während des Auslandsaufenthaltes eine große Entwicklung bei seinem Sohn fest. »Er war vor der Ausreise ziemlich eigenbrötlerisch, sehr auf sich, auf Familie bezogen. Er hatte Freunde, aber wenige. In Kolumbien ist er offener geworden« (Helmut R.). Auch für ihn persönlich haben sich alle Erwartungen an das Leben im Ausland erfüllt. »Das kann ich uneingeschränkt bejahen. Ich kann die sechs Jahre als Guthaben auf dem Pluskonto abbuchen. Die Entscheidung war richtig. Dass dieser Bruch [Ende der Paarbeziehung] eintreten würde, war nicht geplant, und mit Abstand fühle ich mich nun auch nicht mehr unglücklich. [...] Ich habe meine heutige Frau dort kennengelernt und in den sechs Jahren unheimlich viel Bereicherndes erlebt, eine ganz andere Kultur, viele Kontakte, die anhaltend und beständig sind, eröffnen können [...] was mir hier [Deutschland] alles entgangen wäre. [...] Wenn ich rückblickend die Entscheidung noch einmal treffen müsste, dann würde ich sie sofort noch mal treffen. Auch wenn die ganzen schmerzhaften Dinge auftauchen. Selbst dann« (Helmut R.).

Sein größter Lerneffekt, sagt er, war der differenzierte Blick auf seine Lebensumwelt in Deutschland. »Diese Mentalität, das ständige Streben nach etwas, und das Weiterdenken, anstatt das Leben des bewussten Augenblicks: Das ist in Kolumbien anders als in Deutschland. Ich bin seit der Rückkehr entspannter hier, versuche, mehr im Jetzt zu leben. Beeinflussen kann man die großen Dinge des Lebens sowieso nur bis zu einem gewissen Grad« (Helmut R.).

Seine Tochter Pia (heute 20 Jahre alt) blickt anders auf die Entsendung zurück. Sie hätte ihrer Meinung nach nie stattfinden dürfen. »Mein Vater hätte in Kolumbien dann auf jeden Fall nicht diese Frau kennengelernt, mit der er jetzt verheiratet ist. Ich bin wirklich der Überzeugung, dass er sich damit keinen Gefallen tut [...] ist wahrscheinlich so typisch Mann, Angst vorm alleine Altwerden oder so [...] beide haben einen schwierigen Charakter. [...] Ich glaube, der einzige Tag, an dem sie nicht gestritten haben, den ich mitbekommen habe, war die Hochzeit« (Pia R.). Einen Bezug zu den neuen Geschwistern aus Kolumbien kann sie entgegen den Aussagen des Vaters nicht herstellen. »Die sind schon O.K., aber ich bestehe darauf zu betonen, dass das meine Stiefgeschwister sind. Ich habe mit denen nichts zu tun« (Pia R.). Pia R. schließt einen weiteren Auslandsaufenthalt aus. Zum Studium sucht sie sich ein Fach aus, das sie im Umkreis von 50 Kilometern studieren kann. Irene B. wäre dagegen gerne im Ausland geblieben. Und obwohl die letzte Entsendung mit einer Trennung endete, würde sie die Erfahrungen in Hongkong und Brasilien nicht missen wollen. Sie ist überzeugt davon, dass ihre Persönlichkeit im Ausland gewachsen ist. »Wenn Sie die Sprache nicht sprechen, müssen Sie viel beobachten. [...] Sie werden viel sensibler [...] kultursensibler [...]. Es war schon eine Persönlichkeitsveränderung von der weinenden Frau vor dem chinesischen Club bis hin zur Studentin in Brasilien. [...] Meine Tochter hat ein Türkenmädchen in der Klasse. Die ist komplette Außenseiterin. Die wird nirgends eingeladen und steht beim Schulfest alleine da. Ich geh dann hin und rede mit ihr. Die Frauen vom Dorf hier haben für dieses Fremde keinen Blick. Vielleicht wird man erst darauf aufmerksam, wenn man selbst mal abseits stand. Vielleicht wird man sozialer durch einen Auslandsaufenthalt, und versucht eher, andere zu integrieren. Weil man nicht so schnell vergisst, wie es sich anfühlt, nur Zuschauer oder Außenseiter einer Kultur zu sein« (Irene B).

Toleranz und Respekt vor anderen Kulturkreisen und anderen Sichtweisen kann so über die im Auslandsaufenthalt erfahrenen Interaktionsprozesse der Selbstreflexion entstehen. Mit das Wertvollste, was die Entsandten bei der Rückkehr im mentalen Gepäck haben, sind die interkulturellen Lernerfolge. Einige haben erkannt, dass die indigene Bevölkerung in den Gastländern über Denkweisen, Wissensbestände und Handlungsmuster verfügt, die ebenfalls funktionieren. »Man denkt im Ausland immer, Mensch, sind die komisch drauf. Weil sie anders arbeiten. Der Umgang miteinander ist in Deutschland sehr direkt, das macht es für mich eigentlich einfacher. Aber im Ausland hab ich festgestellt: Nicht die anderen sind komisch drauf, sondern wir eigentlich. Wir stehen mit der Art eigentlich ziemlich alleine da auf der Welt. Es gibt nicht viele, die das handhaben wie wir, mit dieser direkten Konfrontation, sofort zum Ziel zu kommen. Deshalb ist es wichtig, das mal gesehen zu haben, diese Arbeitseinstellung und die Art der Menschen. Wir Deutschen stoßen viele Ausländer vor den Kopf, durch die direkte Art, ohne was dabei zu denken« (Yasemin D.).

Die Entwicklungshelfer berichten zudem von einem »Identitätswandel« in Bezug auf ihren Beruf während der Entsendung. Alle reisen mit großem Idealismus in die jeweiligen Entwicklungsländer aus und stellten auf verschiedene Arten fest, dass sie an eigene Grenzen und an Grenzen der Gastkultur stießen. Teilweise verloren sie ihren Idealismus dabei.

Nicht zuletzt sind auch die erworbenen Sprachkompetenzen für die Protagonisten ein Gewinn. Auch für die älteren Kinder, die in Simbabwe mit Englisch aufgewachsen sind, oder die Kinder von Helmut R., die nach dem Kolumbien-Aufenthalt fließend Spanisch sprechen, wirkt sich dieses kulturelle Kapital nach der Rückkehr bereichernd aus. Anhand der Interviews könnte man jedoch die Vermutung anstellen, dass dies nur für Kinder ab einem gewissen Alter gilt. Wie gezeigt werden konnte, verweigern die jüngeren Kinder bei der Rückkehr ihre erworbenen Sprachkompetenzen. Es kann jedoch zugleich angenommen werden, dass das Erleben eines anderen Kulturraumes in der Kindheit auch für die Persönlichkeitsentwicklung ein Faktor ist, der sich positiv auswirken kann. Da die Kinder jedoch thematisch nicht im Zentrum dieser Studie stehen, ist es nicht möglich, konkrete Aussagen darüber zu formulieren.

Der Entsendungsprozess kann, wie bereits in Kapitel 4.2.2 und 4.3.2 gezeigt wurde, als »Initiationsritus«, als Übergang in eine neue Lebensphase, beschrieben werden, der seinen Abschluss des Projektes »Leben im Ausland« für die Entsandten mit der Rückkehr ins Herkunftsland findet. Für alle Protagonisten wurde der Auslandsaufenthalt zu einem bedeutsamen Lebensereignis, welches mit vielen persönlichen Erfahrungen und Veränderungen verknüpft war.

6. Entsendung und Rückkehr als Lebensphase: eine Zusammenfassung

Für alle 14 Familien der Erhebung wurde die Auslandsentsendung zu einer besonderen Lebensphase. Anhand der individuellen Erfahrungen und subjektiven Bewertungen der 26 Protagonisten wurden im Verlauf der nicht repräsentativen Studie exemplarisch Tendenzen, Einflüsse und Phänomene sichtbar, wie sie auch auf andere mobile Akteure der Postmoderne zutreffen könnten. Während der Jahre im Ausland erlebten alle Protagonisten Situationen, die zum Zeitpunkt der Entscheidung nicht vorhersehbar waren. Wie es sich anfühlen würde, als »Fremder« in einem anderen Land zu leben und zu arbeiten, zeigte sich erst im Aufeinandertreffen mit dem Alltagsgeschehen vor Ort. Einige Protagonisten hatten umweltsituative Herausforderungen wie ein ungewohntes Klima, exotische Tiere, variierende hygienische Standards, ein abweichendes Angebot an Nahrungsmitteln, Gesundheitsgefahren, Kriminalität oder Erdbeben zu verarbeiten. Hinzu kamen soziokulturelle Einflüsse wie andere kulturelle Werte und Normen oder ein »ablehnendes« Gegenüber, welche zusätzliche Gefühle des »Fremd-Seins« auslösen konnten. Die hohen beruflichen Anforderungen, neue Rollenmodelle und die psychosozialen Faktoren nahmen zudem Einfluss auf den Entsendeverlauf, der sich in der Folge auch ganz wesentlich auf die Rückkehr auswirkte.

1. Hauptergebnis: Ein Auslandseinsatz wird zur großen Bewährungsprobe für Paare.
Die Familie nimmt während der verschiedenen Entsendephasen Ausreise, Ankunft und Rückkehr eine wichtige Funktion für die Akteure ein. Sie wird zum zentralen Ort der Stabilität, Kontinuität und Sicherheit, während sich zugleich bislang gültige Alltagspraxen verflüssigen. Doch gerade die Familien wurden während der Entsendungen einer großen Bewährungsprobe unterzogen. Von 14 ausreisenden Paaren kehrten zehn Familien gemeinsam zurück, vier Beziehungen endeten mit einer Scheidung, sechs weitere Paare berichten von erheblichen Konflikten während der Entsendung. Zwei der vier

mittlerweile geschiedenen Protagonisten sehen im Auslandsaufenthalt zwar nicht den alleinigen Grund für die Trennung, drei von vier Befragten sind jedoch davon überzeugt, dass sie in Deutschland andere Möglichkeiten in Betracht gezogen hätten, die Ehe zu retten (zum Beispiel professionelle Hilfe bei einem Paartherapeuten). Sie berichten, dass sie im Ausland nicht auf ausreichend stabilisierenden Faktoren (Freunde und Familie) zurückgreifen konnten, zudem habe die Anpassungsleistung in den Gastländern psychische und physische Ressourcen gefordert, die dann nicht mehr ausreichend für die Beziehung mobilisiert werden konnten. Die neuen Rollenanforderungen für die mitausreisenden Ehefrauen und mangelnde Betätigungsfelder für die Protagonistinnen erschwerten das Leben und die Paarbeziehung im Ausland. US-amerikanische Studien kommen zu dem Ergebnis, dass psychosoziale Stressoren beim Umzug vom oder ins Ausland mit denen zu vergleichen sind, die aus dem Tod eines nahen Angehörigen oder einer Ehescheidung resultieren (Berg 1992: 22). Je mehr herausfordernde Situationen in der Summe zusammenkamen, und je mehr stabilisierende Faktoren sich für die Protagonisten während der gesamten Entsendung auflösten, von umso größeren Schwierigkeiten wurde berichtet.[120]

Jene Paare, die über »Beziehungskapital« verfügten, hatten im Konfliktfall erprobte Handlungsmuster parat und sahen sich eher in der Lage, darauf zu vertrauen, dass belastende Phasen vorübergehen würden. Wie die Familienporträts zeigten, hatten die Frauen (und Hausmänner) gewissermaßen die Hauptlast der Entsendung zu tragen. Sie gaben mit der Ausreise ihre Berufe auf und sahen sich plötzlich mit neuen (alten) Rollenmodellen konfrontiert, mit denen sich die Mehrheit der Frauen nicht mehr identifizieren konnte.

---

120 Insgesamt wird in Deutschland den Angaben des Statistischen Bundesamtes zufolge derzeit jede dritte Ehe geschieden (Scheidungsbilanz ... 2013). Es kann jedoch aufgrund der Ergebnisse der Studie davon ausgegangen werden, dass sich gerade in einer unbekannten Umgebung mit herausfordernden umweltsituativen und soziokulturellen Bedingungen, in der gleichzeitig keine ausreichend stabilisierenden sozialen Netze zur Verfügung stehen, Probleme zwischen den Paaren im Ausland potenzieren. Die vorliegende Studie zeigt, dass das Verhandlungs- und Konfliktpotenzial unter den Paaren während und nach der Entsendung sehr hoch ist.

2. Zentrales Ergebnis: Eine temporäre Migration während einer Auslandsentsendung kann hohe psychische und physische Kosten für alle Akteure verursachen.
Wie die Studie zeigt, verlangt diese spezielle Form der Migration den mitausreisenden Protagonistinnen ein traditionelles Rollenverständnis ab.[121] Während die entsandten Partner arbeiteten, mussten sich die mitausreisenden Partner zunächst mit dem Dasein als Hausfrau und Mutter (oder als Hausmann) arrangieren, bis sie andere kreative Wege der Selbstbestätigung sowohl im Ausland als auch bei der Rückkehr fanden. Die Organisation des täglichen Lebens war die Aufgabe der Mitausreisenden, welche zu einer unerwartet großen Belastung für die Mehrheit der Frauen wurde. Jene Frauen, die dem »Ernährer« der Familie ihre eigenen Bedürfnisse konfliktfrei unterordnen konnten, sahen sich der Studie zufolge sowohl im Ausland als auch bei der Rückkehr mit geringeren Anpassungsschwierigkeiten konfrontiert.

Protagonistinnen, die sich in einem »modernen« Frauenbild verortet sahen, erlebten im Ausland ihren Aussagen zufolge dagegen Identitätskonflikte. Zwei Frauen leiden seit der Entsendung unter einer Depression, zwei weitere gerieten im Ausland in eine »Lebenskrise«. Inwieweit ein Zusammenhang zwischen diesen negativen Begleiterscheinungen und dem Leben im Ausland besteht, kann nicht eindeutig beantwortet werden. Es mag sein, dass diese Protagonisten generell zu Depressionen neigten und jede Art von unvorhersehbaren Konflikten diese auch in Deutschland hätten auslösen können. In den vorliegenden Fällen scheint der Auslöser jedoch mit hoher Wahrscheinlichkeit die Entsendung gewesen zu sein. Die Summe der Stressoren und Belastungen, denen die Frauen während der Jahre im Ausland ausgesetzt waren, hatte sicherlich einen Einfluss auf das Auftreten der Symptome. Während sich die mitausreisenden Partner(innen) im Alltag der Gastkulturen in unterschiedlichsten Situationen bewähren mussten, fanden die berufstätigen Entsandten meist über die Unternehmenskulturen vor Ort (die ja in gewissem Maße auch deutsch oder international geprägt sind) bis zu einem gewissen Grad Stabilität, Anerkennung und Orientierung.

Die psychischen Kosten der Mobilität sind jedoch auch für einige Männer der Erhebungsgruppe hoch. Sie berichten von erheblichen Konflikten und gesundheitlichen Beeinträchtigungen, die ihren Ursprung in der hohen Arbeitsbelastung und den differierenden Arbeitsstilen der Mitarbeiter in den jeweiligen Gastländern hatten. Ein Protagonist leidet seit der Entsendung

---

121 Während der Fall bei den mitausreisenden Partnern genau umgekehrt ist: Sie brechen aus Traditionen aus und finden sich in einem größtenteils noch ungewöhnlichen Lebensstilkonzept im Ausland.

unter Tinnitus, ein weiterer »biss« sich im Wortsinne durch die Jahre in Budapest, weshalb er nun aufgrund des nächtlichen Zähneknirschens massive Kieferprobleme hat, und ein Protagonist musste sich nach der Entsendung einer Psychotherapie unterziehen. Auch bei den Männern kann davon ausgegangen werden, dass die Stressoren im Ausland maßgeblich zu den Beeinträchtigungen führten. Nach der Rückkehr erfüllten sich beim Großteil der Befragten zudem die angestrebten Karrierewünsche nicht. Bei einigen der Protagonisten führte dies zu massiven inneren Konflikten nach der Rückkehr und dem Gefühl, dass die Anstrengungen und Entbehrungen »umsonst« gewesen waren.

Letztlich ging der Kulturwechsel auch an den Entsandtenkindern nicht spurlos vorüber. Sie durchlebten je nach Alter sowohl bei der Ausreise als auch bei der Rückkehr Gefühle der Trauer und des »Fremd-Seins«, welche sich bei einigen mit einer Verweigerung der im Ausland erlernten Sprache und einem Leistungsabfall in der Schule in Deutschland zeigte. Vor allem für jene Kinder, die den Großteil ihres bisherigen Lebens in den Gastländern verbracht hatten, war die Rückkehr problematisch. Während die Eltern in ihr Herkunftsland zurückkehrten, verließen die Kinder den Ort ihrer »Heimat«. Besonders groß wurden die Belastungen für jene Kinder, die zusätzlich die Trennung der Eltern zu verarbeiten hatten.

Während der Jahre im Ausland entwickelten die Protagonisten neue Selbstkonzepte, erweiterten ihr kulturelles Kapital und erprobten Strategien der »Neubeheimatung« sowohl im Gast- als auch später im Herkunftsland. Die Dauer des Einsatzes, die Motivation der Ausreise in die Destinationen und der Rückkehr (freiwillig, nach Vertragsende oder durch das Ende der Paarbeziehung hervorgerufen) spielten zudem eine zentrale Rolle für eine als positiv oder negativ empfundene Rückkehr. Ob es gelang, sich im Gastland einzupassen (und nicht unbedingt anzupassen) und sich des höheren Status als in der eigenen Gesellschaft bewusst zu werden, ohne dabei die Anspruchshaltung zu generieren, dass dieser auch nach der Entsendung Bestand haben müsste, war ein schwieriger Balanceakt für die Akteure, der Distanz verlangte.

3. Zentrales Ergebnis: 22 von 26 Befragten erlebten die Rückkehr nach Deutschland als größere Herausforderung als die Auslandsentsendung.
Eine der zentralen Hypothesen dieser Studie wurde somit für die Mehrheit der Protagonisten als erfahrene Realität bestätigt. Wer schon im Vorfeld eine Rückkehr erlebt hatte, war auf Irritationen vorbereitet. Es zeigt sich aber an-

hand der Beispiele, dass die Rückkehr beim ersten Erleben immer als größere Herausforderung als die Ausreise ins Gastland empfunden wurde. Einige sprechen sogar von einem »Rückkehrschock«, der den »Kulturschock« im Ausland noch übertroffen habe. Diese Reaktion lässt sich damit erklären, dass die Protagonisten Irritationen bei der Ausreise als Herausforderung geradezu erwarteten, während sie bei der Rückkehr ins vermeintlich Vertraute von Gefühlen des »Fremd-Seins« überrascht wurden. Die mangelnde Anerkennung des Geleisteten seitens des beruflichen und privaten Umfeldes wurde für jene, die diese Erfahrung noch nie gemacht hatten, zum größten »Schockerleben«. Als Gründe für die Irritationen nannten die Protagonisten das Desinteresse des beruflichen und privaten Umfeldes (vgl. 8. Zentrales Ergebnis), ein fremd gewordenes soziales Umfeld und ein differenzierter Blick auf die »Heimat«, welcher ebenfalls Gefühle der Fremdheit entstehen ließ sowie den Statusverlust und einen geringeren Verdienst nach der Rückkehr, Arbeitslosigkeit, nicht erfüllte berufliche Karriereoptionen sowie Konflikte in der Partnerschaft. Alltagspraktische Schwierigkeiten bei der Suche nach einer Wohnung oder einem geeigneten Betreuungsplatz für die Kinder erschwerte den Protagonisten zusätzlich die Rückkehr in den Alltag.

Wie die erste Zeit nach der Ankunft in den Gastländern ist auch die Rückkehr von Frustrationen begleitet, die sich psychisch wie auch physisch bemerkbar machten – und umso schwerer wogen, da die Protagonisten nicht damit rechneten. Stattdessen trafen sie auf ein Umfeld, das eine möglichst nahtlose Reintegration voraussetzte. Die nicht erwarteten psychosozialen Anpassungsschwierigkeiten führten für viele der Befragten zu temporären Verunsicherungen und sind zugleich als größte Einflussfaktoren auf die Rückkehr zu verstehen. Während die Ausreise meist durch private und berufliche Vorbereitungsmaßnahmen begleitet wird, fand die Rückkehr für die Protagonisten ohne ausreichende Unterstützung des beruflichen[122] und sozialen Umfeldes – und ohne jeglichen »Reiz der Exotik« statt. Stattdessen fühlten sie sich marginalisiert (vgl. G. Winter 1996: 370).

---

122 Zu diesem Ergebnis kommt auch Hirsch (1992). Nur wenige Firmen bieten demnach ein Reintegrationsprogramm an. Auch G. Winter (1996: 370) stellte fest, dass die Ausreise »wesentlich sorgfältiger vorbereitet, intensiver sozial begleitet, mit größeren finanziellen Ressourcen ausgestattet, mit höheren Status- und Gewinnerwartungen verknüpft (ist)«. Ein spezielles Rückkehrtraining oder psychologische Unterstützung finde meist nicht statt (ebd.: 371).

4. Zentrales Ergebnis: Die Motivation für eine Ausreise ist ausschlaggebend für den Entsendeverlauf.
Ob der gesamte Entsendungsprozess positiv bewertet wird, hängt auch wesentlich von den Motivationen und Zielen ab, die dem Projekt einst zugrunde lagen, und davon, inwiefern diese erfüllt werden konnten. Generell gilt, dass jene Paare, die die Entscheidung gemeinsam getroffen und ausgehandelt haben, von weniger großen Konflikten bei der Ausreise und der Rückkehr betroffen waren. »Wenn auch keine repräsentativen Ergebnisse vorliegen, so kann man doch davon ausgehen, dass ein Auslandseinsatz – gegen den Willen der Familienangehörigen durchgesetzt – mit hoher Wahrscheinlichkeit zur Auflösung der Familie führen wird« (Thomas/Schroll-Machl 2003: 391).

Während der Entscheidungsfindung war bereits ebenfalls erkennbar, welche zentrale Rolle das zur Verfügung stehende Kapital (soziales, ökonomisches und Bildungskapital) und auch das vorhandene kulturelle Kapital spielt. Je häufiger sich der Wechsel von einem Gastland ins Herkunftsland wiederholt und damit zu einer wiederkehrenden Erfahrung wird, desto mehr wird auch der Lebensstil und die Biografie der Menschen durch diese Erfahrungen geprägt. Protagonisten, die schon einen Auslandsaufenthalt erlebt hatten, machten sich also mit anderen Voraussetzungen auf den Weg als jene, die noch keine diesbezüglichen Erfahrungen gesammelt hatten. Häufigere Kulturwechsel können die Rückkehr erleichtern, da die Protagonisten über diese Erfahrungswerte der Anpassung dann bereits verfügen. Allerdings konnte anhand der Aussagen der Entwicklungshelfer festgestellt werden, dass häufigere Entsendungen auch zu »Ermüdungserscheinungen« führen, was die Anpassungsleistung betrifft. So bezeichnen sich zwei von vier Befragten als »heimat- und wurzellos« (vgl. auch Malanowski 1993: 5; Hillmann u. a. 2013: 28).

Eingangs wurde auch die Hypothese formuliert, wonach die Freiheit der Entscheidung ausschlaggebend dafür ist, wie der weitere Verlauf der Entsendung gestaltet sein wird. Bei der Analyse fallen nicht nur Selbsttäuschungen in den Konzepten der Protagonisten auf, sondern auch die Illusion der »freien Entscheidung«. Bei den Wirtschaftsexpats kann ein Mobilitätszwang festgestellt werden, da ein Auslandsaufenthalt eine rituelle Passage ihrer angestrebten Karrieren darstellt. Sie erhofften sich von der Entsendung Karrierechancen und weniger den interkulturellen Austausch mit der Gastgesellschaft. Die Lehrer und Kulturmanagerinnen entschieden sich unabhängig von Karriereplänen eher im Sinne eines individuellen Lebensstilentwurfes für diesen Schritt, wobei auch hier in den Aussagen ein gewisser Druck feststellbar war. Auslandsentsendungen gehören für einige Protagonisten zu einem »modernen Lebensstil« der Gegenwart dazu. Die Tendenz, sich ständiger Selbstoptimierung zu unterwerfen, kann an allen Fallbeispielen beobachtet werden.

5. Zentrales Ergebnis: Neben den soziokulturellen und umweltsituativen Bedingungen in den Gastländern spielen auch die individuellen, psychischen Eigenschaften der Protagonisten eine ausschlaggebende Rolle für eine gelungene Entsendung und damit auch eine gelungene Reintegration.
Es konnte gezeigt werden, dass manchen Protagonisten Ortswechsel leichter fallen als anderen. Es waren Akteure vertreten, die mutig neue Projekte anpacken und sich leicht von Altem lösen können, und andere, die lange in vergangenen Zeiten verhaftet bleiben und sich schwer von Vertrautem verabschieden können. Dahinter liegt offensichtlich ein Bündel an Faktoren, die mehr oder weniger beeinflussbar sind. Einfluss auf den positiven Verlauf einer Entsendung und der Rückkehr nehmen der Studie zufolge Persönlichkeitsmerkmale wie Offenheit, Neugier, die Fähigkeit zur Selbstreflexion (vgl. auch Deller u. a. 2012), eine hohe Frustrationstoleranz und ein gewisses Maß an Risikobereitschaft sowie die Verfügung über soziales, ökonomisches und kulturelles Kapital. Je stärker außerdem die sozialen Netzwerke und Bindungen sind, desto »selbst«-sicherer machten sich die Protagonisten auf den Weg.

6. Zentrales Ergebnis: Anhand der Ergebnisse lässt sich feststellen, dass es Gastländer mit einer subjektiv größeren oder geringeren »Passung« im Empfinden der Protagonisten gab (vgl. J. Roth/K. Roth 2002).
Von diesem Empfinden hängt maßgeblich ab, wie die Jahre im Ausland erlebt und durchlebt werden, und es wirft auch seine Schatten auf das Befinden der Protagonisten bei der Rückkehr. Die umweltsituativen und soziokulturellen Faktoren der Gastländer haben demnach einen Einfluss auf die Rückkehr, da von diesen Bedingungen abhängt, wie die Entsandten den Aufenthalt durchlebten. Dabei war es für die vorliegende Studie von geringerer Relevanz, ob die Entsendungsziele in außereuropäischen Destinationen oder den Ländern des östlichen Europas lagen. Es zeigte sich vielmehr die Tendenz, dass es Länder mit eben jener subjektiv empfundenen geringeren oder größeren Distanz zum Herkunftsland gibt. Allerdings waren im untersuchten Sample die psychosozialen Faktoren der Akteure nicht weniger relevant.

Denn wenn sich die Protagonisten nicht aus eigenem Antrieb heraus motivieren konnten, Anschluss an bestehende soziale Strukturen vor Ort, wie die Entsandtengemeinschaften oder ähnliche sinnstiftende Anreize, zu suchen, dann hatten auch günstige umweltsituative und soziokulturelle Gegebenheiten in den Destinationen keine ausreichende Relevanz. Es zeigte sich jedoch im Verlauf der Studie, dass diejenigen Entsandten, die sich im Umfeld der internationalen Clubs bewegten, jenes Maß an Fremdheitserfahrung hatten, welches sie für erträglich hielten. So hatten einige nicht den Anspruch, in die Gastkulturen einzutauchen, dementsprechend zufrieden waren die Protagonisten, wenn sie die Kontakte, die in Alltagsbegegnungen stattfanden, ihrem Empfinden nach gut meisterten. Bei den Entwicklungshelfern und Lehrern konnte ein größeres Bedürfnis festgestellt werden, Kontakte mit der lokalen Bevölkerung der Gastländer zu schließen. Allerdings mussten sie feststellen, dass dies nur in engen Grenzen möglich war. Da es sich im Gegensatz zu einer dauerhaften Migration bei allen Protagonisten um zeitlich befristete »Migrationsprojekte« handelte, war die Bereitschaft und auch die Gelegenheit bezüglich einer »Anpassung« an die Gastländer bei der Mehrheit der Befragten reduziert (vgl. auch Kreutzer/Roth 2006). Der Grad der Integration ins Gastland wirkt sich, wie gezeigt werden konnte, nicht zwingend auf die Reintegration ins Herkunftsland aus. In manchen Ländern war eine Integration in die Gastkultur nicht erforderlich, wenn etwa Netzwerke über eine gut funktionierende Entsandtengemeinschaft aufgebaut werden konnten. Nicht immer war die Anpassung vom Gegenüber überhaupt erwünscht (vgl. J. Roth/K. Roth 2002).

»Räumliche Mobilität« bedingt daher nicht zwangsläufig auch »kulturelle Beweglichkeit« (vgl. Zinn-Thomas/von Dobenbeck 2011). Die Autoren Zinn-Thomas und von Dobenbeck kamen in ihrer Abhandlung über Expats in Shanghai und São Paulo ebenfalls zu dem Ergebnis, dass es sich bei Expats nicht um Vertreter eines transnationalen multilokalen Lebensstils handelt. »Die Entsandten führen zwar ein transnationales multilokales Leben bzw. ein Leben, was über verschiedene Orte hin aufgespannt zu sein scheint, doch dominieren globale Weltgefühle, bis auf wenige Ausnahmen, keinesfalls die nationale und kulturelle Selbstverortung auf Dauer« (ebd.: 383). Dies kann für manche der Protagonisten dieser Studie bestätigt werden: Sie sehen sich sowohl vor als auch nach der Auslandsentsendung in Deutschland verortet. Anhand der Aussagen wurde jedoch ebenfalls deutlich, dass der Blick auf das Herkunftsland als auch die emotionalen Verknüpfungen damit einem Wandel unterliegen, was zu Entwurzelungstendenzen oder Unsicherheiten bezüglich des Zugehörigkeitsgefühls führen kann. Auch die Dauer des Einsatzes nimmt einen großen Einfluss auf den Verlauf der Rückkehr.

7. Zentrales Ergebnis: Je geringer die Entsendedauer war, und je weniger sich das Gastland vom Herkunftsland im subjektiven Empfinden der Alltagsbewältigung der Protagonisten unterschied, desto geringer waren die Integrationsschwierigkeiten im Land und in der Folge auch bei der Rückkehr.

Maßgeblichen Einfluss auf diese subjektive Beurteilung der Protagonisten hatten die sozialen Kontakte, die sich die Entsandten im Ausland erschließen konnten – und auch die Kontakte nach Deutschland, die stabilisierend wirkten. »Schicht, Alter, Branche, Qualifikation und nach wie vor Geschlecht, aber auch mehr als bisher Lebensstil und das Vorhandensein von qualifizierten Bekanntschaften und Arbeitsnetzwerken entscheiden weitgehend darüber, ob die Bewältigung von subjektivierten und entgrenzten Arbeitsformen gelingt« (Götz 2013: 9).

Vor allem die Lebensentwürfe der Entwicklungshelfer und Kulturmanagerinnen sind stark von den prekären Arbeitsverhältnissen nach der Entsendung geprägt, wie die Ergebnisse zeigen. Die (temporär) fehlenden beruflichen Perspektiven und Anschlussmöglichkeiten nach der Rückkehr in Deutschland sind belastende Faktoren, die einen großen Einfluss auf das Befinden der Familien nehmen.

Generell repräsentieren die Protagonisten dieser Studie einen temporär mobilen Lebensstil, der eine neue Vielseitigkeit der Lebensentwürfe des 21. Jahrhunderts sichtbar macht. Jeder der Rückkehrer hat dabei seine individuelle Rückkehrergeschichte, die Herausforderungen sind dabei so unterschiedlich wie die Entsandten selbst. Es reisten Personen mit verschiedenen Verwurzelungen aus, ebenso waren Entsandte im Sample vertreten, die bereits verschiedene Entwurzelungen erlebt hatten.

8. Zentrales Ergebnis: Die Rückkehrer können sich aufgrund des Desinteresses im privaten und beruflichen Umfeld nicht ausreichend über ihre Erfahrungen und Erlebnisse austauschen.

Das völlige oder weitgehende Desinteresse der daheimgebliebenen sozialen Umwelt an den Erlebnissen und Empfindungen der Rückkehrer lässt sie bisweilen in ein »kommunikatives Vakuum« fallen, wie die Ergebnisse zeigen. Dies macht es ihnen nahezu unmöglich, sich im Gespräch mit ihrem sozialen Umfeld zu entlasten und die Jahre im Ausland emotional aufzuarbeiten. Realiter können einige Akteure all die gesammelten positiven wie auch negativen Erfahrungen nur in der Familie reflektieren. Wie die Studie zeigt, ist dies aber nicht allen Akteuren möglich, etwa aufgrund von Scheidungen oder anderen belastenden Erfahrungen während der Entsendung, die im Familienverband tabuisiert werden. Während der Interviews für diese Studie sprachen alle Teilnehmer erstmals ausführlich über den gesamten Entsendungsverlauf – und da die Gespräche allesamt den zuvor vereinbarten zeitlichen Rahmen sprengten, kann geschlussfolgert werden, dass die spezielle Plattform während der Interviewsituation den Akteuren »willkommen« und erwünscht war.

9. Zentrales Ergebnis: Die meisten Arbeitgeber nutzen die im Ausland erworbenen Kompetenzen ihrer Mitarbeiter nicht und sehen auch keine Notwendigkeit, die Rückkehr speziell zu unterstützen.
Während die Arbeitgeber für die Jahre im Ausland die Grenzen zwischen Privatem und Beruflichem für die Familien aufgrund der hohen Arbeitsbelastung und der Umgebung, die sich der Großteil der Protagonisten nicht ausgesucht hatte, aufweichen, fühlen sie sich nach der Rückkehr für die »Privatangelegenheiten« ihrer Mitarbeiter offenbar nicht zuständig. Das verdeutlichen die Aussagen der Befragten. Die Mehrheit der Entsender, die die Protagonisten dieser Studie um die Welt geschickt hatten, scheint immer noch überzeugt davon zu sein, dass eine Rückkehr wenig problembehaftet ist. Dabei nehmen alle Protagonisten ein nicht unerhebliches Maß an Stressoren und Gefahren auf sich, um ihre Arbeitgeber in den Destinationen zu vertreten. Sowohl die Frauen als auch die Männer beklagten nach ihrer Rückkehr, dass ihre erworbenen (interkulturellen) Fertigkeiten in Deutschland nicht mehr gefragt seien. Dass die hinter den Entsendungen stehenden Arbeitgeber dieses Potenzial nicht nutzen, ist gerade im Zeitalter der Globalisierung unverständlich. Rückkehrer sollten nicht nur wieder eingegliedert, sondern als »Mittler zwischen den Welten« verstanden werden. Für ihre Arbeitgeber, Firmen und Organisationen repräsentieren sie zunächst im Ausland die Unternehmenskultur wie auch ihr Herkunftsland. Während ihrer Jahre im Ausland erweitern sie ihr kulturelles Kapital, sie erwerben anhand des lokalen Arbeitskontextes und des sozialen Umfeldes im Idealfall interkulturelle Kompetenz, die zeitlich einhergeht mit der Erweiterung ihrer sozialen Kompetenz. »Die Auswertung und Einbindung von erworbenem Auslandswissen durch Personalabteilungen und Fachbereiche ist geradezu eine unabdingbare Voraussetzung für eine erfolgreiche Reintegration, die nicht nur wiederein-

gliedert, sondern zur Aufnahme von Innovationen, die aus dem Ausland kommen, bereit ist« (Hirsch 1992: 297).

Was könnte den Akteuren den Weg zurück in ihr Herkunftsland erleichtern? In der einschlägigen Literatur aus dem Bereich des Personalmanagements oder der Interkulturellen Kommunikation (vgl. Bittner 1996; Fritz 1982; Hirsch 1992) werden einige Punkte formuliert: die Beschränkung des Auslandseinsatzes auf maximal vier Jahre, regelmäßiger Kontakt zwischen dem Arbeitgeber und dem Entsandten, um ihn über Entwicklungen im beruflichen Umfeld in Deutschland auf dem Laufenden zu halten, die Pflege sozialer Kontakte ins Herkunftsland während der Entsendung, die persönliche und berufliche Vorbereitung der Rückkehr, Unterstützung seitens des Arbeitgebers bei der Wohnungssuche und der Suche nach geeigneten Betreuungsplätzen für die Kinder, die Unterstützung der beruflichen Wiedereingliederung mitausreisender Partner, die Initiierung von innerbetrieblichen Rückkehrerplattformen zum Austausch über das Erlebte. Es wäre sicherlich hilfreich, den Rückkehrern einen auslandserprobten Mitarbeiter zur Seite zu stellen, der eine »Brückenfunktion« zwischen dem Rückkehrer und der Firma oder Organisation in Deutschland einnimmt (vgl. auch Jumpertz 2002: 98). Es scheint wesentlich, dass die Rückkehrer von ihren Arbeitgebern nicht nur unter dem Aspekt der Wirtschaftlichkeit, sondern auch als ein im sozialen Raum der Familie verorteter Akteur betrachtet werden. »Familienangelegenheiten sind Privatsache des Mitarbeiters und gehen die Firma nichts an, ist die gängige Meinung [...] jede Auslandsentsendung greift aber im Unterschied zur Arbeit im Heimatland so tief in die Lebensbereiche des Mitarbeiters ein, dass dadurch die Firma im Grunde die gerade für die deutsche Berufs- und Arbeitswelt so typische, relativ strenge Trennung zwischen Arbeitstätigkeit und Privatleben verletzt« (Thomas/Schroll-Machl 2003: 398). Umso angemessener scheint es daher, dass die Arbeitgeber sich auch für die Rückkehr ihrer Mitarbeiter und deren Familienangehörigen verantwortlich zeigen – und das umso mehr in Zeiten entgrenzter Arbeitswelten (vgl. Schönberger 2007).

Hilfestellungen bei der Rückkehr in den alltagspraktischen Dingen wie der Suche nach geeigneten Wohnräumen, Kinderbetreuungsplätzen und Karrieremöglichkeiten im Anschluss an die Entsendung für mitausreisende Männer und Frauen wären daher eine Geste der Anerkennung. Von der Firma bezahlte Sprachkurse und Nachhilfestunden für Kinder könnten die Reintegration der jüngsten Ausreisenden erleichtern. Die Protagonisten sollten außerdem bereits vor der Ausreise auf die Herausforderungen bei der Rückkehr und über mögliche Anschlussbeschäftigungen aufmerksam gemacht werden, auch wenn die Entsender damit riskieren, dass ein Vertrag gar nicht erst zustande kommt. Umso mehr ist bei der Auswahl der zu Entsendenden drauf zu achten, ob der Mitarbeiter durch seine Persönlichkeit für einen Einsatz im Ausland geeignet ist und ob die Lebensphase eine Entsendung zu diesem Zeitpunkt zulässt. Hilfreich wäre sicherlich auch, wenn sich die Firmen auch um eine Karriereoption für die mitausreisenden Partner bemühen würden, da gezeigt werden konnte, dass gerade der Verzicht auf ihre Berufstätigkeit großes Konfliktpotential birgt.

Sicherlich kann es keine Strategie sein, weniger leistungsstarke Mitarbeiter »wegzuloben«[123] oder »Personalentsorgung Ausland« zu betreiben, wie dies beispielsweise von Wirth (1992: 152) festgestellt wurde. Für die Rückkehrer muss außerdem sichergestellt werden, dass sie ihre erworbenen interkulturellen Kompetenzen am Arbeitsplatz einbringen können. Bei einem gezielten Rückkehrtraining wäre denkbar, nicht nur die Entsendung in ihrem Verlauf zu reflektieren, sondern auch Wege der Integration der neu erworbenen Kompetenzen aufzuzeigen, damit die Protagonisten nicht in dem Gefühl zurückbleiben, der Einsatz habe sich nicht »bezahlt gemacht«. Spezielle Reintegrations- und Rückkehrseminare, wie sie bislang von einigen Dienstleistern angeboten werden, könnten wichtige Hilfestellungen bieten und den Reintegrationsprozess beschleunigen. Die Teilnehmer sollten dazu angeregt werden, aufzuarbeiten, welche Erfahrungen und Lernprozesse sie im Ausland durchlaufen haben. »Ziel der Seminare ist neben der Behebung unternehmensspezifischer Informationsdefizite eine Aufarbeitung persönlicher und sozialer Problemfelder. Dabei liegt die Priorität bei der Ermittlung der Faktoren, die eine Unzufriedenheit auslösen. In erster Linie soll der Mitarbeiter erkennen, dass ihm der Auslandseinsatz persönlich verwertbare Erfahrungen gebracht hat« (Kammel/Teichelmann 1994: 104). Allerdings sollten diese Angebote auch nicht als rein »therapeutische Maßnahme« für eine zahlenmäßig kleine Gruppe von »problembehafteten Rückkehrern« angesehen werden (Bittner 1996: 42). Sinnvoller wäre es vielmehr, allen Rückkehrern die Möglichkeit zu geben, ihre individuellen Erfahrungen mit der Entsendung im geschützten Rahmen bilanzieren zu können. Das Leben in den Gastländern hat von den Protagonisten bereits einen Perspektivwechsel

---

123 In einem Artikel der *Süddeutschen Zeitung* heißt es dazu: »Lobbing ist eine menschenverachtende, kriminelle und strategische Form, sich eines Mitarbeiters zu entledigen« (Löwer 2005). Der Betroffene wird zu einem Auslandseinsatz motiviert, indem ihm Karrierechancen in Aussicht gestellt werden, die aber nach der Rückkehr nicht eingehalten werden.

zur Orientierung in einer unbekannten Umwelt erfordert. Es wäre sicherlich hilfreich, die Rückkehrer an diese Fähigkeiten zu erinnern und darauf hinzuweisen, auch das Herkunftsland zunächst aus der Perspektive des Gastes zu betrachten, ohne allzu viel vom Gegenüber zu erwarten.

Jede Rückkehr ist ein Neuanfang und keine einfache »Heimkehr«. Die Erfahrungen, die die Rückkehrer während ihrer Reintegration machen, sind auch abhängig von dem individuellen Bild des Herkunftslandes und den sozialen Netzen zum Zeitpunkt der Ausreise (vgl. Schütz 1972). Protagonisten, für die während der Jahre im Ausland das Geschehen in Deutschland in den Hintergrund trat, berichteten von großen Irritationen bei der Rückkehr. Denn nach der Rückkehr warten im »heimischen« Alltag auch wieder Herausforderungen und Routinen, die die Rückkehrer während der Jahre im Ausland ausgeblendet hatten (vgl. auch G. Winter 1996: 375). Die Entsandten neigen dazu, in den Gastländern die Erinnerungen an das »Zuhause« zu idealisieren. Manche erwarten, dass diese Imaginationen vor allem in Bezug auf das soziale Umfeld bei der Rückkehr dem Ideal ihrer Erwartungen entsprechen. Aber auch das Gegenüber sollte sensibilisiert werden. »Wiedereingliederung kann nur gelingen, wenn auch im heimatlichen Umfeld eine entsprechende Sensibilität für ein Lernen von Fremdem, Ungewohntem da ist und gefördert wird. Der Rückkehrer sollte nicht nur wiedereingegliedert, sondern als potentieller Innovator angesehen werden« (Hirsch 1992: 297). Ein großer Teil der Verantwortung liegt jedoch auch beim Rückkehrer selbst. »Deshalb muss man wirklich und nachdrücklich in die innere und äußere Heimat zurückkehren, deshalb ist die Kunst des Zurückkehrens auch der Schlüssel zum möglichst vorurteilsfreien Begreifen des Fremden, deshalb schließt umgekehrt richtiges interkulturelles Lernen auch das Heimkehrenkönnen (und das Heimkehrenwollen) ein« (G. Winter 1996: 378). Rückkehrer der vorliegenden Studie, die sich beispielsweise mit ausreichend Zeit auf die Ausreise nach Deutschland vorbereiten konnten und die zudem die Möglichkeit des Abschiednehmens hatten, berichteten über geringere Reintegrationsprobleme.

10. Zentrales Ergebnis: Ein »Mobilitätspionier«, der keinerlei Schwierigkeiten mit den Kulturwechseln hat, kann mit dieser Studie nicht empirisch belegt werden.
Die durch Medien und Politik vermittelten globalisierungsideologischen Bilder des »Global Players«, des »Mobilitätspioniers« oder des »Kosmopoliten« müssen in Hinblick auf die Ergebnisse der Studie hinterfragt werden.

Die Frage ist tatsächlich, wo und ob es den Global Player als kosmopolitische Elite (vgl. Rolshoven 2006: 189), der sich mühelos und sorgenfrei nicht nur über geografische, sondern auch über kulturelle Grenzen hinweg bewegt, überhaupt gibt. Der Zwang, der oftmals hinter der Entscheidung für eine mobile Lebensphase liegt, und die Herausforderungen, die es für Familien bedeutet, mobil zu sein, werden bisweilen im gesellschaftlichen und politischen Diskurs unterschätzt. Vielmehr kann eine »weltoffene Beschränktheit« festgestellt werden, wenn die Verheißungen der globalen Welt so große Defizite menschlicher Werte nach sich ziehen (vgl. Hirsch 1992).

11. Zentrales Ergebnis: Gerade während (und nach) einer Entsendung ist die Subjektivierung von Arbeit sowie ein ständiger Zwang zur Selbstoptimierung bei den Arbeitskraftunternehmern feststellbar.
Es stellt sich daher die Frage, wo es überhaupt noch Räume gibt, die nicht permanenten Verwertungs- oder Optimierungsleistungen unterworfen sind, wenn das gesamte Leben zum Projekt gemacht wird. Während die entgrenzten Biografien viele Freiheiten bieten, um aus alten Konzepten auszubrechen, besteht zugleich auch immer die Gefahr eines Selbstoptimierungszwanges. Die Anforderungen an das Selbst der Gegenwart sind hoch. Wie die Fallgeschichten zeigen, »sinnbasteln« die Akteure daher auch in Lebensphasen an Optimierungsstrategien, die ansonsten einen »Stillstand« bedeuten könnten. Frauen, die im Ausland keine Arbeitsgenehmigung erhalten haben, legen beispielsweise in diese Lebensphase ihre »Babyphase« und »nutzen« diese Zeit also wiederum gewinnbringend für ein anderes zeitaufwendiges Projekt, welches sowieso im Dienste der Familie eine »Arbeitsauszeit« erforderlich machen würde. Entsandte, die im Ausland plötzlich in einer Chefposition agieren müssen, erleben eine Subjektivierung von Arbeit in hoher Ausprägung, da sie auf sowohl kulturellem als auch beruflich unbekanntem Terrain persönliche *skills* in die Arbeit einbringen müssen. Gerade im Ausland ist der Zwang zur Selbstoptimierung in besonders hohem Ausmaß zu beobachten. Während der Entsendung sind die Grenzen zwischen Arbeit und Freizeit außerdem noch weniger klar getrennt, die Akteure sind somit immer im Dienst. Die Auslandsentsandten können daher stellvertretend und beispielhaft aufzeigen, wie die Subjektivierung von Arbeit in das Berufsleben hineinregiert – und wie stark sie als Arbeitskraftunternehmer im Ausland und nach der Rückkehr nach Deutschland gefragt sind.

Jene Akteure, die große berufliche und persönliche Herausforderungen erlebt haben, deuten diese in den Interviews um: Spuren, die ihre Grenzgänge hinterlassen haben, werden als »persönliche Lehrjahre« interpretiert, die »Narben« davon als »Abzeichen« getragen und als »positives Wachstum« des Selbst dargestellt. Es fällt den »Arbeitskraftunternehmern« schwer, im Zeitalter der stetigen Vollzeitselbstoptimierung Erfahrungen des »Stillstands« oder der »Schwäche« überhaupt noch gelten zu lassen. Letztlich kann aber bei allem Bemühen nicht jeder »Verlust« positiv umgedeutet werden: Das gilt vor allen Dingen für die zwischenzeitlich getrennt lebenden Familien.

Vielleicht wird in einer Welt, in der alle permanent unterwegs zu sein scheinen, gerade wieder das Zulassen des Stillstands, ohne ihn bewusst mit Sinnhaftigkeit anzureichern, die Sesshaftigkeit und stabile Verortung, zum Luxusgut. Schließlich gibt es nicht nur mobile und immobile Lebensphasen, sondern möglicherweise auch Akteure, die aufgrund ihrer Persönlichkeitsmerkmale mehr oder weniger gut für Auslandseinsätze geeignet sind. Hochmobile, die Erfüllung in der Überwindung geografischer und kultureller Grenzen finden, gab es und wird es immer geben. Wie in Kapitel 2.2 beschrieben wurde, ist der Wunsch nach einem hochmobilen Leben jedoch nur für einen Bruchteil der Menschen freiwillige, gelebte Realität. Daher kann angenommen werden, dass sich sesshafte und mobile Lebensstile und die unterschiedlichen Formen des »Dazwischen« auch künftig ergänzen werden. Im Zeitalter vernetzter, technisierter Welten wird möglicherweise auch eine Melange aus »mobiler Sesshaftigkeit« und »sesshafter Mobilität« kreiert (vgl. Schroer 2006).

12. Zentrales Ergebnis: Die Mehrheit der Befragten sieht ihre Auslandsentsendung trotz aller Herausforderungen als großen Gewinn und möchte die Erfahrung nicht missen.

Mobilität ist im Idealfall in vielerlei Hinsicht bereichernd. Sie kann Lebensentwürfe aber auch nachhaltig mit negativen Auswirkungen beeinflussen, wie die Studie exemplarisch zeigen konnte. Es ist daher wichtig, dass sich die Akteure der Tragweite ihres Entschlusses bewusst sind und der gesellschaftliche Diskurs die möglichen Folgen nicht ausblendet. Der Großteil der Befragten zieht trotz aller erlebten Herausforderungen einen weiteren Auslandsaufenthalt in Erwägung, zumindest »in der Theorie«. So schwierig die Lebensphase der Entsendung für viele der Befragten war: Die Mehrheit bewertet die Erfahrungen im Nachhinein positiv (vgl. Stadlbauer 2015: 256). Selbst auf einige Rückkehrer, deren Ehen im Ausland zerbrochen sind, trifft diese Aussage zu. Von den 26 Befragten können sich 19 vorstellen, eine weitere Entsendung in ihr Lebenskonzept einzubauen. Sechs Protagonisten planen dies auch für die kommenden Jahre, alle anderen sehen einen Auslandsaufenthalt aufgrund der aktuellen Familiensituation »bis auf weiteres« für nicht umsetzbar. Während diese Studie ihr Ende findet, machen sich bereits zwei Familien erneut auf den Weg ans andere Ende der Welt. »Make no mistake about it: reentry is an experience to be reckoned with, but when the reckoning is done and the accounts are cleared, you're likely to find that the price you paid for your overseas sojourn was the bargain of a lifetime« (Storti 1997: 9).

Literatur

Adler, Nancy (1991), *International Dimensions of Organizational Behaviour*, 2. Aufl., Boston, Mass./ Belmont, Calif.
Adler, Nancy/Ghadar, Faribarz (1990), »A Global Perspective«, in: R. Pieper (Hg.): *Human Resource Management. An International Comparison*, Berlin/New York, S. 235–260.
Adler, Peter (1975), »The Transitional Experience. An Alternative View of Culture Shock«, in: *Journal of Humanistic Psychology,* vol. 15, no. 4, S. 13–23.
Adler, Peter (1987), »Culture Shock in Cross-Cultural Learning-Experience«, in: Louise F. Luce/Elise C. Smith (Hg.), *Toward Internationalism*, Cambridge, S. 24–35.
Adrian, Wolfgang/Bittner, Andreas/Knors, Christa/Reisch, Bernhard (1989), *Berufliche Reintegration ehemaliger Entwicklungshelfer*. Forschungsberichte des Bundesministeriums für wirtschaftliche Zusammenarbeit, Band 95, Bad Honnef.
Akhtar, Salman (2007), *Immigration und Identität. Psychosoziale Aspekte und kulturübergreifende Theorie*, Gießen.
Appadurai, Arjun (1997), Disjuncture and Difference in the Global Cultural Economy. Theory, Culture and Society, S. 255–310. Im Internet unter http://www.unc.edu/-jbecks/comps/pdf/appadurai_disjuncture.pdf (zuletzt eingesehen am 10.7.2015).
Appadurai, Arjun (1998), Globale ethnische Räume. Bemerkungen und Fragen zur Entwicklung einer transnationalen Anthropologie, in: Ulrich Beck (Hg.), *Perspektiven der Weltgesellschaft*, Frankfurt am Main, S. 11–40.
Appadurai, Arjun (2003), *Modernity at large – Cultural Dimensions of Globalization*, 6. Aufl., Minneapolis.
Arens, Dietrich (2010), »Für den deutschen Schuldienst nicht mehr verwendbar«, in: *Deutsche Lehrer im Ausland*, Jg. 57, H. 3, S. 224–226.
Auswärtiges Amt (2011), Psyche auf Reisen [Grußwort zum jährlichen Symposium für Reise- und Impfmedizin des Auswärtigen Amtes 2011], http://www.auswaertiges-amt.de/cae/servlet/contentblob/563980/publicationFile/147368/Psyche.pdf (zuletzt eingesehen am 29.9.2013).
Bade, Klaus J. (1984), »Die Deutsche Überseeische Massenauswanderung im 19. und frühen 20. Jahrhundert. Bestimmungsfaktoren und Entwicklungsbedingungen«, in: ders. (Hg.): *Auswanderer – Wanderarbeiter – Gastarbeiter. Bevölkerung, Ar-*

beitsmarkt und Wanderung in Deutschland seit Mitte des 19. Jahrhunderts, Ostfildern, S. 259–299.

Bade, Klaus J./Oltmer, Jochen (2003), »Zwischen Aus- und Einwanderungsland: Deutschland und die Migration seit der Mitte des 17. Jahrhunderts«, in: *Zeitschrift für Bevölkerungswissenschaft*, Jg. 28, H. 2–4, S. 263–306.

Balint, Michael (1994 [1959]), *Angstlust und Regression*, Stuttgart. Originalausgabe erschien 1959 unter dem Titel: »Thrills and Regressions«. London.

BAT-Freizeit-Forschungsinstitut, siehe Stiftung für Zukunftsfragen.

Baumann, Zygmunt (1997), *Flaneure, Spieler und Touristen. Essays zu postmodernen Lebensformen*, Hamburg.

Bausinger, Hermann (1987), »Alltag und Exotik«, in: *Europäische Welten. Europäische Phantasien. Katalog zur Ausstellung*, Stuttgart, S. 114–119.

Bausinger, Hermann (2000), *Typisch deutsch. Wie deutsch sind die Deutschen?*, München.

Bayer, Natalie/Engl, Andres/Hess, Sabine/Moser, Johannes (Hg.) (2009), *Crossing Munich. Texte zur Migration aus Kunst, Wissenschaft und Aktivismus*, München.

Beck, Ulrich (1986), *Risikogesellschaft. Auf dem Weg in eine andere Moderne*, Frankfurt am Main.

Beck, Ulrich (1997), *Was ist Globalisierung? Irrtümer des Globalismus – Antworten auf Globalisierung*, Frankfurt am Main.

Beck, Ulrich (Hg.) (2007), *Generation Global. Ein Crashkurs*, Frankfurt am Main.

Beck, Ulrich/Beck-Gernsheim, Elisabeth (1994), *Riskante Freiheiten. Individualisierung in modernen Gesellschaften*, Frankfurt am Main.

Beck, Ulrich/Beck-Gernsheim, Elisabeth (2005), *Das ganz normale Chaos der Liebe*, Frankfurt am Main.

Becker, Jens (2007), »Vorwort«, in: Katharina Zoll, *Stabile Gemeinschaften. Transnationale Familien in der Weltgesellschaft*, Bielefeld, S. 7–10.

Befus, Constance P. (1988), »A Multilevel Treatment Approach for Culture Shock Experienced by Sojourners«, in: *International Journal of Intercultural Relations*, vol. 12, no. 4, S. 381–399.

Bégnon, Théophile (1988), »Kulturschock eines Afrikaners«, in: Willi Erl/Hans Dietrich Pallmann (Hg.), *Betrifft: Zusammenarbeit. 25 Jahre Deutscher Entwicklungsdienst*, Berlin, S. 111–113.

Bellinger, Maria (2010), *Psyche auf Reisen [Abstract], XV. Symposium Reise- und Impfmedizin – Internationale Gesundheit am 7. und 8. Mai 2010 im Auswärtigen Amt*, http://www.auswaertiges-amt.de/DE/Laenderinformationen/01-Laender/Gesundheitsdienst/Symposien/XV/Uebersicht_node.html (letzter Aufruf 10.7.2015).

Bennett, Milton, J. (1986), »Towards Ethnorelativism. A Developmental Model of Intercultural Sensitivity«, in: R. M. Paige (Hg.), *Cross-cultural Orientation. New Conceptualization and Application*, Lanham, S. 27–69.

Benz, Wolfgang (1993), »Fremde in der Heimat: Flucht – Vertreibung – Integration«, in: Klaus J. Bade (Hg.), *Deutsche im Ausland – Fremde in Deutschland. Migration in Geschichte und Gegenwart*, München, S. 374–386.
Benz, Wolfgang (1995), *Die Vertreibung der Deutschen aus dem Osten. Ursachen, Ereignisse, Folgen*, Frankfurt am Main.
Berg, Helmut (1992), »Unternehmen unterschätzen Umzugsstress«, in: *Personalwirtschaft*, Nr. 7, S. 22–24.
Bergemann, Niels/Sourisseaux, Andreas (Hg.) (1996), *Interkulturelles Management*, Heidelberg.
Berger, Peter L. (1977), *Einladung zur Soziologie. Eine humanistische Perspektive*, München.
Berger, Peter L./Berger, Brigitte/ Kellner, Hansfried (Hg.) (1975), Das Unbehagen in der Modernität, Frankfurt am Main.
Bertram, Hans/Bujard, Martin/Rösler, Wiebke (2011), »Rushhour des Lebens: Geburtenaufschub, Einkommensverläufe und familienpolitische Perspektiven«, in: *Journal für Reproduktivmedizin und Endokrinologie* 2, 91–99.
Bertram, Jutta (1995), *Arm, aber glücklich. Wahrnehmungen im Ferntourismus und ihr Beitrag zum (Miss-)Verstehen der Fremde(n)*, Hamburg.
Binder, Beate (2008), »Heimat als Begriff der Gegenwartsanalyse? Gefühle der Zugehörigkeit und soziale Imaginationen in der Auseinandersetzung um Einwanderung«, in: *Zeitschrift für Volkskunde*, Jg. 104, 1. Halbjahresband, Münster, S. 1–18.
Binder, Beate (2010), »Beheimatung statt Heimat. Translokale Perspektiven auf Räume der Zugehörigkeit«, in: Manfred Seifert (Hg): *Zwischen Emotion und Kalkül. »Heimat« als Argument im Prozess der Moderne*, Göttingen, S. 189–204.
Binder, Jana (2005), *Globality. Eine Ethnografie über Backpacker*, Münster.
Bittner, Andreas (1996), »Der zweite Kulturschock kommt bestimmt«, in: *Deutsche Gesellschaft für Personalführung. Personalführung plus*, S. 40–42.
Bittner, Andreas (2000), »Unternehmen unterschätzen Kulturunterschiede«, in: *Personalwirtschaft*, Nr. 5, S. 22–29.
Bittner, Andreas/Reisch, Bernhard (1994), *Interkulturelles Personalmanagement. Internationale Personalentwicklung, Auslandsentsendungen, interkulturelles Training*, Wiesbaden.
Black, J. Stewart/Gregersen, H. B. (1991), »The Other Hall of the Picture. Antecedents of Spouses' Cross-Cultural Adjustment«, in: *Journal of international Business Studies*, vol. 22, no. 3, S. 461–477.
Bock, Phillip (1970), *Culture Shock*, New York.
Bönisch-Brednich, Brigitte (2003), *Auswandern. Destination Neuseeland. Eine ethnografische Migrationsstudie*, Berlin.
Bönisch-Brednich, Brigitte (2007), »Migrants of choice. Liminalität in transnationalen Lebenswelten«, in: Thomas Hengartner/Johannes Moser (Hg.), *Grenzen und Differenzen – Zur macht sozialer und kultureller Grenzziehungen. 35. Kongress der*

Deutschen Gesellschaft für Volkskunde, 25.–28. September 2005 in Dresden, Dresden, S. 461–469.

Bonß, Wolfgang/Kesselring, Sven/Weiß, Anja (2004), »Society on the move«. Mobilitätspioniere in der zweiten Moderne«, in: Ulrich Beck/Christoph Lau (Hg.), *Entgrenzung und Entscheidung*, Frankfurt am Main, S. 258–280.

Boomers, Sabine (2004), *Reisen als Lebensform*, Frankfurt am Main.

Boomers, Sabine (2006), »It's a No-mad Nomad World. Bruce Chatwin als Protagonist okzidentaler Mobilitätslust«, in: Winfried Gebhardt/Ronald Hitzler (Hg.): *Nomaden, Flaneure, Vagabunden*, Wiesbaden, S. 51–64.

Bourdieu, Pierre (1982), *Die feinen Unterschiede. Kritik der gesellschaftlichen Urteilskraft*, Frankfurt am Main.

Bourdieu, Pierre (1983), »Ökonomisches Kapital, kulturelles Kapital, soziales Kapital«, in: Reinhard Kreckel (Hg.), *Soziale Ungleichheiten. Soziale Welt Sonderband 2*, Göttingen, S. 183–198.

Brednich, Rolf W. (2001), *Grundriß der Volkskunde. Einführung in die Forschungsfelder der Europäischen Ethnologie*, Berlin.

Bröckling, Ulrich (2007), *Das unternehmerische Selbst. Soziologie einer Subjektivierungsform*, Frankfurt am Main.

Brose, Hans-Georg (2003), »Die Subversion der Institution – Über Riesters Rente, lebenslanges Lernen und andere Kleinigkeiten«, in: Jutta Allmendinger (Hg.), *Entstaatlichung und soziale Sicherheit. Verhandlungen des 31. Kongresses der Deutschen Gesellschaft für Soziologie in Leipzig 2002*, Teil 1, Opladen, S. 583–603.

Brüch, Andreas (2001), *Kulturelle Anpassung deutscher Unternehmensmitarbeiter bei der Auslandsentsendung*, Frankfurt am Main.

Bujard, Martin/Panova, Ralina: »Rushhour des Lebens«. Bundeszentrale für politische Bildung, http://www.bpb.de/politik/innenpolitik/familienpolitik/197927/rushhour-des-lebens?p=all (zuletzt eingesehen am 10.7.2015).

Bundesagentur für Arbeit (2006); *Uni Magazin. Rückkehr aus dem Ausland. Fremdes Zuhause*, Nr. 2.

Bundesinstitut für Bevölkerungsforschung, http://www.bib-demografie.de (letzter Aufruf 10.7.2015).

Caroll, Lewis (1963 [1871], *Alice im Wunderland*, Frankfurt am Main.

Clausen, Jens Jürgen (2006), *Vom Verlust des Selbst in der Fremde. Eine Studie über das Reisen anhand biographischer Texte*, Hamburg.

Clausen, Jens Jürgen (2008), »Krise in der Ferne. Zu Risiken und Nebenwirkungen des Reisens«, in: *Psychologie heute*, 5, S. 50–52.

Collenberg, Dominikus (2004), »Erst die Arbeit im Ausland – und dann?«, in: *Dedbrief*, 1, S. 12–14.

Conratus, Bernadette (1984), »Michel scheut das Risiko. Deutsche Manager im Ausland«, in: *Wirtschaftswoche*, Nr. 46, 9.11.1984, S. 52–73.

De Botton, Alain (2002), *Kunst des Reisens*, Frankfurt am Main.

De Verthelyi, Frank (1995), »International Student's Spouses. Invisible Sojourners in the Culture Shock Literature«, in: *International Journal of Intercultural Relations*, vol. 19, no. 30, S. 387–411.

Deller, Jürgen/Ones, Deniz S./Dilchert, Stephan/Albrecht, Anne-Grit/Paulus, Frieder (2012), *Leben und Arbeiten im Ausland – welche psychologischen Faktoren lassen internationale berufliche Entsendungen zum Erfolg werden? XVII. Symposium Reise- und Impfmedizin – Internationale Gesundheit – im Auswärtigen Amt. Berlin, 20. und 21. April 2012,* http://www.auswaertiges-amt.de/cae/servlet/contentblob/614842/publicationFile/167075/Abstract_Deller.pdf (letzter Aufruf 10.7.2015).

Deutsche Presse-Agentur (DPA) (2013a), »121 Flüchtlinge erreichen griechische Insel«, in: *Sonntag Aktuell,* 18.8.2013, Politik, S. 3.

Deutsche Presse-Agentur (DPA) (2013b), »Die ›Generation Mitte‹ sagt: Bloß kein Risiko«, in: *Stuttgarter Zeitung,* 29.8.2013, S. 7.

Deutsches Institut für Wirtschaftsforschung (DIW) (2008), »›Goodbye Deutschland‹? DIW-Studie zu Auswanderung«, *Pressemitteilung vom 29.1.2008,* http://www.diw.de/de/diw_01.c.100319.de/presse/pressemitteilungen/pressemitteilungen.html?id=diw_01.c.78648.de (letzter Aufruf 10.7.2015).

Deutsches Institut für Wirtschaftsforschung (DIW) (2010), » Deutsche Akademiker zieht es ins Ausland – aber nur auf Zeit«, *Pressemitteilung vom 15.9.2010,* http://www.diw.de/de/diw_01.c.100319.de/presse/pressemitteilungen/pressemitteilungen.html?id=diw_01.c.361192.de (letzter Aufruf 10.7.2015).

Dobenbeck, Florian von (2010), *Mobile Eliten. Deutsche Entsandte und ihre Familien in São Paulo,* Marburg.

Dobler, Ingrid/von Groll, Maren (2002), »Die Deutschen in Mexiko – ein Beispiel für eine moderne Diaspora?«, in: Alois Moosmüller (Hg.), *Interkulturelle Kommunikation in der Diaspora,* Münster, S. 113–128.

ECA International (2012), *Managing Mobility Survey,* http://www.eca-international.com/shop/policy_and_salary_benchmarking/managing_mobility_survey und http://www.eca-international.com/news/articles/7718/Managing_the_complex_world_of_mobility (letzter Aufruf 10.7.2015).

Ehrenberg, Alain (2011), *Das erschöpfte Selbst. Depression und Gesellschaft in der Gegenwart,* Berlin.

Elias, Norbert/Scotson, John L. (2013), *Etablierte und Außenseiter,* Sinzheim.

Erlinghagen, Marcel/Stegmann, Tim (2009), *Goodbye, Germany – und dann? Erste Ergebnisse einer Pilotstudie zur Befragung von Auswanderern aus Deutschland,* Deutschen Institut für Wirtschaftsforschung (DIW), http://www.diw.de/sixcms/detail.php?id=diw_02.c.236612.de (letzter Aufruf 10.7.2015).

Ette, Andreas/Sauer, Leonore (2010), *Abschied vom Einwanderungsland Deutschland? Die Migration Hochqualifizierter im europäischen und internationalen Vergleich.* Policy Paper im Auftrag der Bertelsmann-Stiftung, Gütersloh.

Expat News GmbH (o. D.), *Expatriate-Studie weltweit,* http://www.expat-news.com/studien_umfragen/expatriate-studie-weltweit (letzter Aufruf 10.7.2015).

Fendl, Elisabeth/Löffler, Klara (1995), »Die Reise im Zeitalter ihrer technischen Reproduzierbarkeit. Zum Beispiel Diaabend«, in: Christiane Cantauw (Hg.), *Arbeit, Freizeit, Reisen. Die feinen Unterschiede im Alltag. 3. Arbeitstagung der DGV-Kommission Tourismusforschung vom 23.–25. März 1994*, Münster, S. 55–68.

Fennes, Helmut/Hapgood, Karen (1997), *Intercultural Learning in the Classroom – Crossing Borders*, London.

Flick, Uwe/von Kardorff, Ernst/Keupp, Heiner/von Rosenstiel, Lutz/Wolff, Stephan (Hg.) (1995), *Handbuch Qualitative Sozialforschung. Grundlagen, Konzepte, Methoden und Anwendungen*, Weinheim.

Friebe, Holm/Lobo, Sascha (2006), *Wir nennen es Arbeit. Die digitale Boheme oder Intelligentes Leben jenseits der Festanstellung*, München.

Friedrichs, Julia (2015), »Entschleunigung. Die Welt ist mir zuviel«, in: *Zeitmagazin* Nr. 1, 8. Januar 2015.

Friedrichs, Jürgen (1980), *Methoden empirischer Sozialforschung*, Braunschweig.

Fritz, Johannes (1982), *Wiedereingliederung höherer Führungskräfte nach einem Auslandseinsatz*, Mannheim.

Gaugler, Eduard (1989), »Repatriierung von Stammhausdelegierten«, in: Klaus Macharzina/Martin Welge: *Handwörterbuch Export und internationale Unternehmung*, Stuttgart, S. 1937–1951.

Gebhardt, Winfried/Hitzler, Ronald (Hg.) (2006), *Nomaden, Flaneure, Vagabunden. Wissensformen und Denkstile der Gegenwart*, Wiesbaden.

Gebhardt, Winfried/Hitzler, Ronald/Schnetter, Bernt (2006), »Einleitung«, in: Winfried Gebhardt/Ronald Hitzler (Hg.), *Nomaden, Flaneure, Vagabunden. Wissensformen und Denkstile der Gegenwart*, Wiesbaden, S. 9–22.

Geertz, Clifford (1987), *Dichte Beschreibung. Beiträge zum Verstehen kultureller Systeme*, Frankfurt am Main.

Geissler, Birgit/Oechsle, Mechthild (1994), »Lebensplanung als Konstruktion: Biographische Dilemmata und Lebenslauf-Entwürfe junger Frauen«, in: Ulrich Beck/Elisabeth Beck-Gernsheim (Hg.), *Riskante Freiheiten*, Frankfurt am Main.

GGRG Aktuell 02/2005, *Handreichung für Rückkehrer*, http://www.gtz.de/rueck kehrforum.de (letzter Aufruf am 30.9.2013).

Götz, Irene (2013), »Prekär und flexibilisiert. Postfordistische Arbeit als Herausforderung für gutes Leben und gesellschaftliche Werteordnung«, in: *Theologisch-praktische Quartalschrift*, 161/4, S. 380–390.

Götz, Irene (2015), »Fordismus und Postfordismus als Leitvokabeln gesellschaftlichen Wandels«, in: dies./Johannes Moser/Moritz Ege/Burkhardt Lauterbach (Hg.): *Europäische Ethnologie in München. Ein kulturwissenschaftlicher Reader*, Münster, S. 25–51.

Götz, Irene/Lemberger, Barbara (2009), »Prekär leben, prekär arbeiten. Einige Überlegungen zur Einführung«, in: dies. (Hg.), *Prekär leben, prekär arbeiten. Kulturwissenschaftliche Perspektiven auf ein gesellschaftliches Phänomen*, Frankfurt am Main, S. 7–28.

Götz, Irene/Lemberger, Barbara/Lehnert, Katrin/Schondelmayer, Sanna (Hg.) (2010), *Mobilität und Mobilisierung. Arbeit im sozioökonomischen, politischen und kulturellen Wandel*, Frankfurt am Main.

Greverus, Ina Maria (1995), *Die Anderen und Ich – Vom Sich Erkennen, Erkannt- und Anerkanntwerden*. Kulturanthropologische Texte, Darmstadt.

Grinberg, Leon/Grinberg, Rebeca (1989), *Psychoanalytic Perspectives on Migration and Exile*, New Haven.

Gross, Petra (1994), *Die Integration der Familie beim Auslandseinsatz von Führungskräften – Möglichkeiten und Grenzen international tätiger Unternehmen*. Dissertation Nr. 1599, Hallstadt.

Grundmann, Jan (2011), »Wenn Norbert sich plötzlich für Messias hält«, in: *news.de*, 14.6.2011, http://www.news.de/panorama/855187361/wenn-norbert-sich-ploetzlich-fuer-messias-haelt/1/ (letzter Aufruf 4.8.2015).

Gullahorn, John T./Gullahorn, Jeanne E. (1963), »An Extension of the U-Curve Hypothesis«, in: *Journal of Social Issues*, Nr. 3, S. 33–47.

Günther, Armin (1998), Reisen als ästhetisches Projekt, in: Hans A. Hartmann/Rolf Haubl (Hg.), *Freizeit in der Erlebnisgesellschaft. Amüsement zwischen Selbstverwirklichung und Kommerz*, Wiesbaden.

Hall, Stuart (2004), *Rassismus und kulturelle Identität*. Ausgewählte Schriften 2, Hamburg.

Hannerz, Ulf (1990), »Cosmopolitans and Locals in World Culture«, in: Mike Featherstone (Hg.), *Global Culture. Nationalism, Globalisation and Modernity*, London, S. 237–251.

Henning, Christoph (1999), *Reiselust. Touristen, Tourismus und Urlaubskultur*, Frankfurt am Main.

Herlyn, Gerrit/Müske, Johannes/Schönberger, Klaus/Sutter, Ove (Hg.) (2009), *Arbeit und Nicht-Arbeit. Entgrenzungen und Begrenzungen von Lebensbereichen und Praxen. Beiträge zur ethnografischen Arbeitskulturenforschung*, München.

Hermanns, Harry (2000), »Interviewen als Tätigkeit«, in: Uwe Flick/Ernst von Kardorff/Ines Steinke (Hg.), *Qualitative Forschung. Ein Handbuch*, Hamburg, S. 360–368.

Hermeking, Marc (2001), *Kulturen und Technik. Techniktransfer als Arbeitsfeld der Interkulturellen Kommunikation*. Münchner Beiträge zur Interkulturellen Kommunikation, Band 10, Münster.

Hess, Sabine (2000), »Transkulturelle Kontakte im Rahmen einer neuen sozialen Bewegung zwischen ethnisierenden Blicken und der Entwicklung hybrider Identitäten«, in: Rainer Alsheimer/Alois Moosmüller/Klaus Roth (Hg.), *Lokale Kulturen in einer globalisierenden Welt*. Münchner Beiträge zur Interkulturellen Kommunikation 9, Münster.

Hess, Sabine (2004), »Transnationalisierung und kulturanthropologische Migrationsforschung«, in: *Österreichische Zeitschrift für Geschichtswissenschaft*, Nr. 15, S. 145–155.

Hess, Sabine (2005), *Globalisierte Hausarbeit. Au-pair als Migrationsstrategie von Frauen aus Osteuropa*, Wiesbaden.

Hess, Sabine/Kasparek, Bernd (Hg.) (2010), *Grenzregime. Diskurse, Praktiken, Institutionen in Europa*, Berlin.

Hess, Sabine/Moser, Johannes (Hg.) (2003), *Kultur der Arbeit – Kultur der neuen Ökonomie. Kulturwissenschaftliche Beiträge zu neoliberalen Arbeits- und Lebenswelten*. Kuckuck. Notizen zur Alltagskultur Sonderband 4, Graz.

Hess, Sabine/Moser, Johannes/Binder, Jana (Hg.) (2009), *No integration. Kulturwissenschaftliche Beiträge zu Fragen von Migration und Integration in Europa*, Bielefeld.

Hess, Sabine/Schwertl, Maria (Hg.) (2010), *München migrantisch – migrantisches München. Ethnografische Erkundungen in globalisierten Lebenswelten*, München.

Heuß, Sabine (2009), *Karrierek(n)ick Auslandsentsendung? Eine empirische Untersuchung über die Karriereentwicklung von ehemaligen Auslandsentsandten*, Bonn.

Hildebrandt-Woeckel, Sabine (2006), »Geschäfte in der Gefahrenzone«, in: *Süddeutsche Zeitung*, Nr. 11, 14./15. Januar, S. 13.

Hillmann, Julika/Fliege, Herbert/Rüger, Heiko/Ruppenthal, Silvia/Schneider, Norbert F./Bellinger, Maria M. (2013), »Weltweit im Einsatz. Kinder von Beschäftigten im Auswärtigen Dienst und ihre Bewältigung der internationalen Entsendemobilität«, in: *Frühe Kindheit*, 3, S. 26–33.

Hirsch, Klaus (1992), »Die Reintegration von Mitarbeitern«, in: Niels Bergemann/Andreas Sourisseaux (Hg.), *Interkulturelles Management*, Heidelberg, S. 285–298.

Hitzler, Ronald (1994), »Sinnbasteln – Zur subjektiven Aneignung von Lebensstilen«, in: Ingo Mörth/Gerhard Fröhlich (Hg.), *Das symbolische Kapital der Lebensstile – Zur Kultursoziologie der Moderne nach Pierre Bourdieu*, Frankfurt am Main/New York.

Hitzler, Ronald/Honer, Anne (1994), »Bastelexistenz. Über subjektive Konsequenzen der Individualisierung«, in: Ulrich Beck/Elisabeth Beck-Gernsheim, *Riskante Freiheiten*, Frankfurt am Main.

Hochschild, Arlie (1969), »The Role of the Ambassador's Wife: An Exploratory Study«, in: *Journal of Marriage and Family*, 31, 1, S. 73–87.

Hochschild, Arlie Russel (2000), »Kapitalismus, Zeitdruck und die Rationalisierung der privat verfügbaren Zeit«, in: Krzysztof Michalski (Hg.), *Am Ende des Millenniums. Zeit und Modernitäten*, Stuttgart, S. 180–203.

Hochschild, Arlie Russell (2002), *Keine Zeit. Wenn die Firma zum Zuhause wird und zu Hause nur Arbeit wartet*, Opladen.

Hochschild, Arlie Russell (2006), *Das gekaufte Herz. Die Kommerzialisierung der Gefühle*, Frankfurt am Main.

Hoffmann, Maren (2011), »Angst ist ein Freund des Menschen«, in: *Manager Magazin online*, 28. 3. 2011, http://www.manager-magazin.de/lifestyle/leute/a-752969.html (letzter Aufruf 30. 7. 2015).

Hofstede, Geert (2001), *Lokales Denken, globales Handeln. Interkulturelle Zusammenarbeit und globales Management*, München.

Hopf, Christel (2000), »Qualitative Interviews – ein Überblick«, in: Uwe Flick/ Ernst von Kardorff/Ines Steinke (Hg.), *Qualitative Forschung. Ein Handbuch*, Hamburg, S. 349–360.

Horn, Sandra (1997), *Reintegration von Expatriates. Analyse der Reintegrationsproblematik und Möglichkeiten der Ausschöpfung vorhandener Potentiale aus wirtschaftspädagogischer Perspektive*. Diplomarbeit an der Wirtschafts- und Sozialwissenschaftlichen Fakultät der Universität Köln, Köln.

Hoyle, R. H./Stephenson, M. T./Palmgreen, P./Lorch, E. P./Donohew, R. L. (2002), »Reliability and Validity of a Brief Measure of Sensation Seeking«, in: *Personality and Individual Differences*, 32, S. 401–414.

Huber, Birgit (2012), *Arbeiten in der Kreativindustrie. Eine multilokale Ethnografie der Entgrenzung von Arbeits- und Lebenswelt*, Frankfurt am Main.

Hugo, Graeme (2013), *New Trends in Migration. 46th Session Commission on Population and Development, United Nations, New York 22.–26. April 2013*, http://www. un.org/en/development/desa/population/commission/previous-sessions/2013/ (zuletzt eingesehen am 10.7.2015).

Illouz, Eva (2011), *Warum Liebe weh tut*, Berlin.

Illouz, Eva (2012), *Gefühle in Zeiten des Kapitalismus*, 4. Aufl., Frankfurt am Main.

Institut für Demoskopie Allensbach (2007), *Auswandern? Jeder Dritte der Unter-30-Jährigen spielt mit diesem Gedanken*. Allensbacher Berichte 2007/14, http:// www.ifd-allensbach.de/uploads/tx_reportsndocs/prd_0714.pdf (letzter Aufruf 10.7.2015).

Jacobsen, Jens K. S. (2003), »The Tourist Bubble and the Europeanisation of Holiday Travel«, in: *Journal of Tourism and Cultural Change*, 1, S. 71–87.

Jeggle, Utz (1988), »Deutung des Fremden in und um uns«, in: Ina-Maria Greverus/ Konrad Köstlin/Heinz Schilling (Hg.), *Kulturkontakt Kulturkonflikt. Zur Erfahrung des Fremden*, Band 1, Frankfurt am Main, S. 89–98.

»Jerusalem-Syndrom stellt Forscher vor Rätsel«, in: *Die Welt* (19.6.2008), http:// www.welt.de/wissenschaft/article2122620/Jerusalem-Syndrom-stellt-Forscher-vor-Raetsel.html (zuletzt eingesehen am 10.7.2015).

Johler, Reinhard/Matter, Max/Zinn-Thomas, Sabine (Hg.) (2011), *Mobilitäten. Europa in Bewegung als Herausforderung kulturanalytischer Forschung*, Münster.

Jordan, Peter (1992), *Re-Entry – Making the Transition from Missions to Life*, Seattle.

Jumpertz, Sylvia (2002), *Rückkehr ins Ungewisse*. Manager Seminare, Heft 57, S. 92–101.

Justen-Horsten, Agnes (2004), »Heute hier – morgen fort. Psychologische Aspekte berufsbedingter Mobilität«, in: *Zeitschrift Report Psychologie*, 5, S. 310–315.

Kammel, Andreas/Teichelmann, Dirk (1994), *Internationaler Personaleinsatz*, München.

Karle, Roland (2004), »Mythos Jobnomade: Zu Hause ist es doch am schönsten«, *Spiegel Online*, 13.10.2004, http://www.spiegel.de/unispiegel/jobundberuf/

mythos-jobnomade-zu-hause-ist-es-doch-am-schoensten-a-322700.html (letzter Aufruf 10. 7. 2015).

Kartarı, Asker (1997), *Deutsch-türkische Kommunikation am Arbeitsplatz. Ein Beitrag zur interkulturellen Kommunikation zwischen türkischen Mitarbeitern und deutschen Vorgesetzten in einem deutschen Industriebetrieb*, Münster.

Kaschuba, Wolfgang (2003), *Einführung in die Europäische Ethnologie*, München.

Kaufmann, Vincent/Bergman, Manfred Max/Joye, Dominique (2004), »Motility: Mobility as Capital«, in: *International Journal of Urban and Regional Research*, Jg. 28, H. 4, S. 745–756.

Kealey, Daniel J. (1996), »The Challenge of International Personnel Selection«, in: Dan Landis/Rabi Bhagat (Hg.), *Handbook of Intercultural Training*, Thousand Oaks, S. 81–105.

Kenter, Michael/Welge, Martin (1983), »Die Reintegration von Stammhausdelegierten – Ergebnisse einer explorativen empirischen Untersuchung«, in: Eberhard Dülfer, *Personelle Aspekte im internationalen Management*, Berlin, S. 174–189.

Kerber, Bärbel (2004), »Auswandern. Nichts wie weg – der Traum vom Leben im Ausland«, in: *Psychologie heute*, Nr. 10, Oktober, S. 48–51.

Kesselring, Sven (2003), »Bewegliche Identitäten«, in: *Der Durchblick*, Nr. 3, S. 8–11.

Kesselring, Sven/Vogl, Gerlinde (2010), *Betriebliche Mobilitätsregime. Die sozialen Kosten mobiler Arbeit*, Berlin.

Keupp, Heiner (1997), »Diskursarena Identität. Lernprozesse in der Identitätsforschung«, in: Heiner Keupp/Renate Höfer (Hg.), *Identitätsarbeit heute. Klassische und aktuelle Perspektiven der Identitätsforschung*, Frankfurt am Main.

Keupp, Heiner (2006), *Identitätskonstruktionen. Das Patchwork der Identität in der Spätmoderne*, Hamburg.

Keupp, Heiner/Ahbe, Thomas/Gemür, Wolfgang/Höfer, Renate/Mitzscherlich, Beate/Kraus, Wolfgang/Strauss, Florian (Hg.) (2002), *Indentitätskonstruktionen – Das Patchwork der Identitäten in der Spätmoderne*, Reinbek bei Hamburg.

Kim, Young Yun (1985), »Intercultural Personhood: An Integration of Eastern and Western Perspektives«, in: L. A. Samovar/R. E. Porter (Hg.), *Intercultural communication: A reader*, Belmont.

Kleemann, Frank/Matuschek, Ingo/Voß, G. Günter (2002), »Subjektivierung von Arbeit. Ein Überblick zum Stand der soziologischen Diskussion«, in: Manfred Moldaschl/G. Günter Voß (Hg.), *Subjektivierung von Arbeit*, München, S. 53–100.

Klemm, Matthias/Popp, Michael (2006), »Nomaden wider Willen: Der Expatriate als Handlungstypus zwischen Alltagswelt und objektiver Zweckbestimmung«, in: Winfried Gebhardt/Ronald Hitzler, *Nomaden, Flaneure, Vagabunden*, Wiesbaden, S. 126–139.

Kleßmann, Christoph (1978), *Polnische Bergarbeiter im Ruhrgebiet 1870–1945. Soziale Integration und nationale Subkultur einer Minderheit in der deutschen Industriegesellschaft*, Göttingen.

Kokot, Waltraut (2002), »Diaspora – Ethnologische Forschungsansätze«, in: Alois Moosmüller (Hg.), *Interkulturelle Kommunikation in der Diaspora. Die kulturelle Gestaltung von Lebens- und Arbeitswelten in der Fremde*, Münster, S. 29–40.

Korff, Gottfried (2000), »Ein paar Worte zur Dingbedeutsamkeit«, in: *Kieler Blätter zur Volkskunde*, 32, S. 21–33.

Köstlin, Konrad (1991), »Souvenir. Das kleine Geschenk als Gedächtnisstütze«, in: Wolfgang Alber/Hermann Bausinger/Eckart Frahm/Gottfried Korff (Hg.), *Übriges. Kopflose Beiträge zu einer volkskundlichen Anatomie*, Tübingen, S. 131–141.

Kraemer, Monika (2008), »Expatriates und ihre Communities. Eine konzeptionelle Neupositionierung am Beispiel deutscher und japanischer Elite-Migration«, in: Gisella Vorderobermaier/Michaela Wolf (Hg.), *Meine Sprache grenzt mich ab. Transkulturalität und kulturelle Übersetzung im Kontext von Migration*, Wien, S. 225–248.

Krammer, Annemarie/Oberndorfer, Claudia (2001), *Einsatz danach. Die Rolle der RückkehrerInnen in der österreichischen Gesellschaft*, Wien.

Kreutzer, Florian (2006), »Becoming an Expatriate. Die transnationale Karriere eines dual-career couple«, in: Florian Kreutzer/ Silke Roth (Hg.), *Transnationale Karrieren. Biographien, Lebensführung und Mobilität*, Wiesbaden, S. 34–63.

Kreutzer, Florian/Roth, Silke (Hg.) (2006), *Transnationale Karrieren. Biografien, Lebensführung und Mobilität*, Wiesbaden.

Kühlmann, Torsten (1995), *Mitarbeiterentsendung ins Ausland. Auswahl, Vorbereitung, Betreuung und Wiedereingliederung*, Göttingen.

Kühlmann, Torsten/Stahl, Günter (1995), »Die Wiedereingliederung von Mitarbeitern nach einem Auslandseinsatz: Wissenschaftliche Grundlagen«, in: Torsten Kühlmann, *Mitarbeiterentsendung ins Ausland. Auswahl, Vorbereitung, Betreuung und Wiedereingliederung*, Göttingen, S. 177–215.

Lamnek, Siegfried (1993), *Qualitative Sozialforschung. Methoden und Techniken*, Band 2, Weinheim.

Lamnek, Siegfried (1995), *Qualitative Sozialforschung. Methoden und Techniken*, Band 1, Weinheim.

Leggewie, Claus (2001), »Gibt es eine transnationale Bürgergesellschaft?«, in: ders./R. Münch (Hg.), *Politik im 21. Jahrhundert*, Frankfurt am Main, S. 458–479.

Lehmann, Albrecht (1983), *Erzählstruktur und Lebenslauf. Autobiographische Untersuchungen*, Frankfurt am Main.

Lehmann, Albrecht (1993), *Im Fremden ungewollt zuhaus. Flüchtlinge und Vertriebene in Westdeutschland 1945–1990*, München.

Lentz, Brigitta (1989), »Der polyglotte Supermann«, in: *Manager-Magazin*, 5, S. 257–270.

Lévi-Strauss, Claude (1968), *Das wilde Denken*, Frankfurt am Main.

Liebau, Elisabeth/Schupp, Jürgen (2010), »Auswanderungsabsichten: Deutsche Akademiker zieht es ins Ausland – jedoch nur auf Zeit« in: Deutsches Institut für Wirtschaftsforschung. Wochenbericht, Jg. 77, Nr. 37 (15. Sept. 2010), http://

www.diw.de/documents/publikationen/73/diw_01.c.361104.de/10-37.pdf (letzter Aufruf 10. 7. 2015).

Lindner, Rolf (1989), »Kulturelle Randseiter. Vom Fremdsein und Fremdwerden«, in: Christian Giordano/Werner Schiffauer/Heinz Schilling/Gisela Welz/Marita Zimmermann, *Kultur anthropologisch. Eine Festschrift für Ina-Maria Greverus*, Frankfurt am Main, S. 15–28.

Löbsack, Lilli (2004), »Rückkehrerinnen und Rückkehrer – ein unentbehrliches Potenzial des DED«, in: *DED-Brief. Zeitschrift des Deutschen Entwicklungsdienstes: »Rückkehr und die Zeit danach«*, Heft 1, März, S. 7–9.

Löfgren, Orvar (2009), »Reise-Fieber«, in: Johannes Moser/Daniella Seidl, *Dinge auf Reisen. Materielle Kultur und Tourismus*. Münchner Beiträge zur Volkskunde 38, Münster, S. 25–51.

Löwer, Chris (2005), »Gefährliche Schmeichelattacke«, in: *Süddeutsche Zeitung*, 29. 10. 2005, Rubrik: Job & Karriere.

Lucke, Doris (1990), »Eine Ehescheidung als Kristallisationskern geschlechtsspezifischer Ungleichheit. Das Beispiel einer ›verrechtlichten‹ Statuspassage im weiblichen Lebenslauf«, in: Peter A. Berger/Stefan Hradil (Hg.), *Lebenslagen, Lebensläufe, Lebensstile*. Soziale Welt, Sonderband 7, Göttingen, S. 363–385.

Ludwig, Sabine (2003), *DED-Brief. Zeitschrift des Deutschen Entwicklungsdienstes. 40 Jahre DED*, Heft 2, Juni, S. 3.

Malanowski, Anja (1993), »Im Ausland dreht sich das Leben schneller«, in: *GTZ-Intern*, 7, S. 3.

Maletzke, Gerhard (1996), *Interkulturelle Kommunikation. Zur Interaktion zwischen Menschen aus verschiedenen Kulturen*, Opladen.

Marquardt-Harrison, Ruth (2001), *Psychologische Untersuchung zur Bewältigung von Auswanderung*, Frankfurt am Main.

Marx, Elisabeth (1999), *Breaking Through Culture Shock. What You Need to Succeed in International Business*, London.

Mayring, Philipp (1983), *Qualitative Inhaltsanalyse. Grundlagen und Techniken*, Weinheim.

McLuhan, Marshall (1995), *The Global Village. Der Weg der Mediengesellschaft in das 21. Jahrhundert*, Paderborn.

Meiborg, Mounia (2011), »Das Jerusalem-Syndrom«, in: *Der Tagesspiegel*, 26. 12. 2011, http://www.tagesspiegel.de/weltspiegel/gesundheit/heilige-krankheit-das-jerusalem-syndrom/5992492.html (zuletzt eingesehen am 10. 7. 2015).

Meier-Dörzenbach, Christiane (2008), *Die erfolgreiche Reintegration von Expatriates. Motivationale und organisationale Einflussfaktoren*, Hamburg.

Mohrmann, Ruth-E. (1991), »Dingliche Erinnerungskultur im privaten Bereich«, in: Brigitte Bönisch-Brednich/Rolf W. Brednich/Helge Gerndt (Hg.), *Erinnern und Vergessen. Vorträge des 27. Deutschen Volkskundekongresses Göttingen 1989*, Göttingen, S. 209–217.

Moldaschl, Manfred/Voß, G. Günter (Hg) (2002), *Subjektivierung von Arbeit*, München.

Moosmüller, Alois (1996), »Interkulturelle Kompetenz und interkulturelle Kenntnisse. Überlegungen zu Ziel und Inhalt im auslandsvorbereitenden Training«, in: Klaus Roth (Hg.), *Mit der Differenz leben*. Münchner Beiträge zur Interkulturellen Kommunikation 1, München, S. 271–290.

Moosmüller, Alois (1997), *Kulturen in Interaktion. Deutsche und US-amerikanische Firmenentsandte in Japan*. Münchner Beiträge zur interkulturellen Kommunikation, Band 4, Münster.

Moosmüller, Alois (2002), *Interkulturelle Kommunikation in der Diaspora. Die kulturelle Gestaltung von Lebens- und Arbeitswelten in der Fremde*, Münster.

Moosmüller, Alois (2007a), »Deutsche Expatriates in Japan«, in: Thorsten Kühlmann/Bernd Müller-Jacquier (Hg.), *Deutsche in der Fremde*, Bayreuth, S. 199–218.

Moosmüller, Alois (2007b), *Interkulturelle Kommunikation. Konturen einer wissenschaftlichen Disziplin*, Münster, S. 13–51.

Moosmüller, Alois (Hg.) (2009), *Konzepte kultureller Differenz*. Münchener Beiträge zur Interkulturellen Kommunikation, Band 22, Münster.

Moser, Johannes/Seidl, Daniella (2009), *Dinge auf Reisen. Materielle Kultur und Tourismus*. Münchner Beiträge für Volkskunde 38, Münster.

Moser-Weithmann, Brigitte (2002), »Familien deutscher Entsandter in Istanbul. Alltagsleben und Beziehungen zur türkischen Bevölkerung«, in: Alois Moosmüller (Hg.), *Interkulturelle Kommunikation in der Diaspora. Die kulturelle Gestaltung von Lebens- und Arbeitswelten in der Fremde*, Münster, S. 143–164.

Müller, Stefan (1991), *Die Psyche des Managers als Determinante des Exporterfolges. Eine kulturvergleichende Untersuchung zur Auslandsorientierung von Managern aus sechs Ländern*, Stuttgart.

Oberg, Kalvero (1960), »Culture Shock. Adjustment to New Cultural Environments«, in: *Practical Anthropology*, 7, S. 177–182.

Oberg, Kalvero (1974), »Der Kulturschock und das Problem der Anpassung an eine neue kulturelle Umgebung«, in: Theodor Leuenberger/M. Kulessa (Hg.), *Basisinformationen für Entwicklungshelfer*, Zürich, S. 132–140.

Pander, Christine (2006), »*Fremd ist der Fremde nur in der Fremde?*« *Erfahrungen von Auslandsentsandten nach ihrer Rückkehr ins Heimatland*. Unveröffentlichte Magisterarbeit, eingereicht am Institut für Volkskunde/Europäische Ethnologie an der Ludwig-Maximilians-Universität München.

Pollock, David C./van Reken, Ruth E. (1999), *The Third Culture Kid Experience – Growing up among Worlds*, Yarmouth.

Pöttler, Burkhard (2009), »Der Urlaub im Wohnzimmer«, in: Johannes Moser/Daniella Seidl (Hg.), *Dinge auf Reisen. Materielle Kultur und Tourismus*, Münster, S. 119–135.

Pries, Ludger (2001), *Internationale Migration*, Bielefeld.

Pries, Ludger (2007), *Die Transnationalisierung der sozialen Welt. Sozialräume jenseits von Nationalgesellschaften*, Frankfurt am Main.

Prognos AG (2007), *Gründe für die Auswanderung von Fach- und Führungskräften aus Wirtschaft und Wissenschaft. In Auftrag gegeben vom Bundesministerium für Wirtschaft und Technologie*, Berlin.

Raeithel, Gert (1981), »*Go West*«. *Ein psychohistorischer Versuch über die Amerikaner*, Frankfurt am Main.

Rehberg, Claudia (1996), »Dienstleister für weltweite Mobilität«, in: Deutsche Gesellschaft für Personalführung (Hg.), *Personalführung plus*, Oktober, S. 8–10.

Rhinesmith, Stephen H. (1985), *Bringing home the world*, New York.

Richter, Nina (2011), *Third Culture Kids. Transkulturelle Kindheits- und Jugenderfahrungen*, Marburg.

Roessel, Rainer van (1988), *Führungskräfte-Transfer in internationalen Unternehmungen*, Köln.

Roessler, Horst (1993), »Massenexodus. Die neue Welt des 19. Jahrhunderts«, in: Klaus J. Bade (Hg.), *Deutsche im Ausland – Fremde in Deutschland. Migration in Geschichte und Gegenwart*, München, S. 148–157.

Rolshoven, Johanna (2006), »Woanders daheim. Kulturwissenschaftliche Ansätze zur multilokalen Lebensweise in der Spätmoderne«, in: *Zeitschrift für Volkskunde*, 102/2, S. 179–195.

Rolshoven, Johanna (2007), »Multilokalität als Lebensweise in der Spätmoderne«, in: *Schweizerisches Archiv für Volkskunde*, 103, S. 157–179.

Romberg, Johanna (2005), »Wo Heimat liegt«, in: *GEO: Heimat. Warum der Mensch sie wieder braucht*, Nr. 10, Oktober, S. 103–119.

Römhild, Regina (o. D.), »Transnationale Migration und soziokulturelle Transformation: Die Kosmopolitisierung der Gesellschaft«, in: Dossier Transnationalismus & Migration, https://heimatkunde.boell.de/2011/05/18/transnationale-migration-und-soziokulturelle-transformation-die-kosmopolitisierung-der (letzter Aufruf 10.7.2015).

Roth, Juliana (2001), »Leben und Arbeiten im Nachbarland. Deutsche Entsandte in der tschechischen Republik«, in: Klaus Roth (Hg.), *Nachbarschaft. Interkulturelle Beziehungen zwischen Deutschen, Polen und Tschechen*. Münchner Beiträge zur Interkulturellen Kommunikation 11, Münster, S. 199–218.

Roth, Juliana/Roth, Klaus (2001), »Interkulturelle Kommunikation«, in: Rolf W. Brednich (Hg.), *Grundriß der Volkskunde. Einführung in die Forschungsfelder der Europäischen Ethnologie*, Berlin.

Roth, Juliana/Roth, Klaus (2002), »Leben in Moskau: Deutsche Entsandte und die ›deutsche Gemeinde‹ in der russischen Hauptstadt«, in: Alois Moosmüller (Hg.), *Interkulturelle Kommunikation in der Diaspora. Die kulturelle Gestaltung von Lebens- und Arbeitswelten in der Fremde*, Münster.

Roth, Klaus (1998), »Zur Sache! Materielle Kultur und Interkulturelle Kommunikation«, in: Terje Anepaio/Aivar Jürgenson (Hg.), *Kultuuri M'ista Püüdes. Trying to Understand Culture*, Tallinn, S. 35–53.

Roth, Klaus (Hg.) (2001), *Nachbarschaft. Interkulturelle Beziehungen zwischen Deutschen, Polen und Tschechen*. Münchner Beiträge zur Interkulturellen Kommunikation 11, Münster.

Roth, Klaus (Hg.) (2003), *Vom Wandergesellen zum »Green Card-Spezialisten«. Interkulturelle Aspekte der Arbeitsmigration im östlichen Mitteleuropa*. Münchner Beiträge zur Interkulturellen Kommunikation, Band 14, Münster.

Roth, Klaus (2004), »Erzählen vom ›Anderen‹. Zum Umgang mit kultureller Differenz im alltäglichen Erzählen«, in: ders./Sabine Wienker-Piepho (Hg.), *Erzählen zwischen den Kulturen*, Münster/New York, S. 33–46.

Rüger, Heiko/Ruppenthal, Siliva/Fliege, Herbert/Hillmann, Julika/Kaukal, Malte/Bellinger, Maria M./Schneider, Norbert F. (Hg.) (2013), *Mobilitätskompetenzen im Auswärtigen Dienst. Risiken und protektive Faktoren bei der Bewältigung der Auslandsrotation*. Beiträge zur Bevölkerungswissenschaft 44. Würzburg.

Sassen, Saskia (2000), *Migranten, Siedler, Flüchtlinge. Von der Massenauswanderung zur Festung Europa*, Frankfurt am Main.

Schäffter, Ortfried (Hg.) (1991), *Das Fremde. Erfahrungsmöglichkeiten zwischen Faszination und Bedrohung*, Opladen.

Scheibelhofer, Elisabeth (2011), *Raumsensible Migrationsforschung. Methodologische Überlegungen und ihre empirische Relevanz für die Migrationssoziologie*, Wiesbaden.

»Scheidungsbilanz. Jede dritte Ehe scheitert«, in: *Spiegel Online*, 30. Juli 2013, http://www.spiegel.de/panorama/gesellschaft/statistisches-bundesamt-mehr-als-jede-dritte-ehe-wird-geschieden-a-913849.html (letzter Aufruf 10. 7. 2015).

Schellenberger, Uwe (2011), *Transmigration als Lebensstil. Selbstbilder und Erfahrungswelten von Pendlern zwischen Deutschland und Neuseeland*, München.

Scherm, Ewald (1995), *Internationales Personalmanagement*, München.

Schiffauer, Werner (2011), *Parallelgesellschaften. Wie viel Wertekonsens braucht unsere Gesellschaft?*, 2. Aufl., Bielefeld.

Schmidt, Petra/Götz, Irene (2010), »Supermami – Rabenmutter. Antagonistische Leitbilder und Subjektivierungsansprüche im Bereich Familienarbeit«, in: Irene Götz/Birgit Huber/Piritta Kleiner (Hg.), *Arbeit in »neuen Zeiten«. Ethnografien und Reportagen zu Ein- und Aufbrüchen*. Münchner ethnographische Schriften 7, München, S. 165–180.

Schmidt-Lauber, Brigitta (2001), »Das qualitative Interview oder: Die Kunst des Reden-Lassens«, in: Silke Göttsch/Albrecht Lehmann (Hg.), *Methoden der Volkskunde*, Berlin, S. 165–186.

Schmidt-Lauber, Brigitta (Hg.) (2007), *Ethnizität und Migration. Einführung in Wissenschaft und Arbeitsfelder*, Berlin.

Schneider, Norbert F. (2003), »Auslandsmobilität optimal managen«, in: *Personalwirtschaft*, Nr. 5.

Schneider, Norbert F./Bellinger, Maria M. (2013), »Weltweit im Einsatz. Kinder von Beschäftigten im Auswärtigen Dienst und ihre Bewältigung von Entsendungsmobilität«, in: *Zeitschrift frühe Kindheit*, 3, S. 26–33.

Schneider, Norbert F./Limmer, Ruth/Ruckdeschel, Kerstin (Hg.) (2002), *Berufsmobilitätserfordernisse und Lebensform*. Sind berufliche Mobilitätserfordernisse in Zeiten der Globalisierung noch mit Familie vereinbar? Schriftenreihe des Bundesministeriums für Familie, Senioren, Frauen und Jugend 208, Stuttgart.

Schnelle, Jana (2008), »Third Culture Kids: Rückkehr in die Fremde? Das Leben in der dritten Kultur«, in: *Beiträge zur Sozialwissenschaft. Schriftenreihe des Instituts für Politikwissenschaft der Universität Siegen*, Bonn.

Scholl-Schneider, Sarah (2011), *Mittler zwischen Kulturen. Biographische Erfahrungen tschechischer Remigranten nach 1989*, Münster.

Schönberger, Klaus (2007), »Widerstandsfähigkeit der Biografie«, in: Manfred Seifert/Irene Götz/Birgit Huber (Hg.), *Flexible Biografien? Horizonte und Brüche im Arbeitsleben Gegenwart*, Frankfurt am Main.

Schönberger, Klaus/Springer, Stefanie (Hg.) (2003), *Subjektivierte Arbeit. Mensch, Organisation und Technik in einer entgrenzten Lebenswelt*, Frankfurt am Main.

Schreiner, Karin (2007), *Die Psychologie des Kulturschocks und die Situation der »Trailing Spouse«*, Frankfurt am Main.

Schroer, Markus (2006), »Mobilität ohne Grenzen? Vom Dasein als Nomade und der Zukunft der Sesshaftigkeit«, in: Winfried Gebhardt/Ronald Hitzler (Hg.), *Nomaden, Flaneure, Vagabunden*, Wiesbaden, S. 115–125.

Schubert-Mc Arthur, Tanja (2007), *Mit Sack und Pack nach Neuseeland. Zum Gepäck deutscher Auswanderer heute*, Berlin.

Schultze, Christine (2013), »Willkommen zurück«, in: *Süddeutsche Zeitung*, 11.5.2013, S. V2/13.

Schütz, Alfred (1972), »Der Heimkehrer«, in: ders. (Hg.), *Gesammelte Aufsätze. Studien zur soziologischen Theorie*, Den Haag, S. 70–84.

Sennett, Richard (1998), *Der flexible Mensch*, Berlin.

Sonnenmoser, Marion (2002), »Entsendungen ins Ausland. Vorbereitung oft unzureichend«, in: *Personalführung*, Jg. 35, Nr. 11, S. 22–30.

Speer, Horst (1992), »Internationaler Einsatz von Mitarbeitern. Planung, Integration und Repatriierung«, in: H. Strutz/K. Wiedemann (Hg.), *Internationales Personalmarketing*, Wiesbaden, S. 245–254.

Sperling, J. Bodo (1965), *Die Rourkela-Deutschen*, Stuttgart.

Stadlbauer, Johanna (2010), *Projekt Selbstverwirklichung? Lebensentwürfe von ÖsterreicherInnen in Neuseeland*, Berlin.

Stadlbauer, Johanna (2015), *Mobile Gattinnen. Privilegierte Migration und Geschlechterverhältnisse*, Münster.

Stahl, Günter/Mayrhofer, Wolfgang/Kühlmann, Torsten (Hg.) (2005), *Internationales Personalmanagement. Neue Aufgaben, neue Lösungen*, München.

Statista GmbH (2015), *Scheidungsquote in Deutschland von 1960 bis 2013*, http://de.statista.com/statistik/daten/studie/76211/umfrage/scheidungsquote-von-1960-bis-2008/ (letzter Aufruf 10.7.2015).

Statistisches Bundesamt (Destatis) (2012), »Hohe Zuwanderung nach Deutschland im Jahr 2011«, *Pressemitteilung* Nr. 171, 16.5.2012, https://www.destatis.de/DE/

PresseService/Presse/Pressemitteilungen/2012/05/PD12_171_12711.html (letzter Aufruf 10.7.2015).

Stiftung für Zukunftsfragen. Eine Initiative von British American Tobacco, BAT-Freizeitreport, http://www.stiftungfuerzukunftsfragen.de (letzter Aufruf 10.7. 2015).

Storti, Craig (1997), *The Art of Coming Home,* Yarmouth.

Thomas, Alexander (1995), »Die Vorbereitung von Mitarbeitern für den Auslandseinsatz. Wissenschaftliche Grundlagen«, in: Torsten Kühlmann (Hg.), *Mitarbeiterentsendung ins Ausland,* Göttingen, S. 85–118.

Thomas, Alexander (2003a), »Psychologie interkulturellen Lernens und Handelns«, in: ders. (Hg.), *Kulturvergleichende Psychologie,* Göttingen, S. 433–485.

Thomas, Alexander (2003b), »Interkulturelle Kompetenz – Grundlagen, Probleme und Konzepte«, in: *Erwägen, Wissen, Ethik,* 14, S. 137–221.

Thomas, Alexander/Hagemann, Katja/Stumpf, Siegfried (2003), »Training interkultureller Kompetenz«, in: Niels Bergemann/Andreas L. Sourisseaux (Hg.), *Interkulturelles Management,* Berlin, S. 237–272.

Thomas, Alexander/Schroll-Machl, Sylvia (2003), »Auslandsentsendungen. Expatriates und ihre Familien«, in: *Handbuch Interkulturelle Kommunikation und Kooperation, Band 1: Grundlagen und Praxisfelder,* Göttingen, S. 390–415.

Tolksdorf, Ulrich (1990), »Phasen der kulturellen Integration bei Flüchtlingen und Aussiedlern«, in: Klaus J. Bade, *Neue Heimat im Westen. Vertriebene. Flüchtlinge. Aussiedler,* Münster, S. 106–127.

Torbiörn, Ingemar (1982), *Living Abroad: Personal Adjustment and Personnel Policy in the Overseas Setting,* New York.

Treibel, Annette (2003), *Migration in modernen Gesellschaften. Soziale Folgen von Einwanderung, Gastarbeit und Flucht,* Weinheim/München.

Turner, Victor (1969), *The Ritual Process Structure an Anti-Structure,* London.

United Nations (2013), Department of Economic and Social Affairs, Population Division, Forty-sixth session, 22.–26. April 2013: *New Trends in Migration: Demographic Aspect. Report of the Secretary-General (E/CN.9/2013/3),* http://www.un.org/en/development/desa/population/commission/previous-sessions/2013/ bzw. http://daccess-dds-ny.un.org/doc/UNDOC/GEN/N13/237/32/PDF/N13 23732.pdf?OpenElement (letzter Aufruf 30.7.2015).

van Gennep, Arnold (1981), *Les rites de passage,* Paris.

van Gennep, Arnold (1999), *Übergangsriten,* Frankfurt am Main.

Volbrachtová, Libuše (1987), »Der Kulturschock der kleinen Unterschiede«, in: Ina-Maria Greverus/Konrad Köstlin/Heinz Schilling (Hg.), *Kulturkontakt Kulturkonflikt. Zur Erfahrung des Fremden,* Teil 1, Frankfurt, S. 209–218.

Voß, G. Guenter (2010), »Subjektivierung und Mobilisierung. Und: Was könnte Odysseus zum Thema ›Mobilität‹ beitragen?«, in: Irene Götz/Barbara Lemberger/Katrin Lehnert/Sana Schondelmayer, *Mobilität und Mobilisierung. Arbeit im sozioökonomischen, politischen und kulturellen Wandel,* Frankfurt am Main.

Voß, G. Günther/Pongratz, Hans J. (1998), »Der Arbeitskraftunternehmer. Eine neue Grundform der ›Ware Arbeitskraft?‹«, in: *Kölner Zeitschrift für Soziologie und Sozialpsychologie*, 50/1, S. 131–158.

Voß, G. Günter/Weiss, Cornelia (2014), »Burnout und Depression – Leiterkrankungen des subjektivierten Kapitalismus oder: Woran leidet der Arbeitkraftunternehmer?«, in: Sighard Neckel/Greta Wagner (Hg), *Leistung und Erschöpfung. Burnout in der Wettbewerbsgesellschaft*, Berlin, S. 29–57.

Wagner, Wolf (1996), *Kulturschock Deutschland*, Hamburg.

Wallerstein, Judith/Blakeslee, Sandra (1994), »Scheidung – Gewinner und Verlierer«, in: Ulrich Beck/Elisabeth Beck-Gernsheim (Hg.), *Riskante Freiheiten. Individualisierung in modernen Gesellschaften*, Frankfurt am Main, S. 168–187.

Ward, Colleen (1996), »Acculturation«, in: D. Landis/R. S. Bhagat (Hg), *Handbook of Intercultural Training*, 2. Aufl., London, S. 124–147.

Ward, Colleen A./Bochner, Stephen/Fornham, Adrian (Hg.) (2001), *The Psychology of Culture Shock*, London.

Wenzel, Mareike (2004), »Der verbuschte Entwicklungshelfer?«, in: *DED-Brief. Zeitschrift des Deutschen Entwicklungsdienstes. Rückkehr und die Zeit danach*, H. 1, S. 35f.

Werner, Michael (2005), »Transfer und Verflechtung. Zwei Perspektiven zum Studium sozialer Interaktionen«, in: Helga Mitterbauer/Katharina Scherke (Hg.), *Entgrenzte Räume. Kulturelle Transfers um 1900 und in der Gegenwart*, Wien.

Weyhe, Carl Christian von (1996), *Die Entsendung von Mitarbeitern ins Ausland. Ein Vergleich des privatwirtschaftlichen mit dem öffentlichen Sektor*, Marburg.

WIAPP: Worldwide International Assignments Policies and Practices 2012, http://www.mercer.de/pressreleases/auslandseinsatz (zuletzt eingesehen am 10.7.2015).

Wierlacher, Alois (Hg.) (1993), *Kulturthema Fremdheit. Leitbegriffe und Problemfelder kultur-wissenschaftlicher Fremdheitsforschung*, München, S. 19–114.

Wimbauer, Christine/Henninger, Annette/Gottwald, Markus/Künzel, Annegret (2007), »Gemeinsam an der Spitze – oder der Mann geht voran? (Un-)Gleichheit in Doppelkarriere-Paaren«, in: Regina-Maria Dackweiler (Hg.), *Willkommen im Club? Frauen und Männer in Eliten*, Münster, S. 87–105.

Winkler, Enno (2011), »Willkommen zum XI. Symposium für Reise- und Impfmedizin«, in: *Berlin Medical*, H. 2, http://www.gmc-medien.de/2012/01/bm-2011-2-editorial/ (letzter Aufruf 7.9.2015).

Winter, Gerhard (1996), »Reintegrationsproblematik. Vom Heimkehren in die Fremde und vom Wiedererlernen des Vertrauten«, in: Alexander Thomas (Hg.), *Psychologie interkulturellen Handelns*, Göttingen, S. 365–378.

Winter, Julia (2009), *Der Auslandsschuldienst an beruflichen Auslandsschulen*. Diplomarbeit am Lehrstuhl für Wirtschaftspädagogik und Personalentwicklung. Erlangen.

Wirth, Ekkehard (1992), *Mitarbeiter im Auslandseinsatz. Planung und Gestaltung*, Wiesbaden.

Wölke, Gabriele (1982), »Auslandsmüde Deutsche? Auslandserfahrung im Urteil der Wirtschaft«, in: *Beiträge zur Gesellschafts- und Bildungspolitik*, 2, S. 4–56.

Zick, Andreas (2010), *Psychologie der Akkulturation. Neufassung eines Forschungsbereiches*, Wiesbaden.

Zimmermann, Julia/Neyer, Franz J. (2013): »Reisen bildet … und verändert? Persönlichkeitsentwicklung und internationale Mobilität«, in: *Forschung & Lehre. Alles was Wissenschaft bewegt*, Jg. 20, Nr. 7, S. 552–553.

Zinn-Thomas, Sabine/von Dobeneck, Florian (2011), »Multi-Lokalität? Deutsche Elitemigranten in Shanghai und São Paulo«, in: Reinhard Johler/Max Matter/Sabine Zinn-Thomas (Hg.), *Mobilitäten. Europa in Bewegung als Herausforderung kulturanalytischer Forschung*, Münster, S. 376–383.

Zoll, Katharina (2007), *Stabile Gemeinschaften. Transnationale Familien in der Weltgesellschaft*, Bielefeld.

Zschocke, Martina (2005), *Mobilität in der Postmoderne. Psychische Komponenten von Reisen und Leben im Ausland*, Würzburg.